《尚书》文学论

On the Literature of *Shangshu*

于文哲 著

中国社会科学出版社

图书在版编目(CIP)数据

《尚书》文学论/于文哲著. —北京：中国社会科学出版社，2021.7
ISBN 978-7-5203-8577-0

Ⅰ.①尚…　Ⅱ.①于…　Ⅲ.①《尚书》—文学研究　Ⅳ.①K221.04

中国版本图书馆 CIP 数据核字(2021)第 110045 号

出 版 人	赵剑英
责任编辑	郭晓鸿
特约编辑	杜若佳
责任校对	师敏革
责任印制	王　超

出　　版	中国社会科学出版社	
社　　址	北京鼓楼西大街甲 158 号	
邮　　编	100720	
网　　址	http://www.csspw.cn	
发 行 部	010-84083685	
门 市 部	010-84029450	
经　　销	新华书店及其他书店	
印　　刷	北京君升印刷有限公司	
装　　订	廊坊市广阳区广增装订厂	
版　　次	2021 年 7 月第 1 版	
印　　次	2021 年 7 月第 1 次印刷	
开　　本	710×1000　1/16	
印　　张	24	
插　　页	2	
字　　数	431 千字	
定　　价	119.00 元	

凡购买中国社会科学出版社图书，如有质量问题请与本社营销中心联系调换
电话：010-84083683
版权所有　侵权必究

国家社科基金后期资助项目
出 版 说 明

后期资助项目是国家社科基金设立的一类重要项目，旨在鼓励广大社科研究者潜心治学，支持基础研究多出优秀成果。它是经过严格评审，从接近完成的科研成果中遴选立项的。为扩大后期资助项目的影响，更好地推动学术发展，促进成果转化，全国哲学社会科学规划办公室按照"统一设计、统一标识、统一版式、形成系列"的总体要求，组织出版国家社科基金后期资助项目成果。

全国哲学社会科学规划办公室

序

《尚书》乃上古之书,所录文献"上断于尧,下讫于秦"(《汉书·艺文志》),记载了古典中国从唐尧虞舜到春秋时代一千五百多年的恢宏历史,其语言形式也经历了从上古"旧体文言"到春秋"新体文言"的时代转折和艺术演变,演变和转折造成了时代的阻隔和理解的困难,因此《尚书》在"六经"中是最为古奥艰涩的文字。秦火之后,风雅消歇,《诗》《书》不传。据《史记》的《儒林列传》《晁错列传》等文献记载,汉初文帝时已经是"欲求能治《尚书》者,天下无有",独有济南一位年老的"故秦博士"伏生尚能在齐鲁之间传授《尚书》。但此时的伏生已经"年九十余,老不可征",汉文帝只好派晁错前往受业,从此《尚书》才有了重新流传的机会。

尽管如此,《尚书》的研究也只能是少数人了解的专门之学,对于绝大多数人来说,还是不知所云,视为畏途。韩愈《进学解》用"周诰殷盘,诘屈聱牙"的话,来概括《尚书》语言的生涩,虽然并不准确,却颇为流行,这至少说明了《尚书》理解的艰难。

于文哲博士以《尚书》文学性作为研究题目,这一选择本身就显示了他的学术勇气和自信。通过《尚书》的文学解读,发现了一个充满生机意趣盎然的艺术世界。《尚书》并不是单纯的上古文献遗存,而潜藏着丰富而生动的审美意蕴,《〈尚书〉文学论》在文学上的许多发现都让我们眼前一亮。

《尚书》是一部历史著作,也是一部文学经典。礼体决定文体,上古时代的《尧典》《皋陶谟》《牧誓》《顾命》等文献,适应礼乐文化的需要,充满了艺术的仪式性、象征性、表演性,已经是音乐、舞蹈、诗歌、表演的盛大的歌舞艺术,甚至包含了许多戏剧艺术元素。这一点作者对《牧誓》和《顾命》的解读,特别富有意味。在作者看来,《牧誓》不是一种简单的誓词,周武王的"左仗黄钺,右秉白旄""四伐、五伐、六伐、七伐"等,是一种武舞,是一种表演,是以舞蹈形式出现的盛大的战前战争礼典仪式。《顾命》也是一种典礼戏剧，有着明确的诗剧主题和戏剧要素。理论尚可以深化完善，但是这样的分析，确实使那些扞格难通的文字有了生机，有了新鲜感。

《尚书》的叙事性是本书关注的重要问题。从钱锺书"古史即诗"的理论出发，作者特别强调了《尚书》叙事的史诗性背景。这一背景决定了《尚书》口语与笔语、神话与史实、散体与韵体相互融合的特征，形成了"尚简用晦""文约事丰"的叙事风格。用古典学的"套语理论"，作者认为，"曰若稽古"四个字重复出现在《尚书》最古老的《尧典》和《皋陶谟》的开头，正可以用来说明《尚书》叙事篇章的口述文学性质，是口头创作和传播的证明。在史诗性叙事的理论基础上，作者解决了许多问题。《尧典》中"纳于大麓，烈风雷雨弗迷"一句，颇难理解。而作者依据神话原型理论，借用《诗经》《圣经》以及少数民族史诗的丰富材料进行比较，认为这是神话与史诗中常见的一种英雄考验仪式，是与婚姻考验、任务考验并行的"成人考验"，是尧帝考验舜帝的一种仪式。

修辞性是《尚书》文学研究的重要话题。在研究《尚书》修辞性的时候，作者自然关注了《尚书》的比喻、顶针、拟人、对仗、对比等一般性修辞方法的运用，而更有意义的是，作者并不仅仅将修辞看作是一种技巧，而是将《尚书》的修辞上升为一种深刻的理论表述。这主要体现为以下几点。

第一，修辞的宗教神圣性特征。最初的修辞是具有宗教性的，原始人类在神灵面前是虔诚的、庄严的，因此面对神灵的颂赞祷祝也语词庄谨，内心神圣。祭坛也是文坛，正如作者所说："经常性的祭祀等宗教活动同时促进了文化的发展。祭祀乐舞的上演促进了音乐、舞蹈、诗歌以及戏剧表演等艺术形式的发展，祭祀仪式上的祝祷辞令以及相关的占卜刻辞则促进了言语修辞能力的进步。"

第二，修辞的历史职业性特征。修辞经历了从早期的祭祀行为到历史的职业行为的转变。原始巫师不仅沟通天地人神，也掌握着一种与神沟通的特殊语言，而这种语言是经过锤炼的修辞的，修辞也是巫术的职业性基本技能。而这种技能被后来的史官继承发展，史官系统的祝史替代了职业性的巫觋，成为宫廷历史的记载者，也成为专门性的修辞继承者。

第三，修辞的语言艺术性特征。直言曰言，修辞曰文。经过修辞的语言是一种文学语言、艺术语言。作者特别关注了《尚书》语言的问题，尤其是语气助词的运用问题。在《尚书》中，语气助词的运用不仅描摹出人物的一般的语言情态，更能展现人物的心理世界和人格精神。作者指出，《尧典》在记尧帝、舜帝与群臣对话中，常常使用语助词。

尧帝的 16 次讲话中，先后出现了"咨"（5 次）、"吁"（3 次）、"俞"（1 次）等三个感叹词；在群臣的 6 次讲话中，共出现"都"（1 次）、"於"（1 次）等两个感叹词。在后半篇中，仍以对话的形式组织情节。在这一部分，出现舜帝讲话 19 次，群臣讲话 5 次。在舜帝的 19 次讲话中，先后出现了"咨"（8 次）、"俞"（8 次）等两个感叹词；在群臣的 5 次讲话中，出现了"於"（1 次）一个感叹词。全文共出现感叹词 5 个，28 次。

语助词的大量使用有很强的历史现场感和带入感。这些语气词或是应答，或是感叹；或是不以为然，或是由衷赞美；一方面表现了人物的语态和心理，另一方面，也揭示人物的思想情感，展示人物的精神品格。唐尧帝的公正无私、雍容宽厚；虞舜的谦敬庄严、果敢刚毅；大禹和皋陶的忠诚耿直、勤勉奉公等，都通过对话及语助词形象地表现出来。

《〈尚书〉文学论》语言上的准确典雅是十分突出的，但是于文哲博士本身却是一个十分不善于口语表达的人。他 2005 年到 2008 年随我读博士，三年期间我听到他说最多的话就是"老师好"三个字。孔子说"刚毅木讷近仁"（《论语·子路》），文哲同学不仅勤奋向学，待人温厚，还有十分突出的书面表达能力。当年他考博士生的时候，卷面上表现出来的要言不烦、准确清晰和逻辑严谨，至今让我记忆深刻。本书是在于文哲的博士学位论文基础上完成的，论文当时是获得优秀成绩的，参加答辩的专家都认为已经达到了出版水平。而他在学术上高标自置，律己甚严，修修改改，不断完善，本书出版时距博士论文完成已经整整过去了十三年。宛如醇醪，经久弥香，他本人和他的著作都有了新的进步和新的境界。

傅道彬

2021 年 6 月 18 日晨

于哈尔滨在宽堂

摘　　要

　　从文学发展史上看，《尚书》不但是保存至今、传承有序的我国上古时代最早出现的一部历史文献汇编，一部反映西周以来早期儒家思想观念和话语体系的思想典籍，而且是我国古代出现的第一部初具诗性品格和文学内涵的文化典籍，堪称我国古典文学的最早发端。《尚书》持续数千年的至高无上的经学权威性和漫长持久的影响力，是与其呈现上古时期重大历史事件的恢宏、壮阔的史诗性叙事语言，与其生动、丰富、富有形象性的修辞手段以及通过个性化的语言展现人物性格的能力紧密相关的；《尚书》数千年来对中华民族的政治、思想、文化等各方面所产生的重大影响，是与其对远古传说时代的英雄人物形象和早期文明时代的圣人人格的文学塑造密不可分的。《尚书》文本的文学性质，亦如其复杂而漫长的成书过程一样，是一个不断累积的动态的历史过程，是在上古巫瞽追述遥远传说时代的口述讲唱文学，西周时代对口述文本进行整理加工以形成书面文献的史官文学，以及春秋战国时代以儒家学派为主的服务于说理、论辩的诸子文学共同作用下的结果。《尚书》的叙事部分脱胎于遥远的上古时期的口头文学，充盈着活泼旺盛的原初创造力和自然质朴、生动形象的比喻修辞，在一定程度上保留了上古时期口传史诗的夸张神异内容和虚构想象的因素，气势恢宏，文气壮盛，具有历史性的纪实与文学性的虚构融合不分的特征；《尚书》的记言部分使用极具形象性和个性化的修辞艺术，表现说话人物独特性格特征的充满感情色彩的个性化语言，也展现了文明时代早期在富于表演性的盛大典礼仪式上，与诗歌、音乐、舞蹈相配合的典雅雍容的诗化语言形式。《尚书》篇章所表现的结构方式和语言特征在后世逐渐固定化和模式化，形成了凌驾于众多文体之上的"尚书体"，开创了我国古典应用文体绵延不绝的独特传统，为后世"古文"的发展树立了学习和仿效的典范。《尚书》堪称一部影响巨大的产生于文学发轫期的具有史诗意义的上古文化典籍，与《诗经》《周易》等一道，共同构成了中华文学之源。

本书包括两大部分，即绪论、正文。

绪论包括两个部分：一是介绍《尚书》文学研究的意义并简略回顾《尚书》文学研究的历史；二是分析现阶段《尚书》文学研究的不足以及改进方法。

正文共分五章。

第一章，渊源论：关于《尚书》的时代、作者及成书考辨。这一章的目的是解决《尚书》文本的写作时代和作者问题，是《尚书》文学研究的基础和前提。拟分三节，第一节充分参考现有的研究成果，尤其是以顾颉刚等为代表的《尚书》研究成果，大致确定今文《尚书》二十八篇各篇产生的时代；第二节涉及前人极少注意的作者问题，突破传统的将《尚书》诰命的名义作者与实际作者混为一谈的错误看法，以《尚书》文本提供的线索为突破口，联系同期历史上金文的相关记载，对《尚书》部分篇章的真实作者进行细致考证；在第三节中，将《尚书》的来源划分为口传和文字两种形态，具体考察《尚书》在先秦时期的编辑、成书与流传的基本过程。

第二章，艺术论：《尚书》与中国早期艺术形式的构成。这一章的目的是通过分析《尚书》文本所涉及的文艺内容，进而考察《尚书》产生的历史文化背景，还原《尚书》文学的原始形态。拟分三节，分别探讨《尚书》中涉及的包括诗歌在内的各种早期艺术形式、由富有艺术意味的巫文化发展而来的乐舞艺术与早期戏剧艺术的萌芽。

第三章，叙事论：《尚书》的历史记述与史诗因素分析。《尚书》分记言与叙事两个文类，记言的作品中也含有很多叙事成分，叙事作品数量虽少于记言，却具有很高的文学价值，是《尚书》文学研究的重要方面。本章拟分三节，第一节概论《尚书》的历史叙事与文学叙事两种叙事方式，首次将《尚书》与汉民族上古口传史诗联系起来，揭示出《尚书》的史诗因素；第二节从《尚书》文本出发，追溯《尚书》神话成分的来源及对文学的影响；第三节拟将西方叙事学方法引入《尚书》叙事研究，尝试对《尚书》叙事进行多方面的阐释与解读，以期有所突破和创获。

第四章，修辞论：原始礼乐活动与《尚书》语言表述的雅化。记言的诰命文是《尚书》基本的文体形式，是在殷周最高统治者的口头训诫演说的基础上，经当时的史官与后世的儒家传播者加工修订而成，具有较高的文学价值，其中蕴涵着丰富的修辞内涵。过去的研究多局限于狭义的修辞，如具体的修辞格的研究，而未能从整体上对其修辞的功能和技巧进行理论上的分析和探讨。本章拟分三节，第一节论述《尚书》修辞的起源，从原始礼乐活动的角度对《尚书》修辞的起源进行分析；第二节从修辞主体的角度论述《尚书》修辞与史官职能和策命制度之间的关系；第三节论述建立在典礼仪式基础上的《诗》《书》关系，及这种关系对《尚书》修辞的影响。

第五章，影响论："尚书体"与后世中国文学的发展。《尚书》文体问题是《尚书》研究中争论较多的问题，历史上出现了多种划分方式，现当代学者也纷纷提出自己的主张，但时至今日，这一问题仍未获得圆满解决。本章拟分两节，第一节考察《尚书》文体的形成与特征，寻根溯源，以《尚书》文本为根据，结合历史资料的记载，探讨《尚书》"六体"的来历，进而在前人研究的基础上，找到"尚书体"的真正源头，总结出"尚书体"的文体特征和语言风格；在第二节中，分别从说理文、史传文、官方应用文及杂文小品文四个方面具体论述"尚书体"的文体影响。

Abstract

Shang Shu, the first Chinese historical documents, the first Confucian philosophical documents, also is regarded as the first Chinese prosaic classic, as the origin of Chinese literature and art. Its authority and influence lasts several thousand years depending on the narrative and rhetorical languages full of elements of literary and the images which display the saints' personality; it has a profound influence upon our national mind, thought and culture based on its influence on literature. The literary elements of *Shang Shu* originated from the oral literature of ancient wizard, the historian literature of western Zhou Dynasty and the Zhu Zi literature represented by Confucianism. The narrative part of it contains the fictional and imaginative features of ancient oral epics and its oratorical part is full of rhetorical and poetic characters. It initiated Chinese classical prosaic tradition and set up an excellent example for the development of Chinese prose. From this point of view, *Shang Shu* is a historical classic and a great Confucian philosophical documents, also is a epical cultural works derived from the times of literary initiation. *Shang Shu*, along with *The Book of Songs* and *Zhou Yi*, has become the origination of Chinese literatures.

This paper consists of two parts: preface and main body.

There are two parts in preface. The first part will introduce the significance and history of literature research on *Shang Shu*. The second part will analyze the shortcomings and provide improving methods of literature research on it.

The main part is composed of five chapters.

Chapter one, on origination: an investigation about the writing age, author and compilation on *Shang Shu*. This chapter aims at the problems such as the original writing times and authors of *Shang Shu*, which is the foundation and precondition of literature research on it. This chapter will contain three sections. The first section will sufficiently employ the available achievements on *Shang Shu* made by experts such as Gu Xiegang to identify the writing ages of the twenty-eight pieces in current writing. The second section will focus on the problems almost no researchers pay attention to, viz. the real author of *Shang Shu*. The research showed that traditional point of view was wrong, which mingled the honorary author and the real author. This paper will engage in a detailed textual research about the real author of some pieces in *Shang Shu* from the text of it and consult the inscriptions on brone vessels as the reference materials. The third section will first divide the origin of *Shang Shu* into oral and literal forms and then study the basic process of compilation and impartment of *Shang Shu* in pre-Qin Dynasty.

Chapter two, on art: *Shang Shu* and the constitution of Chinese early artistic forms. This chapter aims at analyzing the artistic contents of the text of *Shang Shu* and researching the historical and cultural backgrounds of *Shang Shu* in order to reconstruct the original literary form of *Shang Shu*. This chapter will discuss the following three aspects: all kinds of early artistic forms including poetry, song and dance performance developed from artistic religious culture and the germination of early dramatic art.

Chapter three, on narrative: an analysis about historical records and epic elements of *Shang Shu*. *Shang Shu* consists of speech record and narrative, the former contains a lot of narrative elements, while the narrative pieces are fewer but have more literary value. This chapter will contain three sections. The first section in the first will outline the historical and literary narratives, then relate *Shang Shu* with ancient Chinese national oral epic and find out the epical element of it; The second section will investigate into the origin of mythical elements in *Shang Shu* and the influence on literature according to the text. The third section will try to make a breakthrough by employing western narrative methods in study of the narrative of *Shang Shu* and attempt to interpret and expound the narratives of *Shang Shu*.

Chapter four, on rhetoric: original ritual and musical practice and refinement language of *Shang Shu*. Speech record, the basic form of *Shang Shu* based on oral lectures made by supreme rulers of Shang and Zhou Dynasties and processed by historiographers of that time and revised by after Confucianists, has a high literary value and abundant rhetorical resources especially. Former researchers always limited themselves to rhetorical research in a narrow sense, such as concrete rhetorical patterns, but could not further research on the rhetorical functions and techniques from theory as a whole. This chapter contains three sections. The first section will elaborate the rhetorical origination of *Shang Shu* from the perspective of original ritual and musical practice. The second section will elaborate the connection between the function of the historians, the system of appointment and the rhetoric of *Shang Shu*. The third section will elaborate the connection between *Shang Shu* and *The Book of Song* based on rituals and the influence of this connection to rhetoric of *Shang Shu*.

Chapter five, on influence: "The style of *Shang Shu*" and the development of Chinese literature. The literary style of *Shang Shu* is a controversial problem in the research history on *Shang Shu*. There were various classifications in history, but this problem still can not be resolved until now. This chapter contains the following two sections. The first section will explore the formation and characteristics of the style of *Shang Shu* and investigate the origin of "*Shang Shu* six styles" according to the text of *Shang Shu* and historical records. Furthermore, the paper will find the real origin of "the *Shang Shu* style" and summarize its style and language. The second section will elaborate its literary influence in details from the following four aspects: reasoning prose, historical prose, official practical writings and essay.

目 录

绪 论 …………………………………………………………………… （1）

第一章 渊源论：关于《尚书》的时代、作者及成书考辨 ………… （9）
　　第一节 《尚书》各部分产生的时代 …………………………… （9）
　　第二节 《尚书》作者考论 ……………………………………… （23）
　　第三节 《尚书》在先秦时期的编辑与流传 …………………… （41）

第二章 艺术论：《尚书》与中国早期艺术形式的构成 …………… （55）
　　第一节 《尚书》中的早期艺术形式 …………………………… （55）
　　第二节 《尚书》中的乐舞艺术 ………………………………… （78）
　　第三节 《尚书》中的早期戏剧艺术 …………………………… （107）

第三章 叙事论：《尚书》的历史记述与史诗因素分析 …………… （122）
　　第一节 在文学和历史之间：《尚书》叙事新论 ……………… （123）
　　第二节 《尚书》叙事的神话溯源 ……………………………… （168）
　　第三节 《尚书》叙事的阐释与解读 …………………………… （184）

第四章 修辞论：原始礼乐活动与《尚书》语言表述的雅化 ……… （201）
　　第一节 "辞"与"颂"：《尚书》修辞之源 …………………… （206）
　　第二节 "祝"与"史"：《尚书》修辞的主体考察 …………… （217）
　　第三节 "诗"与"书"：《尚书》修辞与《诗》《书》关系 …… （236）

第五章 影响论："尚书体"与后世中国文学的发展 ……………… （270）
　　第一节 《尚书》与"尚书体" ………………………………… （276）

第二节　"尚书体"对后世文体的影响 …………………………（314）

参考文献 ……………………………………………………………（351）

后　记 ………………………………………………………………（363）

绪 论

德国哲学和历史学家卡尔·雅斯贝尔斯（Karl Jaspers，1883—1969）在其所作《历史的起源与目的》一书中认为，在世界文明的发展史上，曾经存在一个"轴心时代"（axial age），在这一时期内（约公元前800年至公元前200年），以公元前500年为中心，"人类的精神基础同时或独立地在中国、印度、巴勒斯坦和希腊开始奠定。而且直到今天，人类仍然附着在这种基础之上"。① 雅斯贝尔斯认为，所谓"轴心时代"，其特征表现为两点：一是民族基本精神的确立，出现了民族的文化圣人和精神圣人。由这些先贤所创制的精神文化范式，标志着人类理性的萌芽和人类自我意识的觉醒，决定了民族的基本精神和其后的文化走向。二是形成了包含着民族基本精神、代表着各自文明成就的文化经典。这些经典的形成经历了漫长的历史过程，凝聚了数千年间人类世代相传的智慧和经验，记录着先民们对世界和人生等人类永恒问题的理性思考，承载着早期人类的富于诗性智慧的审美意识，标志着一个文明在文化上的成熟。希腊的"荷马史诗"[《伊里亚特》（Iliad）、《奥德塞》（Odyssey）]，印度的《吠陀》（Veda），犹太民族的《旧约全书》（The Old Testament）以及中国的《尚书》《诗经》《春秋》《论语》等一批典籍都在这一时期先后诞生，标志着世界各大文明的确立和成熟。其中的《尚书》便是这样一部产生于"轴心时代"的人类最重要的书写文本，一部弥足珍贵的标志着中华文明成熟的文化元典。唐代史学家刘知几说："夫《尚书》者，七经之冠冕，百氏之襟袖，凡学者必先精此书，次览群籍。"② 自成书之日起，两千五百多年来，《尚书》所受到的尊崇在中华文明史上是无与伦比的。特别是自汉代"独尊儒术"之后，《尚书》一直被视作儒家的群经之首，成为帝制时代超越一切法律、政令及所有典籍，被官方定于一尊的具有无上神圣性的国家经典，不但作为官学

---

① 田汝康、金重远编：《现代西方史学流派文选》，上海人民出版社1982年版，第46页。
② （唐）刘知几撰，（清）浦起龙通释：《史通通释》，上海古籍出版社1982年版，第97页。

教材为历代学子、官吏世代传习，而且成为影响和左右帝制时代国家政治、文化、法律制度以及指导普通人日常生活、言行和思想观念的神圣性典籍。作为儒家文化的精神源泉和中华民族传统文化元典，《尚书》在我国古代政治、思想、文化等各方面均产生了广泛而深远的影响，而《尚书》这种神圣地位的取得，其影响与功用的发挥均与其文学性质密切相关。

"轴心时代"产生的典籍既代表了当时世界范围内文化与文明的最高成就，也代表了当时文学所能达到的最高成就。经典作用于读者的，首先是它的文学和审美属性，文明时代早期经典中的思想很多并不直接表现为辩证和概念的语言特征，而是表现为一种富于诗性的智慧，是以诗歌一般的充满丰富想象力和充沛情感张力的语言表达的感性化的思想，是一种与刻板教条的思想训诫完全不同的富于形象性的思想形态。《尚书》持续数千年的经学权威性和持久的影响力，首先是建立在其富于文学性的叙事、修辞以及通过展现圣人人格的文学形象之上的，是建立在其表现上古时期重大历史事件所展示的宏大叙事规模与壮盛的文章气势之上的，其对中华民族的心理、思想和文化的重大影响是与其文学和审美影响紧密联系在一起的。《尚书》的叙事部分脱胎于对遥远的上古时期英雄人物和英雄事件的充满温情的追忆，虽然在漫长的历史过程中遭受了时间的锈蚀和记忆的磨损，在口口相传中经历了无数代人不断的改写与加工，仍然在一定程度上保留了上古时期口传史诗的神异内容和古老形式，具有历史性的纪实与文学性的虚构融合不分的特征；《尚书》的记言部分尽管不以文学为目的，却先天地具有文学的色彩，其中存在着大量来源于古老的诗化句式和韵语形式，表现了进入西周王朝后在大型典礼仪式上形成的与音乐、舞蹈、诗歌相配合的典雅雍容的诗化语言特征，保存了上古时期口头文学不加修饰的活泼旺盛的原初创造力和服务于说理与论辩的自然质朴、生动形象的修辞手段和修辞技巧，表现了说话人物个性心理和独特性格特征的充满感情色彩的个性化语言，使千载之下的读者仍然如闻其声，如见其人，想见说话人物的凛凛英风。《尚书》的文学性质亦如《尚书》复杂的成书过程一样，经历了一个不断累积的漫长的形成过程，是由上古时期巫瞽的口述讲唱文学、西周时代的史官文学，以及春秋战国时代以儒家学派为主的诸子文学共同作用下的结果。虽然不同时期的语言和文章风格使得《尚书》的不同篇章各具特色，但在整体上仍体现了文明时代早期文学艺术所能达到的最高水平。可以说，《尚书》既是我国古代最早结集的一部历史文献汇编，也是我国古代出现的第一部初具诗性品格和文学内涵的文化典籍，开创了我国古代富有独特民族特色的"古文"文体传统，为后世文学的发展树立了杰出的典范。

令人遗憾的是，古典文学研究界长期以来受狭隘文学观念以及现代学科划分的制约，对《尚书》的文学价值没有给予足够的重视，对《尚书》在文学史与文体史上的开端发源意义认识不足，致使《尚书》的文学研究长期受到冷落。傅道彬先生曾说："文学不仅仅是浅吟低唱的辞章和那些缠绵动人的故事，人类那些深情的哲学思考和生动的历史叙述，同样是丰富而广阔的文学世界。偏狭的文学理解使我们常常出错，当我们面对《周易》《尚书》《左传》《论语》《庄子》《史记》等伟大的作品时，我们才发现通行的文学的定义是多么苍白无力。"① 毫无疑问，如果我们放开眼界，抛弃那些狭隘的标准和观念，我们便会欣喜地甚至不无惊讶地发现，长期以来被作为历史典籍和经学典籍的《尚书》，同时也是一部影响巨大的具有诗性品格和艺术灵性的上古文化典籍。《尚书》中记载的以诗、乐、舞结合为特征的多样的艺术形式，尤其是乐舞艺术和戏剧艺术的原始形态，展现了中国艺术的早熟和形式构成的丰富多彩；《尚书》的叙事表现出文、史融合的独特审美特征，在气势恢宏、文气壮盛的历史叙写中，读者可以明显感受到来自上古口传史诗的神话传说和文学想象因素，从中可以部分地还原出最早汉民族口传史诗的遗踪；《尚书》的修辞在展现上古时代口头文学的生动形象的比喻修辞之外，更多地体现在西周开国初期的诰命寄寓了周公强烈的感慨，通过周公的语言淋漓尽致地表现出周公的历史忧患意识和对国家的责任感，文情并茂，寄意深远，一唱三叹，具有强烈的说服力和感染力；由《尚书》诰命发展而成的"尚书体"展现了文明时代西周宫廷与礼乐活动相适应的高度雅化、讲究修辞的艺术语言，《诗》《书》谐配，歌诵间作，为庄严隆重的政治性宗教性典礼仪式赋予诗学精神和审美情趣，成为礼乐活动中一道独特的文学景观。这种独特语言形式的固定化和模式化对后世的诸多文体，特别是官方的应用文体起到了规范作用，形成了文体地位无与伦比的"尚书体"，对后世应用性文体，特别是"古文"的发展产生了深远的影响。总之，《尚书》作为一部产生于文学发轫期的具有史诗性的文化典籍，是人类文明进入轴心时代后出现的具有代表性的文化元典，它与《诗经》《周易》一道，构成了中华文学之源。这样一部具有重要文学发源意义的民族文化元典理应受到文学研究者的高度重视。系统全面地挖掘、评价《尚书》的文学价值，既有利于我们对早期中国古典文学发生发展过程的全面认识，也有利于我们对早期民族文化经典《尚书》文学特征

---

① 傅道彬：《中国文学的文化批评》，黑龙江人民出版社2000年版，第2页。

的全面理解。尤其是在当前这一重要的历史转折时期，在实现中华民族伟大复兴的"中国梦"的关键时期，在中西融贯的全新学术视野下重新全面完整地探究传统文化经典《尚书》的文学意义，对于在新的历史条件下准确理解和传承中华优秀传统文化、建设有中国特色的社会主义文化，对于重塑中华民族文化精神、增强民族文化自信心和民族文化凝聚力、巩固全体人民团结奋斗的共同文化基础，对于中华优秀传统文化的海外交流与传播都具有重要的理论意义和现实意义。

关于《尚书》文学意义的论说最早始于孔子。《尧典》是《尚书》的首篇，也是最能代表《尚书》文学特征的一篇，据《尚书大传》，孔子有"《尧典》可以观美"的感叹。所谓"观"，据《谷梁传·隐公五年》："常事曰视，非常曰观"，这说明孔子并非一般地看待《尧典》，而是以对待经典的严肃庄重的态度来考察、观赏它。《尧典》的美不仅表现在内容方面，它记载了深为孔子推崇的尧和舜的美德与善政，表现了由尧和舜的思想境界和人格修养所产生的伦理人格之美，也表现在文章结构和语言等形式方面，具有打动人心的文采辞章之美和诗一般的语言修辞效果，以及在表现上古时期重大历史事件时所显示出来的宏大的历史叙事规模和壮盛的文章气势。这一篇文字对司马迁的纪传体开山之作《史记》产生了重要影响，我们从《史记》人物形象刻画的丰满生动、情节结构的精心安排和剪裁等方面，都可以看到《尧典》对《史记》叙事的积极影响。而关于《尚书》文学性的系统论述始于南朝刘勰的《文心雕龙》。在本体论的《原道》《征圣》《宗经》诸篇中，刘勰论述了《尚书》等五经的文学意义，他曾对《尚书》等五经的文学意义进行了概括："至根柢盘深，枝叶峻茂，辞约而旨丰，事近而喻远。是以往者虽旧，余味日新，后进追取而非晚，前修久用而未先，可谓太山遍雨，河润千里者也。故论说辞序，则《易》统其首；诏策章奏，则《书》发其源；赋颂歌赞，则《诗》立其本；铭诔箴祝，则《礼》总其端；记传盟檄，则《春秋》为根；并穷高以树表，极远以启疆，所以百家腾跃，终入环内者也。若禀经以制式，酌雅以富言，是即山而铸铜，煮海而为盐也。故文能宗经，体有六义：一则情深而不诡，二则风清而不杂，三则事信而不诞，四则义贞而不回，五则体约而不芜，六则文丽而不淫。扬子比雕玉以作器，谓五经之含文也。"[①] 对于《尚书》的文学意义，刘勰论述说："九代之文，富矣盛矣，其辞令华采，可略而详也。虞夏文章，则有皋陶六德，夔序八音，益则有赞，五子作歌，辞义

---

① （南朝梁）刘勰撰，范文澜注：《文心雕龙注》，人民文学出版社1958年版，第22—23页。

温雅，万代之仪表也。商周之世，则仲虺垂诰，伊尹敷训，吉甫之徒，并述诗颂，义固为经，文亦足师矣。"① 在文体论各篇中，刘勰论述了《尚书》对后世各体散文形成与发展的重要影响。唐代刘知几在《史通·叙事》中也高度评价《尚书》的文学影响："扬雄有云：'说事者莫辩乎《书》，说理者莫辩乎《春秋》'，然则意指深奥，诰训成义；微显阐幽，婉而成章，虽殊途异辙，亦各有差焉。谅以师范亿载，规模万古，为述者之冠冕，实后来之龟镜。"② 宋人陈骙的《文则》分别从史传叙事和修辞技巧的角度对《尚书》的文学性作了精彩的论述。元、明、清各代都有学者对《尚书》的文学性发表过精彩的论述。清代的王夫之和袁枚，在总结前代文学创作和文学理论的基础上，明确提出了"六经皆象""六经皆文"的观点。袁枚认为，六经之"道"的实现是以其"文"为前提的："不知六经以道传，实以文传"，"无形者道也，形于言谓之文。既已谓之文矣，必使天下人矜尚悦绎，而道始大明"。③ 在袁枚看来，六经虽是"道"与"文"的结合，但相对于"道"，六经的"文"具有更为重要的意义，是实现"道"即道德教化的前提条件。"六经皆文"强调了经典的文学价值与审美属性，彰显了《尚书》等儒家经典的文学史意义。钱钟书先生则更进一步，他在考察上古时期"诗"与"史"的关系时指出，上古文化中"赋事之诗与记事之史，每混而难分"，"诗体而具纪事作用，谓古史即诗，史之本质即是诗，亦何不可"。由于"古人有诗心而缺史德，与其曰'古诗即史'，毋宁曰'古史即诗'"。④ 自古以来被作为历史典籍的《尚书》同样反映着古人灵动的诗心和丰富的想象力，实为一种原始的朴素的诗，表现出早期人类文明所具有的诗性智慧与艺术品格。这样，"六经皆象""六经皆文"进一步发展为"六经皆诗"，为我们深入探究《尚书》的文学价值提供了坚实的理论基点。

但总体来看，前人的这种个别论述还缺乏系统性和整体性，他们更多地把《尚书》看作儒家最重要的经典之一，多从经学、史学、语言文字学的角度进行研究，间或延伸到天文、地理等诸多领域，却很少从文学角度考察《尚书》的文学性；即便有一些评论，也只是些零碎的评点文字，多保存在文话、序跋、评点等分散文本中，大多是在阐述对某一具体文学现象的看法时顺便提及，片言只语，表达随意，更多的是从文体风格角度

---

① （唐）刘知几撰，（清）浦起龙通释：《史通通释》，上海古籍出版社1982年版，第165页。
② （南朝梁）刘勰撰，范文澜注：《文心雕龙注》，人民文学出版社1958年版，第698页。
③ （清）袁枚：《小仓山房诗文集》（三），上海古籍出版社1988年版，第1380页。
④ 钱钟书：《谈艺录》第一册，中华书局1984年版，第38页。

进行富有主观情感特征的形象化描述，而且往往陈陈相因，不注重理论化的分析和逻辑性表述，远称不上全面系统的研究。清代的辨伪运动和五四后的疑古思潮为客观地进行《尚书》文学研究创造了条件，而西方文学观念和方法的输入和应用更开启了现代意义上系统的《尚书》文学研究。1924年，法国著名汉学家马伯乐（Henri Maspero）在《亚洲杂志》上发表了《〈书经〉中的神话》一文，这是西方汉学界较早从神话学角度解读《尚书》古史的一篇论文，经冯沅君翻译、由商务印书馆于1939年出版后，在我国学界产生了重要影响，特别是对"古史辨"学派的《尚书》研究影响较大；这篇论文破除了《尚书》的经学神秘性，揭示了《虞夏书》隐含的经过改造的神话传说与历史故事内容，为《尚书》文学研究的开展创造了条件。出版于20世纪30年代的陈柱的《中国散文史》，较早将《尚书》纳入文学视野，用了较大篇幅论述《尚书》的散文史意义，具有开创之功。20世纪以来出版的几种重要的文学史著作，如鲁迅的《汉文学史纲要》、钱基博的《中国文学史》、刘大杰的《中国文学发展史》，编写于60年代的最有影响的两种《中国文学史》以及80年代以来褚斌杰、谭家健的《先秦文学史》，郭预衡的《中国散文史》等，都为《尚书》设立了专门的章节，作为古代散文的源头或重要发展阶段加以论述。有关《尚书》的专著，如最新出版的顾颉刚、刘起釪的《尚书校释译论》，60年代陈梦家的《尚书通论》（修订本），80年代刘起釪的《尚书学史》等，也都从不同方面不同程度涉及《尚书》与文学的相关问题。80年代后出版的有关专著，如杨义的《中国叙事学》、郭丹的《史传文学》、傅修延的《先秦叙事研究》等，将西方的叙事学方法初步引进到《尚书》的文学研究中来，开辟了新的研究途径。有关《尚书》文学研究的论文自90年代后也开始出现，如陈良中的硕士学位论文《〈今文尚书〉文学艺术研究》，就是一篇不乏创见、观点深刻之作。近年来，文体学的研究方法在《尚书》的文学研究中日渐盛行，代表性的研究成果，如过常宝的《先秦散文研究——早期文体及话语方式的生成》、吴承学的《中国古代文体学研究》等，将文体学与文化学相结合，从文体起源的角度探究《尚书》文体的功能及演变，取得了较显著的成绩。而21世纪初"清华简"文献的陆续公布，为《尚书》文学研究的深入开展提供了新的契机。"清华简"文献中的20余篇《尚书》类文献，堪称两千年来首次出现的真正意义上的"古文尚书"，对《尚书》文学研究具有重要的参考价值，若能充分利用，深入挖掘，将简帛学与文学研究相结合，可为《尚书》文学研究提供重要的文献依据，开拓出《尚书》文学研究的新领域。自"清华简"公布以来，已发表了大量相关研究论文及专著，其中有代表性的如李学勤的《清华简与〈尚书〉〈逸周书〉的研究》（《史学史研究》2011年第4期）、廖名春的《清华简与〈尚书〉研究》（《文史哲》2010年第6期）均深入探讨了"清华简"文献对于《尚书》研究的重要价值。

上述20世纪以来有代表性的研究成果为《尚书》的文学研究作出了重要贡献，为进一步研究打下了深厚的基础，确立了研究的基本模式，但同时也存在着明显的不足。首先，研究不够全面，研究热点集中在少数几篇和少数几个问题上，对虽然重要却解读困难的篇章、意义重大整体关系却较为复杂的问题关注不够；其次，没有将《尚书》作为一个经过统一整理编辑、具有统一的思想意识和有机的内部联系的整体文本进行研究，而是把它从考证学、文献学的角度割裂成许多互无关系的独立篇章，使之成为一个文体混杂的历史资料汇编，使研究失去了整体意义；再次，研究手段、方法和研究理念有待改进和更新，许多研究过多沿用旧有模式和手段，如仍沿用传统的艺术鉴赏式的文章评点手法，缺乏理论分析和创新，尤其是近年来盛行于西方的后现代历史叙事学理论，打通了历史与文学两大学科，代表了历史学诗学转向的大趋势，对《尚书》的文学研究具有重要的理论借鉴意义，却没有引起研究者的足够重视；最后，个别研究者缺乏对《尚书》形成历史的基本了解，对《尚书》的篇章不作必要的鉴别，今古文《尚书》混而不分，使研究丧失了科学基础。此外，两千余年积累下的《尚书》研究文献可谓汗牛充栋，仅著录于《四库全书》的就有57部661卷，另有存目79部434卷，《续修四库全书》也存有93部之多，其中有许多内容涉及《尚书》的文学研究。但到目前为止，这些文献的大部分还未经充分的整理和利用，还没有文学研究者对其中的文学材料加以系统的整理和发掘，不利于《尚书》文学研究的深入进行。存在这些问题的原因有主客观两个方面。客观的原因是《尚书》距今年代久远，文字古僻，训诂茫昧，史实难明，加之在流传过程中又出现了伪古文的问题，致使许多问题聚讼千余年，至今无法解决，给《尚书》的文学研究造成极大不便。傅斯年就曾说过："六经问题之艰决者，无过于《尚书》。……持此曲曲可得之材料，以解决《尚书》问题之大部分，颇为不可能之事。"[①] 主观原因，一是研究者对《尚书》的文学价值认识不足，有些人竟把它与同时的钟鼎彝器铭文同等看待，从而把研究热情过多

---

① 傅斯年：《诗经讲义稿（含〈中国古代文学史讲义〉）》，中国人民大学出版社2004年版，第147页。

投向《左传》《史记》等历史散文领域里的研究热点，对《尚书》在散文史与文学史上的开端发源意义认识不够；二是《尚书》的文学研究需要涉及哲学、历史、语言文字、文献学，乃至天文、地理、神话学、民俗学等多门学科，相对于其他研究领域，问题更多，难度更大，致使这一领域长期以来鲜有涉足者。

今天，从文学艺术的角度研究古老的《尚书》，就不能再单纯依赖传统的实证主义考据方法，不能仅仅满足于揭示《尚书》传统的文章学意义，而应力求充分借鉴中西方先进的研究方法和研究理念。除了积极汲取"二重证据法"的理念与方法，充分利用"清华简"等出土文献资料，将其与传世《尚书》文献相比勘，将文学研究与文献研究相结合之外，还要努力适应时代的发展和学术的进步，积极参照与借鉴西方的某些行之有效的研究理念，通过对《尚书》文本进行阐释上的重新发现，以期从文学艺术的角度重新激发出这部古老典籍的生机与活力。从历史上看，《尚书》生命力的延续就得益于不断进行的重新发现与阐释。因此，对《尚书》文学的研究，其方法就不应该是传统的和单一的，而应该是创造性的和多元的，是在当代文论语境下，对古老典籍进行的现代性的阐释与解读。本书将把《尚书》看作一定意义上独立的具有整体意义的文化元典与文学性文本，从渊源论、艺术论、叙事论、修辞论、影响论五个方面，从文学艺术的视角，融贯中西学术方法，对《尚书》的文学特性及相关问题进行全面研究。在研究方法上，将文化考察与文学考察相结合，历史研究与审美研究相结合，宏观整体把握与微观作品解析相结合，综合运用传统的和现代的多种研究手段，扩大材料的来源，对《尚书》的文学性作尽可能全面、系统、完整的考察，进而深层次地揭示《尚书》的文学艺术价值及其在文学史上的地位与影响。依照由外而内、由历史文化背景到文本的顺序，依次考察《尚书》产生的历史过程与作者、《尚书》文本所包含的文艺因素及其时代社会影响，综合运用叙事学、修辞学、文体学以及神话学、民俗学、文化人类学等多种研究方法展开《尚书》的文本研究。研究的重点将放在《尚书》的文本上，力图通过文本的阐释与解读揭示文本深层的文学与思想文化意义。

第一章 渊源论:关于《尚书》的时代、作者及成书考辨

今日所见《尚书》的传本只有刘宋时期出现的伪孔传《古文尚书》,共五十八篇。其中包括了汉初伏生所传的真实可靠、较少异议的今文二十八篇。这二十八篇并无汉代传本,只是保留在被析为三十三篇的伪孔传《古文尚书》中。至元初赵孟頫始将伪孔传《古文尚书》中今文、古文分编。其后的元代学者吴澄等开始专释今文二十八篇。本书也以此为据,将所论《尚书》限定为汉初伏生所传的今文二十八篇,以避免无谓的争议,确保问题的明晰和研究的有效性。为了确保本书的研究建立在坚实的文献基础之上,有必要首先对今文《尚书》二十八篇的具体产生时代、具体篇章的作者以及今文《尚书》二十八篇的形成、演变过程进行简明的梳理与介绍。

第一节 《尚书》各部分产生的时代

大致确定汉初伏生所传今文《尚书》二十八篇的具体产生时代是《尚书》文学研究的基础和前提。虽然本书的《尚书》研究是以经过后代整编的文本作为研究对象的,但了解各篇作品的具体写作和编纂时代将能够保证材料的真实可靠和研究的科学有效,有助于我们对《尚书》全面、深入的理解。由于研究对象年代久远,资料匮乏,文本难懂,又缺乏有说服力的出土文献的支持,处理这样一个难题要面对的困难可想而知。虽然我们不能说这个问题困难到无法解决,但至少我们必须承认,在目前阶段完全解决这一问题的可能性还不大。但不管怎样,从事《尚书》研究,这一问题是不能回避的。尽管目前还不可能对《尚书》各篇产生的时代全都给出明确的答案,至少我们可以通过对这一问题的总结和梳理,通过归纳众多学者的观点,勾勒出《尚书》形成的基本时间线索,确定历史

上《尚书》编次结集的大致时期，从而有助于我们对《尚书》文学性的深入探究。至少，关注这一问题将会为《尚书》的文学研究提供富于启示性的认识线索，为进一步的深入研究奠定坚实的文献基础。因此，我们把确定《尚书》各部分的产生时代问题作为本书的起点。

二十八篇的具体篇目如下表：

	篇数	具体篇目
《虞夏书》	4	《尧典》（一）、《皋陶谟》（二）、《禹贡》（三）、《甘誓》（四）
《商书》	5	《汤誓》（五）、《盘庚》（六）、《高宗肜日》（七）、《西伯戡黎》（八）、《微子》（九）
《周书》	19	《牧誓》（十）、《洪范》（十一）、《金縢》（十二）、《大诰》（十三）、《康诰》（十四）、《酒诰》（十五）、《梓材》（十六）、《召诰》（十七）、《洛诰》（十八）、《多士》（十九）、《无逸》（二十）、《君奭》（二十一）、《多方》（二十二）、《立政》（二十三）、《顾命》（二十四）、《吕刑》（二十五）、《文侯之命》（二十六）、《费誓》（二十七）、《秦誓》（二十八）

关于这二十八篇的产生时代，堪称尚书学的一大难点。今文二十八篇，本是秦朝博士伏生所传、经过数次整理改编的传本。汉文帝时立从伏生受学的晁错为尚书博士，汉武帝与汉景帝时又分别立伏生的数传弟子欧阳高和夏侯胜、夏侯建为尚书博士，专门执掌伏生所传的今文《尚书》。今文《尚书》二十八篇遂在官方的弘扬和保护下得以讲解、传承，成为汉代的法定经典，具有不容置疑的神圣性和权威性。从那时起，人们相信二十八篇的写定时代就是各篇内容发生的时代，并且经过了孔子的整理删定，因而从来无人质疑。《尚书》古文学派虽因学术和政治原因与今文学派长期对立，但也从未提出这一问题。直到宋代，吴棫、胡宏和朱熹因怀疑《书序》的真实性，遂怀疑到《尚书》个别篇章的作者和年代等问题，如《康诰》《酒诰》《梓材》的作者和时代。由于《尚书》在封建时代经学中的特殊地位及其神圣性和权威性，在文化专制制度下，两千余年中虽有个别学者就这一问题发表了一些见解，但在正统派"师心杜撰，窜乱圣经"[①]的指责下，这一问题始终没有真正成为学术研究的对象。

随着学术的进一步发展和学术思想的进一步解放，明清学者终于打破禁锢，开始对传统上"神圣"的经书展开质疑。梅鷟、阎若璩、惠栋等

---

① 《钦定四库全书总目》（整理本）卷十三《书疑》，中华书局1997年版，第166页。

人经过严密的考证，证实了古文《尚书》二十五篇之伪，奠定了《尚书》科学研究的基础。到了近代，在社会发生巨变、文化专制瓦解的情况之下，今文二十八篇也开始受到质疑。康有为等人继承了清代今文学家的传统，由伪古文而疑汉古文，进而疑及汉今文。康有为的《孔子改制考》是这一时期的代表作，以六经为孔子"托古改制"之作。虽然议论弘肆，耸动一时，终因臆测无据，师心逞论，学术价值远不如思想价值。进入20世纪之后，在社会文化、政治发生巨变的环境下，在西方学术思潮的深刻影响之下，伴随着学术界有关古史问题争论的深入开展，《尚书》各篇的创作年代问题终于演变为学术热点。以顾颉刚先生为代表的"古史辨"派的一系列研究论文将这一问题的研究推进到一个新的水平，掀起了研究《尚书》年代学的学术热潮。在此期间，梁启超、王国维、钱玄同、顾颉刚、傅斯年、郭沫若等一大批新老学者均就这个问题发表了自己的见解。虽然观点歧异，各持己见，时至今日仍然难得定论，但这一现象足以说明这一问题的重要性和复杂性。20世纪后半段，尤其是80年代之后，以刘起釪为代表的一批《尚书》学者，继承了"古史辨"派的优良传统，继续对《尚书》诸问题，包括今文二十八篇的产生年代问题进行深入研究，取得了更新的进展。由于近年来出土文献的不断增多，一些学者对解决这一问题又提出了新的思路和方法，相信在不久的将来，相关的研究将会取得更大的进展。下面我们将把今文《尚书》分解为《虞夏书》《商书》《周书》三个部分，对历史上有代表性的各家各派的观点分别予以介绍，并在此基础上，对《尚书》各部分的产生时代和全书的成书过程提出意见。

（一）《虞夏书》

《虞夏书》包括《尧典》《皋陶谟》《禹贡》《甘誓》等四篇。关于《虞夏书》产生时代的争议，是《尚书》三部分中分歧最大的，两千余年来，大致形成了如下几种观点。

1. 虞夏说

从汉代至清代的漫长历史时期，官方的正统观点认为，《虞夏书》为当时史官对其时代重大历史事件的真实记录，产生于虞夏时代。两汉的今古文经师虽争执不休，但在《虞夏书》产生时代的问题上却认识一致。东汉古文《尚书》家马融、郑玄注《尚书》，明确提出《虞夏书》中的作品为唐尧、虞舜时代与夏代史臣所记。唐代孔颖达作《尚书正义》，沿袭马、郑之说。至宋代程颐开始怀疑旧说，认为《虞夏书》是"史官记载前世之事"，认为《虞夏书》并非产生于唐尧、虞舜之时，而是后世史官的追记。① 宋儒大多支持程颐此说，但很少明言《虞夏书》具体产生于何代。而蔡沈《书集传》仍沿袭汉唐旧说，认为"《尧典》虽记唐尧之事，然本虞史所作，故曰《虞书》。其《舜典》以下，夏史所作，当曰《夏书》，《春秋传》亦多引为《夏书》"。② 元代之后，随着辨伪之风的兴起，汉唐旧说日渐失去支持者。

近现代以来虽仍有个别学者坚持旧说（如曾运乾的《尚书正读》），但响应者已寥寥无几。郭沫若在作于1935年的《先秦天道观之演进》一文中说："生在二千五百年前的孔子，在古代研究上对于资料的缺乏，已经在发着浩叹。他说：'夏礼吾能言之，杞不足征也；殷礼吾能言之，宋不足征也；文献不足故也，足则吾能征之矣。'（《论语·八佾》）夏、殷距孔子之时未远，已无十足文献可征……照现在由地下发掘及古器物古文字学上所得来的知识而论，大抵殷商以前还是石器时代，究竟有没有文字还是问题……我们要断定夏代还是传说时代，可说是不成问题的。断定夏代是传说时代，并不是说夏代没有，有是有的，不过不会有多么高的文化，有的只是一点口传下来的史影。"③

刘起釪也说："以今日的历史学常识来看，知道夏代刚刚脱离先史时代进入有史时代。观殷墟甲骨文字尚只是汉字形制已经达到定型的文字，夏代文字很难说，即使已有原始文字，也只是漫长岁月中进展很慢的朝着定型的汉字前进的文字，是无法写出长篇的文章的。像最初由口耳相传，到有了可记事的文字时始加以记载，至商周始写定成篇的夏代开国宝典《甘誓》，只那么简短几句，显然夏代是不可能产生《尧典》这样的长篇大作的。"④

汉唐旧说认为《虞夏书》是唐尧虞舜或夏代史官记录的当代历史，这种说法显然是荒谬的，在今日看来近乎不值一驳。但在文字历史（recorded history）出现之前，曾经长期存在口传的历史（oral history, unrecorded history），不能因为夏代没有文字，文化不发达，便因而怀疑《虞夏书》的真实性。姜广辉认为："在儒家的经典中，《尚书》中口传历史的成分最多，所述内容时代久远，《尚书》第一篇《尧典》开头的'曰若稽古'、《洪范》中的'我闻在昔'、《吕刑》中的'若古有训'等等都明

---

① （宋）林之奇：《尚书全解》，《文渊阁四库全书》第55册，上海古籍出版社2003年版，第8—9页。
② （宋）蔡沈：《书经集传》，上海古籍出版社1987年版，第1页。
③ 郭沫若：《郭沫若全集·历史编》第一卷，人民出版社1982年版，第318页。
④ 顾颉刚、刘起釪：《尚书校释译论》，中华书局2005年版，第361页。

确表明所述内容是流传久远的。华夏民族由于历史上从未间断聚族生活，集体保持着远古的记忆。中国上古史多为传说性质，传说可以是口耳相传的历史，并不等同于神话。文字发明之后，先记载切近的事情，然后才去追记较远的历史，这是很正常的。晚于文献记载的上古历史，不能就视为后人的伪造。""在各民族文明史中，大都有一个由口述历史到成文历史的过程。这种口述历史传述本民族曾经发生过的重大事情，代代相传，流传的年代可能相当久远。因此也就不排除这样的可能，即传述历久而失真。但即使如此，仍有其真实的史影在。"① 有关上古时代"河图洛书"的传说，已隐约透露出《尚书》具有的原始的神秘性质。这一类口传的原始的历史在文字时代之前，在相当长的一段时期内作为前代的历史而流传。甚至在文字已经出现之后，仍由殷商和周代朝廷中的乐官（瞽矇）通过口头的方式传诵。徐中舒就认为，直到春秋时代，我国学术文化虽已高度发达，但有关历史的传习还未能脱离以口语传诵为主的原始方式。② "史不失书，矇不失诵"，史官的文字历史和瞽矇的口传历史曾长期共存互补，《尚书》的来源也因此分文字和口传两种方式。若从口传的角度看，传统的观点亦自有其合理性，不能简单否定。

2. 周初说

自清代开始，学者们对《虞夏书》的认识逐渐摆脱了汉唐旧说的桎梏。清代刘逢禄的《尚书今古文集解》、魏源的《书古微》、王先谦的《尚书孔传参正》皆以《虞夏书》中的《尧典》诸篇为周代史臣所记。

20世纪初，王国维提出了"周初说"，在当时产生了较大影响。他在《古史新证》中认为："《虞夏书》中，如《尧典》《皋陶谟》《禹贡》……文字稍平易简洁，或系后世重编，然至少亦必为周初人所作。"③ 梁启超在《古书真伪及其年代》中，从语言的难易、地理的变迁、名物制度的差异等几个方面进行考证，认为《尚书》中的《尧典》《皋陶谟》《禹贡》《甘誓》四篇"也许是周人追述之辞，不能认做尧舜史官所记"。④ 他在《中国近三百年学术史·清代学者整理旧学之总成绩》中说："部分伪未决定者，今文《尚书》二十八篇中之《虞夏书》。二十八篇为孔子时所有，盖无疑。但《虞夏书》是否为虞、夏时书，则大有问题，恐是周初

---

① 姜广辉主编：《中国经学思想史》，中国社会科学出版社2003年版，第7—8页。
② 徐中舒：《左传的作者及其成书年代》，《左传选》，中华书局1979年版，第356页。
③ 王国维：《古史新证》，清华大学出版社1994年版，第3页。
④ 梁启超：《古书真伪及其年代》，《饮冰室合集·专集》第十二册，中华书局1989年版，第93页。

或春秋时人所依托。"①

3. 孔门说

汉代王充《论衡·须颂篇》谓:"古之帝王建鸿德者,须鸿笔之臣褒颂纪载,鸿德乃彰,万世乃闻。问说《书》者'钦明文思'以下,谁所言也?曰:篇家也。篇家谁也?孔子也。然则孔子鸿笔之人也。"认为《尧典》等篇章为孔子所作。但这种说法与正统观点相矛盾,故汉代之后久无嗣响。

至清代,一些今文经学家出于现实需要,明确提出"六经",包括《尚书》皆为孔子所作的观点。廖平的《知圣篇》、康有为的《孔子改制考》、皮锡瑞的《经学历史》《五经通论》皆持此说。康有为作《孔子改制考》,于《六经皆孔子改制所作考》中认为,六经,包括今文《尚书》皆为孔子"托古改制"之作。他重理王充旧说,以《尧典》《皋陶谟》《禹贡》《洪范》诸篇文字"皆整丽谐雅",因而断言这几篇"皆纯乎孔子之文"。② 这种观点在当时影响颇大。

"古史辨"派兴起后,学者们获得了充足的证据,相信《虞夏书》与春秋战国时期儒家学派存在紧密联系。疑古学派的代表人物顾颉刚在1923年6月写给胡适的信(《论今古文尚书著作时代书》)中明确断言,《尧典》《皋陶谟》《禹贡》三篇是战国至秦汉时期伪造的。他认为,三篇中的前两篇是儒家政治理想的结晶,是儒家把自己的政治理想作为古代固有的历史提出,借以宣扬自己的政治主张。而后一篇则是战国之世,在走向统一前夕,由当时的地理学家按当时的疆域所作的总结性的地理记载。③ 钱玄同在《答顾颉刚先生书》中提出:"《尧典》《皋陶谟》《禹贡》《甘誓》等篇,一定是晚周人伪造的。"④ 徐旭生在《中国古史的传说时代》中评论说:"顾颉刚先生及他的朋友们……最大的功绩就是把古史中的最高的权威,《尚书》中的《尧典》《皋陶谟》《禹贡》三篇的写定归还在春秋和战国的时候。"⑤ 顾颉刚的弟子何定生作《尚书的文法及其年代》,根据《尚书》各篇的文法,证明《尚书》是周代的作品,没有一篇是周以前作的。

---

① 梁启超:《饮冰室合集·专集》第十册,中华书局1989年版,第259页。
② 康有为:《孔子改制考》,《康有为全集》第三集,中国人民大学出版社2007年版,第129页。
③ 顾颉刚等:《论今古文尚书著作时代书》,《古史辨》第一册,上海古籍出版社1982年版,第201页。
④ 顾颉刚等:《古史辨》第一册,上海古籍出版社1982年版,第76页。
⑤ 徐旭生:《中国古史的传说时代》,文物出版社1985年版,第26页。

《尧典》《皋陶谟》《禹贡》《甘誓》都是春秋战国时代的作品。①

郭沫若在1930年出版的《古代社会研究》中，通过对《尚书》的篇章结构、地理疆域、人格发展的阶段、天人一致观的表现、折中主义的伦理、三年之丧的出现、大一统观念的表现等七个方面的辨析，认定《尧典》《皋陶谟》《禹贡》三篇"完全是儒家的创作，在研究儒家的哲理上是必要的资料，但要作为古代的信史，那是断断乎不可！"② 并认为《甘誓》应该归入《商书》。他的《释祖妣》一文，据《尧典》"放勋乃徂落，百姓如丧考妣三载"一句中"百姓"字无有（古金文作百生），三年之丧古无有，考妣二字连文始于战国等证据，断定"《帝典》诸篇为孔门所伪托"。③ 在1935年作的《先秦天道观之进展》中，他根据文笔和思想内容，把《尧典》《皋陶谟》《禹贡》三篇的著作权具体划归倡导五行说的战国儒者孔子的孙子子思。④

陈梦家也持相同的观点。他曾把今文《尚书》按产生时代分为五类，其中第四类是战国时代拟作的誓，包括《甘誓》；第五类是战国时代的著作，包括《尧典》《皋陶谟》《禹贡》。⑤ 他在《尚书专论》一文中认为："《夏书》可能为晋人所追拟……成于东周时期。"⑥

刘起釪也说："由于经过进一步研究，获知这三篇（《尧典》《皋陶谟》《禹贡》）不是编定于战国后期，资料来源较早，大抵最后定稿于春秋时期。其中《禹贡》经过深入探析其内容，并采纳考古学者的意见，其编写时间还要早……它的蓝本可能出于商史文官对夏史口碑的追记，而基本定型的《禹贡》这篇纯地理著作则是周初史官对夏商史迹的追记。但把这部纯地理著作加上首尾几句，认定为大禹治水分州的文献，并把春秋时始出现的关于疆域区划的空想的'五服制'附入《禹贡》篇中，则是春秋时期的事，所以《禹贡》的最后附丽儒说的定本，和《尧典》《皋陶谟》的最后编定基本在同时……《尧典》基本成于春秋时创立儒家学派的孔子之手，《皋陶谟》的编定大概亦相去不远。总之这三篇最后由春秋时儒家编定收入与《诗》并行的这两部主要教本的《书》中，应是无

---

① 中山大学：《语言历史所周刊》第五集49—51合刊本。
② 郭沫若：《郭沫若全集·历史编》第一卷，人民出版社1982年版，第95页。
③ 郭沫若：《甲骨文字研究》《郭沫若全集·考古编》第一卷，科学出版社1982年版，第20—21页。
④ 郭沫若：《郭沫若全集·历史编》第一卷，人民出版社1982年版，第367页。
⑤ 陈梦家：《尚书通论》（增订本），中华书局1985年版，第112页。
⑥ 同上书，第170页。

问题的。"①

4. 秦汉说

顾颉刚于1923年曾对《尚书》二十八篇的产生时代进行了划分。他认为，《虞夏书》中的《甘誓》或是后世的伪作，或是史官的追记，或是真古文经过翻译形成的著作，总之是东周间的作品。而《尧典》《皋陶谟》《禹贡》三篇则"决是战国至秦汉间的伪作，与那时诸子学说有相连的关系。那时的拟书很多，这三篇是其中最好的"。②他1931年在燕京大学讲课用的《尚书研究讲义》第一册（丙种之一）中认定，今本《尧典》等篇"其地域与制度大率取于汉武帝时"，是写定于汉武帝时的伪作。

陈梦家在《尧典为秦官本尚书考》一文中提出，汉初伏生所传《尚书》是秦始皇时的官本，并以《尧典》一篇为例进行说明。他认为，伏生为秦博士，当时秦王朝尊官学而禁私学，而《尚书》在官学之列。伏生所传《尚书》有可能是采用秦制而将秦前传本加以修订而成的。他认为："当时齐鲁的儒者为了给秦始皇的新制度找文献的根据，局部的修订他们的经文传本，是可能的。汉初治《尚书》者多为齐人，而伏生也是齐人。"③张西堂在《尚书引论》中将今文《尚书》之作品按产生年代分为四组，其中将《尧典》《皋陶谟》《禹贡》三篇确定为战国、秦汉间的作品。④马雍认为，《虞夏书》各篇都不是当时的历史记录，而是战国时期，甚至秦代的作品，其中只有《甘誓》见于战国前期学者墨子的著作中，因此这一篇至少在战国时期以前即已存在。⑤

蒋善国在《尚书综述》中，从思想、词义、名物制度等几个方面的研究中得出结论，认为《尧典》和《皋陶谟》两篇是根据同一材料同时整编的，是在秦统一天下到禁《诗》《书》之间整编完成的。他认为，尧舜的传说早在春秋以来便存在着，至战国始出现《尧典》的简编。今本《尧典》是在秦并天下到秦始皇末年这段时间内，由儒家和博士以战国旧本为基础，采集尧舜传说，基于儒家的立场和秦代的制度，整编而成的。而《皋陶谟》则是儒生和博士在整理《尧典》的同时，将皋陶谟的言论

---

① 顾颉刚、刘起釪：《尚书校释译论》，中华书局2005年版，第511页。
② 顾颉刚等：《论今古文尚书著作时代书》，《古史辨》第一册，上海古籍出版社1982年版，第201页。
③ 陈梦家：《尚书通论》（增订本），中华书局1985年版，第339页。
④ 张西堂：《尚书引论》，陕西人民出版社1958年版，第173页。
⑤ 马雍：《尚书史话》，中华书局1982年版，第76—77页。

从战国时出现的《舜典》中剔出来，汇集而成。①

（二）《商书》

《商书》包括《汤誓》《盘庚》《高宗肜日》《西伯戡黎》《微子》五篇。自汉代以来，人们相信它们是商代的作品，几乎无人表示怀疑。直至清末，《商书》的产生时代才成为了问题。

1. 商代说

自汉代以来，除个别学者外，人们都相信《商书》是商代的作品，许多近现代学者仍然坚持传统的认识。如梁启超先生认为，从《汤誓》至《微子》，这些《商书》作品的真伪绝无问题，年代可照向来之说，看作商代的作品。② 王国维在《古史新证》中也说："《商书》中之《盘庚》《高宗肜日》《西伯戡黎》《微子》……皆当时所作也。"③ 郭沫若在中华人民共和国成立后修改了自己的观点，对《商书》的认识接近于商代说。他说："殷代的散文，如《尚书》中的《盘庚》和《高宗肜日》等篇是可信的，虽然经过后人的润色。其中已有'民'字，也还有不少其他的字为甲骨文中所未见。"④

马雍也认为，《商书》各篇之中，只有《汤誓》是后来追述的历史传说，其余几篇都是比较直接的档案。⑤ 随着古史与古文字研究的深入发展，商代说受到越来越多的怀疑。但至今仍有一些学者，特别是研究古代文学的学者仍相信，《商书》各篇，尤其是《盘庚》，在思想内容和语言表达方式上都与周代诸诰有很大的不同，很可能最早完成于商代。如陈柱的《中国散文史》、刘大杰的《中国文学发展史》、游国恩等主编的《中国文学史》都持这一观点。

2. 西周说

王国维在《高宗肜日说》中认为，《商书》中的内容都是殷代的，所记录的讲话都有原始记载，但在语言文辞上有一些与殷代不合。据此他提出："《商书》之著竹帛，当在宋之初叶。"他推测《商书》的篇章写定在纣亡之后，微子受封建立宋国之初。⑥ 傅斯年也认为，《商书》的《盘

---

① 蒋善国：《尚书综述》，上海古籍出版社1988年版，第172页。
② 梁启超：《古书真伪及其年代》，《饮冰室合集·专集》第十二册，中华书局1989年版，第93页。
③ 王国维：《古史新证》，清华大学出版社1994年版，第3页。
④ 郭沫若：《古代文字之辨证发展》，《奴隶制时代》，中国人民大学出版社2005年版，第194页。
⑤ 马雍：《尚书史话》，中华书局1982年版，第76—77页。
⑥ 王国维：《观堂集林》，中华书局2004年版，第31页。

庚》及《高宗肜日》两篇，"以年代论，比《周诰》早得多；以文辞论，反比《周诰》较易通解，然这两篇都不类春秋的文辞"。他进而提出："商末至少有两次的大乱，一为纣亡时，二为武庚亡时。经过这样大乱，册府是完整不了的。清朝人不为明朝人保存档案，周朝人更决无为商朝人保存史料之理。宋以丧亡之后，小休之时，根据传训，写成典书，是事实之最可能者。惟其传说有自，所以不像后来的文辞；惟其追记在后，所以稍有近后的语句。"①

郭沫若认为："《商书》除掉殷末的几篇而外，也都大有问题。"他从卜辞与《商书》对至上神称呼的不同，发现了《商书》存在的年代问题。卜辞称至上神为"帝"，到了殷代的晚期，变成"上帝"，但绝不称"天"。因为"天"在卜辞及周初金文中只是个普通的字，与"大"字同意。而《商书》中的《汤誓》《盘庚》《高宗肜日》《西伯戡黎》《微子》各篇均出现以"天"称至上神的现象，因此，他认为："除掉《微子》和《西伯戡黎》的两篇是在卜辞的年代范围以外，其余都是不能相信的。《高宗肜日》据《史记》是作于祖庚时代，在武丁之后，称帝为天庸或有之。但那种以民为本的观念，特别是'王司敬民，罔非天胤'（国王应该尊重老百姓，没有一人不是天的儿子）的说法，在古时是不能够有的。民在周人本是和奴隶相等的名词，卜辞中也没有见到民字以及从民的字。《高宗肜日》一篇也是不可信的。"②

何定生的《尚书的文法及其年代》，据《尚书》的文法考证《尚书》为周代的作品，没有一篇是周以前作的，《商书》中主要作品《盘庚》作于西周，而《汤誓》作于东周。③

蒋善国在《尚书综述》中认为，《商书》中《西伯戡黎》与《微子》两篇"实际都形容纣的恶德，表明殷之所以将亡。在辛纣……的暴政下，有谁敢记这种批评当时朝廷的言论？所以这两篇的成书，一定不在纣时，而在周初武王的时候"。④

裘锡圭认为："《商书》用词行文的习惯往往与甲骨卜辞不合。如《盘庚》喜欢用'民'字，在卜辞里却还没有发现过同样用法的'民'字。但是《商书》各篇所反映的思想以至某些制度却跟卜辞相合。看来，

---

① 傅斯年：《诗经讲义稿（含〈中国古代文学史讲义〉）》，中国人民大学出版社2004年版，第154页。
② 郭沫若：《郭沫若全集·历史编》第一卷，人民出版社1982年版，第317页。
③ 中山大学：《语言历史所周刊》第五集49—51合刊本。
④ 蒋善国：《尚书综述》，上海古籍出版社1988年版，第211页。

它们(《汤誓》也许要除外)大概确有商代的底本为根据,然而已经经过了周代人的比较大的修改。"①

刘起釪也通过对《商书》语言和思想内容的研究,认为《商书》部分篇章的写成定稿"时间当已进入了周代,执笔修饰写定的人当是以接受周人语言影响的宋国史臣"。他认为《高宗肜日》、《西伯戡黎》和《微子》三篇的写定"肯定是在商亡后较久的时间,殷人已周化很深的情况下写成的,《汤誓》和《盘庚》的写成时间,是比这三篇要早一点的"。②

3. 东周说

清代一些今文学家认为"六经"为孔子所作,则《尚书》自然也为孔子所作。廖平的《知圣篇》、康有为的《孔子改制考》、皮锡瑞的《经学历史》《五经通论》皆持此说。康有为在《六经皆孔子所作考》中提出:"其'殷盘''周诰'《吕刑》聱牙之字句,容据旧文为底章,而大道皆同,全经孔子点窜,故亦为孔子之作。"③

顾颉刚认为,《汤誓》《高宗肜日》《西伯戡黎》《微子》等作品"有的文体平顺,不似古文,有的人治观念很重,不似那时的思想。这或者是后世的伪作,或者是史官的追记,或者是真古文经过翻译,均说不定。不过决是东周间的作品"。④

傅斯年认为:"《汤誓》疑是战国时为吊民伐罪论者做的,可别论;《盘庚》三篇文词不如《周诰》古,而比其他《虞夏》《商》《周》书都古,疑是西周末宋人所追记前代之典。若《高宗肜日》《西伯戡黎》《微子》三篇,以文词论,当更后。"⑤

陈梦家于 1956 年为作于 1942 年的《尚书通论》补作结语,在结语中,他将今文作品的产生时代分为五个时期。其中战国时代产生的作品分为两部分:一是战国时代拟作的誓,其中包括《商书》中的《汤誓》《盘庚》两篇;二是战国时代的著作,包括《商书》中的《高宗肜日》《西

---

① 裘锡圭:《谈谈地下材料在先秦秦汉古籍整理工作中的作用》,裘锡圭《古代文史研究新探》,江苏古籍出版社 1992 年版,第 46 页。
② 顾颉刚、刘起釪:《尚书校释译论》,中华书局 2005 年版,第 1033—1034 页。
③ 康有为:《孔子改制考》,《康有为全集》第三集,中国人民大学出版社 2007 年版,第 129 页。
④ 顾颉刚等:《论今古文尚书著作时代书》,《古史辨》第一册,上海古籍出版社 1982 年版,第 201 页。
⑤ 傅斯年:《诗经讲义稿(含〈中国古代文学史讲义〉)》,中国人民大学出版社 2004 年版,第 33 页。

伯戡黎》《微子》等三篇作品。① 而他于此前作于1943年的《尚书专论》中，认为《商书》"可能为宋人所追拟……成于东周时期"。②

张西堂在《尚书引论》中，根据文中语句和职官等线索，提出《高宗肜日》《西伯戡黎》、《微子》三篇作于西周与春秋间，皆后世据传说追录。③

（三）《周书》

《周书》包括《牧誓》《洪范》《金縢》《大诰》《康诰》《酒诰》《梓材》《召诰》《洛诰》《多士》《无逸》《君奭》《多方》《立政》《顾命》《吕刑》《文侯之命》《费誓》《秦誓》十九篇。与《虞夏书》《商书》的聚讼不休，莫衷一是相比，《周书》的问题则要简单得多，大致存在两种说法。

1. 真实档案说

自汉代到宋代，今文《尚书》二十八篇的产生时代从未成为问题，尤其是主体部分的《周书》更是如此。只是到了宋代，个别学者才对《周书》部分篇目的作者产生疑问，而对诸诰的产生时代则从无异议。近现代以来，主张《周书》系周代真实历史记录和真实历史档案的观点仍是主流。

梁启超认为：从《牧誓》到《秦誓》叫作《周书》，真伪绝无问题，年代可照向来之说，看作周代的作品。④ 王国维也认为，《周书》中之《牧誓》至《秦誓》二十篇，（从《顾命》中分出《康王之诰》）"皆当时所作也"。⑤ 陈梦家断定，除《牧誓》《洪范》二篇为战国时代的著作外，《周书》的作品都为西周时代产生。⑥ 马雍认为，《周书》大体都是可靠的真实档案文献，其中唯有《洪范》，内容全系五行学说，似应是战国时期五行学家兴起以后的作品，但也无法确定。⑦ 裘锡圭说："通过跟西周春秋铜器铭文作对比，我们可以相信《尚书》中的《周书》的大部分（自《大诰》以下各篇），虽然其文字在不断传抄刊刻的过程中已经出现了不

---

① 陈梦家：《尚书通论》（增订本），中华书局1985年版，第112页。
② 同上书，第170页。
③ 张西堂：《尚书引论》，陕西人民出版社1958年版，第192页。
④ 梁启超：《古书真伪及其年代》，《饮冰室合集·专集》第十二册，中华书局1989年版，第93页。
⑤ 王国维：《古史新证》，清华大学出版社1994年版，第3页。
⑥ 陈梦家：《尚书通论》（增订本），中华书局1985年版，第112页。
⑦ 马雍：《尚书史话》，中华书局1982年版，第76—77页。

少讹误，但大体上还保持着'原件'的面貌。"①

2. 部分作于东周说

清代部分今文学家将《尚书》的著作权归诸孔子。康有为在《六经皆孔子改制考》中提出："其'殷盘''周诰'《吕刑》聱牙之字句，容据旧文为底章，而大道皆同，全经孔子点窜，故亦为孔子之作。"②

顾颉刚认为，《大诰》《康诰》《酒诰》《梓材》《召诰》《洛诰》《多士》《多方》《吕刑》《文侯之命》《费誓》《秦誓》等十三篇，"在思想上、在文字上，都可信为真"；而《牧誓》《金縢》《无逸》《君奭》《立政》《顾命》诸篇，有的文体平顺，不似古文，有的人治观念很重，不似那时的思想。或是后世的伪作，或是史官的追记，或是真古文经过翻译，是东周间的作品。③

傅斯年认为，《周书》的大部分，"自《大诰》至于《顾命》，合以《文侯之命》，凡十三篇，此正所谓'佶屈聱牙'之文辞，文式语法皆为一贯。此真一部《尚书》之精华，最为信史材料"。④ 张西堂在《尚书引论》中，从语言文字的角度进行考证，将《周书》中的《牧誓》《洪范》《金縢》三篇确定为战国初中叶作。⑤ 陈梦家也将《牧誓》与《洪范》两篇划归战国时代的著作。⑥

何定生作《尚书的文法及其年代》，据《尚书》的文法对《周书》进行研究，确认《周书》中的《大诰》《酒诰》《君奭》为西周时期的作品，其余《立政》《梓材》《无逸》《文侯之命》《召诰》《牧誓》《费誓》《洛诰》《吕刑》《秦誓》《多士》《金縢》《多方》《康诰》是东周时期的作品。其中《大诰》最早，作于成王初年。⑦

刘起釪认为："在《尚书》全书中来说，也基本只有作为讲话记录的诸'诰'才是可靠的文献。"而《周书》中的《金縢》《顾命》等叙事

---

① 裘锡圭：《谈谈地下材料在先秦秦汉古籍整理工作中的作用》，《古代文史研究新探》，江苏古籍出版社 1992 年版，第 46 页。
② 康有为：《孔子改制考》，《康有为全集》第三集，中国人民大学出版社 2007 年版，第 129 页。
③ 顾颉刚等：《论今古文尚书著作时代书》，《古史辨》第一册，上海古籍出版社 1982 年版，第 201 页。
④ 傅斯年：《诗经讲义稿（含〈中国古代文学史讲义〉）》，中国人民大学出版社 2004 年版，第 149 页。
⑤ 张西堂：《尚书引论》，陕西人民出版社 1958 年版，第 186—190 页。
⑥ 陈梦家：《尚书通论》（增订本），中华书局 1985 年版，第 112 页。
⑦ 中山大学：《语言历史所周刊》第五集 49—51 合刊本。

文，与诸诰体例不一致。这些叙事之文的风格也较平顺，"颇接近东周，很可能是东周史官所补述"。①

综合上述对于《尚书》三部分的引述，可以发现一个有趣的现象，即产生时代越早的部分，争议越多，诸家主张的实际产生时代反而越晚；产生时代越晚的部分，争议越少，诸家主张的实际产生时代反而越早。按照顾颉刚"层累地造成的古史观"的学说来解释这一现象，即《尚书》的各部分亦如古史一样，是层累地造成的。其中史实越古的作品，其实际写定的时代却越晚；反之，史实越近的作品，其实际写定的时代却越古：史实与作品的产生时代成反比。具体地说，《虞夏书》的史实发生时代最久远，而它最后写定的时代却在最后，晚于《商书》和《周书》。《周书》的史实之发生晚于《商书》和《虞夏书》，其实际写定的时代却早于《商书》和《虞夏书》。

按照这一基本判断，结合前面引述的各家观点，我们可以发现，《周书》虽然史实发生时代最晚，但它的可靠性却最高。梁启超、王国维、陈梦家等几位学者都主张"真实档案说"；即便是主张"部分作于东周说"者，其下限亦不晚于战国。相对于《虞夏书》与《商书》，《周书》可以说是争议最少，问题最少，诸家主张之时代最为接近的一部分。

反观《虞夏书》，史实发生最早，问题最多，争议也最大。四种观点中，"虞夏说"只能说明《虞夏书》的口传来源，用来说明其实际写定时代，显然不能成立。其余三说都有存在的理由。相对来说，"秦汉说"主张者要少一些，只有陈梦家的"伏生《尚书》为秦官本说"颇为有力，蒋善国也是此说的支持者。但陈氏、蒋氏也只是主张"局部改编""部分整编"，并不否认战国时期已存在着《虞夏书》的底本和简编本，故此说实际与"孔门说"并不矛盾。余下"周初说"和"孔门说"，其中主张周初者人数更少，而且拿不出实际证据，王国维、梁启超多使用"或""也许"一类游移之词，未下肯定判断。"孔门说"实际还可细分为春秋和晚周（战国）两种观点，主张者均人数众多，且都有足够的证据。总体来看，断定《虞夏书》成书在春秋战国之时，应是没有问题的。综合各家的观点和证据，具体说应是成书于春秋与战国之际，晚于《商书》和《周书》。

《商书》的情况介于前两者之间。三种说法中，"商代说"显然缺乏说服力，虽然可以判断《商书》各篇在商代存在底本，但多种证据显示，

---

① 顾颉刚、刘起釪：《尚书校释译论》，中华书局2005年版，第1253页。

《商书》的最后写定肯定不在商代。"西周说"与"东周说"均可成立。大致看来，《商书》应是以商代底本为依据，先后经过了周初史官和春秋时期儒门学者的加工润色最后完成的。故《商书》产生时代当早于《虞夏书》而晚于《周书》。

通过上面的引述和推论，对于《尚书》在历史上的形成过程，我们可以大致找到一些线索，勾勒出一个形成发展的轮廓。首先，西周初年应看作《尚书》形成的第一个重要时期。今文二十八篇的主要部分——《周书》的许多篇章和个别的《商书》篇章在这个时期基本写定了。这些由周初史官写作出来的作品，肯定经过了后世的改动，但大体保持了原貌。其次，春秋时期，具体地说，春秋后期当是《尚书》形成的第二个重要时期。在此期间，儒家学派对第一个时期流传下来的《尚书》作品进行了一定的加工，以便适合自己的需要；同时，他们又在前代资料，包括文字档案与前代口传资料的基础上，从儒家学派的立场出发，改写和编订了一批新的《尚书》作品，包括《周书》的一部分、《虞夏书》的一部分。再加上他们搜集整理的《商书》的一部分，《尚书》在这一时期便基本定型了。第三个时期是战国末期到秦代。在中国历史上第一次走向统一的时候，儒家学派的学者们认识到，他们必须对传统学说进行一定程度的改造，才能使他们的学说和他们自己生存下来。于是就有了《尚书》篇章的一次较大的改造，包括部分改写和重新编排。这次改造之后的《尚书》成为秦王朝的官本，由伏生部分地保存到了后世。在这三个时期里面，第二个时期也许是最重要的。除了使《尚书》定型和基本成书这个原因之外，还因为，正是在这个时期，《尚书》被赋予了思想和灵魂，形成了构成《尚书》本质性的东西，开始了《尚书》经典化的过程。第三个时期是《尚书》文本的最后完成期，今文《尚书》二十八篇就在这个时期最后完成。而第一个时期是奠定基础的时期，在这一时期里，生活于西周初年的史官们写作了第一批《尚书》篇章，为《尚书》确立了基本的写作模式，他们是《尚书》文本最早的作者。

第二节 《尚书》作者考论

一般认为，《尚书》的主体部分《周书》是周王的言论集，作为言论的发出者，周王自然是这些文章的作者。而事实上，周王只是诰命的授意者和名义上的作者，史官才是诰命实际的写作者和发布者。史官是周代掌握书写技能的专门阶层。作为册命等仪典的组织者和周王的代言人、政令的撰写发布者，周初的重要文诰实际都是出自史官的笔下，而周王、周公、召公等领兵征伐的将帅，是没有精力，也没有能力从事文字之事的。在当时，书写的知识和把语言永久记录下来的能力就意味着权力，史官就是周初官方话语权力的拥有者。研究《尚书》，尤其是《周书》，就不能不特别考虑史官的作用，而这一点是为过去的《尚书》研究者所忽略的。傅斯年曾说过："经典时代所谓'史'之一职，与八代所谓'掾'之一职……皆是给人做书记的。史掾的文辞，在原始上不过是工具的文辞，不能说是艺术的文辞，但公文有时也很有艺术性，特别在中国文学史中这个情况尤其显著。不特六朝的大文多是官文或半官文，即开中国文学史的《尚书》《雅》《颂》，就都是官文。"① 写作《尚书》篇章的周代史官实际上是中国文化史上的第一批职业写作者，也应视为中国文学史上最早的文章作者，他们的生平与创作情况值得我们去认真研究。

（一）史佚考论

史佚是殷周易代之际及周初的最有成就的史官，同时也是一位杰出的学者，他写作的史学、文学文献对后世文化，尤其是儒家文化的形成产生了重要影响。但长久以来，史佚的文化成就并未受到应有的重视。最早提及这一问题的，是现代著名学者孙作云，他于1960年发表的《再论天亡簋二三事》中说："假如我的推测可信的话，则天亡或史佚，的的确确是西周初年一位大文学家；谈历史与文学史的人，应该特别注意他。"② 然而据笔者所知，直到"清华简"文献公布前，尚未出现一篇专门论及史佚及其文化成就的文章，各种文学史、文化史上也没有出现他的名字，史佚似乎被历史所遗忘。这不能不令人引以为憾。所幸的是，2010年公布的《清华大学藏战国竹简》第一辑，其中的《耆夜》一篇，记载了周武王八年伐黎大胜之后，在文王太室举行饮至典礼，武王君臣七人饮酒作歌的史事。在参加典礼的七人中赫然出现了史佚。虽然关于《耆夜》的内容真伪与成文时代的早晚还存在着许多争议，但毫无疑问，《耆夜》在沉睡两千三百多年后的重新出土，正印证了孙作云五十多年前所作的推测，为我们第一次认真全面地清理考察有关史佚的文献资料，进而为重新认识殷周易代之际的史官与《尚书》等早期文化元典写作的关系提供了新的

---

① 傅斯年：《诗经讲义稿（含〈中国古代文学史讲义〉）》，中国人民大学出版社2004年版，第133页。
② 孙作云：《再论天亡簋二三事》，《文物》1960年第5期。

契机。

1. 史佚其人

史佚,又称作册逸、作策逸、尹佚、尹逸、天亡(《逸周书·世俘》《左传》《国语》《大戴礼记》《礼记》《新书》《史记》《汉书》《后汉书》等众多古籍称为史佚,《尚书·洛诰》称为作册逸,"清华简"《耆夜》称为作策逸,《史记·周本纪》《淮南子·道应训》《汉书·艺文志》《国语·晋语》韦昭注称为尹佚,《逸周书·克殷》《说苑·政理》称为尹逸,《大丰簋》铭文称为天亡)。从名字来看,佚与逸、亡通,无歧义。从姓氏来看,西周时代的史官由殷商祭祀制度下的神职官员发展而来,史、作册、尹都是世袭制官员,其姓氏的变化与西周史官制度的变化有关。陈梦家在论述西周史官制度的演变时认为:"西周初期的史官以乍册史为主,中期以内史为主,而尹氏至晚期始盛。"① "乍册"即作册(作策),见于金文与卜辞,本义是制作册命(策命)者;内史(史)则是西周中期拥有重权的史官,王国维先生说:"内史之官虽在卿下,然其职之机要,除冢宰外,实为他卿所不及。自《诗》《书》彝器观之,内史实执政之一人。其职与后汉之尚书令,唐宋之中书舍人、翰林学士,明之大学士相当,盖枢要之任也。"② 而尹则是西周晚期之史,地位尊高,故《小雅·节南山》云"尹氏大师,维周之氐,秉国之钧"。陈梦家认为:"此三官应有分别,后世追记,因其性质相近,故每有互易其名的。"最早出现于《尚书·洛诰》的作册逸以及《耆夜》中的作策逸,应是史佚的确切姓名,而后来出现的史佚、尹佚、尹逸,则是由于"作册之名,西周中期以后,渐以不行,后世作者遂不能知其为官名"③ 而后起的异称。因古籍中史佚之称更为普遍,故这里仍称作册逸为史佚。

史佚作为史官之长,在周初位高而权重。据《大戴礼记》和《新书》,他与当时的执政大臣周公旦、召公奭、太公姜尚一道,被称为"四圣"。《大戴礼记·保傅》载,史佚因其"博闻而强记,接给而善对",于"四圣"中为"承","承天子之遗忘";另据《礼记·文王世子》郑注及《汉书·谷永传》颜注,"四圣"又称"四辅";又据《尚书大传》,"四圣"又称"四邻",其中"承"的职责是"可志而不志,责之承"。

根据以上史籍的记载,可知史佚的职责是侍从于周王左右以备顾问并

---

① 陈梦家:《尚书通论》(增订本),中华书局1985年版,第147页。
② 王国维:《观堂集林》,中华书局2004年版,第263页。
③ 陈梦家:《尚书通论》(增订本),中华书局1985年版,第148页。

出谋献策，是周王的智囊和顾问。其具体职责，一是担任"承"职（"承"即后来丞相之"丞"），顺承、秉承周王之命，以其"博闻而强记"的才能，"志"其"可志"（"志"与"记"同义，有记忆、记录二义），以便"承天子之遗忘"，并以"接给而善对"的言语修辞能力应对周王的疑难。可知史佚具有高超的记忆、写作能力，广博的知识和优异的口才。二是担任"少师"之职，指导年幼周王的学习并教正其言语辞令。《新书·傅职》载"天子燕辟废其学，左右之习诡其师；答远方诸侯、遇贵大人，不知大雅之辞；答左右近臣，不知已诺之适；简闻小诵之不博不习；凡此之属，少师之任也，古者史佚职之"。三是担任"祝宗"之职，主持祭祀、册命等各种宗教性、政治性的仪式典礼，并代宣王命，在典礼上以周王的名义发布由其代为撰写的各类诰命及告神的祝词。《尚书》《逸周书》均有相关记载。四是参与周王政治、军事谋略的策划及具体实施。据《逸周书》之《世俘》《克殷》二篇及《国语·晋语》，史佚参与了协助文王谋划灭商、随同武王军事灭商及迁九鼎、营建洛邑等重大历史事件，是周王的高级幕僚和得力助手。在"清华简"《耆夜》中，史佚与武王、周公旦、召公奭、姜太公、毕公高、辛公甲等君臣七人共同在文王太室举行饮至之礼，庆祝伐黎之役的胜利，同时谋划未来的政治军事方略，可见史佚地位之重要。五是掌管天象历法及卜筮之事。《史记·天官书》以史佚为周室"传天数者"，"天数"就是历数，指观察天象、推算历法及与之相关的一套卜筮筹算的数术知识和技能。

  史佚除了具有唐人刘知几赞誉的"高才博学，名重一时"[①]的丰富知识和优异才能外，还是一位正直不阿、谨慎守礼的道德实践者。《史记·晋世家》载，成王幼时与其弟叔虞戏，以桐叶戏封之。时任少师的史佚劝诫成王说："天子无戏言，言则史书之，礼成之，乐歌之。"于是以假为真，遂封叔虞于唐。另据《礼记·曾子问》载，史佚有子早夭，下葬不便，召公建议以成人礼葬之，但史佚坚持礼法，不愿听从。后经周公特许，才改变旧制。《汉书·古今人表》将史佚与召公、太公同列为九等中的第二等，为上中仁人。同召公一样，史佚也是一位长寿者。他既是文王、武王朝的佐命大臣，又是成王朝的"四圣"之一，据《汉书·艺文志》班固注，还是康王朝的大臣，历仕文、武、成、康四代君王。

  2. 史佚的著述

  《汉书·艺文志》于"诸子略"之"墨家"著录《尹佚》二篇，居

---

① （唐）刘知几撰，（清）浦起龙通释：《史通通释》，上海古籍出版社1982年版，第282页。

墨六家之首，但久已亡佚，《隋书·经籍志》不录。与《尹佚》性质相同的是《辛甲》，《汉书·艺文志》于"诸子略"之"道家"著录《辛甲》二十九篇。据班固注，辛甲原为纣臣，后归周，为文王谋士。《国语·晋语》载文王即位，"询于八虞而咨于二虢，度于闳夭而谋于南宫，诹于蔡原而访于辛尹，重之以周邵毕荣"。据韦昭注，蔡、原、辛、尹四人为周太史，辛是辛甲，尹是尹佚，即史佚。对于周初史官史佚、辛甲之书何以入墨家、道家，长期存在争论。根据刘歆、班固诸子皆出王官说，道家出于史官，老子为周柱下史，故辛甲入道家。墨家出于清庙之守，而有事于庙者，非巫则史；且据《墨子》记载，周桓王时周史史角至鲁，其后居于鲁，为墨子师，故史佚入墨家。

《尹佚》二篇虽已亡佚，但其内容仍可从现存古籍中探得梗概。《淮南子·道应训》及《说苑·政理》载成王问政于史佚一事，很可能出于《尹佚》。《左传》于僖公十五年、文公十五年、宣公十二年、成公四年、襄公十四年、昭公元年共六处记载了史佚的言论。这六处引语中（宣公十二年所引与僖公十五年相同，故实为五处），除成公四年为引书外，其余皆与《国语·周语》所引史佚之语一样，都以"史佚有言"开端，说明史佚在周代有很高的名望与威信，他的话语可以作为有公信力的经验之言，为说理论证提供有力的支持，增加说理论证的权威性。正如刘知几所说，史佚之言在周代，"凡有游谈、专对、献策、上书者，莫不引为端绪，归其的准"。① 成公四年引言以"《史佚之志》有之曰"开端。《史佚之志》的性质与《左传》襄公三十年所引《仲虺之志》相同，都是史官的言论记录。《仲虺之志》在《墨子·非命》中引作《仲虺之告》，说明《尹佚之志》与《仲虺之志》一样，都属记言体，是春秋人汇集前代著名史官言论而成的言论集。《史佚之志》既成之在先，是《左传》《国语》引语之所出，很可能是《尹佚》二篇的祖本。

现存史籍中所引史佚的言论皆为短章，是有关国家兴亡、政治得失等历史经验教训的言论，普遍具有洗练简约、内涵丰富的特点。其中多有近似格言警句的语言精粹，蕴涵丰富的人生、历史哲理，如："天地之间、四海之内，善之则吾畜也，不善则吾仇也"是深刻洞察社会政治的至理名言；"无始祸，无怙乱，无重怨""动莫若敬，居莫若俭，德莫若让，事莫若咨"采取了排比句的形式，是儒家思想观念借以形成的早期道德训诫；"非我族类，其心必异"已成为现代汉语中的成语。除《史佚之

---

① （唐）刘知几撰，（清）浦起龙通释：《史通通释》，上海古籍出版社1982年版，第379页。

志》或《尹佚》外，史佚还有一些诰命之作保存下来。这些诰命文兼有人神两面，既有代周王宣命于臣民的，又有代周王祭告于上天的。祭告上天的祝告之词保留在《逸周书》等古籍以及出土的彝器上。

《逸周书·克殷》和《史记·周本纪》都记载了武王于牧野战后，于商都"除道修社及商宫"，举行祭告天神的大型典礼。在典礼上，"毛叔郑奉明水，卫叔封傅礼，召公奭赞采，师尚父牵牲。尹逸策曰（《史记》作"尹佚策祝曰"）：'殷末孙受（纣），德迷先成汤之明（《史记》作"殄废先王明德"），侮灭神祇不祀，昏暴商邑百姓，其章显闻于昊天上帝！'武王再拜稽首。（史佚）曰：'膺受大命，革殷，受天明命！'武王又再拜稽首，乃出"。所谓"策"或"策祝"，是宣读简策文字上告天神。这篇祝词文字简练，风格严正、庄重，列举了纣王的三条罪行，同时宣布商王朝的灭亡和周王朝的建立。短短四十余字极富概括性，非大手笔不能为之。另据《逸周书·世俘》，武王回师镐京后，又举行了盛大的祝捷告庙典礼，"武王降自车，乃俾史佚繇书于天号（室）"，孔晁注："使史佚用书荐俘于天也。"可惜的是，这篇告天的策书不见于记载。

清道光年间出土于关中的《大丰簋》（《天亡簋》）铭文，则为我们保存了史佚的另一篇更为精彩的祝告之作。铭文的内容，按孙作云的释义是：乙亥，王又（有）大丰，王凡（泛）三方，王祀于天（大）室，降，天亡又（右）王。衣祀于王不（丕）显考文王，事喜上帝。"文王见（监）才（在）上！不（丕）显王乍（作）相，不（丕）肆王乍（作）赓，不（丕）克气（迄）衣（殷）王祀！"丁丑，王乡（飨），大宜。王降亡勋爵复囊，佳（唯）朕又（有）庆。每（敏）扬王休于尊白（簋）。

据孙作云考证，这篇铭文记述了武王于灭殷前，在灵台举行的一次祭祀文王、祈祷灭殷的典礼。从其中"天亡又（右）王"一句，可知"天亡"是这次祭典的主持者，其职司与史佚正合。孙作云先生认为，"亡"与"佚"同训，或为一名一字。史佚又称"尹佚"，"尹"为史官之长，即太史；而天亡的"天"即"大"，古"天""大"通用，本铭文中的"天室"即"大室"（太室），故此处"天"字指"太史"而言，天亡即太史佚。又由"王降亡勋爵复囊"一句，可知天亡（史佚）在祭典结束后受到周王的赏赐。按金文的通例，受赐者即作器者，则此器可以断定为天亡（史佚）所作。孙作云遂名之为《天亡簋》。[①]

从文学角度看，《天亡簋》铭文结构严谨，音律铿锵，"方""降"

[①] 孙作云：《诗经与周代社会研究》，中华书局1966年版，第69页。

"王""上""相""赓""乡""囊""庆"皆为古韵"阳唐"部之字,与著名的宣王时代的《虢季子白盘》铭文用韵相同。虽然字数只七十八字,略少于后者,但文风典重,气象雄浑,更超乎《虢季子白盘》之上。且所涉内容更为重大,有很高的历史价值。尤其是中间的四句二十一字祷祝之词,简劲有力,气格雄强;"丕显王作相,丕肆王作赓",对偶成文,类《周颂》之句;"丕克讫殷王祀"斩钉截铁,语气坚决。其文学与历史价值不下于同时的《周书》与《周颂》。孙作云赞叹说:"传世商代铜器有铭文者不下数千,率皆一二字以至五六字;其中最长的'□作母辛卣'铭文,也不过四十四字;且其文字晦涩,不成句读,持与此铭相较,直珠玑之与土块尔!"① 此言殆非过誉。

3. 史佚与《尚书》

史佚代周王宣命于臣民的诰命之作保存在《尚书·周书》中。《周书》中的《大诰》《康诰》《酒诰》《梓材》《召诰》《洛诰》《多士》《无逸》《君奭》《多方》《立政》诸篇,皆作于周公摄政前后数年之内,为周公、召公、成王的诰命之辞。问题是,这些宣示于臣民、布告于天下的诰命之文虽以周公等人的名义发布,但能否算得上周公等人所作?傅斯年就曾提出这样的疑问。他说:"《周诰》中的话,虽然不全是一篇一篇的官样文章,然而史官的贡献也很不少了。……试读《周诰》各篇中的文辞,其可解者每是很有修辞力量的文辞,而称今道古,像有一个历史哲学,威仪棣棣,丁咛周至,不是一个直截的态度。在当时的统治者都是战士,焉能说这样文学的话?且当时的文学本是一种专门之业,所以王如用到文字,总须'呼史某册命','朱批上谕'是做不了的。"② 所谓"呼史某册命",是指周代金文刻辞中的常见套语:"王立中庭,呼史某册命某为某官,王若曰:云云",周王只是诰命的授意者,史官才是诰命的写作者,是掌握书写技能的专门阶层。作为册命等仪典的组织者和周王的代言人、政令的撰写发布者,周初的重要文诰应是出自史佚的笔下。而周公、召公等领兵征伐的将帅,是没有精力,也没有能力从事文字之事的。在当时,书写的知识和把语言永久记录下来的能力就意味着权力,以史佚为首的史官就是周初官方话语权力的拥有者。研究《尚书》,尤其是《周书》,就不能不特别考虑史佚等史官的作用,而这一点是为过去的《尚书》研

---

① 孙作云:《诗经与周代社会研究》,中华书局1966年版,第58页。
② 傅斯年:《诗经讲义稿(含〈中国古代文学史讲义〉)》,中国人民大学出版社2004年版,第152页。

究者所忽略的。

《尚书》中的《周书》曾单独编辑成书，流行于世，其中绝大部分内容都出自史佚等周初史官的笔下。其中《洛诰》一篇明确记载为史佚所作，也是《尚书》中唯一记作者之名的一篇。《洛诰》文中共两次出现史佚之名。一次是文中的"王命作册逸祝册"，即成王命史佚宣读策书，将国家大政上告文、武王的在天之灵；一次是文末的"王命周公后，作册逸诰"，即成王举行册命周公之仪式，命史佚撰文，布告天下。王国维认为，《洛诰》一篇是"成王既命周公，因命史佚书王与周公问答之语，并命周公时之典礼以诰天下"。① 孙作云先生也认为，《洛诰》结尾的"王命周公后，作册逸诰。在十有二月，惟周公诞保文武受命，惟七年"，"带有签署的性质，其纪年系于文末，尤合乎甲金文例，这篇文字可能就是史佚本人记的"。②

《洛诰》虽内容复杂，涉及营建新都洛邑，周公致政并教诲成王执政之方，在新都举行的祭祀、册命大典等许多重大历史事件，时间跨度从成王七年二月至十月，地点在镐京与洛邑之间多次变换，但全文始终以周公与成王的关系为主线，表现二人的开诚团结，表彰周公的忠诚及成王对周公的倚重和信任。全文以周公与成王的对话组织成文，层次清晰，条理井然，间接地为我们勾勒出一幅周王朝开国之初的宏大历史画卷。在写作方法上，以记言为主，兼有叙事和议论。人物对话简明生动，较多使用虚词，能够描摹出人物的语气、神态，如用"孺子其朋，孺子其朋，其往"，描摹周公急迫的语气，使文章染上了较强的感情色彩，将周公忠厚笃诚的个性和强烈的忧患意识表现出来。在对话中，周公的语气诚恳、庄重，对成王谆谆教诲，叮咛嘱咐；成王则谦逊严谨，较多使用敬辞，表现出对周公的尊重和信任。这种以对话塑造形象的写法对后世文学影响很大。文中还使用了许多修辞手法，如"无若火始焰焰，厥攸灼叙，弗其绝"，用日常生活所用的火为喻，说明凡事应防微杜渐，慎重其始，形象鲜明又寓意深刻。排比句式的使用，如"惟公德明，光于上下，勤施于四方，旁作穆穆，迓衡不迷"及较多使用四言句，使文风流畅，节奏感强，富有气势。全文结构完整，首尾完具，是《尚书》中唯一一篇作者、写作时间年月日俱全的作品。

《洛诰》之外，《召诰》虽未署名，但也可以确定为史佚所作。《召

---

① 王国维：《观堂集林》，中华书局2004年版，第38页。
② 孙作云：《诗经与周代社会研究》，中华书局1966年版，第70页。

诰》与《洛诰》堪称姊妹篇：都发布于洛邑，《召诰》较《洛诰》早九个月，都与营建新都、成王亲政两大史实紧密相关。具体来说，《召诰》记经营新都之始，《洛诰》记经营新都之终；《召诰》记成王亲政，《洛诰》记周公致政。二者相辅相成，互为补充。王国维认为：《召诰》与《洛诰》是"一篇分为二者，故亦史佚作也"，认为《召诰》"乃召公之言，而史佚书之以诰天下，文、武、周公所以治天下之精义大法，胥在于此"。他对《召诰》的思想内容有高度评价："充此言以治天下，可云至治之极轨，自来言政治者，未有能高焉者也。"①

从文学角度看，《召诰》前半叙事，后半记言。叙事部分以时间为序，逐月逐日写来，简洁清晰，层次井然，开后世编年体史书之先河。记言部分感情色彩强烈，议论说理以抒情笔调出之，感叹词"呜呼"在召公的对话中总共出现五次，主题句"王其疾敬德"以不同形式重复了四次，将召公对即将亲政的成王的期望、担忧心情表现得淋漓尽致。多种修辞手法的运用使文章生动、流畅，富于形象性。比喻句"若生子，罔不在厥初生，自贻哲命"与《洛诰》的"无若火始焰焰，厥攸灼叙，弗其绝"如出一辙，是用儿童的生长为喻，要成王慎重其始，励精图治。复合排比句"我不可不监于有夏，亦不可不监于有殷。我不敢知曰，有夏服天命惟有历年，我不敢知曰，不其延，惟不敬厥德，乃早坠厥命；我不敢知曰，有殷受天命惟有历年，我不敢知曰，不其延，惟不敬厥德，乃早坠厥命"，将排比用于议论说理，富有气势和节奏感；而句中的几处押韵，更可看出作者对语言形式美的有意追求。这些内容，正如傅斯年所说，是《尚书》的精华所在，具有很高的艺术水准，"所谓美术散文进化至此时之地步，去吐辞茫昧之时代已远得很了！"②

4. 史佚与《诗经》

与《周书》一样，《诗经》中的《周颂》及部分雅诗、风诗也产生于周初。这些作品，从性质上看，大多为典礼上的仪式乐歌。孙作云认为："在西周诗歌之中……除去民歌以外，凡属统治阶级的诗歌，绝大部分与典礼有关。这些诗歌是为了举行某种典礼而作的，实际上，它本身就是典礼的一部分，因此，这些诗歌应该叫做'典礼歌'。《周颂》三十一篇，全部都是典礼歌；《大小雅》一百五篇，有百分之八十以上是典礼

---

① 王国维：《观堂集林》，中华书局 2004 年版，第 476 页。
② 傅斯年：《诗经讲义稿（含〈中国古代文学史讲义〉）》，中国人民大学出版社 2004 年版，第 152 页。

歌。"① 他认为："《周颂》是祭祀歌，主要的是武王、成王时代的作品；作此歌者也应该是太史太祝，说不定也有一部分是史佚的作品。"②

《周颂》中最早产生的诗歌，是武王灭商回归镐京后，于祭祀文王时所演奏的《大武》乐歌，是与乐舞相配合的祭祀赞美诗。《大武》乐舞，《庄子·天下》《吕氏春秋·古乐》以为武王、周公作，近人杨向奎先生亦沿袭此说，③ 实在大可怀疑。乐舞的六成中，第五成"周公左，召公右"、第六成"《武》乱皆坐，周召之治也"，都是歌颂赞美周公的。与乐舞相配的六首诗歌，如《武》中的"于皇武王，无竞维烈""嗣武受之，胜殷遏刘"，《桓》中的"桓桓武王，保有厥土"等，都是讴歌武王的。若为二人自作，难免有自我吹捧之讥。且当时的武王是军队的统帅，"搢笏杖殳以临朝"（《淮南子·齐俗训》），周公也是成周八师的统帅，他们也没有精力和能力从事文艺创作。典礼歌舞的创作与排演是乐师与史官的职责。据《周礼》，春官系统下属以太史为首的史官和以大司乐为首的乐官。而在周代以前直至周初，史官与乐官同属主祭祀的神职之官，职责尚未分化。顾颉刚认为："此两种人同为侯王近侍，多谈论机会，自有各出所知以相熏染之可能，其术亦甚易相通。"他进而认为，《大小雅》及《三颂》的仪式乐歌，应是"史之所作而瞽（乐师）之所歌也，不则瞽闻其事于史而演其义于歌者也"，或者"非瞽取之于史而作诗，则史袭瞽之声调、句法而为之者也"。④ 从文学的角度看，《大武》乐歌具有文辞简短古拙、音调舒缓的特征，大多无韵，不分章，没有重叠复沓的旋律结构。其中的一些作品，如《赍》《酌》，还未形成真正成熟的四言诗体，在形制上颇类短篇祭祀文。如果把这些诗作与金文及周代祭祀散文加以对照，便可看出二者的一致性：出于口头诵读和歌唱的需要，这些作品一般都采用四言句的形式，有不甚规则的押韵，诗文之间尚未形成明确的界限。《大武》乐歌就有明显的散文特征，很可能是主祭祀的史官，如史佚等人所作，是"史袭瞽之声调、句法而为之者也"。

"清华简"《耆夜》的公布，又为史佚与《诗经》作品的关系提供了新线索。据《耆夜》记载，武王八年伐黎，大胜而归。在获胜后的饮至典礼上，"毕公高为客，召公保奭为夹，周公叔旦为命，辛公䜣甲为位，作策逸为东堂之客，吕尚父为司正，监饮酒"。在宴饮的欢快气氛中，武

---

① 孙作云：《诗经与周代社会研究》，中华书局1966年版，第155页。
② 同上书，第70页。
③ 杨向奎：《宗周社会与礼乐文明》，人民出版社1992年版，第349页。
④ 顾颉刚：《史林杂识》，中华书局1963年版，第224页。

王、周公、毕公等饮酒歌诗，君臣之间互相祝酒酬歌，共歌诗四首：武王酬毕公，作《乐乐旨酒》；武王酬周公，作《輶乘》；周公酬毕公，作《赑赑》；周公为武王祝诵，作《明明上帝》。最后，周公又自作《蟋蟀》一首。这五首诗歌皆为典礼乐诗，除周公所作的《蟋蟀》一首与《诗经·唐风》中的《蟋蟀》存在互文关系外，其余四首均不见于今本《诗经》。对于《耆夜》所载这几首诗，晁福林认为："此篇全部内容以记载当时高级贵族饮宴时赋诗的情况为主。专家或疑是篇诗作的真实性，认为是战国时人的拟作。可是，既然简文明谓《耆夜》所载五篇诗作为周武王和周公所作，如今若仅凭怀疑就否定诗作的真实性，恐怕不能令人信服。周初，作诗、赋诗已成风气。……《诗》作为周文化的代表，其渊源有自，由来已久。清华简《耆夜》记载当时宴会上有一位'东堂之客'，即'作册逸'，值得注意。他是周初史官。他参加如此重要的饮宴，并将宴会上所赋五诗记载下来，或者可以说《耆夜》之作，即出自作册逸之手，都是极有可能的事情。周王朝鼎革之初的史实记载特别丰富，到成康之世，王朝兴盛，如《耆夜》所载的此类庆典，当非偶见。庆典饮宴，贵族赋诗，史官记录。积存既久，经过整理，出现了《诗》的原本，也应当是顺理成章的事情。"① 由《耆夜》的出土，我们更有理由相信，作为周初史官之长的史佚，与早期《诗经》作品的写作、整理存在密切关系。

史佚与《诗经》的联系还可以从《诗》《书》的关系中发现。《淮南子·道应训》载成王问政于史佚，史佚对以"如临深渊，如履薄冰"。该句亦见于《小雅·小旻》第六章，《吕氏春秋·慎大》亦引该句，以为出自《周书》。宋人陈骙在《文则》中指出，《小旻》第五章的"国虽靡止，或圣或否；民虽靡膴，或哲或谋，或肃或艾"是"创意师于《书》也"。②《周书·洪范》有"恭作肃，从作乂，明作哲，聪作谋，睿作圣"之句，是《小旻》第五章诗句的渊源。由此可知，作为《周书》的主要作者，史佚的作品产生了很大影响，成为当时通行的成语，出现在《诗经》等典籍中。此外，在整部《诗经》中，记作者之名的作品共有四首，其中有两首出自宣王时的大臣尹吉甫，即《大雅》中的《崧高》和《烝民》。二诗的篇末分别有"吉甫作诵，其诗孔硕"和"吉甫作诵，穆如清风"之句。按"毛传"的说法，《大雅》中的《韩奕》《江汉》也为尹吉

---

① 晁福林：《从新出战国竹简资料看〈诗经〉成书的若干问题》，《中国史研究》2012年第3期。
② （宋）陈骙撰，刘彦成校：《文则注释》，书目文献出版社1988年版，第5页。

甫所作。孙诒让以为，这位诗人尹吉甫乃史佚之后，"周之史官亦称尹氏，疑尹逸之后，世为此官"。此种说法虽未必正确，但周代史官之职世袭，史佚本人兼通诗文，他的后代也能够兼通诗文，实不足为奇。事实上，《诗经》中多有赞美史官之诗，如《小雅》的《都人士》《六月》、《大雅》的《常武》等，而《大雅》的《崧高》《烝民》《韩奕》《江汉》、《鲁颂》的《駉》，更明确记载为史官所作。这些事实都足以说明，史佚等史官由其职司所决定，是《诗经》雅颂仪式乐歌最为可能的创作者。

5. 史佚与《周易》

关于《周易》的作者，以《易传·系辞》的说法为最早："《易》之兴也，其当殷之末世，周之盛德邪？当文王与纣之事邪？"用疑问语气推测《周易》作者生活于殷周易代之际。汉代的司马迁、扬雄、王充都有文王演《周易》之说，东汉郑玄、唐代孔颖达以为文王作卦辞，周公作爻辞。近代以来，学者们摒弃了传统说法，从《周易》的材料来源入手，通过卦爻辞与甲骨卜辞的对比研究，发现《周易》是以占卜记录为基础，经过选择、加工、编选而成，从而恢复了《周易》作为卜筮之书的本来面目。《周易》的作者由此被认定为掌卜筮的巫卜之官。但问题是，在《周易》产生的西周初年，是否有专门的巫卜之官？研究表明，周初官制仍沿用殷制，带有原始的巫鬼色彩，巫史职能混而不分。陈梦家认为，商代"卜、史、祝三者权分尚混合，而卜史预测风雨休咎，又为王占梦，其事皆巫事而掌之于史"。① 张亚初、刘雨则通过研究金文的官制，认为西周的太史与商代相近，"是一种兼管神职与人事"之官，大祝、大卜都隶属太史，而太史之下有"史"一职，专掌占卜的记录。②《仪礼·少牢馈食礼》载"史兼执筮与卦"，《礼记·月令》载"命太史衅龟、筴"。总之，周初并无专掌卜筮的巫卜之官，卜筮之事与其他巫事一样，归太史掌管，是史官职责之所在。

史官与《周易》的关系，由"史"字可知。《说文》释"史"为："记事者也，从又持中，中，正也。"王国维认为，古文"中正"之字不作"中"，且"中"不类书简之形；进而考证出，"中"本为盛筭与简策之器，"其物当如中形，而于中之上横凿空以立竿，达于下横，其中央一直乃所以持之，且可建之于他器者也。……简之多者自当编之为篇，若数

---

① 陈梦家：《商代的神话与巫术》，《燕京学报》1936年第二十期。
② 张亚初、刘雨：《西周金文官制研究》，中华书局1986年版，第27页。

在十简左右者，盛之于中，其用较便"。① "筹"即算筹，《说文》释为"长六寸，计历数者"。可知史官既掌书策，又掌筹算。杨向奎先生以为："乾坤之策数即算数"，②《周易》筮占之蓍策源于筹，以一策为"中"之立竿，不能为用，故有《系辞》"大衍之数五十，其用四十有九"之说。此外，周代史官职掌《周易》，亦多见于史籍。《左传》庄公二十二年载："周史有以《周易》见陈侯者，侯使筮之"，昭公二年载："韩宣子观《书》于大史氏，见《易象》与《鲁春秋》。"马王堆帛书《易传·要》篇载孔子评《周易》之言："赞而不达于数，则其为之巫；数而不达于德，则其为之史。"③ 通过《周易》以知历数，乃史官之事。

《周易》的作者既为周初史官，而史佚为史官之长，为周初的"四圣""四辅"之一，故史佚主持编纂《周易》的可能性很大。首先，据《史记·天官书》，史佚是周室"传天数者"，是周初的天文历法和卜筮之官，反映在《周易》中，是天象和占卜数术内容之多。《周易》开篇的《乾》卦即为以天象占卜之卦。闻一多认为，"乾"实即"斡"，即北斗星，在此以斗代天。又以为："古书言龙，多谓东宫苍龙之星。《乾》卦六言龙，亦皆谓龙星。"④ 苍龙之星指心宿三星，当春夏之交，昏后升于东南；秋冬之交，昏后降于西南。"潜龙勿用""或跃在渊"指秋分之龙星，"飞龙在天""见龙在田"指春分之龙星，"亢龙有悔"指秋天龙星处于地平线两方，"群龙无首"指冬天龙首潜入地平线下。此卦为星占之卦。此外，《丰》卦、《贲》卦言星，《姤》卦言天，《坤》卦言冰霜，《小畜》言雨，等等，都是以天象为占。

其次，《周易》的卦爻辞有很高的艺术性和思想性，文辞优美，语言形象，结构严整，寄寓着丰富的经验和深刻的哲理。李镜池因此认为，《周易》是精心编纂之作，"编者煞费苦心把旧有材料组织安排，成为艺术品。郭沫若、闻一多两位说不是一人一时之作，那是就材料来源来说。如果从文辞组织和内容思想来说，可以相信有个编者或集体创作"。⑤ 他举例说："这位编纂者，一方面是编集旧有的筮辞，另一方面是有意为文。你看他不用'何咎'，而用'何其咎'，以与'复自道'作整齐的句

---

① 王国维：《观堂集林》，中华书局 2004 年版，第 263 页。
② 杨向奎：《宗周社会与礼乐文明》，人民出版社 1992 年版，第 318 页。
③ 陈松长、廖名春：《帛书"二三子问""易之义""要"释文》，陈鼓应主编《道家文化研究》第三辑，上海古籍出版社 1993 年版，第 435 页。
④ 闻一多：《周易与庄子研究》，巴蜀书社 2003 年版，第 48 页。
⑤ 李镜池：《周易探源》，中华书局 1982 年版，第 200 页。

法;'枯杨生稊'与'枯杨生华'互相对照;'艮其背,不获其身;行其庭,不见其人'及'女承筐无实,士刲羊无血',成对偶之文;《渐》卦诸爻辞,整套为韵文,而以'鸿渐于'起,简直就是《诗经》中的诗歌格式。在以记叙文为主的筮辞中而有这类诗歌句子,我们很可以看出卦爻辞编纂者的著作痕迹。"① 在周初史官中,具有如此高超的文学才能和著作能力的,恐怕只有史佚了。《周易》即便非史佚个人之作,这个创作集体也应以史佚为核心。

再次,史佚身为史官,具有丰富的历史知识和人生经验,故《周易》卦爻辞中多有前代与当时的历史故事。如商代的王亥丧牛羊于有易(《旅》上九爻辞)、高宗伐鬼方(《既济》九三爻辞),殷周之际的帝乙归妹于文王(《归妹》六五爻辞)、文王用亨于岐山(《升》六四爻辞)、箕子之明夷(《明夷》六五爻辞),周初的康侯用锡马蕃庶(《晋》卦卦辞)等。这些故事大多发生在史佚身边,为史佚所亲闻亲见,史佚把它们作为宝贵的历史经验和人生经验,用简练、概括的语句写入卦爻辞中,作为普遍的哲理流传后世。

(二) 毕公考论

史佚而外,毕公是现在可以考知的另一位《尚书》作者。毕公名姬高,是文王之子,武王之弟,封于毕,号毕公。作为成王朝的太史和作册,他写作了《毕命》和《顾命》两篇《尚书》作品。遗憾的是,《毕命》在汉初就已散佚,我们今天只能看到《顾命》这一篇毕公的作品了。而这一篇《顾命》具有非常高的文学价值,是先秦叙事文的代表性作品,在《尚书》中具有特殊的地位,是《尚书》文学研究的重点。所以,我们有必要对它的作者进行一番认真的考察。

1. 毕公其人

关于周初的毕公,见载于传世文献《尚书》的《顾命》、《逸周书》的《克殷》《和寤》、《国语·晋语四》、《左传·僖公二十四年》以及《史记》的《魏世家》。其中,只有《逸周书》的《和寤》及《史记》的《魏世家》称毕公高之名,其余文献只称毕公。据《史记·魏世家》:"魏之先,毕公高之后,毕公高与周同姓,武王伐纣而高封于毕。"可知毕公名姬高,周初封于毕,战国时的魏国为毕公之后所建。毕公高为文王之子,据《左传·僖公二十四年》,毕公为受封的文王十六子之一,排行较后,加上长子伯邑考和武王,按照《元和姓纂》的推断,毕公高应为文

---

① 李镜池:《周易探源》,中华书局1982年版,第49页。

王的"第十五子"。孔颖达《顾命》疏引王肃注:"毕、毛,文王庶子;卫侯,康叔所封,武王母弟。"可知毕公为文王之庶子、武王之弟。据《史记·周本纪》,武王灭殷诛纣之后,于次日除道修社及商纣宫,"周公旦把大钺,毕公把小钺,以夹武王。……毛叔郑奉明水,卫康叔封布兹,召公奭赞采,师尚父牵牲,尹佚策祝"。在这一盛大的祭祖告天典礼上,宣告了殷商的灭亡和周王朝的建立。出现于大典上的人物全部是佐周灭殷的武王重臣。其中周公、召公、太公、尹佚(史佚)号称"四圣",毕公、毛叔郑、卫康叔是武王之弟。《周本纪》载:"武王即位,太公望为师,周公旦为辅,召公、毕公之徒左右王师,修文王绪业。"《周本纪》又载:"已而命召公释箕子之囚,命毕公释百姓之囚,表商容之闾",《周本纪》的这段记载亦见于《逸周书》的《克殷》。而《逸周书》的《和寤》载:"王(武王)乃出图商,至于鲜原,召邵公奭、毕公高。"在以上几篇记载武王克殷过程的文献中,均将毕公与召公并列,于此可见毕公在武王朝的重要地位及在灭殷过程中的贡献。

近年出土文献清华简《耆夜》的公布,又为我们提供了有关毕公高的新资料。《耆夜》记载:"武王八年,征伐黎,大破之。还,乃饮至于文王太室。"毕公高参与了伐黎得胜后的饮至典礼,在典礼上,"毕公高为客",受到特殊的礼遇。《耆夜》的整理者认为:"毕公高在饮酒中为客,可能是由于任伐耆的主将,功劳最大的缘故。"① 在宴饮的欢乐气氛中,"王夜爵酬毕公,作歌一终曰《乐乐旨酒》:乐乐旨酒,宴以二公。任仁兄弟,庶民和同。方壮方武,穆穆克邦。嘉爵速饮,后爵乃从。……周公夜爵酬毕公,作歌一终曰《赑赑》:赑赑戎服,臧武纠纠。毖情谋猷,裕德乃求。王有旨酒,我忧以浮。既醉又侑,明日勿慆"。在武王为毕公所作的《乐乐旨酒》一诗中,"任仁兄弟,庶民和同"是称颂毕公的品德,大意是说,作为武王兄弟的毕公和周公二人能够诚信仁爱,将使百姓和同归附;"方壮方武,穆穆克邦"是称颂毕公的才能,大意是说,毕公既强壮又威武,能够很好地处理国家大政。在周公为毕公所作的《赑赑》一诗中,"赑赑戎服,臧武纠纠"是称颂毕公的勇武仪表,"毖情谋猷,裕德乃求"是称颂毕公的德行。从《耆夜》的记载可以得知,毕公作为武王手下的重要将领,在灭殷的过程中起了重要作用,在武王朝有着尊崇的地位。

从武王克殷,直到康王时期,二十余年之间,毕公高的地位不断提

---

① 郭沫若:《周官质疑》,《金文丛考》,科学出版社2002年版,第138页。

高。因为太公吕望早亡，周公殁于成王时期，至《顾命》记载的康王即位之时，召公与毕公的地位益发突出。据明代陈师凯《书传旁通》："毕公名高，继周公为东方之伯，则亦必继周公为太师。"① 据《顾命》"太保率西方诸侯""毕公率东方诸侯"，可知在周公死后，毕公继其位，与召公同为两寮制的卿士寮和太史寮的首长。据《顾命》载："惟四月哉生魄，王不怿。甲子……乃同召太保奭、芮伯、彤伯、毕公、卫侯、毛公、师氏、虎臣、百尹、御事。"伪孔《传》云："同召六卿，下至御治事。太保、毕、毛称公，则三公矣。此先后六卿次第，冢宰第一，召公领之；司徒第二，芮伯为之；宗伯第三，彤伯为之；司马第四，毕公领之；司寇第五，卫侯为之；司空第六，毛公领之。"召公即周公之弟召公奭，是成王朝的太保；毛公是文王的庶子，周公之弟，即《史记·周本纪》中的毛叔郑。据此，可知毕公之职为六卿中的司马，与召公奭、毛公叔郑同为成王朝的三公。孔颖达《疏》谓："太保是三公官名，毕、毛又亦称公，知此三人是三公也。"蔡沈《书集传》之释文同此。然郭沫若先生在《周官质疑》一文中，依据《礼记·曲礼》"天子建天官，先六大，曰；大宰、大宗、大史、大祝、大士、大卜"的记载，联系《顾命》文中太保与太史、太宗同出的情况，而得出所谓"六卿"实为"六大之天官"这一结论。② 又据刘起釪考证，文王、武王、周公数朝及成王朝前期，官制形式为三宅制，即三头政长制，由"四圣"或"四辅"中的太公吕望、周公旦、召公奭执掌朝政。到了成王朝中后期，太公殁后，又演变为两寮制，即由周公旦与召公奭二人各领一部分机构，共同执掌朝政。两寮即卿士寮和太史寮。卿士寮由执政卿士及下属百司、庶尹及御事等政务官组成，掌行政权，为外朝机构；太史寮由太史、内史、御史等史官组成，掌中枢，为内廷机构。至西周后期，文献中所见两寮的首长称为卿士，左卿士与右卿士共同执政。而六卿制为春秋时期鲁、卫、郑诸国的官制，是继两寮制后由地方诸侯国兴起，并影响到周王朝的中央官制。故孔传所谓"六卿"在周初尚未出现。③ 据《史记·周本纪》的相关记载："成王将崩……乃命召公、毕公率诸侯以相太子而立之。成王既崩，二公率诸侯以太子钊见于先王庙。"可知当时召公奭与毕公实为两寮的首长。《顾命》

---

① 顾颉刚、刘起釪：《尚书校释译论》，中华书局2005年版，第1681—1682页。
② 李学勤主编：《清华大学藏战国竹简》第一辑，下册，上海文艺出版集团、中西书局2010年版，第151页。
③ （元）陈师凯：《书蔡氏传旁通》，《文渊阁四库全书》第62册，上海古籍出版社2003年版，第413页。

又云:"太保率西方诸侯,入应门左;毕公率东方诸侯,入应门右。"更可证实召公与毕公在当时朝臣中的领袖地位。

2. 毕公与《尚书》

由《顾命》的记载可知,毕公为成王的顾命大臣,受命辅佐康王。那么,毕公与《尚书》之间存在怎样的关系呢?《史记·周本纪》载:"康王命作策毕公分居里成周郊,作《毕命》。"《书序》亦载:"康王命作册毕,成周郊,作《毕命》。"这里的"作策毕公"和"作册毕"显然就是《顾命》中的毕公高。值得注意的是毕公担任的"作策"之职。"作策"本作"乍册"(作册),多见于甲骨卜辞和金文,本义是册命的制作者,是西周初期的官职,与太史相当。《尚书》中"作册"凡两见,即作册逸(史佚)、作册毕公。郭沫若在《周官质疑》中提出:"《史记·周本纪》言:'康王命作策毕公分居里成周郊,作《毕命》。'作策,作册,乃史职之通称,是知毕公乃成康时之史官。又《顾命》言:'太保承介圭,上宗奉同瑁,由阼阶隮,太史秉书,由宾阶隮,御王册命。'下复言:'太保率西方诸侯入应门左,毕公率东方诸侯入应门右。'是知毕公即太史矣。"① 郭沫若的这一推断得到了出土文献的支持。现藏于故宫博物院的史嗇簋,上有铭文二十三字,由于时代久远,铭文漫漶,自清代以来难以识读。1966年,陕西岐山又出土了一个与故宫旧藏史嗇簋器制、铭文完全一致的另一个史嗇簋,其上的铭文清晰可读:"乙亥,王诰毕公,乃锡史嗇贝十朋。嗇古于彝,其于兹朝夕鉴。""铭文大意为:乙亥之日,周王诰毕公,毕公遂赏赐史嗇贝十朋,史嗇制作此簋以为纪念。郭沫若据铭文断定史嗇"当即毕公之属吏",而毕公以"史"作为他的属吏,则他本人当是史官之长。② 杨善群亦持同样的观点,他也认为《顾命》中这位"秉书"而"御王册命"的太史就是毕公。③ 由此可知,毕公在当时是两寮制下的太史寮之长,统率东方诸侯,与召公分陕而治,其职位是太史或称作册。

从《顾命》文中可知,毕公在康王登基册命大典的全过程中起到了重要作用,是大典的组织者和主持者。虽然召、毕二公职位、身份相当,召公为卿士寮之长,毕公为太史寮之长,但召公的名望和执政经验显然都超过了毕公,所以,大典的总负责人是召公。正如孔颖达所言:"成王既崩,事皆听于冢宰,自非召公无由发命。"在大典举行之前的丁卯日,即

---

① 郭沫若:《周官质疑》,《金文丛考》,科学出版社2002年版,第138页。
② 郭沫若:《两周金文辞大系图录及考释》第六册,上海书店出版社1995年版,第45—46页。
③ 杨善群:《西周公卿职位考》,《中华文史论丛》1989年第2期。

成王殁后的第三天，召公"命作册度"。所谓"度"，孔颖达《疏》谓："（成王）将崩，虽口有遗命，未作册书，故以此日作之，既作册书，因作受册法度。下云'曰皇后凭玉几'，宣成王言，是策书也；将受命时，升阶即位，及传命以后，康王答命、受同、祭飨，皆是法度也。"是毕公以作册之职撰写成王的遗言为册命书，并预先安排、布置册命大典的全部仪节。至大典之日，毕公身着麻冕彤裳的吉服，手执册命书，引导康王登上册命正堂。仪式开始后，由毕公代表去世的成王，面对康王宣读册命书，再由康王致答词。全部册命大典的过程庄重、严肃而又充满艺术气氛，典礼上讲求修辞的仪式性的对答富有文学意味，词语精练整饬、典雅精工，再配以优美动听、节奏和缓、庄严肃穆的典礼歌诗与奏乐，正体现了日本学者今道友信的观点：礼是举止文雅崇高的艺术，以典礼为起点。① 对于典礼中召公和毕公的角色，王国维有准确的分析。他认为，召公和毕公之所以着吉服，是因为"太保摄成王，为册命之主；太宗相之，太史命之，皆以神道自处，故纯吉也"。也就是说，典礼仪式上的召公和毕公，是扮演了已逝去的成王和周王朝列祖列宗的在天之灵的，庄重严肃的册命典礼实际上是演给文王、武王、成王在天之灵看的一幕戏剧。王国维说："大保由阼阶者，摄主，故由主阶。何以知大保摄主也？曰：大保受顾命于成王而传之于康王，有王道焉。成王不亲命康王而命大保者何也？曰：康王之为元子久矣，顾命也者，命之为王也。成王未崩，则天下不得有二王。既崩，则不得亲命，故大保摄王以命之。册命之有摄主，犹祭之有尸矣。"② 由此可见，规模盛大的册命典礼实际是一出富于象征意义的戏剧，是通过典礼这种由人来扮演神的演剧形式以沟通人与神的关系，希望借此获得神的指导和护佑。

作为史官之长和这次典礼的组织者和主持者，毕公高为后人留下了《顾命》这一篇珍贵的历史文献。通过它，我们得以了解到西周重大仪典的详细情况。《史记·周本纪》载："成王将崩，惧太子钊之不任，乃命召公、毕公率诸侯以相太子而立之。成王既崩，二公率诸侯以太子钊见于先王庙，申告以文王武王之所以为王业之不易，务在节俭毋多欲，以笃信临之，作《顾命》。"这一篇文字的意义，正如王国维所说的："《周书·顾命》一篇，记成王没康王即位之事。其时当武王克殷，周公致太平之

---

① ［日］今道友信：《东方美学》，蒋寅等译，生活·读书·新知三联书店1991年版，第99页。
② 王国维：《观堂集林》，中华书局2004年版，第50页。

后，周室极盛之时；其事为天子登假，嗣王继体之大事；其君则以圣继圣，其公卿犹多文、武之旧臣；其册命之礼质而重，文而不失其情，史官记之为《顾命》一篇。古《礼经》既佚，后世得考周室一代之大典者，惟此篇而已。"① 从文学的角度来看，《顾命》是一篇优秀的叙事文学作品。全文按空间顺序记述了大典的布置与准备情况，如布几筵、陈宝器、列兵卫；按时间顺序记述大典的缘起、准备、进行的全过程。时间、空间交错，文章组织条理清晰，结构完整，叙事有条不紊，清楚明确，内容多而不乱，记事繁而不杂，堪称叙事的精品。毕公的另一篇《尚书》作品《毕命》早在汉初即已散佚，不在伏生所传今文二十八篇之内。现在我们看到的《毕命》，只有《书序》中的不到二十个字经司马迁所引，为先秦流传下来的材料，主体部分内容出于魏晋间的孔传本《古文尚书》，是后人的模拟之作，并非毕公的原作。

第三节 《尚书》在先秦时期的编辑与流传

在第一节的分析中我们了解到，《尚书》的形成过程主要经过了三个时期，其中最重要的时期是第二个时期——春秋后期。在这个时期中，我们今天所见到的《尚书》基本定型，完成了编辑成书的过程。最重要的是，《尚书》已不再是单纯的历史资料，而是获得了思想和灵魂，形成了构成《尚书》本质的东西。《尚书》从此开始了经典化的过程，终于在汉代成为一部最重要的儒家经典，并产生了持续的影响，成为影响中国两千余年历史的最重要思想文化元典。

与此相联系，《尚书》的文学特性也主要是在这一时期获得的。在第一个时期，即周初，《尚书》的主体部分《周书》的大部分篇章已被周史——如史佚、毕公诸人写作出来。这时的《尚书》作品虽有一定的文学性，但基本上还是没有灵魂的史实记录。正如傅斯年说的："史掾的职业是执笔的臣仆……所以史掾说的话是别人的话，他的作用不过是修饰润色而已。"② 真正赋予《尚书》作品以思想和灵魂的，是春秋时期以孔子为代表的儒家学派的学者，正是因为有了他们对前代《尚书》作品

---

① 王国维：《观堂集林》，中华书局 2004 年版，第 50 页。
② 傅斯年：《诗经讲义稿（含〈中国古代文学史讲义〉）》，中国人民大学出版社 2004 年版，第 133 页。

的加工和改造,并编写创作出来一批富有思想性和文学性的《尚书》作品,才使得《尚书》真正获得了生命,使它无论是在思想内涵上还是在文采辞章上,都具备了成为经典的一切条件。

具体地看,《尚书》的形成过程既如前述,经历了西周初年、春秋后期和战国末期三个时期,《尚书》在先秦时期的编辑与流传也可以相应地以春秋后期为中点,划分为前后两个阶段。

从西周初年到春秋后期,是《尚书》的形成阶段,是从"书"到《书》的发展阶段:从西周初年到春秋中期是"书"的阶段,在此期间,《尚书》的篇章,或以口传的方式存在,或以文字形态的单篇作品的形式存在,混同于其他大量的产生于殷代和周初的"书"中。其中口传的部分由朝廷的瞽矇之官口耳相传;文字的部分则被保存于官府有关机构之中,由专门的史官执掌,主要作为朝廷的前代档案而存在。这些"书"篇虽被西周贵族子弟所传习,在社会上的影响却不大,流传也不广泛。春秋后期则进入《书》的阶段,在这一时期,学术从官府下移到民间,私学兴起,《尚书》的部分篇章开始在社会上有限度地流传,被重要学派的学者和上层政治人物作为古代的格言和警句加以征引,目的是增加言论的权威性,并开始被个别学派的学者——如孔子,有目的有意识地进行编辑、加工和结集,用于本学派学说的宣传,并用于一部分普通士人阶层的教学和传习;在此期间,《书》脱离了它的原始形态,从众多的早期的"书"中分离出来,成为经过认真选择、加工和编辑的《书》,完成了《尚书》文本化的过程,不但为后来的《尚书》文本的扩大、最后定型提供了基础,更重要的是,它为《尚书》确立了思想基础,赋予了思想理念和政治理想,从而使《尚书》获得了本质和灵魂。

从春秋后期到战国末期则是从《书》到《尚书》的发展阶段:在这一时期,《书》同时成为"百家争鸣"时期几个重要学派的思想经典,以不同的文本形式存在,为不同的思想学说服务,在激烈竞争的思想交锋的砥砺中,不断获得新的阐释和新的意义,不断经典化,最终成为儒家学派的专利。经孔子删定的《书》文本最终取得了正统地位,被尊为《尚书》,成为代表儒家学派思想的几部最重要的经典之一,并伴随着儒家学说的盛行,开始在社会上取得越来越广泛的影响,成为备受社会各个阶层尊崇的文化经典。与此同时,它与现实政治的关系也越来越密切,终于在秦代与专制制度发生巨大矛盾,招致了禁《书》、焚《书》之祸。而执掌于博士的官本《尚书》也不得不适应政治需要,重新进行了一次规模较大的整编,最终确定了今文《尚书》二十八篇的面貌。至汉初,由伏生口授,最终写为定本,立于学官,成为汉代官方的法定经典。因此,理解《尚书》从"书"到《书》,再到《尚书》的变化,是把握《尚书》在先秦时期编辑与流传的关键。

(一) 从"书"到《书》:《尚书》的形成期

黑格尔说:"史诗就是一个民族的'传奇故事'、'书'或'圣经'。每一个伟大的民族都有这样绝对原始的书,来表现全民族的原始精神。在这个意义上史诗这种纪念坊简直就是一个民族所特有的意识基础。"①《尚书》与古希腊的"荷马史诗"、犹太民族的《圣经·旧约》一样,是起源于口传文学时期的中华民族的"绝对原始的书"。"书"是《尚书》的原始称呼。从语源上看,"书"与"志""记"义同通用,都有"记忆"的意思,其早期的形态主要是史诗和神话,为巫师和祭司所掌握。《周易·系辞》说:"天生神物,圣人则之;天地变化,圣人效之;天垂象,见吉凶,圣人象之;河出图,洛出书,圣人则之。"《汉书·艺文志》也说:"《易》曰:'河出图,洛出书,圣人则之',故《书》之所起远矣。"这些有关上古时代"河图洛书"的传说,透露出《尚书》与生俱来的原始宗教的神秘性质。这一类口传的原始的"书"在进入文字时代后,仍在相当长的一段时期内作为前代的历史,由殷商和周代朝廷中的乐官(瞽矇)通过口头的方式传诵。直到很晚的春秋乃至战国时期,才由各诸子学派,主要是儒、墨两家学派的学者们整理成文字形态的作品,是为《尚书》的《虞夏书》和《商书》的部分篇章。而其性质则由早期的宗教典籍演变为政治和历史典籍。杨向奎说:"《书》之篇章,春秋及以后,各国各地流传不尽相同。……孔子以前、孔子当时及以后,直至秦始皇帝,不在今传《尚书》内的篇章尚多。《书》是古,是故,是史实的记录,三代史料当不止二十八篇。《夏书》文字通顺,比'周诰'易懂,或以为疑,我们以为,《夏书》是巫的口头传授,可以文从意转,而'周诰'是史官记录,录于书版或刻于铭文,文字定型无法改动,是以有难易之分,非真伪之别。"②《尚书》存在的口传与文字两类不同来源,是造成《尚书》篇章间难易不同的一个重要原因。

另一类文字形态的"书"则为殷周两代的史官所掌握。汉代许慎的《说文》释"书"为:"箸也,从聿,者声",是"执笔记录"的意思。《说文·叙目》曰:"箸于竹帛谓之书。"这说明原为口传形式的"书",

---

① [德]黑格尔:《美学》第三卷下,朱光潜译,商务印书馆1997年版,第108页。
② 李学勤:《失落的文明》,上海文艺出版社1997年版,第308页。

在进入文字时代之后，其含义由"记忆"转变为文字形式的"记载"或"记录"了。载有这类史官文字记录的简策也因此称作"书"。在史官文化时期，狭义的"书"，是指史官载笔记录的、君王在各种典礼仪式场合下的言行，如《汉书·艺文志》所言："古之王者世有史官，君举必书，所以慎言行，昭法式也。"广义的"书"，则是指史官记录和保存的有关政治、历史等各种内容的典籍，几乎成了简策文字的代称。在春秋时代之前，"书"就是这种广义的用法，是一切简策的泛称，凡是以文字的形式"著于竹帛"的文献都称作"书"。这种广义的"书"的数量应该非常之多。纬书《尚书璇玑钤》曰："孔子求'书'，得黄帝元孙帝魁之'书'，迄于秦穆公，凡三千二百四十篇。断远取近，定可以为世法者百二十篇，以百二篇为《尚书》，十八篇为《中候》，去三千一百二十篇。"（郑玄《书论》引，又《史记·伯夷列传》《索隐》引）《白虎通义·五经》亦曰："孔子未定五经如何？……周衰道失，纲散纪乱，五教废坏，故五常之经咸失其所。……设法谤之言，并作'书'三千篇。"这种说法虽然看起来荒诞无稽，但其中也隐藏着一些事实。具体地说孔子求得"书"三千二百四十篇，当然毫无根据，但在漫长的千余年的历史发展中，以文字形式"著于竹帛"的文献有数千篇，当不会是夸大之辞。从真实史料中也可以发现证据。如《周礼·春官》载："外史掌书外令……掌三皇五帝之书，掌达书名于四方。"郑玄注"三皇五帝之书"："楚灵王所谓三坟五典。"《左传·昭公十二年》"（左史倚相）能读三坟五典"。孔氏疏引贾逵曰："三坟，三王之书；五典，五帝之典。"郑玄注"掌达书名于四方"："谓若《尧典》《禹贡》，达此名使知之。"可知在西周之世，掌于朝廷史官的这一类文字形式的"书"篇当不在少数。正如《隋书·经籍志》的推论："'书'之所兴，盖与文字俱起。"《周书·多士》亦记周公教诫殷民曰："惟尔知，惟殷先人有册有典，殷革夏命。"所说的"典"与"册"都指竹简而言："典"指放在架子上的竹简，"册"指用绳子编起来的竹简。说明殷代已有记载历史资料的竹简，这种材料虽经商周易代之际的战乱损毁，但在周初还能够看到。《墨子·贵义》说："昔者，周公旦朝读'书'百篇。"可以说明周公能够接触到的商代传下来的"书"的数量是很多的。由于王权政治的不断强化，政令日益增多，作为"政事之纪"的"书"，其数量随着时代的发展自然又不断增加。

西周末年的内乱和战乱使周王室的权威受到极大的削弱，政令不行于诸侯，作为档案保存的"书"因为竹简易于朽坏，自然损毁和战乱中的损毁严重，再加上它们只是作为档案收藏，较少使用与流传，到了春秋中后期，这一类"书"已经越来越少了。同时，口传形态的"书"篇也因周代礼乐制度的破坏和乐官的流散而日渐消亡。物以稀为贵，更何况是古老的典籍。春秋时期学术下移，私学兴起，具有丰厚学术修养与哲学、历史兴趣的春秋士人们，一经接触到这类从官府中流传出来的古老的简册和唱诵，便意识到了这些"书"的珍贵，开始了有意识地对"书"进行保存和传习。从此，这些"书"篇作为体现深刻思想意识和普遍道德原则的人生指导，作为具有普遍意义的格言和警句，开始在社会上普遍流传开来。这些"书"篇作品，大部分是保存下来的文字形态的周初诰命之作，成为后来《尚书》编修的基本素材。春秋时代的贵族士大夫及其子弟早已有学习《诗》《书》的传统。《礼记·王制》说："乐正崇四术，立四教，顺先王《诗》《书》礼、乐以造士，春秋教以礼、乐，冬夏教以《诗》《书》。王大子、王子、群后之大子、卿大夫元士之适子、国之俊选，皆造焉。"《礼记·文王世子》说："春诵，夏弦，大师诏之；瞽宗秋学礼，执礼者诏之；冬读《书》，典《书》者诏之。礼在瞽宗，《书》在上庠。"相对于贵族子弟来说，当时由社会下层新兴起来的士人阶层有着更为强烈的学习愿望，但"书"的材料却不是能轻易得到的。其原因，一是"书"的部分篇章在当时虽已流传于社会，但主体部分仍是贵族和王室的口述或文字形式的档案资料，由专门的瞽史之官执掌，普通的士人很难得到；二是文字形态的"书"篇以竹简为载体，竹简的繁重，造成价格的昂贵和流通的困难，使得个人所能得到的竹简数量有限。相对而言，口述的方式更便于传习。于是，口述遂成为"书"篇文本流行的主要方式。虽然口述的方式便于传习，但却具有不确定性，加之个人学习的内容各有不同和侧重、个人的理解和需要各不相同，就必然造成"书"的内容因传承系统不同而造成的歧异复杂，以及因各家思想学说的不同而造成的解说矛盾。当时的学者凭借记诵和口说，或得数篇，或得数十篇以聚徒讲习，各申以己意，去取各凭所需，造成各家所引"书"文不但篇名多有不同，就是同一"书"篇，在文句上也存在许多差异。

春秋时代是由"书"到《书》的转化期，虽然存在着文本的歧异和矛盾的现象，但《尚书》仍朝着文本统一的方向发展着。这个趋势表现在对"书"称引的变化上。当时人们除了称引"书"外，也称引具体的篇名，如《尧典》《洪范》，也包括逸《书》的篇名。而且当时已经出现了《虞书》《夏书》《商书》《周书》的专名，可知人们已开始按照作品所属的时代称引了。据刘起釪《尚书学史》的统计，春秋时期人们称引

"书"《虞书》《夏书》《商书》《周书》的情况如下：

"书"12次，其中《论语》2次、《国语》3次、《左传》7次
《虞书》1次，《左传》
《夏书》18次，其中《国语》4次、《左传》14次
《商书》5次，《左传》
《周书》14次，其中《国语》3次、《左传》11次

由以上称引情况看，春秋时期的人们更习惯于按作品所属的时代来称引，而不是笼统地称之为"书"。尽管这并不意味着在春秋时期已经存在着编辑成书形态的《虞夏书》《商书》《周书》，但相对于泛称的"书"，称引具体篇名和按时代分出《虞夏书》《商书》《周书》，是《尚书》形成过程中的重要进展。正如陈梦家所说"篇名与分书都是对于《尚书》编纂的进步"。① 这些进步为《尚书》最后的编辑成书创造了条件。从泛称"书"到称篇名，再到称分书名，再到称《书》，最后到称《尚书》，称引的变化反映了《尚书》成书的过程。

从春秋末期到战国初期，以儒、墨两家"显学"为代表的诸子百家都重视"书"，借助"书"宣扬自己的学说。他们为了争取时君世主采纳自己的学说，为了争取社会的支持和认同，便广泛搜集古代历史文献，为自己的学说寻求古已有之的佐证，在著作中大量引证"书"篇。他们大体上沿用一些旧的"书"篇材料，选取有利于自己学说的篇目和内容；遇到于己不利的，便加以改造和加工，并在此基础上编辑自己学派需要的《书》。《书》在当时是一个开放性的文本，儒、墨二家的《书》就不相同，各有其《书》，内容、篇目都不相同，甚至彼此矛盾对立。《韩非子·显学》说："孔子、墨子俱道尧舜，而取舍不同，皆自谓真尧舜。尧舜不复生，将谁使定尧舜之诚乎？"这说明历史人物尧舜是由儒、墨两家分别塑造而成。虽然取舍不同，但并不妨碍儒、墨二家借编辑自己的《书》来塑造体现本学派政治理想的古代圣王形象，为自己学派的学说张目。从新近公布的清华简"书"类文献来看，这些"书"篇，除个别篇目见于百篇《书序》外（其中入选《尚书》的，只有《金滕》一篇），其余各篇，有的入选了汉代编次的《逸周书》，有的更是前所未见的新篇目。仅就这一篇入选了《尚书》的《金滕》而论，不但篇题与经过儒家

---

① 陈梦家：《尚书通论》（增订本），中华书局1985年版，第18页。

整篇的传世《尚书》不同,文本的内容也存在较大差异,显然分属两个不同的流传系统。这种情况充分说明,甚至到了战国中期,"书"仍旧是一个开放的文本系统,其篇目、内容仍处于分合不定、异本共存的状态,各家各派都可以自由编辑属于本学派自己的"书"文本,并不存在为各家各派公认和接受的一部权威的《书》文本。从清华简"书"篇多言鬼神,多记传说的特点来看,这些"书"篇与孔子"不语怪力乱神"的思想不合,显然不在儒家的"书"文献系统之中。虽然清华简"书"篇也道尧舜、称周公,但与儒家的《尚书》相比,更接近于《逸周书》的内容,部分篇目所含鬼神巫术内容更接近于楚地风习,可能与具有"明鬼"思想的墨家学派有关。据《墨子》记载,墨子藏书丰富,有简册三车,而且曾南游楚国,献"良书"于楚惠王。墨子早年曾为宋大夫,熟悉殷商史事,而清华简"书"篇,有近一半的篇目与殷商有关。因此,清华简中的"书"类文献很可能是属于墨家后学的"书"文本,与儒家学派的"书"相比,表现出迥然不同的面貌。

(二) 从《书》到《尚书》:《尚书》的经典化

从儒家方面看,由现有材料可以知道,儒家学派的创始人孔子是最重视《书》的。《论语·述而》中提到"子所雅言,《诗》、《书》、执礼,皆雅言也",孔子作为儒家学派的开创者,最重视的就是《诗》《书》两种古代文献。《尚书》之名也很可能源于孔子。

"书"与"尚"字相联系始于先秦。《墨子·明鬼》曰:"尚书《夏书》,其次商周之《书》。"王念孙《读书杂志》认为:"'尚'与'上'同,'书'当为'者'。言上者则《夏书》,其次商周之《书》也。"《墨子·明鬼》又有"上观于《夏书》""上观于《商书》"之语;《非命》有"尚观于先王之《书》"之语。这里"尚"与"上"同义。《尚书璇玑钤》云(唐刘知几《史通·六家》引):"尚者,上也",王充《论衡·须颂》云:"或说《尚书》曰:上者,上也;上所为,下所书也。"刘熙《释名·释典艺》云:"《尚书》,尚,上也,以尧为上始而书其事也。"《尚书正义》引郑玄《书赞》云:"尚者上也,尊而重之,若天书然,故曰《尚书》。"伪孔传《序》云:"以其上古之书,谓之《尚书》。"据此,所谓《尚书》,含有君王之书、上古之书等几种意思。《尚书》成为专名过去以为始于汉代。在现存各类典籍中,《史记》最早出现《尚书》之称。司马迁《史记·五帝本纪》云:"学者多称五帝,尚矣,然《尚书》独载尧以来。"《大宛列传》云:"言九州山川,《尚书》近之矣。"《儒林列传》云:"学者由是颇能言《尚书》,山东诸大师无不涉

《尚书》以教矣。"那么，《书》最早由何人改称《尚书》？郑玄以为是孔子，《尚书正义》引郑玄《书赞》云："孔子尊而命之曰《尚书》"，伪孔传《序》以为是伏生，《太平御览》引刘歆《七略》以为是伏生的弟子欧阳生。

1973年长沙马王堆三号墓（下葬年代为汉文帝十二年，公元前168年，墓主是长沙国相利苍之子）出土了大批帛书及竹木简，内容多属珍秘佚籍，其中有关《周易》经传的部分为此问题提供了重要线索，改变了人们的传统认识。帛书《易传》中的《要》篇有"夫子老而好《易》"章，据陈松长、廖名春的《帛书"二三子问""易之义""要"释文》，其中记孔子之言曰："《尚书》多于矣，《周易》未失也，且又古之遗言焉。"① 据李学勤推测，"于"字原为"阙"，讹作"瘚"，再省作"于"。"阙"和下句的"失"正好对应。"阙"即"缺"，《史记·孔子世家》有"孔子之时，周室微而礼乐废，《诗》《书》缺"之言，正可互为印证。② 据陈、廖、李三先生的考证，伏生以《尚书》教于齐鲁之间，文帝诏太常使人受之，太常遣掌故晁错往，其事在文帝前元时期，与帛书抄写时间大致相同。因为迄今所见战国到汉初的简帛古籍都是传抄本，还没有能证明是原稿本的，故而有必要将抄写年代和著作年代区别开来。此外，李斯奏请秦始皇颁布《挟书令》禁止百姓持有书籍，至汉惠帝四年（公元前191年）才得以解除。短短二十余年，在汉初的条件下是不可能产生较多著作的。这些帛书只能是先秦书籍的抄本。《要》篇的抄写时间为汉初，成书年代又应早于抄写时间，早于伏生生活的时代。由此可以推测，《尚书》之名很有可能出自孔子或战国时期的儒家学者，而非过去认为的要迟到汉初，由伏生或伏生弟子欧阳生命名。

汉代学者对孔子与《尚书》的关系有较多论述，其中影响最大的说法有两种。其一出自司马迁，《史记·孔子世家》载："孔子之时，周室微而礼乐废，《诗》《书》缺。追迹三代之礼，序《书传》，上纪唐虞之际，下至秦缪，编次其事。曰：'夏礼吾能言之，杞不足征也；殷礼吾能言之，宋不足征也。足，则吾能征之矣。'……故《书传》《礼记》自孔氏。"又载："季氏亦僭于公室，陪臣执国政，是以鲁自大夫以下皆僭离

---

① 陈松长、廖名春：《帛书"二三子问""易之义""要"释文》，陈鼓应主编《道家文化研究》第三辑，上海古籍出版社1993年版，第435页。

② 李学勤：《失落的文明》，上海文艺出版社1997年版，第308页。

第一章 渊源论:关于《尚书》的时代、作者及成书考辨

于正道,故孔子不仕,退而修《诗》、《书》礼、乐,弟子弥众,至自远方,莫不受业焉。"《三代世表》载:"孔子因史文,次《春秋》……序《尚书》,则略无年月。"其二出自刘歆和班固,《汉书·艺文志》载:"《书》之所起远矣,至孔子纂焉,上断于尧,下讫于秦,凡百篇,而为之序,言其作意。"此外,具有独立思想的学者王充对这一问题发表了自己的见解,但因其人地位较低及思想的非正统性,对当时及后世影响不大。他在《论衡·须颂》中谓:"古之帝王建鸿德者,须鸿笔之臣褒颂记载,鸿德乃彰,万世乃闻。问说《书》者'钦明文思'以下,谁所言也?曰:'篇家也。'篇家谁也?'孔子也。'然则孔子鸿笔之人也。"以《尧典》等《尚书》作品为孔子所作。在这几种记述中,《史记》的说法无疑最有价值,最值得重视。司马迁曾经向著名的古文《尚书》学家孔安国请教有关《尚书》的问题;《尚书》也是司马迁写作《史记》的重要史料来源,说明司马迁对《尚书》的有关问题是很熟悉的。按司马迁的说法,孔子对《尚书》进行了"编次"和"修",并"序《书传》"。这种观点为刘歆、班固完全接受,"纂"与"编次"、"修"同义,"为之序"即"序《书传》"。

先秦的儒家学派将《尚书》作为本学派最重要的经典之一,各种主要儒家文献均较多引用《尚书》。根据刘起釪《尚书学史》的统计,现将先秦儒家学派各种主要文献引《书》情况列表如下:

书名	引用次数、篇数	今文二十八篇	古文十六篇	书序余篇	逸书逸篇	引书、某书、逸句	特用称法所在篇数
诗	1 次	1 次 1 篇					
论语	9 次	1 次 1 篇		1 次 1 篇	1 次 1 篇	5 次	1 次 1 篇
左传	86 次 13 篇	23 次 6 篇		9 次 3 篇	8 次 8 篇	23 次	23 次 10 篇
孟子	38 次 7 篇	12 次 6 篇	5 次 3 篇	6 次 3 篇		11 次	3 次 2 篇
荀子	22 次 3 篇	16 次 5 篇		2 次 2 篇		2 次	1 次 1 篇
周礼	4 次	4 次 2 篇					
礼记	43 次 13 篇	20 次 13 篇	2 次 1 篇	15 次 5 篇	1 次 1 篇	5 次	
大戴礼记	2 次	2 次 2 篇					
孝经	3 次 1 篇	2 次 1 篇				1 次	
合计	208 次 37 篇	81 次 37 篇	7 次 4 篇	33 次 14 篇	12 次 12 篇	47 次	28 次 14 篇

为便于对比说明,现将先秦儒家学派之外各家引《书》情况列表如下:

书名	引用次数、篇数	今文二十八篇	古文十六篇	书序余篇	先秦佚书佚篇	引书、某书及佚句	特用称法所在不同篇数
墨子	47次22篇	9次4篇		10次2篇	18次18篇	6次	4次4篇
管子	6次1篇	4次2篇		1次1篇		1次	
庄子	3次	1次1篇				2次	
韩非子	7次1篇	2次2篇				4次	1次1篇
战国策	6次	1次1篇				5次	
尸子	1次				1次1篇		
吕氏春秋	14次2篇	4次3篇		1次1篇	1次1篇	8次	
总计	84次26篇	21次13篇	0次0篇	12次4篇	20次20篇	26次	5次5篇

对比结果清晰地表明，在先秦，儒家学派与《尚书》的关系远较其他学派密切。儒家学派之外，只有同为"显学"的墨家引用《尚书》较多。儒家学派文献引用《尚书》的总次数是208次，墨家是47次，其他各家均不足10次。将儒、墨两家引《书》情况与陈梦家《尚书通论》第一章《先秦引书篇》的材料进行对照，可以发现，儒、墨两家所引在文字、篇目甚至史实等各方面都存在很大差别。可以说，先秦时期儒、墨两家所掌握的《尚书》，是差别极大的两种本子，虽然来源相同，其间的差别却是泾渭分明的。罗根泽认为："概括言之，即谓《墨子》所引《书》与今、古文《尚书》全殊，亦无不可也。古人引书，不沾沾于旧文，故字句每有改窜，然悬殊至此，则不能一委于引者所改窜也。……《孟》《荀》两书皆喜引《诗》《书》，固亦时有与今本异者，然同者多，异者极鲜。如谓火于秦，则《孟》《荀》所引，亦当如《墨子》所引之与今本大异也。今《孟》《荀》儒家书所引者，略同今本，墨家所引者，则悬殊太甚。今本举世知为儒家所传，被有浓厚之儒家色彩，则孔子'删《诗》《书》，定礼、乐'之说，虽难遽信，而其经过儒家之修饰润色，殊有极深之嫌疑。"[①] 这充分说明，今本《尚书》在春秋中后期经过了以孔子为主的儒家学派学者进行的一次较大程度的编辑与修订。

《尚书》的篇目选择也可证实这一点。孔子因鲁史而作《春秋》，编辑、整理《尚书》亦必因于鲁史。据《左传·定公四年》，鲁国开国时曾分以"祝宗卜史，备物典策，官司彝器"，其中或有商代与周初的典策。

---

① 顾颉刚等：《古史辨》第四册，上海古籍出版社1982年版，第279—280页。

至春秋时鲁国太史仍藏有这些典策,如《左传·昭公二年》载:"春,晋侯使韩宣子来聘,且告为政,而来见礼也。观《书》于大史氏,见《易象》与《鲁春秋》,曰:'周礼尽在鲁矣,吾乃今知周公之德与周之所以王也。'"传统上释"观书"之"书"为书册。陈梦家认为:此段文字"应释为'观《尚书》于大史氏,并见《易象》与《鲁春秋》'。《书》中周公之篇述开国时事,故韩宣子说'吾乃今知周公之德与周之所以王',《易》与《春秋》与周公何涉?"① 傅斯年也根据今本《周书》十九篇中有十二篇与周公有关的事实,认为:今本《尚书》涉及周公的篇目占《尚书》全部篇目的一半多,"周诰几乎全成了周公之诰,《周书》几乎全成了周公之书,《周书》中这样偏重周公,何以《雅》《颂》中不及周公一字,《诗》《书》相反若此?……则今伏生所传《周书》之不能出于宗周,可以无疑;而伏生所传《周书》大部出于鲁,即出于周公之党与裔,亦可信矣"。② 鲁国是儒家学派的发源地,由鲁国与《尚书》的密切关系间接地证明了孔子和儒家学派与《尚书》的密切关系。与之形成鲜明对比的是,在出土于战国时期楚地的清华简"书"类文献中,入选了儒家《尚书》的"书"篇与包含了较多神鬼内容的书篇(其中一部分入选了《逸周书》,还有较多篇目为前所未见的新"书"篇),不论在简制、简长还是在书写方面均具有一致性。对于这位楚国上层人物而言,其拥有的这些藏书虽然存在篇目之异,但在他这里显然是同等视之的,并无高下、尊卑之分。同时,与涉及伊尹、傅说等殷商传说人物神奇事迹的篇目相比,清华简"书"类文献中涉及周公的篇目不但数量少得多,而且颇含神怪内容;其中,唯一入选了儒家《尚书》的《金縢》,其内涵的神怪内容向来被历代学者所质疑。显然,出于鲁地、表现儒家思想观念的《尚书》,其篇目的选择与出于楚地、表现出一定墨家色彩的清华简"书"文献的篇目选择大不相同,不难看出二者在思想观念、审美趣味等诸多方面存在的巨大差异。

孔子据以宣扬其思想的主要典籍便是《诗》《书》两种。《论语·述而》云:"子所雅言,《诗》、《书》、执礼,皆雅言也。"春秋中后期,《诗》、《书》、礼、乐早已成为士大夫的必修文化科目,孔子兴办私学,教学课程也是《诗》、《书》、礼、乐四门,其中礼与乐是在课堂外进行的排练实习课,而《诗》是与排练实习的礼乐课相配合的乐歌唱本,故纯

---

① 陈梦家:《尚书通论》(增订本),中华书局1985年版,第19页。
② 顾颉刚、刘起釪:《尚书校释译论》,中华书局2005年版,第381页。

粹为课堂上学习的教材只有《书》一种。《史记·孔子世家》所记孔子"退而修《诗》、《书》礼、乐"，其时正当孔子四十二岁至五十岁之间，是孔子教学生涯最辉煌的时期。"修"《书》，也就是对传统的"书"进行编辑、整理、加工和改造，将社会上流行的"书"改造成为专门为儒家学派所有，以儒家思想渗透其中的《尚书》，作为教学所用的教材。刘起釪认为："《书》既与《诗》是孔子重要的两本教材，由他自己谆谆教读弟子，那么这部教材要不是亲自编成于孔子之手，恐怕很难找到更合适的编成的人了。那些三代王者为了某次军政大事所作的'诰誓号令'文件，孔子当然把原篇汇集起来作为教材讲授，而三代以上零散材料汇编加写成《尧典》等篇，则这一工作恐怕只能落于孔子之手了。"① 经过孔子的编辑修订，"书"被注入了思想和灵魂，由单篇历史资料汇编，转变为齐备、完整的一部包括二帝、三王的儒家历史系统的《尚书》，由一部古代历史典籍转变为一部儒家最重要的思想经典。

　　孔子之后，《尚书》又在战国末期与秦代经历了一次较大规模的整编。孔子弟子三千，"身通六艺者七十二人"，其中据传世典籍记载，曾从孔子学习《尚书》者，计有漆雕开、颜回、子张、子夏、曾参、冉雍、宰予、公西赤、孟懿子等数人，而漆雕开堪称孔门传《书》之第一人。据《史记·仲尼弟子列传》唐司马贞《索隐》，孔子弟子漆雕开传《尚书》。唐张守节《史记正义》亦云："漆雕开，习《尚书》，不乐仕。"而漆雕开与孔子另一弟子宓不齐（字子贱）关系密切。据《论衡·本性》："周人世硕以为，人性有善有恶……善恶在所养焉。故世子作《养书》一篇。宓子贱、漆雕开、公孙尼子之徒，亦论情性，与世子相出入，皆言性有善有恶。"漆雕开少孔子11岁，宓不齐少孔子49岁，郭沫若认为，"两人之间可能是义兼师友的"。② 另据《颜氏家训·书证》：宓不齐曾为单父宰，"今兖州永昌城，旧单父地也，东门有《子贱碑》，汉世所立，乃曰：'济南伏生，即子贱之后'"，则宓不齐为秦博士伏生的远祖。故《尚书》在先秦的传授系统应是：孔子传漆雕开，漆雕开传宓不齐，宓不齐家传《尚书》二百余年，至战国末传至伏生。伏生为秦博士，遭秦禁《诗》《书》之祸。陈梦家据《史记·李斯列传》所载李斯上书推测说："知斯原意，在立官藏而去私藏，尊官学而禁私学，使教学定于一尊。……则汉

---

① 傅斯年：《诗经讲义稿（含〈中国古代文学史讲义〉）》，中国人民大学出版社2004年版，第32页。
② 郭沫若：《郭沫若全集·历史编》第二卷，人民出版社1982年版，第149页。

世所传《尚书》，或秦博士官本也；伏生或即秦《尚书》博士也。"① 他以《尧典》一篇为例进行说明，认为伏生所传《尚书》有可能是采用秦制而将秦前传本加以修订而成的："当时齐鲁的儒者为了给秦始皇的新制度找文献的根据，局部修订他们的经文传本，是可能的。汉初治《尚书》者多为齐人，而伏生也是齐人。"② 蒋善国也认为："秦禁《诗》《书》，只禁民间私藏，《诗》《书》仍存于秘府，为博士所掌，加强了对《书》的重视，遂把《书》彻底加以整编。……《尚书》把《秦誓》列在最末，正是记秦以霸业继周统，为了颂扬当时秦始皇的帝业。这种情形，非到了秦统一天下的时候不能发生。"③

从孔子在春秋后期对《书》篇的编辑、整理，到秦代由伏生等《尚书》博士对《尚书》的重新整编，流传到汉代，最终成为五经之一的《尚书》与产生于西周初年的《书》篇作品相比，已发生了巨大的变化。《尚书》的性质，已不再是产生之初的单纯的历史文献，而是由单篇的互无关联的作品整编成为一部包括二帝、三王的整齐、完备的有系统的历史，按次排定了从唐、虞到秦的重要书篇，成为一部具有有机的内部联系、以儒家的思想意识贯穿其中的政治与道德的教科书。郭店楚简《性自命出》第15至18简："《诗》《书》礼乐，其始出皆生于人：《诗》，有为为之也；《书》，有为言之也；礼乐，有为举之也。"④ 意思是说，《诗》、《书》与礼乐三者都是出于人的创造，《诗》为特定的思想而创作，《书》为特定的思想而发为言语，礼乐为特定的思想而实行。"有为"之"为"，可释为"特定的目的、原因、考虑"，在郭店楚简《老子》甲本中指思想原则，亦可称为"志"。《礼记·经解》载孔子的话："入其国，其教可知也：其为人也……疏通知远，《书》教也。"所谓"疏通知远"，孔颖达《正义》释曰："《书》录帝王言诰，举其大纲，事非繁密，是疏通；上知帝皇之世，是知远也。"实际也就是司马迁所谓的"究天人之际，通古今之变，成一家之言"，是由对历史的认识进而上升到哲学思想的高度，达到对人生和世界的全面认识。

清代学者章学诚看到了《尚书》与一般史籍的区别，认为《尚书》的编纂寄寓了圣人的思想意识，其实质是一种专门著述。他区分专门著述与一般历史著作说："撰述欲其圆而神，记注欲其方以智也。夫智以藏

---

① 陈梦家：《尚书通论》（增订本），中华书局1985年版，第135—136页。
② 蒋善国：《尚书综述》，上海古籍出版社1988年版，第18页。
③ 陈梦家：《尚书通论》（增订本），中华书局1985年版，第339页。
④ 荆门市博物馆：《郭店楚墓竹简》，文物出版社1998年版，第179页。

往，神以知来；记注欲往事之不忘，撰述欲来者之兴起。故记注藏往似智，而拟神也。藏往欲其赅备无遗，故体有一定，而其德为方；知来欲其抉择去取，故例不拘常，而其德为圆。"① 他认为《尚书》显然属于前者："《尚书》圆而神，其于史也，可谓天之至也。" 而一般的史籍显然不具备《尚书》的这种功能："若夫君臣事迹、官司典章、王者易姓受命，综核前代，纂辑比类，以存一代之旧物，是则整齐故事之业也……岂所语于专门著作之伦乎？"② 专门著述与一般史籍的区别，主要是它具有统一的指导思想。可知《尚书》的编纂绝不仅仅是为了保存历史文献，而是有着一定的编纂原则和整体考虑，寄寓了深刻的思想内涵。杨向奎也认为："孔子以前、孔子当时及以后，直至秦始皇帝，不在今传《尚书》内的篇章尚多。《书》是古，是故，是史实的记录，三代史料当不止二十八篇。……但现存《书经》之编订是有其指导思想的，即以'德刑'思想为中心。这种思想为儒家所接受，改造发扬，成为中国传统礼乐文明的组成部分，而经儒家之解释后，作为经书之一，成为进行民众教育的教科书，影响之大，流行之广，莫与伦比。以此我们说，《尚书》二十八篇的编订，出于孔门后学。'子所雅言，《诗》《书》执礼'，也就是孔子在温故知新，他要在诗书中推论出前所未有的东西，即从德行的概念中推论出仁、礼的新概念来。"③ 这是《尚书》成为儒家学派几部最重要经典之一的根本原因。

总之，种种不断被揭示出来的内证、外证都说明一个事实：今本《尚书》二十八篇是一个至少经过两次整编的统一的有机整体，是经过以孔子为主的先秦儒家学派学者按照一定的原则和指导思想编辑整理的定本，无论是在思想内容还是在篇章结构，抑或是语言形式方面都显示出一致性的特征，为后人留下了一个极具挖掘潜力的蕴藏丰富的文化矿藏，有待后人去努力钻研与解读。

---

① （清）章学诚著，叶瑛校注：《书教下》，《文史通义校注》，中华书局1985年版，第49页。
② （清）章学诚著，叶瑛校注：《答客问上》，《文史通义校注》，中华书局1985年版，第471页。
③ 杨向奎：《宗周社会与礼乐文明》，人民出版社1992年版，第384页。

第二章　艺术论:《尚书》与中国早期艺术形式的构成

文学是文化的一个方面,它和艺术、宗教都是近亲。首先,文学是语言的艺术。作为艺术的一个重要组成部分,文学是不可能孤立存在的,它与一个时代各个艺术门类之间存在着不可分割的紧密联系,它们相伴而生,彼此影响,共同反映着一个时代的普遍审美趣味和艺术追求,反映着一个时代的文明程度和文化成就。研究《尚书》的文学价值,就不能孤立地对待文学,而必然要探讨《尚书》产生时期的普遍艺术状况,只有将《尚书》放在上古时期文学与艺术一体,诗、乐、舞不分的大的艺术背景下,我们才能真正理解《尚书》的文学意义。其次,在远古时代文学的发生时期,宗教所覆盖的文化领域要大大超过今天,宗教和艺术处于融而不分的状态,文学问题也往往就是宗教问题。因此,研究《尚书》的文学价值,也必然要考虑当时文化和宗教的一般背景。从《尚书》本身来看,它不仅是一部重要的内涵丰富的具有重要文学价值的文本,同时还是一部宝贵的文学史料、艺术史料,乃至文化史料集,具有重要的文献价值,反映了文学起源时期文学与巫术不分,与诗、乐、舞一体的原始风貌。故本章将从《尚书》的具体文本出发,从《尚书》文本所包含的丰富艺术史资料出发,认真探讨《尚书》文本形成过程中所经历的各个不同历史时期的主要艺术形式,进而探讨该历史时期社会文化的一般性质及艺术的主要特征,还原《尚书》文学的原始形态。

第一节　《尚书》中的早期艺术形式

《尚书》中存在着丰富多彩的艺术资料,对《尚书》的文学研究具有重要意义。从发生学的意义上说,早期的文学形式——诗歌并非独立存在,而是以"诗、乐、舞"结合的综合艺术形式存在。因此,研究《尚书》的文学性，就要特别关注《尚书》的艺术背景，关注《尚书》形成期存在的与文学密切相关的各类艺术形式，尤其是音乐、舞蹈等直接与文学发生联系的艺术形式。纵观《尚书》的形成历史，从最早的篇目《尧典》（大约发生于公元前 21 世纪的古老故事）到最晚的篇目《秦誓》（发生于公元前 627 年的历史事件），其间历时约一千五百余年。在此期间，文学与其他艺术形式相随相伴，互相影响，也经历了一个漫长的发展过程。从最早发展起来的静态的造型艺术，如绘画、雕刻等，到其后发展起来的音乐、舞蹈、诗歌等复杂的艺术形式，我们可以看到文学与艺术从传说中的虞夏时代的早期形态，进而发展演进到西周时代的成熟形态，展示了文学与艺术发生发展的过程。通过对《尚书》中出现的各种艺术形式的研究，可以间接地了解到当时文学发展的一般状况，可以发现早期文学创作者的审美情趣和艺术追求，进而为《尚书》文学研究提供借鉴。按照艺术的一般定义，艺术的努力是要由它的整个过程或者它的结果来引起审美感情。但《尚书》中反映的各类艺术形态，从造型艺术、音乐、舞蹈到诗歌等艺术形式都普遍缺少纯粹的单一的审美兴趣，而是有着明显的实用动机。尤其是在社会发展的早期形态里，这种实用性质占据了主要地位，除了来自人类本性的单纯的审美兴趣外，几乎都与巫术和早期宗教存在着联系，或多或少是作为它们的附庸出现，并伴随着它们的发展演进而不断改变着自身的形态。所以，通过《尚书》中反映的一千余年的各类艺术的发展历程，我们也可以由此探测到我国历史上从传说时代到西周奴隶制王国时期在文化上的演进历程，为《尚书》的文学研究提供重要的文化背景资料。

（一）"作会""作服"：《尚书》的早期绘画艺术

在人类文明的初始阶段和文化的发端期，人类的社会意识最突出的特征是神话与艺术思维能力的发达，人类学家列维·斯特劳斯（Levy Straus）名之为"野性的思维"。在这个阶段，艺术弥漫到日常生活的各个领域，与神话一起，占据了社会生活的重要地位。但早期人类的生活环境与状况要比现代文明人严峻得多，人类的活动范围也要狭小得多，生活态度也更实际。文明的低水平、物质条件和文化发展的低水平决定了艺术发展的低水平。伴随着文明的发展，各类艺术形式才逐步发展起来。造型艺术是各类艺术形式中较早发展起来的，是文明初始阶段人类最早表现出的审美诉求。就造型艺术的发展来看，从比较原始的简单绘画装饰、器具装潢，到相对高级的美术创作、玉器雕刻，造型艺术从《虞夏书》中反映的氏族部落社会形态和早期奴隶制国家形态，到《商书》和《周书》

中的文化高度发达的奴隶制王国,历经一千余年的发展过程。这种艺术形式对后来的音乐、舞蹈等复杂的艺术形式,进而对诗歌等文学形式的发生和发展有着重要的影响,值得我们认真关注。

早在传说中的虞舜时代,人们就已经掌握了一定的绘画与装饰的知识。在《虞夏书》中的《皋陶谟》一篇中,有这样的一段记载:

予欲观古人之象,日、月、星辰、山、龙、华虫,作会;宗彝、藻、火、粉米、黼、黻,绨绣。以五采彰施于五色,作服,汝明。

这是《皋陶谟》记载的一次政务会议上,舜帝对皋陶和禹等大臣说的一段话。这里说的"古人之象",是指彩绘、刺绣于官员、贵族官服上的各种图案画像。孔颖达《疏》释此句曰:"我欲观示君臣上下以古人衣服之法象",因官员上下的等级差别的不同,在官服的彩绘、刺绣上有相应的严格的区别,这些严格规定的图像成为法定的图像,称为法象。孔《疏》引郑玄注:"会,读为绘。"《说文》:"绘,会五采,绣也。"是制衣者必先绘画图像而后绣以丝。日、月、星辰、山、龙、华虫六种图像为依照彩绘刺绣的图案。孔《疏》又引郑玄注:"绨,读为黹。黹,紩也。"《说文》段注:"以针贯缕紩衣曰黹。"即以针穿线缝衣。则宗彝、藻、火、粉米、黼、黻六种图像为缝制、刺绣而成的图案。

美术的起源,一方面是纯粹的审美的兴趣,另一方面是实用的动机,两种因素交织在一起。早期绘画的对象往往是人们生活于其间并能够激起他们创作热情的自然界的各种事物,尤其是为他们所熟悉和经常接触的各类事物。在他们所描绘的这些对象中,既寄寓了他们的审美追求,又有着实用的创作动机和神秘的寓意。在《虞夏书》所反映的时代中,艺术与巫术是混融和交织在一起的,专门的艺术活动和专门的宗教活动还没有截然分开。柯林伍德(R. G. Collingwood)在《艺术原理》一书中谈到这种现象时说:"巫术与艺术之间的相似是既强烈而又切近的。巫术活动总是包含着像舞蹈、歌唱、绘画或造型艺术等活动,并且它们不是作为边缘因素而是作为中心因素。"[①] 绘画这种造型艺术在早期文明中的地位、作用与今天大不相同,在当时它处于文化的核心地位。因此,我们可以由对绘画这种造型艺术的探究,进而发现《虞夏书》产生时代的文化面貌。

据郑玄注:"自日月至绨绣凡十二章,天子以饰祭服。凡画者为绘,刺

---

① [英]科林伍德:《艺术原理》,王至元等译,中国社会科学出版社1985年版,第67页。

者为绣。此绣与绘各有六。衣用绘，裳用绣，至周而变之。"在唐虞的时代，作为氏族联盟首领的虞舜，既是部落酋长，又是祭司和巫师，在人类学上称为祭司王（the priest king）。弗雷泽（George Frazer）认为："把王位称号和祭司职务合在一起，这在古意大利和古希腊是相当普遍的。……在早期社会，国王通常既是祭司又是巫师。确实，他经常被人们想象为精通某种法术，并以此获得权力。"[①] 祭祀是祭司王最重要的职责。在这种庄重严肃的场合下，他们穿着装饰有复杂图案的祭祀服，主持祭祀仪式。据郑玄注，这种上衣下裳的祭服有十二种不同的图案，上下各有六种，是"天子"主持祭祀时的特殊衣着。这种祭祀服饰上的装饰物可能与图腾崇拜有关。关于舜的祭服，《史记·五帝本纪》与《孟子·万章上》给我们提供了一个有趣的线索。据《史记·五帝本纪》，尧在考察了舜之后，"乃赐舜絺衣与琴"，而"瞽叟尚复欲杀之"。在此之后，瞽叟与象勾结，进行了新的谋害舜的勾当。谋害舜的目的之一，根据《孟子》所记象的一段话，即是希望得到尧赐予舜的许多物品，其中自然包括絺衣。据前引郑玄注，所谓絺衣，应为绣有各种图案的祭服。尧作为祭司王，把祭服交给舜，也就意味着把未来的王位交给舜。祭服是有重要象征意义的神圣之物。这也就解释了为什么瞽叟与象要杀害舜，杀害舜的目的是套得舜对王位的继承权。

据孔《疏》说："日也，月也，星也，山也，龙也，华虫也，六者画以作绘，施于衣也。宗彝也，藻也，火也，粉米也，黼也，黻也，此六者绣以为绣，施之于裳也。"在这十二种图案中，日、月、星辰、山、火都是对大自然形象的模拟；华虫、龙、宗彝是对动物形象的模拟；藻、粉米是对植物形象的模拟；黼、黻是两种抽象的几何图形，其中黼是斧形的白黑两色图形，黻是弓形的青黑两色图形。用这些图案来装饰祭服，固然表现了早期氏族时代人们的审美好尚，反映了当时人们对自然的依赖关系，更重要的，是这些图案所表现出的象征意义。这些图形虽然源于自然界，但已经抽象化为具有象征意义的几何图形，其中所寄寓的意义，今天已经很难说清。在这里，图形的审美意义和现实意义混融在一起，既是艺术的，又是实用的，实在难以区分。从单纯审美的角度看，当时人们的艺术表现能力已经达到了很高的水平，他们不但能在绘画作品中表现自然界简单的事物，而且能表现想象中的事物，如龙、宗彝这样的自然界并不存在

---

① [英]詹姆斯·乔治·弗雷泽：《金枝》，徐育新等译，大众文艺出版社1998年版，第16—18页。

的动物。这种描绘复杂事物的能力是观察力、想象力、表现力的综合，反映了当时人们艺术水平达到的高度。从象征意义上看，这些图形已不是单纯的对自然的模仿，而是在模仿自然基础上的高度抽象化了的几何图形。如"黼"与"黻"两种图形，它们不可能是想象的图形，但其所取材的母题在今天已无法证实了。这些图形被装饰在神圣的祭服上，具有了"图腾"的意义。

"图腾"是美洲印第安语 Totem 的音译，意思是"它的血族"。印第安人认为自己是由自然界某个物种转化而来，与之具有血缘关系，受它的保护。于是他们就以这个物种为神祇，称为"图腾"，作为本氏族的标记或徽号，加以尊崇和信仰。在澳洲，这种标记或徽号称为"可朋"（Kobong），与"图腾"意义相同。它们虽源于自然事物，却已不再是原物的模拟，而是高度几何化、抽象化了。这种将图腾形象描绘在自己身上或衣袍上的做法，人类学上称为"图腾同样化"（Assimilation of Totem），意在取悦图腾神，求得它的保护。据美国人种学家、科学人类学创始人摩尔根（Lewis Henry Morgan）于1877年所作《古代社会》一书的记载，古代氏族都有以图腾命名本族族名的习俗。澳洲人和印第安人多以动植物为本族的图腾，认为本族是某一动物或植物神的后裔。该书第二章说："在美洲各地的土著中，所有的氏族都以某种动物或无生物命名。……氏族成员声称他们就是本氏族命名的那种动物的子孙，大神把他们的老祖宗由动物变成了人形。"① 因此他们就以这种动植物作为本氏族的标记和徽号。在尧舜的时代，各个部落和氏族已经逐步形成了较大的部族联盟，具有了国家的雏形。这样的联盟已不再把属于某一单个氏族或部落的图腾作为该联盟的图腾，而要把这些图腾重新整合。在《虞夏书》中出现的尧、舜、禹、契、稷、皋陶、羲和、益、伯夷、朱虎、龙等，都是不同部落和氏族的首领，最后结合在一个大联盟中。他们每个部族本来都有自己的图腾。如羲和本是太阳神，掌管日、月、星辰，羲和部落便以太阳作为图腾；舜的纳言官龙是一位部落首领，该部落是以想象中的神兽龙作为图腾的。……而作为联盟首脑的尧和舜，其祭服上出现十二种不同的图腾图形，正说明这个部族联盟是由十二个部落联合组成的。这种以多种崇拜物作为图腾、多种图腾并用的现象，人类学上称作"联合图腾"（Associated totems）。

"以五采彰施于五色，作服"，《尚书大传·夏书》解释说："天子衣服，其文华虫，作缋，宗彝、藻、火、山、龙。诸侯作缋，宗彝、藻、

---

① [英]摩尔根：《古代社会》，杨东莼等译，商务印书馆1977年版，第113页。

火、山、龙。子男：宗彝、藻、火、山、龙。大夫：藻、火、山、龙。士：山、龙。山、龙，青也；华虫，黄也；作缋，黑也；宗彝，白也；藻、火，赤也。天子服五，诸侯服四，次国服三，大夫服二，士服一。"青、黄、黑、白、赤五种基本颜色作为图腾装饰，在早期文化艺术中也一定具有某种象征意义，只是我们今天已难知其详。《尚书大传》作者将图腾意义作了等级秩序意义的解释，认为天子、诸侯、卿士、大夫、士五个等级，其衣服之彩绘图案装饰依等级在数量上递减。伪孔传解释为"尊卑采章各异，所以命有德"。这种观念成为此后历代王朝遵奉的圭臬。由此，这种上古时代的衣饰习俗和图腾绘画演变成为标明封建等级贵贱秩序的严格规定，成为具有尊卑内涵的身份象征。历代王朝在建立之初，都要改正朔、易服色，其实都是上古图腾崇拜的文化遗存。

至周代，造型艺术中的绘画与装饰艺术对比传说中的虞夏时代显然有了巨大的进步，《顾命》中对于康王即位仪式上的陈设与布置的记载就说明了这一点：

> 狄设黼扆、缀衣。牖间南向，敷重篾席，黼纯，华玉，仍几。西序东向，敷重厎席，缀纯，文贝，仍几。东序西向，敷重丰席，画纯，雕玉，仍几。西夹南向，敷重笋席，玄纷纯，漆，仍几。

据孔《疏》，所谓"黼扆"，是一种绘有白、黑两色斧形花纹、置于户牖间的屏风；所谓"篾席"，是用桃枝竹制成的席子，"黼纯"，指这种席子以绣有黑、白色花纹的缯帛镶边；"华玉，仍几"是指用五色彩玉装饰的凭几；所谓"厎席"，指青蒲制的席子，"缀纯"，指这种席子以彩绘的缯帛镶边；"文贝，仍几"指用有黄、白两色纹彩的贝甲装饰的凭几；所谓"丰席"，是用蒲蒻制成的席子，"画纯"，指这种席子用五彩色绘制的缯帛作为镶边；"雕玉，仍几"，指以雕玉装饰的凭几；所谓"笋席"，指以幼竹皮制成的席子，"玄纷纯"，指这种席子用黑色的缯帛为镶边；"漆，仍几"，指以漆器装饰的凭几。据"夏商周断代工程"的研究成果，康王即位之年是公元前1020年，[①] 这时周人的社会发展已经进入发达的奴隶制国家阶段。社会文明程度的提高和经济的发展为艺术的进步提供了条件，周人的艺术才能已经达到了一个很高的水平，不论是简单的造型艺

[①] 夏商周断代工程专家组：《夏商周断代工程1996年—2000年阶段成果报告（简本）》，世界图书出版公司2001年版。

术作品,还是高级的艺术形式,如文学创作,都已进入一个繁荣时期。

(二)"禹锡玄圭":《尚书》的早期雕刻艺术

造型艺术中的雕刻艺术是与绘画艺术同时发展起来的。在今天能够发现的史前时代的出土文物中,雕刻作品占据了很大的比例。史前人类喜欢花费很大的精力,利用各种材质,精细地雕琢出他们生活于其中的自然界的各类事物。早在旧石器时代,我国北京猿人所使用的石器中,就已经有了石制的雕刻器;在距今约六七千年前的浙江河姆渡遗址中,出土了大量的骨、木、象牙雕刻的装饰品。就这些作品以粗拙的工具所取得的效果看,即使在今天也足以令人赞叹。毫无疑问,这类雕刻作品与其他早期造型艺术作品一样,既具有非功利的审美的创作目的,又具有现实的实用目的。关于这一点,我们可以从《尚书》记载的有关玉石器雕刻的资料中发现相关线索。

一般认为,《虞夏书》中的《禹贡》是我国最早的一篇地理专著,其中对九州的物产有详细的记录。在言及青州时有这样的记载:

　　厥贡盐、絺、海物、惟错。

在言及扬州时有这样的记载:

　　厥贡惟金三品,瑶、琨、筱、簜、齿、革、羽、毛惟木,岛夷卉服。

在言及豫州时有这样的记载:

　　厥贡漆、枲、絺、纻,厥篚纤、纩。锡贡磬错。

在言及梁州时有这样的记载:

　　厥贡璆、铁、银、镂、砮、磬、熊、罴、狐、狸。

在言及雍州时有这样的记载:

　　厥贡惟球、琳、琅玕。

在全文的最后,这样记载:

> 禹锡玄圭,告厥成功。

《禹贡》的作者显然是把玉石作为一项最重要的出产予以记录。从上面所引的内容看,九州中有青、扬、豫、梁、雍五州出产玉石或相关物品。其中青、豫、梁三州出产"错""镂"等雕刻玉石器的工具,扬、豫、梁、雍四州出产瑶、琨、璆、磬、球、琳、琅玕等多种玉石产品。与《禹贡》出现时代相近的《山海经》也详细记载了玉石出产和品类的情况。据统计,《山海经》共记录玉的种类 20 种,石 42 种。[①] 当时的人们对玉石如此重视,如此了解,固然说明玉石在上古时代的中国大地上分布广泛,且得到人们的普遍喜爱,形成了制作、鉴赏玉石器的习俗和文化。但另一方面我们也可以推测,玉石器受到如此普遍的重视,除了当时人们的审美兴趣之外,一定还有重要的实用目的。我们知道,早期的各种艺术形式,包括雕刻这种造型艺术在内,总是或多或少地与巫术和早期宗教联系在一起,极少存在单纯的审美艺术作品。玉石器在上古的中国,也具有某种象征意义,与巫术密切相关。

张光直认为:"中国古文献之巫,应译成 Shaman,而不应译成术士,Magician 或 Wizard。在通古斯语中,'萨满'为'迷狂者',主要特征是迷狂状态之技术。"[②]"萨满"(Shaman)一词起源于通古斯语,后来用以泛指流行于乌拉尔—阿尔泰地区原始民族的一种低级宗教(Shamanism)。其最大特点是利用迷狂变态的心理(Hysteria),借助神物道具的帮助,在精神上达到超现实的境界,与神灵直接沟通。"萨满"的迷狂技术,包括跳踊、击鼓、歌唱等方式,也就是文献中说的"以舞降神"。据《说文》:"巫,祝也。女能事无形,以舞降神者也。象人两褒舞形,与工同意。古者巫咸初作巫。靈,古文巫。""无形"指无形的神,"两褒"指舞者的长袖。又据《说文》玉部:"靈,巫也,以玉事神。"《九歌》王逸注:"灵,巫也。"由此可知,上古时代的巫者,即"萨满"们,是具有所谓与神沟通能力的人,而他们用来沟通神界的重要手段有两个,一是"以舞降神",一是"以玉事神"。据《山海经·海外西经》记载:"大乐之野,夏后启于此舞《九代》,乘两龙,云盖三层,左手操翳,右手操环,

---

① 刘栋民:《中国远古暨三代文学史》,人民出版社 1994 年版,第 72 页。
② 张光直:《美术、神话与祭祀》,辽宁教育出版社 1988 年版,第 35 页。

佩玉璜。"显然，这里表现的是以巫舞降神的场面，玉环与玉璜是用来降神的法器。这种法器与萨满教仪式上使用的咒棒作用相似。今日所见萨满教的咒棒多为骨雕制品，既有写实性质的，也有想象性质的，在某种萨满仪式上与舞蹈配合使用，很多作品极具艺术气息。玉雕的法器作用与之近似，主要是用来逢迎神灵，以讨其欢心的。瞿兑之先生说："人嗜饮食，故巫以牺牲奉神；人乐男女，故巫以容色媚神；人好声色，故巫以歌舞娱神；人富言语，故巫以词令歆神。"① 这里应加上一句："人爱玉石，故巫以美玉敬神。"

在《尚书》中也有相关记载。如《尧典》记述舜摄政，首先要"受终于文祖""类于上帝，禋于六宗，望于山川，遍于群神"，需要"辑五瑞""修五礼、五玉……"用玉器作为祭拜祖先与上帝群神的供品。《金縢》一篇也有近似的"以玉事神"的记载。周公为成王的疾病向祖先神祷告，并向神灵出示玉器：

> 公乃自以为功，为三坛同墠。为坛于南方，北面，周公立焉。植璧秉珪，乃告太王、王季、文王。史乃册祝曰："……尔之许我，我其以璧与珪归俟尔命；尔不许我，我乃屏璧与珪。"

所谓"植璧秉珪"，即将璧置于荐神的币帛之上而执圭于手。璧和圭都是重要的玉质礼器：璧为环状的扁平圆玉，用于敬献于神；圭为上三角、下矩形的长方形玉，用于表明祭祀者的身份。"以璧与珪归俟尔命"，是说把璧与圭献与神灵，回去等候神灵的指令。"屏璧与珪"，是说拿走璧与圭，不再请示神灵。在这个故事里，璧与圭成了沟通人、神的媒介。周公作为周初的一位政治首领，虽极力提倡德治，但在面对他无法把握的现实时，仍然需要"以玉事神"，显露出了他的儒家圣人面具下遗存的早期巫师和祭司的特征。周公的"制礼作乐"及其后发展起来的周代礼乐文明正是建立在"以玉事神"的原始巫术基础之上的。《说文·示部》："礼，履也，所以事神致福也，从示从豐，豐亦声。"说明礼起源于事神致福的巫术仪式。《说文·豐部》："豐，行礼之器也，从豆，象形。"这个用以行礼的器物"豐"，据王国维的考证，是玉在凵中，从豆为会意而非象形，盛玉以事神之器谓之豐。"推之而奉神人之酒醴亦谓之醴，又推

---

① 瞿兑之：《释巫》，《燕京学报》1930年第7期。

之而奉神人之事通谓之礼。"①

　　玉既是沟通人神的媒介，"以玉事神"表现了人对神的礼敬，则神对人的嘉奖也离不开玉，《禹贡》记载的"禹锡玄圭，告厥成功"，就是表现神对人的赏赐。"禹锡玄圭"一句，自古以来解说纷纭，有的以为是禹献玄圭于尧帝，有的以为是尧帝赐玄圭于禹。实则这一句应理解为被动句，"禹锡玄圭"即"锡禹玄圭"，是上天嘉奖禹的功绩而赐予玄圭。《史记·夏本纪》"于是帝锡禹玄圭，以告成功于天下"中的"帝"，只能理解为皇天上帝，而不可能是人间的尧帝。这是上古时代流行的神话故事，在《国语·周语下》和《尚书璇玑钤》中都保留了这个神话的片段。《国语·周语下》载，由于禹治水的功绩，"故天无伏阴，地无散阳，水无沉气，火无灾燀，神无间行，民无淫心，时无逆数，物无害生，帅象禹之功，度之于轨仪，莫非嘉绩，克厌帝心（韦昭注：帝，天也）。皇天嘉之，祚以天下，赐姓曰姒，氏曰有夏"。《山海经》及其他神话资料中的禹和启父子都使用玉器，而考古发掘也证明，夏代是大量使用玉器作为礼器的时期。在夏王朝的活动中心河南偃师二里头遗址曾出土了体大质精的一批玉器，在陕北神木石峁也发现了一大批夏代玉器。在这些出土玉器中，圭和璧是其中最主要的品种，都是礼敬、奉祀鬼神的宗教祭器。

　　据"夏商周断代工程"的研究成果，《顾命》记录了公元前1020年举行的周康王登基典礼的全过程。在这次典礼的陈设布置中，玉石器占据了重要的地位。据《周礼·天府》："凡国之玉镇大宝器藏焉，若有大祭大丧，则出而陈之。"除了在牖间布置的五色华玉几和在东序布置的雕玉几等玉制器具外，还陈列了许多玉器宝玩：

　　　　越玉五重、陈宝、赤刀、大训、弘璧、琬琰，在西序。大玉、夷玉、天球、河图，在东序。

　　这里是说，越玉、陈宝等六种玉器宝玩陈列在西墙下，大玉、夷玉等四种玉器宝玩陈列在东墙下。上古时代的中国处于华夏、东夷、苗蛮三大氏族集团分立的时期，古玉也相应分为三个系统，大玉、夷玉、越玉，应是古代三种不同族系与文化的遗物，其中周人属华夏集团的一支，所以称自己传统的玉器为大玉。陈宝、赤刀、大训等都是玉器之名。其中的

---

① 王国维：《观堂集林》卷六，中华书局2004年版，第290页。

"大训",郑玄、伪孔《传》、孔《疏》都认为是"《虞书》典谟"。清代李光地认为,"大"即"洪","训"即"范","大训"也就是《尚书》中的《洪范》。① 如果此说成立,则"大训"并非玉器,按照先秦以来有关"洛书"的传说,应是一种刻有文字的龟甲。王国维先生则认为,所谓"大训","盖镌刻古之谟训于玉"。② 即把古代的典谟训诰等重要历史文件,如《尚书》的部分内容镌刻在玉石上。关于"河图",《易传·系辞》云:"河出'图',洛出'书',圣人则之。"班固《汉书·五行志》云:"刘歆以为,伏羲氏继天而王,受'河图',则而画之,八卦是也;禹治洪水,赐'洛书',法而陈之,《洪范》是也。"汉代纬书《中候握河纪》亦云:"河龙出图,洛龟书威,赤文绿字,以授轩辕。"则"河图"与"洛书"一样,也是传说中的神赐之物,启发了《周易》八卦的产生。刘勰在《文心雕龙·正纬》中说:"昔康王河图,陈于东序,故知前世符命,历代宝传。"③ 北魏郦道元认为"河图"是"帝王之阶图,载江河山川州界之分野"。④ 总之是镌刻有文字、地图的大型玉器。这种"玉镇大宝器"作为周朝的国宝记载于《顾命》中,既说明殷周时代雕刻艺术水平之高超,能够在玉器上进行文字、地图等复杂的镌刻,又说明当时的雕刻艺术已超出了巫术与宗教的目的,具有了更为实际的应用目的。

(三)"百兽率舞":《尚书》的早期舞蹈艺术

与其他艺术形式相比,舞蹈这种艺术形式更直接地与人的本能相联系,能够最直接、最强烈、最细腻地表现人的心灵和情感。因此,在早期人类社会中,舞蹈这种艺术形式具有特别的重要性,不但起源最早,而且具有更大的社会影响力。德国艺术史家格罗塞(Ernst Grosse)在其《艺术的起源》一书中,对此发表了深刻的论述:"取材于无生物的造型艺术对高级民族所发生的意义至少可以在低级部落间辨认出它的萌芽状态来,至于那活的造型艺术舞蹈所曾经具备的伟大的社会势力,则实在是我们现在所难想象的。现代的舞蹈不过是一种退步了的审美的和社会的遗物罢了,原始的舞蹈才是原始的审美感情底最直率、最完美,却又最有力的表现。"⑤ 古人对此已有一定的认识。产生较早的《毛诗序》就提出:"情动于中而形于言,言之不足故嗟叹之,嗟叹之不足故永歌之,永歌之

---

① (清)永瑢等:《四库全书总目》卷十二《尚书解义》,中华书局1997年版,第162页。
② 王国维:《观堂集林》卷六,中华书局2004年版,第67页。
③ (南朝梁)刘勰撰,范文澜注:《文心雕龙注》,人民文学出版社1998年版,第38页。
④ (北魏)郦道元撰,杨守敬、熊会贞校:《水经注疏》,江苏古籍出版社1989年版,第12页。
⑤ [德]格罗塞:《艺术的起源》,蔡慕晖译,商务印书馆1984年版,第156页。

不足，不知手之舞之，足之蹈之也。"稍后的《淮南子·本经训》也说："凡人之性，心和欲得则乐，乐斯动，动斯蹈，蹈斯荡，荡斯歌，歌斯舞，歌舞节，则禽兽跳矣。"表明这些作者们对舞蹈的本质艺术特征，即抒情和表现的特征已有明确的认识。

舞蹈在我国有着漫长的历史。青海大通县出土的"舞蹈纹彩陶盆"生动地记录了五千年前原始舞蹈的情景。《吕氏春秋·古乐》也记载道："昔葛天氏之乐，三人操牛尾，投足以歌八阕。"《尚书》中《虞夏书》的起首两篇《尧典》《皋陶谟》都有关于传说中的尧舜时代的舞蹈的相关资料。《尧典》记载舜帝的乐官夔回答舜的话：

夔曰："於！予击石拊石，百兽率舞。"

《皋陶谟》亦有相关记载：

夔曰："戛击鸣球、搏拊、琴、瑟，以咏。"祖考来格，虞宾在位，群后德让。下管鼗鼓，合止柷敔，笙镛以间。鸟兽跄跄，《箫韶》九成，凤凰来仪。夔曰："於！予击石拊石，百兽率舞，庶尹允谐。"

对于《尧典》和《皋陶谟》的"百兽率舞"的记载，历代注家都信之不疑。《尚书大传·皋陶谟传》释云："蕤宾声，狗吠，虎鸣，及倮介之虫，皆莫不延颈以听蕤宾。……此言至乐相和，物动相生，同声相应之义也。"《史记集解》引郑玄注曰："百兽，服不氏所养者也。率舞，言音和也。"据《周礼》，夏官有服不氏，掌养猛兽而教扰之。郑玄注："服不，服不服之兽者，猛兽虎豹熊罴之属。"贾《疏》："人神易感，鸟兽难感，百兽相率而舞，则神人和可知也……言帝德及鸟兽也。"连富于怀疑精神的王充在《论衡·感虚》中也说："《尚书》曰：'击石拊石，百兽率舞。'此虽奇怪，然尚可信。何则？鸟兽好悲声，耳与人耳同也。禽兽见人欲食，亦欲食之，闻人之乐，何为不乐？……百兽率舞，盖且其实。"甚至今天的一些学者也持相同看法，如刘起釪先生就以世界各地的马戏表演和动物园的动物表演证明"百兽能听乐而率舞"。[①] 实际上，"百兽率舞"不可能是什么动物表演，也绝不是什么"同声相应""帝德及禽兽"，而是一种曾经存在于上古氏族部落的舞蹈

---

① 顾颉刚、刘起釪：《尚书校释译论》，中华书局2005年版，第310页。

第二章 艺术论:《尚书》与中国早期艺术形式的构成　67

形式。

格罗塞认为,虽然大多数的原始舞蹈"目的只在于热烈情绪的动作的审美表现和审美刺激",但"目的和效果是并不一致的。多数原始舞蹈的目的是纯粹审美的,而其效果却大大出于审美以外。没有其他一种原始艺术象舞蹈那样有高度的实际的和文化的意义"。"我们不必更进一步探讨就能了解舞蹈为什么常常利用宗教的仪式。这是很自然的事,原始人类自会假定那些舞蹈对于他成这样有力的一个印象,也一定能够出力影响于支配他的命运的魂灵的和恶魔的权力。所以他们要举行跳舞以恐吓或谄媚幽灵和恶魔。"他引述该尔兰德(Gerland)的话说:"一切舞蹈原来都是宗教的。"① 摩尔根(Lewis Henry Morgan)在观察美洲土著民族的舞蹈后认为:"舞蹈是美洲土著的一种敬神的仪式,也是各种宗教的庆典中的一项节目……与他们的宗教信仰和崇拜神明的制度有直接的关系。"② 列维-布留尔(Levy-Bruhl)在论述印第安人的舞蹈时说:"舞蹈对他们来说乃是十分严肃而隆重的事情,与其说它是娱乐,还不如说它是一种宗教仪式和特殊的咒语……他们用以表示舞蹈的那个词'诺拉沃亚'(nolavoa),直译出来意思就是'工作'。"③ 对于尧舜时代的初民来说,舞蹈不仅仅是一种娱乐和审美的情感表达,不仅仅是艺术的一种形式。从古文字上也可以发现相关线索。虽然在《说文》中"舞""巫"分列二部,似不同之字,实际上,甲骨文中的"舞"字本来就是"巫"字,"舞"与"巫"同形同音,义亦相近,金文"巫"字是由甲骨文"舞"字讹变而来的。可见,舞蹈就其本源意义来讲,是一种沟通人神的带有巫术性质的动作符号,具有神圣的早期宗教的意义。这种本源意义上的舞蹈在氏族部落时代以图腾(Totem)模拟舞为代表。

按照格罗塞的分类,原始部落里存在两种并驾齐驱的舞蹈形式:模拟动物和人类动作节奏的模拟舞和以劳动技能操练为目的的操练舞。其中模拟舞(Mimeticdance)占有更重要的地位。他举澳洲的模拟舞为例:"模拟动物的舞蹈依然占据第一位。其中有蛇鸟、野狗、蛙、蝴蝶等的舞蹈……一切旅行者全部赞叹土人们表现在舞蹈中的模拟才能。"④ 如果模拟的对象是本部落的图腾神,那么,这种模拟舞就是图腾模拟舞。在我国云南的哀牢山彝族地区,至今仍存在这类舞蹈的遗迹。据民俗学家刘尧汉的记

---

① [德]格罗塞:《艺术的起源》,蔡慕晖译,商务印书馆1984年版,第168—170页。
② [英]摩尔根:《古代社会》,杨东莼等译,商务印书馆1977年版,第113页。
③ [法]列维-布留尔:《原始思维》,丁由译,商务印书馆2004年版,第243页。
④ [德]格罗塞:《艺术的起源》,蔡慕晖译,商务印书馆1984年版,第163—167页。

录:"舞蹈伊始,男女巫列为一行,各执一柄扇形羊皮鼓,为首女巫击鼓起舞时,笙乐吹奏虎啸声,群巫按笙乐节拍舞蹈。舞蹈的主要情节是由为首女巫带头表演仿效十二兽的声音与动作,以象征纪日十二兽的降临。"① 他们的这种原始舞蹈就是具有图腾性质的拟兽表演,是以模拟舞蹈的方式表现对图腾神的崇拜。

在这种图腾模拟舞的背后,存在着巫术的目的。弗雷泽(George Frazer)在其名著《金枝》中对巫术原理进行了分析。他认为,巫术的主要原理有两个:"相似律"(low of similarity)和"接触律"(low of contact)。第一原理是"同类相生",或果必同因,可称为"相似律"。根据"相似律",巫师们认为,他能够仅仅通过模仿就能实现任何他想做的事。与此相应的巫术叫"顺势巫术"或"模拟巫术"。弗雷泽认为,巫术的逻辑纯粹是"联想"的错误应用,"顺势巫术"是对"相似"联想的错误应用。② 当一个部落的人们以某一种"图腾"为自己的保护神,认为自己是该图腾神的子孙并表达他们对此图腾神的崇拜时,他们便借助于巫术中的"顺势巫术",依靠模拟图腾神的动作,以使自己与图腾同化(assimilation),达到与神沟通的目的。其中最直接的方式就是模拟图腾的舞蹈。图腾舞蹈是一种以舞蹈动作为符号,试图通过象征性的模拟动作与图腾神沟通的舞蹈形式。这种舞蹈往往以大规模的集体舞的方式进行。舞蹈时人们按图腾动物的形象装扮自己,或把图腾形象描绘在自己的身上,模拟图腾动物的动作热烈起舞。

这种大规模的集体舞蹈想必是非常壮观的,很多时候是几个部落联合进行的。在虔诚而迷狂的舞蹈和歌声中,在急促的音乐伴奏下,这种粗犷而豪壮的原始艺术以其狂热和神秘感染了每一位参与者,让他们如痴如狂,沉浸在最强烈的审美感受之中。格罗塞描述说:"在跳舞的白热中,许多参与者都混合而成一个,好像是被一种感情所激动而动作的单一体。在跳舞期间他们是在完全统一的社会态度下,舞群的感觉和动作正像一个单一的有机体。原始舞蹈的社会意义全在乎统一社会的感应力。他们领导和训练一群人——在他们组织散漫和不安定的生活状态之中,他们的行踪常被各个不同的需要和欲望所驱使——使他们在一种动机、一种感情之下为一种目的而活动。"③ 而他们这时的装束也各式各样,不同的图腾图像

---

① 袁禾:《中国古代舞蹈史教程》,上海音乐出版社2004年版,第2页。
② [英]詹姆斯·乔治·弗雷泽:《金枝》,徐育新等译,大众文艺出版社1998年版,第19—20页。
③ [德]格罗塞:《艺术的起源》,蔡慕晖译,商务印书馆1984年版,第170页。

被描绘或装饰在身上，远远望去，恰如百兽起舞，异常壮观。而领舞的人正是部落祭司和酋长。据李泽厚、刘纲纪的观点，中国的"美"字，最初是象征头戴羊形装饰的"大人"，指的是在图腾舞蹈和巫术中领舞的头戴羊形装饰的祭司或酋长。① 可见，"美"的最初意思是"羊人为美"，而非后来演变出的《说文》的"羊大为美"，是在巫术舞蹈中由视觉、听觉等感官享受产生的美的感觉和由舞蹈中的群体性生发的精神上的满足，与巫术模拟舞蹈密切相关。这是早期人类最早产生的美感，与后来演变出的以味觉为主的"美"有很大的不同。

（四）"八音克谐"：《尚书》的早期音乐艺术

音乐与舞蹈是人类历史上最古老的艺术形式，二者相伴而生、相伴发展，没有音乐伴奏的舞蹈和没有舞蹈参与的音乐，在原始部落中同样不可思议。与舞蹈一样，音乐也是一种直接用于抒情的艺术形式，原始人类的发自内心抒情的歌唱就是最古老的声乐。器乐的出现晚于声乐，它最初不过是声乐的附属物。随着声乐与器乐表达方法和手段的不断丰富和完善，音乐的社会影响不断增强。在古代中国，音乐最终成为政治的核心，成为文化和文明最重要的标志。《乐记》的《乐本》说："凡音之起，由人心生也。人心之动，物使之然也。感于物而动，故形于声。声相应，故生变，变成方，谓之音。比音而乐之，及干戚羽旄，谓之乐。"这里论述了音乐的发生过程，认识到了音乐的抒情本质，并把音乐的发展划分为声、音、乐三个阶段。《乐本》说："凡音者生于人心者也；乐者通伦理者也。是故知声而不知音者，禽兽是也；知音而不知乐者，众庶是也；惟君子为能知乐。"声、音、乐三个阶段或三个层次，即声乐、器乐和音乐的审美作用，它们是依次发展起来的。可惜的是，原始的音乐形态，原始的声乐和器乐已经随着时间的流逝而难以考察了，我们今天只能依靠残存的相关古籍的记载以及出土的原始乐器略窥当时的情况。据考古发掘，我国迄今发现的最早的乐器，是1986年在河南舞阳县贾湖村新石器时代早期遗址中发现的十余支骨笛。这些出土的骨笛是用大型鸟类翅骨制成的，能够吹奏六至七声音节，距今约八千余年，是最原始的吹奏乐器。而关于音乐演奏的书面历史记录，以《尚书》的《尧典》和《皋陶谟》所记录的尧舜时代的音乐活动为最早。

《尚书》的《尧典》和《皋陶谟》都有"击石拊石，百兽率舞"的记载，"击石拊石"就是对原始器乐演奏情况的早期书面记载。所谓"击

---

① 李泽厚、刘纲纪：《中国美学史》第一卷，中国社会科学出版社1990年版，第79页。

石拊石"，据姚氏伪《传》云："石，磬也。磬，音之清者。拊，亦击也。"孔《疏》："乐器惟磬以石为之，故云'石，磬也'。八音之音，石磬最清，故知磬是'音之声清者'。磬必击以鸣之，故云'拊亦击也'。重其文者，击有大小，'击'是大击，'拊'是小击。"又《说文》石部："磬，乐石也。"据《说文》手部，"拊"，其意为"摩"，所以，"击石拊石"就是敲击磬石，重击、轻击间作之意。《皋陶谟》另有"戛击鸣球"的记载。所谓"鸣球"，《周礼·大司乐》疏引郑玄注："鸣球，即玉磬也。"《说文》："球，玉也。"《礼记·明堂位》："拊搏玉磬，揩击大琴、大瑟、中琴、小瑟，四代之乐器也。"郑玄注以为玉磬声清，故以合堂上之乐。《禹贡》孔《疏》："磬有以玉为之者。"所谓"戛击"，吴澄《书纂言》释为："戛亦击也，戛轻击重。"① 可知"戛击鸣球"与"击石拊石"同义，是重击、轻击玉磬之意。作为《尚书》开篇的《尧典》和《皋陶谟》都言及石磬，而且是《尧典》言及的唯一乐器，《皋陶谟》还言及玉磬，可见磬这种乐器在当时特殊的重要性。磬的发声特点是声音浑厚洪亮，延音长，泛音丰富，而且外形古朴雅致，是我国古代，主要是先秦时代广泛应用的乐器。作为一种石制击奏乐器，磬是石器时代的文化遗存，堪称是原始的文化化石，《尚书》的《禹贡》就有关于磬的记载。《禹贡》在记录徐州物产的部分中说：

  泗滨浮磬，淮夷蚌珠暨鱼。

在记录豫州的物产时有这样的记载：

  厥贡漆、枲、絺、纻，厥篚纤、纩。锡贡磬错。

所谓的"浮磬"，伪孔《传》说："泗水涯，水中见石，可以为磬。"孔《疏》："此石可以为磬，故谓之浮石也。贡石而言磬者，此石宜为磬，犹如砥砺然也。"徐州泗滨出产的磬石作为重要贡品，加工成礼乐典礼所使用的宗庙乐器，为历代王朝所沿用。直到唐代，据白居易的《华原磬》诗序云："天宝中，始废泗滨磬，用华原石代之。"而豫州的"锡贡磬错"，据伪孔《传》："治玉石曰错。治磬错。"孔《疏》："磬有以玉为之者，故

---

① （元）吴澄：《书纂言》，《文渊阁四库全书》第 61 册，上海古籍出版社 2003 年版，第 42 页。

云治玉石曰错,谓治磬错也。"由这些记载可知磬在当时的重要性。

那么,"击石拊石"的记载是不是历史事实呢?考古发掘已经基本证实了这一记载的真实性。在黄河龙山文化出土的新石器时代晚期的墓葬遗址中,发现了我国迄今为止最早的磬,主要是单个的特磬,其中以1980年山西襄汾陶寺龙山文化遗址早期甲种大墓出土的 M3015∶17,1985年山西襄汾大崮堆山南坡出土的大 P058,Ⅲ1 式磬坯,1979 年陶寺甲种大墓出土的 M3002∶6,Ⅱ1 式和1978年山西闻喜县南宋村龙山文化晚期遗址出土的Ⅲ1式等为代表。这些远古的磬石鼓部较大、较薄,悬孔都设在中上部偏向鼓部的一侧,悬起时使磬石具有一定的倾斜度,以便于演奏。其中最值得注意的,是出土于襄汾陶寺的大型特磬。据中国社会科学院考古研究所对其所作的碳14测定,其制作使用时间约为公元前2500年至公元前1900年,正是我国历史上原始氏族部落联盟向奴隶制国家转化的时期。据"夏商周断代工程"的研究成果,夏代约始于公元前2070年前后,而传说中的尧舜时代略早于夏代数十年,与这种大型特磬的制作使用时代正合。另据《史记·五帝本纪正义》引《帝王纪》,山西襄汾一带正是古籍中所谓的"尧都平阳"地区,这与《尚书》的《尧典》《皋陶谟》两篇故事发生的地点完全一致。考古发掘与书面文本记载在时间、地点上的完全一致决不能用巧合来解释,这种二重证据足以说明,《尧典》《皋陶谟》中记录的尧舜时代的"击石拊石"等音乐活动虽由上古口传历史而来,但具有很大程度的历史真实性,绝非周代的史家和春秋时期儒家学派的学者凭空杜撰出来的。

由于乐器的发展和完善,人们对音律和乐理的认识逐渐清晰起来。《尧典》记载舜帝对典乐官夔说:

> 诗言志,歌永言,声依永,律和声。八音克谐,无相夺伦,神人以和。

《皋陶谟》亦记载舜帝的话:

> 予欲闻六律五声八音,在治忽,以出纳五言,汝听。

虽然《尧典》和《皋陶谟》成文时间不早于春秋中期,但它们都是以远古流传下来的口头传说作为基础,结合前代史官的书面记载加工而成的,反映了春秋时代的人们对遥远上古的朦胧记忆。虽不可尽信,亦足资参考。这两段记载明确地区分了声、音、律三者的关系,细致地区分出"五声""八音""六律",说明对音乐的发展演进过程和音乐的审美社会作用都已有明确的认识,堪称是我国古代最早的音乐理论。

关于"声依永",《史记》集解引郑玄注:"声之曲折又依长言而为之,声中律乃为和也。"伪孔《传》谓:"声谓五声:宫、商、角、徵、羽。"苏轼认为:"声者,乐声也;永者,人声也。乐声升降之节,视人声之所能至,则为中声,是谓'声依永'。"[①] 林之奇也认为:"歌者,人声也。……人声之发,有洪纤小大,则有宫、商、角、徵、羽之五声焉。……则乐器依之而作焉。古者作乐,升歌于堂,而后乐发,是所谓'声依永'也。"[②] 然则,"声依永"就是歌咏要根据需要的调子来确定五声的音高。"五声"古时又称"五音",宫、商、角、徵、羽大致相当于现代音乐的 1(Do)2(Re)3(Mi)5(Sol)6(La)。从宫到羽,按音高排列起来,就形成一个五声音阶:宫(1)、商(2)、角(3)、徵(5)、羽(6)。作为音阶,五声或五音都只有相对的音高,它们的音高随着调子而变化。只要第一级音的音高确定了,其余各级的音高也就相应地确定了。对于五声音阶的形成与发展,在学者中间长期存在分歧。近年来,随着考古发现不断取得新的进展,对这一问题的看法已渐趋统一。一般的观点是,中国的五音或传统所说的"五声",在仰韶文化时期即已形成。到了公元前二千年左右,即夏代初年,又由五音加上变徵、变宫,发展为七音。

关于"律和声",伪孔《传》云:"律谓六律、六吕。"孔《疏》:"《周礼·太师》云:'太师掌六律、六吕以合阴阳之声。阳声:黄钟、太簇、姑洗、蕤宾、夷则、无射;阴声:大吕、应钟、南吕、林钟、仲吕、夹钟。'是六律、六吕之名也。《汉书·律历志》云:'律十有二,阳六为律,阴六为吕。'……五声依附长言而为之,其声未和,乃用此律吕调和其五声使应于节奏也。"吴澄《书纂言》释曰:"宫、商、角、徵、羽之高下无定准,必以律管之长短定之……故曰'律和声'。"[③] 据《史记·律书》和《汉书·律历志》,古人截取十二个长短不同的竹管或铜管(具体的长度数字见于《汉书·律历志》和《礼记·月令》郑玄注),作为确

[①] (宋)苏轼:《东坡书传》,《文渊阁四库全书》第54册,上海古籍出版社2003年版,第498页。
[②] (宋)林之奇:《尚书全解》,《文渊阁四库全书》第55册,上海古籍出版社2003年版,第63页。
[③] (元)吴澄:《书纂言》,《文渊阁四库全书》第61册,上海古籍出版社2003年版,第30页。

定音高的标准音,按管子的长短,依次命名为黄钟、大吕、太簇、夹钟、姑洗、仲吕、蕤宾、林钟、夷则、南吕、无射、应钟,此为十二律。其中奇数的为阳声律,称为"六律";偶数的为阴声律,称为"六吕"。与现代音乐参照,则十二律相当于 C、$^\#$C、D、$^\#$D、E、F、$^\#$F、G、$^\#$G、A、$^\#$A、B 等十二个固定的音。所谓"律和声",就是在实际的音乐演奏中,五声或五音的音高要通过十二律来确定。理论上十二律都可以确定宫声的音高,则宫调式可以有十二种音高,五声总共可以有六十调。所以孟子说:"不以六律不能正五音。"

所谓的"八音克谐",是说"八音"的协调配合。"八音",《周礼·大师》曰:"播之以八音:金、石、土、革、丝、木、匏、竹。"郑玄注:"金,钟、镈也;石,磬也;土,埙也;革,鼓、鼗也;丝,琴、瑟也;木,柷敔也;匏,笙也;竹,管、箫也。"是指材料、质地不同的八类乐器。从考古发掘的情况看,这八类乐器中,土质、石质和木质的击打、吹奏乐器出现的时间最早。土质乐器埙是我国古代最早使用的乐器之一,七千年前的新石器时代早期河姆渡文化遗址中已有陶埙出土。这种陶埙是由骨哨发展出来的,上有吹孔,是一种原始的吹奏乐器。至商代,又出现石质和骨质的埙,一般为三孔三音,小陶埙能发连续八个半音。① 与埙一样,最初的鼓也是陶土烧制的。由于原始民族的音乐最初是与舞蹈相配合的,节奏的因素格外重要,鼓也就成了最重要的乐器,甚至是一些原始民族的唯一乐器。木质绷皮的鼓出现也很早,但由于木质与皮革易于腐朽,故较少出土。1978 年至 1983 年,中国社会科学院考古研究所在山西襄汾县陶寺村发现以鳄鱼皮绷面的木架鼓,经测定,为公元前 2500 年至前 1900 年的文化遗存,正值传说中的尧舜时代及夏代早期。至商代,又出现了仿木鼓制成的铜鼓。石质和玉石质的磬也出现于新石器时代晚期,龙山文化有大量石磬出土。至商代,大小相次、音律完备的编磬又取代了单个的特磬。丝、竹、匏质的弹弦和吹奏乐器的出现似乎较晚,琴、瑟、箫、笙等几类乐器多出土于东周墓葬。但一般认为,这几类乐器的发声原理并不复杂,其出现的时代不会很晚,只是由于丝、竹、匏质材料易于腐朽,故较少出土。②

总之,《尧典》的这段话按照由"诗"到"歌",再到"乐"的顺

---

① 郭宝钧:《中国青铜器时代》,生活·读书·新知三联书店 1978 年版,第 262 页。
② 《中国大百科全书·考古学》"商周乐器"条,中国大百科全书出版社 1986 年版,第 464 页。

序，从声、音、乐三个层次上叙述了音乐形成的全过程。"神人以和"则强调了音乐的审美效果和社会作用。从审美效果方面说，重视"和"，就是重视音乐的情感表现，重视音乐的审美特征，表明当时的人们已开始将纯粹的艺术审美置于模拟性的再现之前；从社会作用方面看，这句话表明了早期的音乐对于氏族部落群体的协调和团结的作用，也表明它与早期巫术宗教活动的密切关系。在这一方面，音乐与舞蹈等其他艺术形式的意义是完全相同的。在巫术与艺术交融的时代，社会政治、巫术、艺术融为一体，音乐、舞蹈和诗歌既是艺术，又是宗教，同时又是社会政治。"神人以和"就是尧舜时代的人们在群体性的宗教祭祀活动中，借助于音乐、舞蹈、诗歌的艺术形式所产生的联想与意象，与冥冥中的上天和祖先的神灵达成虚幻的想象和谐一致。这种和谐一致既是审美的，是原始艺术活动的推动力，又是社会的，是原始氏族社会群体和谐一致的基础。所以，上古时代的音乐艺术具有比今天广泛得多的社会意义，是艺术审美与巫术宗教以及社会政治的统一体，渗透到社会生活的各个方面。

（五）"帝庸作歌"：《尚书》的早期诗歌艺术

诗歌是文学最早出现的形式，是在舞蹈与音乐的成熟和发展之后出现的。上古时代诗、乐、舞三位一体，其中舞蹈居于核心地位。音乐是在舞蹈的发展过程中，为着配合舞蹈的目的而出现的。而诗歌又是为着配合音乐的目的而出现的。在原始文化中，三者是紧密联系在一起，不可分割的。对此，格罗塞的说明具有说服力："音乐在文化的最低阶段上显见得跟舞蹈、诗歌结连得极密切。没有音乐伴奏的舞蹈，在原始部落间很少见，也和在文明民族中一样。'他们从来没有歌而不舞的时候，也可以反转来说从没有舞而不歌的'，挨楞李希对于菩托库多人（Botocudo）曾经说，'所以他们可以用同一个字样来称呼这两者'。爱斯基摩人常用唱歌和打鼓来伴舞，而且音乐还在表演中占着这样重要的地位，使得他们不叫那跳舞的建筑为舞场，而叫为歌厅（quaggi）。明科比人的舞蹈节，也一样的可以当作音乐节。'他们的准备工作主要是在练习舞蹈时用的独唱和合唱。'澳洲男人们跳'科罗博利'（Corroborry）舞由本族的女人们组织乐队；布须曼人跳舞时运动着和合着旁观者打鼓和唱歌的拍子。……原始的抒情诗是合乐的，澳洲人的、安达曼人的、或北极人的歌词，常常由一种旋律传出，或者竟可说常常传出一种旋律，因为词句好像还是旋律重要些，为了旋律的缘故，往往把词句改变或删削得失了原意。最后，叙事诗或至少叙事诗的一部分，也不单单是记述的，是用宣叙调歌唱出来的。舞蹈、诗歌和音乐就这样形成为一个自然的整体，只有人为的方法能够将它们分析开来。假使我们要确切地了解并估计这些原始艺术的各个情状及其功能,我们必须始终记得,它们并非各自独立,却是极密切地有机结合着。"①

诗歌的发展是由抒情诗开始的。诗歌的本质就是从感情出发并诉诸直接表现感情的语言,所以抒情诗是诗歌最自然的形式,也是其他诗歌形式的基础。抒情诗的最大特点是音乐性。原始人类表达内心感情的咏叹式的语句还不是诗,只有当它与合规则的音节,有节奏的重复这些简单的具有音乐审美性质的形式结合起来的时候,也就是当语言与音乐结合起来的时候,当语言不再单纯"言志",而是发展为"歌永言",它才算是诗。音乐性的抒情诗是用来歌唱的,要加上乐器的伴奏并与舞蹈配合使用。诗、乐、舞的结合促成了表演性的戏剧的形成,这种戏剧的语言以抒情诗为主,但已加入了简单的叙述成分,可称为戏剧诗或舞诗。这种诗体介于抒情与叙事之间,它的进一步发展就形成了叙事诗。叙事诗是在舞诗的基础上加大了篇幅和叙事成分,表演性唱词向语言的叙述性转化,终于促成了纯粹叙事的史诗的出现。所以,从发生学的角度看,诗歌经历了从单纯的乐诗或抒情诗到戏剧诗或舞诗,再到叙事诗或史诗的转变。《尚书》中《虞夏书》的故事发生时代是原始的氏族文明向奴隶制文明转化的时期,相应地,这时的诗歌形式也处于由原始的乐诗即抒情诗向早期戏剧中的舞诗或戏剧诗发展的时期。这时的诗歌以抒情诗为主,也有一定的叙事成分的加入。《商书》和《周书》的故事发生时代已是奴隶制文明高度发展的时期,宗教祭祀活动成为国家政治的中心,巫术乐舞和戏剧中的诗歌叙事成分进一步增加,史诗的创作和传播达到兴盛。在西周的乐官和史官那里,叙事性的典礼乐歌和叙事性的纪实历史都已分别发展起来。而这时的纪实历史与叙事诗歌都与宗教典礼活动密切相关,具有相同的性质和功能,都属于叙事诗的广义范畴。

《尚书》中记录的诗歌以《虞夏书》中的抒情诗为最早。据《皋陶谟》记载,舜帝同他的大臣们曾在一次部落联盟会议结束后的庆功乐舞中,共同唱和了三首诗歌。《皋陶谟》记载:

> 帝庸作歌。曰:"敕天之命,惟时惟几。"乃歌曰"股肱喜哉!元首起哉!百工熙哉!"皋陶拜手稽首飏言曰:"念哉!率作兴事,慎乃宪,钦哉!屡省乃成,钦哉!"乃赓载歌曰:"元首明哉!股肱良哉!庶事康哉!"又歌曰:"元首丛脞哉!股肱惰哉!万事堕哉!"

---

① [德]格罗塞:《艺术的起源》,蔡慕晖译,商务印书馆1984年版,第214页。

> 帝拜曰："俞，往钦哉！"

"敕天之命，惟时惟几"是舜帝对所作诗歌含义的介绍和说明，是整首诗的序曲，其内涵，当如蔡沈《集传》所说："顷刻谨畏之不存，则怠荒之所自起；毫发几微之不察，则祸患之所自生，不可不戒也。"后面的一首诗后世称之为《股肱歌》，取诗的开头两字为诗题，是舜帝对大臣所歌。该诗的大意是说：股肱大臣乐于政事，勤勉不怠，君主就会受到好影响，从而奋发有为，则政治清明，百事振兴。这首诗歌旨在赞美并劝勉大臣们谨慎奉公，勤于政事。接下来的两首诗是皋陶等大臣应和舜帝所歌，后世亦取开头二字，称为《元首歌》。开头的一段话是皋陶对这两首诗歌意义的说明。二诗的大意是说君主对大臣有榜样的作用，君主英明，则政治安定；君主不明，则政治堕坏。是对舜帝的赞美和劝勉。

从三首诗歌的形式上看，虽然在长期的流传过程中经过了不断的加工和改造，三首诗歌仍保留了原始诗歌的基本特征。首先，这三首诗是抒情诗，是诗歌发生历程中最先出现的诗体。从内容上分析，三首诗歌显然是要传达赞美的情感，抒发、吟叹作者的喜悦、敬佩之情。原始的诗歌一般与宗教有密切的关系，与巫术的咒语和对神的礼赞有关，往往是作为祭祀祷祝仪式上的唱词出现的。傅道彬先生说过："在原始诗歌艺术中很难将巫术宗教活动与文学活动区分开来，古老的祭坛为大规模的文化盛会提供了舞台与天地。这是我们在研究上古诗歌艺术中必须注意的。"① 在尧舜的时代，部落首领是代替神处理人间事务的人，身上笼罩着神性，他们往往与神一样，在祭祀活动中受到以歌唱的方式表达的尊崇和赞美。《元首歌》和《股肱歌》就是表达这种感情的作品。其次，三首诗歌都采用了歌谣的方式，用最简单的节奏和极有限的词汇信口吟唱出来。三首诗歌都是原始的二拍子节奏的三言诗形式，第一首只用了六个词汇，第二和第三首只在第一首的基础上改换了几个动词而已。这类原始歌谣的最大特点就是歌词的重复，由最初的极其简单的一句两句反复吟唱，渐次扩展出几个段落来。最后，在语言上，三首诗歌仍保留着原始诗歌喜用形象的比喻性词汇的特点。元首、股肱本是上古歌者即兴使用的比喻，含义明确，生动具体，表现了部落民主时代首领和大臣们和谐融洽的关系。在声律上，保留了上古时代语音的特点，有"股肱""丛脞"两个双声词汇；用韵均为上古韵，"喜""起""熙"属上古韵"之"部，"脞""惰""堕"属上

---

① 傅道彬：《诗外诗论笺——上古诗学的历史批评与阐释》，黑龙江教育出版社1993年版。

古韵"歌"部,"明""良""康"属上古韵"阳"部。

这三首诗歌的体制特征对后世诗歌也产生了影响。闻一多根据《左传》于昭公二十年、二十五年两次以"九歌"与"八风""七音""六律""五声"并举,认为"九歌"可能不专指某一首诗歌,而是诗歌的一种标准体裁。他提出:"歌的可能单位有字、句、章三项。以字为单位者又可分二种:(一)每句九字,这句法太长,古今都少见。(二)每章九字,实等于章三句,句三字,这句法又嫌太短。以上似乎都不可能。若以章为单位,则每篇九章,连《诗经》里都少有,早期诗歌似乎不能发展到那样长的篇幅,所以也不可能。我们以为最早的歌,如其是以九为标准的单位数,那单位必定是句——便是三章,章三句,全篇共九句。不但这样篇幅适中,可能性最大,并且就'歌'字的意义看,'九歌'也必须是每歌九句。'歌'的本音应与今语'啊'同,其意义最初也只是唱歌时每句中或句尾一声拖长的'啊'……故《尧典》曰'歌永言',《乐记》曰'故歌之为言也,长言之也'。然则'九歌'即九'啊'。九歌是九声'啊',而'啊'又必在句中或句尾,则'九歌'必然是九句了。"他进而认为,《元首歌》就是一首典型的"九歌"体的歌。并且,"和《元首歌》格式相同的,在《国风》里有《麟之趾》《甘棠》《采葛》《著》《素冠》等五篇。这些以及古今任何同类格式的歌,实际上都可称为'九歌'(就这意义说,'九歌'又相当于后世五律、七绝诸名词)"。① 据《说文》,"歌"从"可","可"拆开为"口"和"丂","丂"即"号"。又据《说文》,"号,痛也"。指强烈的感情突破压抑后发出的呼号,其声当与"啊"为近。

毫无疑问,这三首诗歌在流传过程中一定经过了很大程度的加工和改造。原始诗歌本是一种产生于巫术或祭祀仪式上的口头创作,是寄寓了强烈情感色彩的巫歌与符咒。从一首诗歌的诞生,到口口相传,从一代人传到下一代人,诗歌也随着时代的变化而不断地改变着自身的面貌。文字产生后,口传诗歌被最后记录下来,成为定型的作品,它与诞生之初的原始面貌已大为不同,从内容到形式,都已发生了巨变。在原始人类看来,诗歌是语言按一定的节奏与音调组织起来的神秘符咒,具有超现实的魔力,不但是用以沟通人神的工具,还是改变现实的法术。正如尼采(Friedrich Nietzsche)说的:"对于古代迷信的人们来说,难道还有什么比节律更有功用吗?它无所不能……没有诗,人便什么也不是;有了诗,人更近乎是

---

① 闻一多:《神话与诗》,古籍出版社1957年版,第265页。

一位神。"① 可知原始诗歌在当时特殊的意义。随着时间的推移，文明的发展，到了记录《元首歌》和《股肱歌》的《皋陶谟》最后编写完成的春秋时代，人本主义取代了神本主义，儒家的仁德思想取代了巫术与宗教，这三首诗歌更被赋予了儒家的道德内涵，成为三首对儒家提倡的君德和臣德的颂歌。司马迁在《史记·乐书》中言及自己阅读《虞书》时，"至于君臣相敕，维是几安，而股肱不良，万事堕坏，未尝不流涕"。能够打动太史公的心灵而使之垂涕，可见这三首诗歌所具有的强大的艺术感染力。

第二节 《尚书》中的乐舞艺术

所谓"乐舞"，简称"乐"，是指成熟于周代的用于宗庙祭祀及教育、娱乐活动的一种大型文艺演出，集诗歌、音乐、舞蹈为一体，具有一定的主题和思想内涵。据《周礼·春官宗伯》记载："大司乐掌成均之法，以治建国之学政，而合国之子弟焉。凡有道才，有德者，使教焉；死则以为乐祖，祭于瞽宗。以乐德教国子：中、和、祗、庸、孝、友。以乐语教国子：兴、道、讽、诵、言、语。以乐舞教国子：舞《云门》《大卷》《大咸》《大磬》《大夏》《大濩》《大武》。以六律、六同、五声、八音、六舞，大合乐。以致鬼神示，以和邦国，以谐万民，以安宾客，以说远人，以作动物。乃分乐而序之，以祭、以享、以祀。乃奏黄钟，歌大吕，舞《云门》，以祀天神。乃奏大蔟，歌应钟，舞《咸池》，以祭地示。乃奏姑洗，歌南吕，舞《大磬》，以祀四望。乃奏蕤宾，歌函钟，舞《大夏》，以祭山川。乃奏夷则，歌小吕，舞《大濩》，以享先妣。乃奏无射，歌夹钟，舞《大武》，以享先祖。凡六乐者，文之以五声，播之以八音。凡六乐者，一变而致羽物，及川泽之示；再变而致羸物，及山林之示；三变而致麟物，及丘陵之示；四变而致毛物，及坟衍之示；五变而致介物，及土示；六变而致象物，及天神。"

上述六种乐舞或"六乐"，都有着深远的历史渊源，是根据大约五千年前原始社会末期到三千年前奴隶制社会全盛期遗留下来的传统乐舞改编而成的。据《吕氏春秋·古乐》记载："黄帝又命伶伦与荣将铸十

---

① ［德］尼采：《悲剧的诞生》，周国平译，生活·读书·新知三联书店1988年版，第237页。

二钟以和五音，以施英韶。以仲春之月，乙卯之日，日在奎，始奏之。命之曰《咸池》。……帝颛顼好其音，乃令飞龙作，效八风之音，命之曰《承云》，以祭上帝。……帝喾命咸黑作为声，歌《九招》《六列》《六英》。……帝尧立，乃命质为乐。质乃效山林溪谷之音以歌。乃以麋䩵置缶而鼓之。乃拊石击石，以象上帝玉磬之音，以致舞百兽。瞽叟乃拌五弦之瑟，作以为十五弦之瑟。命之曰《大章》，以祭上帝。舜立，命延，乃拌瞽叟之所为瑟，益之八弦，以为二十三弦之瑟。帝舜乃令质修《九招》《六列》《六英》以明帝德。禹立……于是命皋陶作为《夏籥》九成，以昭其功。殷汤即位……汤乃命伊尹作为《大护》，歌《晨露》，修《九招》《六列》，以见其善。……武王即位，以六师伐殷。六师未至，以锐兵克之于牧野。归乃荐俘馘于京太室，乃命周公为作《大武》。……故乐之所由来者尚矣，非独为一世之所造也。"据此，则黄帝乐为《咸池》，颛顼乐为《承云》，帝喾乐为《九招》《六列》《六英》，尧乐为《大章》，舜乐同于帝喾，为《九招》《六列》《六英》，禹乐为《夏籥》九成，汤乐为《大护》，武王乐为《大武》。又据《白虎通义·礼乐》引《礼记》曰："黄帝乐曰《咸池》，颛顼乐曰《六茎》，帝喾乐曰《五英》，尧乐曰《大章》，舜乐曰《箫韶》，禹乐曰《大夏》，汤乐曰《大护》，周乐曰《大武》《象》。"《史记·乐书》曰："《大章》，章之也，《咸池》，备也，《韶》，继也，《夏》，大也。"《集解》引郑玄注："《大章》，尧乐名，言尧德章明。《咸池》，黄帝所作乐名，尧增修而用之，咸，皆也，池之言施也，言德之无不施也。《韶》，舜乐名，言能继尧之德。《夏》，禹乐名，言禹能大尧舜之德。"又据郭茂倩《乐府诗集》卷五十二《舞曲歌辞》："黄帝之《云门》、尧之《大咸》、舜之《大韶》、禹之《大夏》，文舞也；殷之《大护》、周之《大武》，武舞也。周存六代之乐。"

综合以上各家说法，可知黄帝之乐名《云门》或《咸池》，颛顼之乐名《承云》或《六茎》，帝喾之乐名《九招》或《五英》，尧乐名《大章》或《大咸》，舜乐名《九招》《箫韶》或《韶》，禹乐名《夏籥》或《大夏》，汤乐名《大护》，武王乐名《大武》。周代的六部乐舞即源自其中：《云门大卷》为黄帝之乐，《大咸》为尧乐，《大韶》为舜乐，《大夏》为禹乐，《大护》为汤乐，《大武》为武王乐。其中尧乐《大章》或《大咸》、舜乐《大韶》以及武王乐《大武》均见于《尚书》的相关记载之中。今文《尚书》的《尧典》《皋陶谟》《牧誓》分别记载了唐尧、虞舜及武王时代的乐舞情况，为我们了解《尚书》文学的发生背景以及上古乐舞的诗、乐、舞一体的原始形态提供了重要的参考资料。

（一）"击石拊石，百兽率舞"：《大章》乐舞与乐舞的原始形态

乐舞起源于原始的巫术活动。最早出现的巫师产生于每个普通家庭，甚至每个普通的个人都可以做巫师，相信自己能够通过交感巫术获得神力。这时的巫术信仰，正如《国语·楚语下》所言，处于"民神杂糅，不可方物。夫人做享，家为巫史，无有要质。民匮于祀，而不知其福。烝享无度，民神同位。民渎齐盟，无有严威。神狎民则，不蠲其为"的无秩序的混乱状况。随着社会文明的发展，开始出现了脱离生产劳动的专门的巫师，也就是《国语·楚语下》所说的"颛顼受之，乃命南正重司天以属神，命火正黎司地以属民，使复旧常，无相侵渎，是谓绝天地通"。也就是由专职的巫师——萨满充当了天与地，也就是神与人之间的沟通者和中间人。巫术活动其实也就是最早的乐舞。巫师，即萨满，通过表演各种奇异的行为和模拟动作，以暗示的方式使自己和信徒产生联想，通过达到一种歇斯底里的精神高度亢奋状态，召唤神灵附体，向信徒们传达神的意旨。如果《国语·楚语下》记载的传说可信，则颛顼时代是巫术的转型时期，由个人之巫发展为社会之巫。在巫政一体的时代，这种社会群体之巫实际就是部落和氏族的酋长。从史籍记载的上古乐舞的名称上，我们也可以窥得乐舞与巫术的关系。

史籍中记载的最早的乐舞是传说中黄帝时代的《咸池》或《云门》。所谓的"咸池"，据《淮南子·天文训》："日出于旸谷，浴于咸池，拂于扶桑。"又据《离骚》王逸注："咸池，日浴处也。"可知，"咸池"与太阳有关。而太阳为黄帝部族的同盟——炎帝部族的图腾。故乐舞以"咸池"为名，与图腾崇拜有关。"咸池"既为日浴处，则"咸"与太阳有密切关系。实际上，"咸"便是巫的古称。上古时代最有名的巫叫巫咸，其名见于甲骨文（《殷墟书契前编》卷一，页四，片三；卷一，页四三，片五以及《后编》上，页九，片八，均有巫咸之名）。由此知道殷人有祭祀巫咸的传统。孙作云推测说："甲骨本属巫卜，他们祭祀巫咸，犹之乎其他百行，祭祀各自的祖师一样。巫咸在文献上便是巫卜的祖师。"他进一步分析说："巫咸的名在甲骨文中单称曰咸，或称曰咸戊。殷人以十干为名，戊当为咸之名，而咸为其官职。"① 据《尚书》的《君奭》篇："在太戊时则有若伊陟、臣扈、巫咸乂王家。在祖乙时则有若巫贤。"郑玄曰："巫咸谓之巫官者。"则咸与巫为意义相同的名词。巫咸之名又见于

---

① 孙作云：《孙作云文集》，《美术考古与民俗研究》卷，河南大学出版社2003年版，第527页。

《吕氏春秋·勿躬》《山海经》《周礼·春官宗伯》《庄子·天运》。孙作云又引日本学者狩野直喜的观点："咸字之古音为 Kam，满洲语称萨满为 Kam，Kama、Kamen、Shamanism、Schamanismus、Chamanisme 等名词，皆由此出。"① 然则咸即巫即萨满，又有了语言学上的证据。巫师在上古时代具有社会权力，是氏族部落的酋长，后来又发展成为奴隶制国家的国王，巫师被称为太阳，也是不足怪的。因此，传说中的黄帝乐舞《咸池》，实际上就是一种由巫师表演的原始的乐舞形式。

颛顼时代的乐舞《承云》或《六茎》，帝喾时代的乐舞《九招》或《五英》，其具体情况均不见于史籍记载。尧乐舞《大章》或《大咸》见于《尚书》的《尧典》一篇。《尧典》记载了舜帝相尧的第二十八年正月，舜在尧去世后的一次议事会议上与尧的乐官夔的对话，其中涉及了当时乐舞的情况。《大章》乐舞形成于唐尧时代，其时正处于原始的氏族社会即将结束，奴隶制国家的雏形已初步形成的时期。这时的艺术形式主要是应用于祭祀典礼仪式的诗、乐、舞结合的原始乐舞，在很大程度上仍保留了原始的图腾模拟歌舞的特征，与原始的巫术信仰密切相关。《大咸》乐舞即《咸池》，本是黄帝时代的乐舞，其后"尧增修而用之"。《大咸》一名即反映出该乐舞与巫术的关系。关于《大章》乐舞，《吕氏春秋·古乐》有具体记载："帝尧立，乃命质为乐。质乃效山林溪谷之音以歌。乃以麋𪘏置缶而鼓之。乃拊石击石，以象上帝玉磬之音，以致舞百兽。瞽叟乃拌五弦之瑟，作以为十五弦之瑟。命之曰《大章》，以祭上帝。"这段记载可与《尧典》互为参照。

首先，《吕氏春秋》中尧任命的乐官质就是《尧典》中的夔。汉人高诱注《吕氏春秋》曰："质当作夔。"质与夔在上古音为一音之转。关于夔，这是一个在上古历史、文学、神话学、民俗学研究中争议最多、最令人困惑的形象，时至今日仍无确论。《山海经》《庄子》的《达生》和《秋水》二篇、《国语·鲁语》、《说文》均以夔为神兽；而《尚书》的《尧典》《皋陶谟》二篇，《左传·昭公二十八年》《荀子·成相》《韩非子·外储说左下》《礼记》的《乐记》和《仲尼燕居》二篇、《吕氏春秋》的《察传》《古乐》二篇、《大戴礼记·五帝德》《淮南子·泰族训》《论衡·书虚》则均以夔为尧舜时代正六律、和五声的音乐家。据《山海经·大荒东经》载："东海中有流波山……其上有兽，状如牛，苍身而无

---

① 孙作云：《孙作云文集》，《美术考古与民俗研究》卷，河南大学出版社 2003 年版，第 528 页。

角，一足，出入水则必风雨……其名曰'夔'。黄帝得之，以其皮为鼓……声闻五百里。"这是最早的关于夔的神话，说明夔与鼓关系密切。董每戡认为夔本是兽，因为以其皮制成的鼓在乐器中居于领袖地位，发号施令，故被后人附会为典乐之官。①"乃以麋鞈置缶而鼓之"，也说明了夔与鼓的关系。孙作云考证夔即传说中的蚩尤。黄帝杀蚩尤后，作《鼓吹曲》以纪功，其中就有《灵夔吼》一曲。②在甲骨文中，"夔"字像兽形人立，有尾；金文则头上有角，手中有一根牛尾，表现兽形的舞蹈者形象。然则夔与龙相似，本为一个神兽，后来成为某个部族的图腾神，进而成为该部族的族名，与尧舜时代中原各部族发生联系。后该族又南迁至今湖北秭归，古称夔州的南部地区。因该族擅长歌舞，尤以擅长击鼓闻名于世，后世遂将其始祖神——神兽夔人化，成为尧舜时代掌管音乐的典乐之官。

《吕氏春秋》提及的瞽叟也与上古音乐活动密切相关。瞽叟，又作瞽瞍，是传说中的一位盲人乐师。据《周礼·春官·宗伯》郑玄注："无目联（瞳仁）谓之瞽，……有目无眸子谓之瞍。"《史记·五帝本纪》："舜父瞽叟盲，而舜母死，瞽叟更娶妻而生象。"据《左传·昭公八年》："陈，颛顼之族也。……自幕至于瞽瞍无违命，舜重之以明德。"又据《国语·郑语》："虞幕能听协风，以成乐物生者也。"则传说中的有虞氏一族自颛顼时代的虞幕开始，就以通音律而闻名。据《周语上》："瞽告协风至"，则幕也是一位盲乐师。这种世代为乐师，且都是盲人的现象，只有从原始巫术的角度才能解释。据马林诺夫斯基（Malinnowski）的观点，巫术的超自然性也表现在法师的反常性格，残疾者常因其生理及性格的不健全而获得法师的资格。③跛足的夔、目盲的瞽叟都是如此。在上古时代，盲人常因其具有卓越的听觉感受力和记忆能力而被视为神圣的人，占有神圣知识（Forbidden Knowledge）的传授条件，能够体会到与神灵交往的迷狂状态。故而，他们多在唱诵仪式上担任神职，进而成为精通音乐的巫师。巫师也就是部落的酋长，其职位是世袭的。这是因为，巫术与乐舞这类高级技能和知识在当时意味着政治权力，只能在家庭内部传承。

---

① 董每戡：《说歌、舞、剧》，李肖冰等编《中国戏剧起源》，知识出版社1990年版，第43页。
② 孙作云：《孙作云文集》，《美术考古与民俗研究》卷，河南大学出版社2003年版，第408页。
③ ［英］马林诺夫斯基：《文化论》，费孝通等译，中国民间文艺出版社1987年版，第62—63页。

《吕氏春秋》中的"乃拊石击石,以象上帝玉磬之音,以致舞百兽"与《尧典》中"击石拊石,百兽率舞"的记载完全一致,说明此种说法渊源有自。原始的祭祀乐舞本是一种有歌和乐配合的图腾模拟舞。孙作云认为:上古时代"凡是崇拜某一图腾时,其人民往往模拟图腾物的动作,以使自己与图腾同化(assimilation)而期与图腾的神力相交通。……这种原始的跳舞可以叫做'图腾跳舞',这种学图腾的叫或赞美图腾的歌,辅以简单的音乐的伴奏,可以叫做'图腾音乐'或'图腾歌谣'"。①《吕氏春秋》的"以祭上帝"就说明了《大章》乐舞的宗教祭祀性质。

在伴奏的乐器方面,"八音"中特别提到了石质或玉质的磬,以及由夔执掌的鼓和《吕氏春秋》记载的由瞽叟制作的瑟。鼓是上古时代最早出现的乐器之一,在乐舞中具有特殊的重要性。考察世界各个早期文明都可以发现,早期的音乐附属于舞蹈,而舞蹈中节奏的重要性要远远超过曲调。所以,在早期文明的乐器中,地位最重要的是用来标记音乐拍子的鼓,它甚至是许多原始民族唯一的乐器。"乐"字的甲骨文字形为以木击鼓;《说文》释"乐"字为"象鼓鞞",以"乐"为"鼓"的象形字,均说明了鼓作为乐器的重要性。因此,蒙皮的大鼓是上古音乐的君王,它声音宏亮,震天动地,富于节奏的变化,具有震撼力和神秘感。《荀子·乐论》中说:"鼓其乐之君邪!故鼓似天,钟似地,磬似水,竽笙箫和筦籥似星辰日月,鞉柷拊鞷椌楬似万物。"以负责击鼓的夔担任典乐官,说明《大章》乐舞是以鼓作为主乐器的。而瑟作为一种丝质弹弦乐器,其特点是只能弹散音,一弦一音,有一唱三叹之妙,适应于祭祀典礼的庄重肃穆的气氛。《山海经·大荒东经》记:"少昊孺帝颛顼,于此弃其琴瑟。"则瑟这种乐器在颛顼时代即已发明。瞽叟又对瑟进行了改进,使之由五弦进化为十五弦,成为乐舞的重要乐器。

唐尧时代的乐舞流传到周代,经过无数人长期加工改造,被冠以《大章》或《大咸》(《咸池》)之名,成为周代最重要的六大乐舞之一。至此,《大章》乐舞成为一种文化传统的载体和象征,成为反映唐尧时代历史的史诗性的歌舞作品,诗、乐、舞结合,作为雅乐之一,应用于周王朝的宗庙祭祀以及王室贵族们的教育、娱乐活动。据《周礼·春官宗伯》:"乃奏大蔟,歌应钟,舞《咸池》,以祭地示。""凡乐,函钟为宫,大蔟为角,姑洗为徵,南吕为羽,灵鼓灵鼗,孙竹之管,空桑之琴瑟,

---

① 孙作云:《孙作云文集》,《中国古代神话传说研究》卷,河南大学出版社 2003 年版,第546页。

《咸池》之舞。夏日至，于泽中之方丘奏之，若乐八变，则地示皆出，可得而礼也。"可知这部乐舞在周代是专门用来祭祀地神的，其规格和重要性仅次于祭天神的黄帝乐舞《云门大卷》。

（二）"《箫韶》九成，凤凰来仪"：《韶》乐舞与周代文舞

周代的《大韶》乐舞起源于虞舜时代。《尚书》的《皋陶谟》一篇对这部乐舞的原始形态有较详细的记载：

> 夔曰："戛击鸣球、搏拊、琴、瑟，以咏。"祖考来格，虞宾在位，群后德让。下管鼗鼓，合止柷敔，笙镛以间。鸟兽跄跄，《箫韶》九成，凤凰来仪。夔曰："於！予击石拊石，百兽率舞，庶尹允谐。"帝庸作歌。曰："敕天之命，惟时惟几。"乃歌曰"股肱喜哉！元首起哉！百工熙哉！"皋陶拜手稽首飏言曰："念哉！率作兴事，慎乃宪，钦哉！屡省乃成，钦哉！"乃赓载歌曰："元首明哉！股肱良哉！庶事康哉！"又歌曰："元首丛脞哉！股肱惰哉！万事堕哉！"帝拜曰："俞，往钦哉！"

历史上，这部乐舞存在着许多异称，按照名称及时代的先后，可以归纳为以下几种。

（1）《箫韶》，见于《尚书》的《皋陶谟》以及《史记·夏本纪》《公羊传·隐公五年》何休注、《白虎通义》引《礼记》、《乐纬·动声仪》《史记·五帝本纪》索隐、《隋书·音乐志》《通典·乐》等。

（2）《韶箾》或《箾韶》，见于《左传·襄公二十九年》及《说文·竹部》等。

（3）《韶》，见于《论语》的《八佾》《述而》《卫灵公》以及《离骚》《荀子·儒效》《荀子·乐论》《礼记·乐记》《韩诗外传》《史记·孔子世家》《史记·乐书》《春秋繁露·楚庄王》《说苑·修文》《说文·音部》《后汉书·孝明帝纪》注等。

（4）《大韶》，见于《周礼·春官》以及今本《竹书纪年》《独断》《帝王世纪》《隋书·何妥传》《通典·乐》等。

（5）《招箾》，见于《史记·吴太伯世家》等。

（6）《招》，见于《尚书大传》《史记·五帝本纪》《汉书·礼乐志》等。

（7）《大招》，见于《乐纬·叶图徵》《独断》等。

（8）《九韶》，见于《周礼·春官》及《庄子·至乐》、《庄子·达生》

古本《竹书纪年》、《楚辞·远游》、《列子·周穆王》、《帝王世纪》等。

(9)《九招》，见于《山海经·大荒西经》及《离骚》、《吕氏春秋·古乐》、《史记·五帝本纪》、古本《竹书纪年》、《说苑·修文》、《史记·五帝本纪》索隐等。

(10)《九歌》，见于《左传·昭公二十年》及《山海经·大荒西经》、《离骚》等。

(11)《九辩》，见于《山海经·大荒西经》及《离骚》、《白虎通义·礼乐》等。

综合看来，这部乐舞本以《韶》为名，《箫韶》《韶箾》《箾韶》《大韶》《九韶》以及后来的《招》《大招》《九招》等，都是由《韶》衍生出来的。“箾”，据《说文·竹部》:“从竹，削声”，《左传·襄公二十九年》孔《疏》:“箾即箫也。……《韶箾》即彼《箫韶》也。”“韶”，《说文·音部》:“从音，召声。”“韶”音“召”，故《韶》即《招》。因为这部乐舞分为九个部分，故又称《九韶》《九招》《九歌》和《九辩》。“九辩”的“辩”即“变”，指乐舞有九次变化。关于“韶”字之义，郑玄以为是“继”，“言能继尧之德”(《史记·乐书集解》引)，这显然是望文生义。那么，“韶”的本义是什么呢?姜亮夫认为，“韶”的本义是“鼗”、“鞀”或“鞉”。“鼗”，据《周礼·春官》郑注:“如鼓而小，持其柄摇之，旁耳还自击。”是一种节乐的小鼓。则《箫韶》“盖即舜时期以箫、鼓作为主旋律的一部乐曲”。[①] 裘锡圭也赞同此说。他认为，原始的《韶》乐舞可能就是以“鞉”为主要乐器的一种音乐，其得名也与鞉有关。姚孝遂主编的《殷墟甲骨刻辞类纂》一书共收入“奏”字136条，为祭祀名称，即奏乐而祭，如“奏庸”“奏鞉”，其中“奏鞉”又作“奏鞀”“奏鼗”。甲骨卜辞中还出现“大鞀”。裘先生认为这些材料可能都与《韶》乐舞有关。[②] 这是到目前为止最令人满意的一种解释。

1.《韶》乐舞的音乐

按照《皋陶谟》的记载，原始形态的《韶》乐舞中出现了以下一些乐器。

(1) 鸣球。即玉磬，石质击奏乐器。《说文》:“球，玉也。”《周礼·大司乐》孔《疏》引郑注:“鸣球，即玉磬也。”

---

① 姜亮夫:《九歌解题》,《楚辞学论文集》，上海古籍出版社1984年版，第278页。

② 宋镇豪:《夏商社会生活史》，中国社会科学出版社1994年版，第496页。

（2）琴。利用按音，变更振动弦分发音的丝质弹奏弦乐器。《尔雅》疏："琴，长三尺六寸六分，五弦，后加文武二弦。"相传琴为舜所造。《礼记·乐记》与《史记·乐书》均载："昔者，舜作五弦之琴，以歌《南风》。"陆贾《新语·无为》："昔虞舜治天下，弹五弦之琴，歌《南风》之诗。"桓谭《新论·琴道》记舜"援琴作操"。《史记·五帝本纪》载"尧乃赐舜絺衣与琴"。《孟子·万章上》记舜弹琴于其家。传说中或以其子为琴的发明者，《山海经·海内经》"帝俊生晏龙，晏龙是为琴瑟"。虽然在以上神话与传说中，琴的起源要早到史前时代，但甲骨文、金文中却没有出现琴的字样，而且在出土的乐器实物中，最早的琴也只是到战国时期才出现。近年公布的清华简文献《周公之琴舞》记载了西周初年成王登基大典上演奏琴乐的情况，但这是否能够证明西周初年已经出现了琴，在学者中存在不同意见。

（3）瑟。只弹散音，一弦一音的丝质弹奏弦乐器。据《尔雅》疏，大瑟二十七弦，雅瑟二十三弦，颂瑟二十五弦。《吕氏春秋·古乐》载，尧为《大章》乐舞，舜父瞽叟益五弦之瑟为十五弦。"舜立，命延乃拌瞽叟之所为瑟，益之八弦，以为二十三弦之瑟。"则《韶》乐舞中演奏的瑟为二十三弦的雅瑟。成书较早的《仪礼》有多处关于瑟的记载，在出土的春秋战国时期墓葬中，瑟也有较多出土。诸多证据显示，瑟在西周、春秋时期有较多使用，其出现的时间较琴更早，只不过到了战国中后期逐渐为琴所取代。

（4）管。竹质吹奏乐器。《说文·竹部》："管，如篪，六孔。"《风俗通·声音》："管，漆竹，长一尺，六孔。"又"篪，管乐，十孔，长尺一寸"。《周礼·小师》郑玄注："管如篪而小，并两而吹之。"《广雅》："管象箫，长尺，口寸，八孔，无底。"

（5）鼗。长柄小鼓，摇动以节乐，革质击奏乐器。《说文》"鼗"作"鞉""鞀"。姜亮夫、裘锡圭认为，"鼗""鞉"即"韶"，是《韶》乐舞的主奏乐器。

（6）鼓。大鼓，革质击奏乐器。

（7）柷。又名"椌"，木质击奏乐器。《说文》："柷所以止音为节。"《周礼·大司乐》孔《疏》引郑注："合乐用柷，柷状如漆筒，中有椎，摇之所以节乐。"类似伴奏的拍板。

（8）敔。又名"楬"，木质击奏乐器。据《周礼·大司乐》孔《疏》引郑注："敔状如伏虎，背有刻……所以止乐。"用于音乐的伴奏。

（9）笙。编排多管，每管一音，匏质簧管吹奏乐器。《说文·竹部》：

"笙,十三簧,象凤之身也。"《尔雅·释乐》郭璞注:"列管瓠中施簧,管端大者十九簧,小者十三簧。"

(10) 镛。大钟,金质击奏乐器。《说文·金部》:"大钟谓之镛。"

(11) 箫。洞箫,又名"篴",编排多管,每管一音,直吹竹质吹奏乐器。《文献通考》卷一三八引《世本》:"箫,舜所造。其形参差,象凤翼。"指箫的编管参差排列如凤翼。孙作云以为:"愚意古代东方鸟族于每年祭祀图腾之时,除实物崇拜外,即其歌舞所用之乐器,亦必取象于图腾。尔时编竹为之,削管为簧,参差以象凤翼。其吹气之嘴或象鸟喙,吹时发出一种肃肃生生之声,以象凤鸣,因名其物曰箫,曰笙。古书上称凤鸣似箫。"① 《韶》乐舞又名《箫韶》,箫为乐舞的主奏乐器。

(12) 石磬。石质击奏乐器。

综上,乐舞使用的乐器共计有七类十二种。其中金类乐器有镛,石类乐器有鸣球、石磬,革类乐器有鼓、鼗,丝类乐器有琴、瑟,木类乐器有柷、敔,匏类乐器有笙,竹类乐器有管、箫。从演奏方式划分,击奏乐器有镛、鸣球、石磬、鼓、鼗、柷、敔,占大多数;弹奏乐器有琴、瑟,吹奏乐器有笙、管、箫。从考古发掘方面看,现在可以肯定鸣球、石磬、鼓、鼗、柷、敔等石、木、革质乐器在虞舜的时代已有存在,琴、瑟、笙、管、箫等丝、竹、匏质乐器在当时是否存在,因为缺少出土实物的证据,在学者中存在较大争议,这也与此类乐器的材料易于腐烂,不易被发现有关。惟有镛存在的可能性令人怀疑。

从《皋陶谟》中可以大致考察到《韶》乐舞的原始音乐形式。音乐以"戛击鸣球"开始,用代表上帝声音的玉磬声为开端。如水的磬音清澈、和谐,引导出悠扬、肃穆的琴、瑟伴奏的歌唱。这时,前来观赏乐舞的部族首领以及观众们都安静下来了。接着,明快、婉转的管笙吹奏起来了,雄厚响亮的鼗鼓敲击起来了,柷敔并作,钟磬齐鸣,大规模的图腾舞蹈开始了,音乐也随之进入热烈、欢快的高潮阶段。经过九次变化后,舞蹈结束了,音乐也在乐舞组织者夔的鼓声和磬声中结束。周代的《韶》乐是在继承并改造原始《韶》乐后形成的,曾受到孔子的高度赞扬。《论语·八佾》载有孔子关于《韶》乐的论述:"子语鲁太师乐曰:'乐其可知也。始作,翕如也;从之,纯如也,皦如也,绎如也,以成。'"音乐的起始部分热烈而协调,发展部分曲调纯净而抒情,高潮部分音乐和谐、

---

① 孙作云:《孙作云文集》,《中国古代神话传说研究》卷,河南大学出版社 2003 年版,第 472 页。

响亮而明快，结束部分曲调悠长而绵连。乐曲的四个部分具有鲜明的结构特征，已是成熟、优美的音乐作品。《论语·述而》载："子在齐，闻《韶》，三月不知肉味。曰：'不图为乐之至于斯也。'"《史记·孔子世家》亦载此事：（孔子）"与齐太师语乐，闻《韶》音，学之，三月不知肉味。"由此可知，《韶》乐具有的强烈的音乐艺术魅力深深打动了孔子，以致令他忘记了饮食，长时间沉浸在音乐所带来的审美体验和心灵愉悦之中。

2. 《韶》乐舞的舞蹈

《韶》乐舞的舞蹈本是一种原始的图腾模拟舞，表现了东方舜部族对鸟的模拟与崇拜。韦勒克（R. Wellek）和沃伦（A. Warren）认为："巫术是通过制造意象而影响艺术的。……一个意象可以被转换成一个隐喻一次，但如果它作为呈现与再现不断重复，那就变成了一个象征或者神话系统的一部分。"① 原始的巫术是以激发人的想象为目的的，象征物的创造就是这样一个手段。这样的象征物即图腾进而形成了原生的意象，成为积淀在民族集体无意识中的隐喻和象征的原型。凤鸟的形象对于舜部族就是一个象征原型，是一个能歌善舞的象征吉祥的神鸟。《山海经·南山经》云："有鸟焉，其状如鸡，五采而文，名曰凤凰。首文曰德，翼文曰义，背文曰礼，膺文曰仁，腹文曰信。是鸟也，饮食自然，自歌自舞，见则天下安宁。"凤鸟又名鸾鸟，《说文·鸟部》："鸾，亦神灵之精也，赤色五彩，鸡形，鸣中五音，颂声作则至。"《白虎通义》亦载："凤凰者，禽之长也，上有明主太平，乃来居广都之野。"在原始神话传说中，凤鸟与舜部族紧密联系在一起。《孟子·离娄下》载："舜生于诸冯，迁于负夏，卒于鸣条，东夷之人也。"舜是传说中的东方殷民族的祖先，以凤鸟为图腾。王国维、郭沫若、孙作云、袁珂、杨宽诸先生都认为，舜与帝喾、帝俊、太皞本是同一个传说中的人物。据袁珂考证，帝俊的"俊"字的甲骨文字形即鸟头人身;② 孙作云也认为，帝俊的"俊"字本作"鵕"。《广雅·释鸟》："鵕䴊，凤凰属也。"《仓颉篇》："鵕䴊，神鸟也。"则帝俊或舜本是凤凰鸟，其部族以凤鸟为图腾。③ 太皞之后为少皞，有"以鸟名官"的习俗。据《左传·昭公十七年》载："我高祖少皞挚之立也，凤

---

① ［美］韦勒克、沃伦：《文学理论》，刘象愚等译，生活·读书·新知三联书店1984年版，第204页。
② 袁珂：《古神话选释》，人民文学出版社1979年版，第201页。
③ 孙作云：《孙作云文集》，《中国古代神话传说研究》卷，河南大学出版社2003年版，第494页。

鸟适至，故纪于鸟，为鸟师而鸟名。"殷民族以契为始祖，而契之母简狄（可能就是《吕氏春秋·古乐》中提到的凤鸟天翟）为帝喾之妃，故殷民族以舜为契之父，亦以凤鸟为图腾。《商颂》有"天命玄鸟，降而生商"之句。

以传说中能歌善舞的凤鸟为图腾的舜部族自然擅长歌舞。舜本人即出生于世代为乐师的音乐世家，通音律，擅歌舞。《山海经·大荒东经》载："有五采之鸟，相向弃沙，惟帝俊下友。""五采之鸟"即鸾凤鸟，"弃沙"，郝懿行释为"鸟羽娑娑然也"，形容鸟的婆娑舞姿。帝俊即舜与这些神鸟结为好友。《大荒南经》亦载："帝舜生无淫，……爰有歌舞之鸟，鸾鸟自歌，凤鸟自舞。爰有百兽，相群爰处。"不但舜能歌善舞，他的子孙也是如此。《山海经·海内经》载："帝俊生晏龙，晏龙是为琴瑟。"又载："帝俊有子八人，是始为歌舞。"《海内经》又载，舜的孙子摇民是"鸟足"，既名"摇民"，也一定擅长舞蹈。舜的大臣们也擅长歌舞。如秦人的始祖伯益，据《史记·秦本纪》，是"玄鸟陨卵"所生的后代，"益"的籀文是一只张口分尾的燕子。另据《后汉书·蔡邕传》，他能够"综声于鸟语"。《吕氏春秋·古乐》载："帝喾命咸黑作为声歌，《九招》《六列》《六英》，有倕作为鼙、鼓、钟、磬、吹苓、管、埙、篪、鼗、椎钟。帝喾乃令人抃，或鼓鼙，击钟磬，吹苓，展管篪，因令凤鸟天翟舞之。"原始时代的歌者都是巫师，咸黑就是名黑的一个萨满。《九招》即《韶》，说明《韶》乐舞最早为巫师所创制。有倕又名巧倕，是传说中帝俊即舜的子孙，是众多乐器的发明者。帝喾也就是舜，能够令凤鸟伴随《九招》的歌声起舞。这段记述正可看作《皋陶谟》对《韶》乐舞记载的补充。

了解了舜部族与鸟的关系，对于《皋陶谟》记载的"鸟兽跄跄，《箫韶》九成，凤皇来仪"就自然能够理解了。"鸟兽跄跄"，《史记·五帝本纪》译作"鸟兽翔舞"，是形容鸟兽翩翩起舞的姿态。所谓"九成"，即将一组乐曲演奏九遍，"成"是一个完整乐曲的演出过程。《公羊传·哀公十四年》疏引郑玄注："乐备作，谓之成。"《仪礼·燕礼》"正歌备"，郑注："备亦成也。"《乐记》郑玄注："成犹奏也……曲一终为一成。"本篇孔《疏》引郑注："成，犹终也。"《吕氏春秋·古乐》高诱注："九成，九变。"孔颖达《正义》释"箫韶九成"曰："成犹终也，每曲一终，必变更奏。故《经》言九成，《传》言九奏，《周礼》谓之九变，其实一也。"在新近出土的清华简文献《周公之琴舞》中，成王作颂诗九篇，简文称"成王作儆毖，琴舞九遂"。所谓"遂"，《逸周书·太子晋》

"其不遂",孔晁注:"遂,终也。"可知"遂"与"终"与"成"同义。因此,"成"又称"备""奏""终""变""遂",指演奏一首完整的配有诗和舞的乐曲。先秦乐舞中的音乐演奏多以九为组合,如"九成""九终""九奏""九变""九遂"。一组乐曲演奏九遍,每一次都要有所"变",即曲调或配器都要有变化。相应地,音乐伴奏的舞蹈动作与歌曲的内容也要有所变化。据《周礼·春官宗伯》:"凡六乐者,一变而致羽物及川泽之示,再变而致赢物及山林之示,三变而致鳞物及丘陵之示,四变而致毛物及坟衍之示,五变而致介物及土示,六变而致象物及天神。"这里虽是在描述周代祭祀活动中乐舞的效果,说明通过巫术的不同手段作用于人所产生的各类意象,但在乐舞的原始阶段,却很可能是由舞蹈者装扮成各类神怪和动物进行的模拟表演。乐曲变化六遍,舞蹈者装扮的神怪和动物的表演也相应变化六次。乐曲变化九遍,则舞蹈表演也相应地变化九次。

结合《皋陶谟》的记述,我们可以想象出原始的《韶》乐舞表演时的情形。在"下管鼗鼓,合止柷敔,笙镛以间"的乐曲演奏告一段落后,装扮成鸟兽形象的舞蹈者模拟各种动物的动态出场了。他们身穿各色动物的皮革,头戴五彩缤纷的羽毛,或裸露着绘有彩色动物图案的身体,手持动物的肢体或羽饰,在音乐的节奏中,动作或文雅舒缓,或机敏迅捷,或古怪滑稽,或凶猛可怖。他们的模拟表演惟妙惟肖,生动逼真,以致令观者真假难辨。他们自己也沉浸其中,与他们所模拟的图腾神几乎融为一体了。到了最后一成,也就是乐曲和整个乐舞的最后阶段,终于"凤凰来仪",装扮成图腾神——凤凰形象的舞者出场了。这也是整个乐舞的核心和高潮阶段。对于虞舜部族来说,凤凰已不是单纯的图腾神了,凤凰的形象已成为整个部族的象征,寄寓了幸福、吉祥、和谐、美好的理想。这时,乐舞的指挥者夔发出了指令:"庶尹允谐",要求前来观舞者共同加入舞蹈。此时,在多种乐器热烈的伴奏声中,全场的舞者和首领、观众共同围绕着神鸟凤凰,在她的带动下歌唱、起舞,气氛无比欢乐、和谐。乐舞最后在指挥者夔的磬声中结束。

3.《韶》乐舞的诗歌

原始的诗歌并不是一种独立的艺术形式,它依附于音乐而存在。就诗歌本身来说,是外在形式的意义大于内容的意义,也就是说,作品的音乐特征,如韵律、节奏、格式的意义大于诗歌所表达的思想感情。原始的抒情歌唱是歌者个人郁积的情感的慰藉和宣泄,实质上是一种主观情感的审美表达,也就是亚里士多德(Aristotle)说的"净化"(katharsis)。因此,从这个意义上说,几乎每一个原始人都是一个诗人和歌者,每个人都有他自己创作的诗歌,都有他自己的歌唱,就如同当时每个人都是巫师一样。但无论对于创作者自己还是对于一个原始部族和群体来说,这种表达个性情感的诗句只有与巫术和宗教这些具有普遍意义的信仰发生联系,才被认为具有真正的意义和价值。因此,能够使一首诗歌流传的关键因素,不在于它的表达个性的词句,而在于它的不含确定意义却又能够被赋予意义的曲调和节奏等外在因素。格罗塞引用一位研究者的话说:"他们主要的努力就是严格地遵循节拍。在他们的诗歌中,一切东西——甚至意义——都要迁就节奏。……在他们的诗歌中,不但对词句的形式,甚至对于文法上章句的结构,都可以自由运用。"① 对于原始诗歌依赖节律的原因,尼采解释说:"人们发现,诗比散文更容易记住,于是也以为,人的要求靠了节律会给神留下更深的印象;同样,人们认为,靠了节律能把自己的话传播得更远,因而有节律的祈祷也似乎更能上达神的耳闻。人们尤其想利用自己在听音乐时所体验到的那种不可抗拒的制服作用:节律是一种强迫;它唤起一种遏制不住的求妥协和调和的欲望;不但脚步而且心灵都按节拍行进,——人们推测,神的心灵或许如此!"② 尼采因而认为,巫歌和符咒才是诗的原始形态。被赋予了巫术意义的诗歌才真正成为诗歌。

当社会进一步发展,出现了专门的巫师之后,诗歌与音乐等艺术形式完全成为巫师的专利和巫仪的内容。列维·布留尔在谈到部族社会的歌舞时说:"每种舞蹈也有它特殊的歌曲,而且这歌曲常常是如此复杂,意义如此神秘,以致十个跳舞和唱歌的年轻人中间没有一个人懂得他们所唱歌曲的意义,只让巫医懂得这些歌曲;而且让他们知道这些秘密,也是对他们的那种要求极大的勤勉和努力的学习给予的崇高奖赏。"③ 巫师既是诗歌的创作者,又是诗歌的传播者;既是政治权力的所有者,又是文化权力的所有者。传说中的虞舜家族就是这样一个世袭的巫师家族。从虞幕到瞽叟,再到虞舜,都是精通音乐、能以歌舞降神的巫师兼酋长。虞舜更是一生与文艺结缘。除传说外,亦有史料记载。今本《竹书纪年》卷二载:"元年己未,帝即位。居冀,作《大韶》之乐,即帝位。箫韶生于阶,凤凰巢于庭,击石拊石,以歌《九韶》,百兽率舞,景星出于房,地出乘黄之马。……十四年,卿云见,命禹代虞事。在位十有四年,奏钟石笙筦未罢,而天大雷雨,疾风发屋拔木,柎鼓播地,钟磬乱行,舞人顿伏,乐正

---

① [德]格罗塞:《艺术的起源》,蔡慕晖译,商务印书馆1984年版,第189页。
② [德]尼采:《悲剧的诞生》,周国平译,生活·读书·新知三联书店1988年版,第236页。
③ [法]列维·布留尔:《原始思维》,丁由译,商务印书馆2004年版,第174页。

狂走。"《尚书大传》（陈氏辑本）亦载："维十有四祀，钟石笙筦变。声乐未罢，疾风发屋，天大雷雨。帝沈首而笑曰：'明哉！非一人之天下也，乃见于钟石。'帝乃雍而歌者重篇。《招》为宾客而《雍》为主人。始奏《肆夏》，纳以《孝成》。"《九韶》和《招》即《韶》乐舞，乐舞而曰"歌"，正说明了诗歌在乐舞中的重要性。

史籍中《韶》乐舞的乐歌，除《皋陶谟》所记三首外，尚有《南风歌》一首。据《乐纬·动声仪》载："孔子曰：'《箫韶》者，舜之遗音也，温润以和，似南风之至。'"所谓"南风"，《史记·乐书》载："昔者舜作五弦之琴，以歌《南风》。……夫《南风》之诗者，生长之音也。"《绎史》卷十引《尸子》："帝舜弹五弦之琴，以歌《南风》，其诗曰：'南风之薰兮，可以解吾民之愠兮；南风之时兮，可以阜吾民之财兮。'"《礼记·乐记》、陆贾《新语》、刘向《说苑·修文》、《孔子家语·辩乐解》、刘勰《文心雕龙·时序》均有类似记载。现代的研究者一般认为《南风歌》为后世的伪作。对此，王力认为："诗歌起源之早，是出于一般人的想象之外的。韵文以韵语为基础，而韵语的产生远在文字产生之前。……韵语在上古时代的发达情况，远非后代所能企及。"他根据《南风歌》的两个韵脚"财""愠"为上古韵，断定《南风歌》并非伪造，"后代伪造，亦不能合古韵"。① 事实上，原始歌谣作为一种口头创作，从产生到最后定型，往往经过了漫长的岁月和无数代人的口头加工。《南风歌》虽为后世改编而成，但仍保留了原始歌谣的曲调和声韵，因此，不能简单认定为伪作。《南风歌》而外，与《韶》乐舞相关的还有《卿云歌》。《尚书大传》载："舜将禅禹，于是俊义百工相和而歌《卿云》。帝乃倡之曰：'卿云烂兮，纠缦缦兮，日月光华，旦复旦兮。'八伯咸进，稽首曰：'明明上天，烂然星陈，日月光华，弘予一人。'帝乃载歌，旋持衡曰：'日月有常，星辰有行。四时从经，万姓允诚。于予论乐，配天之灵。迁于贤圣，莫不咸听。鼚乎鼓之，轩乎舞之。菁华已竭，褰裳去之。'"梁启超在《中国之美文及其历史》中说："这三首歌，就诗而论总算好……显然是依傍《皋陶谟》那三首造出来的无疑。"② 皮锡瑞也说："据《大传》，则帝庸作歌盖即在八伯歌《卿云》之时。"③

从艺术角度看，这几首诗歌虽经后世加工和修改，但仍保留着上古庆

---

① 王力：《汉语诗律学》，上海教育出版社1979年版，第3页。
② 梁启超：《饮冰室合集·专集》第十册，中华书局1936年版，第5页。
③ （清）皮锡瑞：《今文尚书考证》，中华书局1989年版，第133页。

典活动中的那种既庄重神圣又欢快热烈的气氛。按《皋陶谟》的记载，在《韶》乐舞的开始阶段，如水的玉磬之声清脆地响起，乐舞主持者夔发出了"搏拊琴瑟以咏"的指令。这时，在琴瑟的伴奏下，众声合唱《南风》《卿云》一类乐歌。在舞蹈表演结束后，舜帝又乘兴而歌《股肱》，皋陶等大臣亦应和而歌《元首》。《韶》乐舞就在君臣的歌声中结束。格罗塞在分析诗歌的社会影响力时说："每一首诗最初只是表现诗人个人的情感；但是它表现的方式会激起听者和读者同样的感情。……使一切人们受同样感情的激荡，其心脏也起同样速率的跳动——就是听众和诗人及他们相互间，融合而成一体。诗歌由唤起一切人类的同一的感情，而将为生活兴趣而分歧的人们联合起来；并且因为不断地反复唤起同一的感情，诗歌到最后创出了一种持续的心情。"① 这几首诗歌的最显著特征是，诗中出现的自然物象具有象征性意义。《卿云歌》象征着吉祥、庄严的"卿云""日月""星辰"，《南风歌》象征着宽厚、仁德的和煦"南风"，都是从大自然中借用来的物象，元首、股肱也是生活中的普通比喻，但作者在其中寄寓了深厚的含义。傅道彬先生说："兴之物象是人化的自然，潜藏着丰富的文化意蕴。"② 作者借对大自然具体物象的由衷赞美和咏叹，表达了对仁爱之君无限的爱戴之情和对仁政的讴歌与向往。"南风"与"日月"等自然物象被赋予了隐喻意义，并随着历史的发展，由隐喻转变为象征，最终成为中华民族集体意识中具有象征意义的意象原型。

4.《韶》乐舞与周代文舞

《韶》乐舞产生之后，在历代史籍中都不乏记载。在夏代，《韶》乐舞又有了改造和发展，由最初的具有一定宗教意味的图腾崇拜乐舞演变为专供统治者享乐的观赏性乐舞。这一转变是从夏启开始的。《山海经·大荒西经》载："开（夏启）上三嫔于天，得《九辩》与《九歌》以下。此穆天之野，高二千仞，开焉得始歌《九招》。"古本《竹书纪年》卷三载："（启）九年，舞《九韶》。……十年，帝巡狩，舞《九韶》于天穆之野。"《墨子·非乐》载："启乃淫溢康乐……湛浊于酒，渝食于野，万舞翼翼，章闻于天，天用弗式。"《离骚》亦云："启《九辩》与《九歌》兮，夏康娱以自纵。……奏《九歌》而舞《韶》兮，聊假日以愉乐。"这些记载表明，夏代的乐舞是以饮食娱乐为目的的规模巨大、人数众多的在野外展开的大型歌舞表演。至商代，据《吕氏春秋·古乐》载，"汤乃命伊尹作为

---

① ［德］格罗塞：《艺术的起源》，蔡慕晖译，商务印书馆1984年版，第206页。
② 《"兴"的艺术源起与"诗可以兴"的思想路径》，《学习与探索》2006年第5期。

《大护》，歌《晨露》，修《九招》《六列》，以见其善"。商汤重新整理了夏代改造过的《韶》乐舞，部分地恢复了乐舞原始的宗教祭祀功能。殷墟卜辞中出现的一些乐舞名称，如"九律""羽舞""𣫏舞"等，很可能也与《韶》乐舞有关。"九辩"既指《韶》乐舞的九次变化，"九歌"指歌唱部分的九段，则"九律"可能指乐舞的音律。周代用于祭祀的六小舞中有《羽》舞和《皇》舞，都是《韶》乐舞一类的文舞，可能就是经由商代"羽舞""𣫏舞"发展而来。至周初"制礼作乐"，《韶》乐舞遂进一步被加工改造为周代雅乐的代表——六大乐舞之一，用于宗庙祭祀等重要场合。

据《周礼·春官宗伯》载，六大乐舞的作用是"以致鬼神示，以和邦国，以谐万民，以安宾客，以说远人，以作动物"。其中《韶》乐舞的功用主要是祭祀四望，并演奏于宗庙以祭祀人鬼之灵："乃奏姑洗，歌南吕，舞《大韶》，以祀四望。""凡乐，黄钟为宫，大吕为角，大蔟为徵，应钟为羽，路鼓路鼗，阴竹之管，龙门之琴瑟，《九德》之歌，《九韶》之舞，于宗庙中奏之，若乐九变，则人鬼可得而礼矣。"六大乐舞又分为文舞与武舞。郭茂倩《乐府诗集》卷五十二《舞曲歌辞》说："古之王者，乐有先后，以揖让得天下，则先奏文舞；以征伐得天下，则先奏武舞，各尚其德也。黄帝之《云门》、尧之《大咸》、舜之《大韶》、禹之《大夏》，文舞也；殷之《大护》、周之《大武》，武舞也。"文舞、武舞之别，源自乐舞所表现的历史内容。传说中，黄帝、尧、舜、禹以文德取天下，商汤与武王以武功取天下，相应地，乐舞的内容也表现出文治与武功的不同。从乐舞的形式上看，文舞、武舞也存在许多区别，如：文舞的舞具主要为羽饰和乐器，而武舞主要为盾牌（干）和斧子（戚）；文舞源自上古的图腾模拟舞，故多模拟禽鸟的动作，武舞则源自原始的操练舞，故多战争击刺动作；文舞的音乐和诗歌以赞美抒情为主，武舞的音乐和诗歌则以表现杀伐为主。周代的文、武二舞，分别以《韶》乐舞与《大武》乐舞为代表。就《韶》乐舞来看，其舞蹈形式是"左手执籥，右手秉翟"。籥即洞箫、排箫，竹制三孔的吹奏乐器；翟为禽类动物的羽毛，确切地说，就是传说中凤凰的羽毛。这两种舞具反映出《韶》乐舞的原始形态，是原始的乐器与图腾崇拜的遗存。六大舞之外，周代另有六小舞。《周礼·春官宗伯》载："乐师掌国学之政，以教国子小舞，有《帗》舞，有《羽》舞，有《皇》舞，有《旄》舞，有《干》舞，有《人》舞。"其中《帗》舞用于社稷之祭祀，《羽》舞用于四方之祭祀，《皇》舞用于旱暵之事。这三种小舞和《旄》舞都属文舞，有原始图腾模拟舞拟禽、拟兽的遗风，舞具多为飞禽走兽的羽毛。其中《帗》舞的舞具为五彩绸或全羽,《羽》舞为析羽,《皇》舞为五彩的羽毛,《旄》舞为牦牛之尾。《皇》舞为表现凤凰的舞蹈。郑玄曰:"杂五彩羽,如凤凰色,持以舞。"是用雉鸡和鹭鸟等的羽毛制成的舞具和装饰来配合凤凰的舞姿。显然与《韶》乐舞一样,都是虞舜时代的文化遗存。

相对于其他五大乐舞,《韶》乐舞的地位更为重要,艺术性也更强,可以看作是周王朝的"国乐"。春秋时代,只有宗周和鲁、齐两个文化、政治上具有特权的诸侯国表演《韶》乐舞。《左传·襄公二十九年》记吴公子季札观乐于鲁,在欣赏过《国风》《雅》《颂》的歌唱表演并观赏过创制于周初的《象箾》《南籥》《大武》及创制于商代的《韶濩》和夏代的《大夏》等几部乐舞并作评价后,《韶》乐舞作为最后一个压轴的演出节目才开始上演。精彩的演出之后,季札对《韶》乐舞大加称赏,叹为观止:"德至矣哉!大矣!如天之无不帱也,如地之无不载也,虽甚盛德,其蔑以加于此矣。观止矣!若有他乐,吾不敢请已!"由此可见,《韶》乐舞的强大的艺术魅力及在当时尊崇的地位和影响。孔子对《韶》乐舞也大加称赞。据《史记·孔子世家》:"孔子年三十五,昭公奔于齐,鲁乱。孔子适齐,与齐太师语乐,闻《韶》音,学之,三月不知肉味。"对于齐国演出《韶》乐,《汉书·礼乐志》解释说:"夫乐本情性,浃肌肤而臧骨髓,虽经乎千载,其遗风余烈,尚犹不绝。至春秋时,陈公子完奔齐。陈,舜之后,《招》乐存焉。故孔子适齐闻《招》。"这一年是昭公二十五年,公元前517年。刘向的《说苑·修文》记载了孔子闻《韶》路途中的一件趣事:"孔子至齐,郭门之外遇一婴儿,挈一壶相与俱行。其视精,其心正,其行端。孔子谓御曰:'趣驱之!趣驱之!《韶》乐方作。'"《论语·八佾》载孔子对《韶》乐的评价:"《韶》尽美矣,又尽善也!"《论语·卫灵公》亦载孔子回答颜回问政时的话:"行夏之时,乘殷之辂,服周冕,乐则《韶》舞。放郑声,远佞人,郑声淫,佞人殆。"《韶》乐舞也影响到战国时期的楚国。楚辞中的《九歌》就很可能由《韶》乐歌发展改编而来。《九歌》中的《东君》有"展诗兮会舞"之句,说明《九歌》同《韶》乐舞一样,也是诗、乐、舞结合的形式。《九歌》很可能是屈原借用《韶》乐舞中"九歌"的歌曲名目和曲式,结合楚国民间祭歌改造而成。

六大乐舞至秦代只传下《韶》与《大武》。秦代以后,《韶》乐舞以其"中正和平""典雅纯正"的雅乐性质为历代统治阶层所尊崇,成为历代沿袭的朝廷宗庙祭祀乐舞。汉高祖改《韶》乐舞之名为《文始》,用于宗庙祭祀。曹魏建国,魏文帝复改《文始》为《大韶》。南朝梁武帝又改

《大韶》为《大观》。《韶》乐舞作为上古文化的遗存和先秦乐舞文化的代表，其所具有的长久生命力令人惊讶。《尚书》中关于《韶》乐舞的记载使我们了解到先秦乐舞的原始形态，了解到乐舞的发生、发展、变化，以及它由原始的巫术仪式发展为礼乐文明的重要组成部分的全过程，为我们了解早期文学的发生、发展及早期文学的存在形态提供了间接的文献参考，具有重要的文学和文化价值。

（三）"左杖黄钺，右秉白旄"：《大武》乐舞与周代武舞

1. 关于《牧誓》的性质

关于《周书》首篇《牧誓》的性质，过去一般认为这是一篇战争誓词，是武王于灭商的牧野之战前召集将士所作的动员士气的战前演说。对此，自古以来从无异议。牧野之战是武王灭商的关键一战，周人建国后也经常称颂此战的意义。据"夏商周断代工程"的研究成果，其年为公元前1046年。关于此战的最早记载，除《牧誓》外，尚有《诗经·大雅》的《大明》，两篇作品正可互为参照。其后的《逸周书》《国语》《左传》《吕氏春秋》等先秦史籍也有相关记载。关于《牧誓》的写作缘起，汉代出现的《书序》以为："武王戎车三百两，虎贲三百人，与受（纣）战于牧野，作《牧誓》。"《史记·周本纪》载："武王朝至于商郊牧野，乃誓。"《鲁周公世家》亦载："十一年，伐纣至牧野，周公佐武王，作《牧誓》。"伪孔《传》也认为该篇是"临战誓众"之作。但近代以来，随着社会学、民俗学以及文化人类学研究的深入，越来越多的证据显示：《牧誓》并非是一篇简单的如过去所理解的战前演说，而是有着深刻文化背景的反映着先秦时代"诗、乐、舞"之间密切关系的重要的文学与文化文献。

《牧誓》中的一些颇为奇特费解的句子最早引起了人们的注意和思考，如：

> 王左杖黄钺，右秉白旄以麾……称尔戈，比尔干，立尔矛，予其誓。……今日之事，不愆于六步、七步，乃止齐焉，夫子勖哉！不愆于四伐、五伐、六伐、七伐，乃止齐焉，勖哉夫子！尚桓桓如虎、如貔、如熊、如罴，于商郊，弗御克奔。

"王左杖黄钺，右秉白旄以麾"是描述武王战前的形象。"黄钺"即以黄金装饰的"钺"，是仪节和王权的象征。"钺"，《经典释文》："本又作戉。"《说文·戉部》："戉，斧也。""白旄"之"旄"，《说文》作"犛"，释为"犛牛之尾"。陆德明《经典释文》引马融云："白旄，旄牛

第二章 艺术论:《尚书》与中国早期艺术形式的构成

尾。"旄牛,古籍中又写作氂牛、髦牛、犛牛,今统一作牦牛,是现在青藏地区的普通家畜和运输工具。武王誓师于牧野,何以要操持斧钺、挥动牦牛之尾?古人对此语焉不详。下面又有"不愆于六步、七步,乃止齐焉"、"不愆于四伐、五伐、六伐、七伐,乃止齐焉"。"不愆于",《史记·周本纪》作"不过",《大雅·维清》郑笺释该句曰:"始前就敌,六步七步当止齐,正行列。及兵相接,少者四伐,多者五伐,又当止齐,正行列也。"伪孔《传》释曰:"就敌不过六步七步乃止相齐,言当旅进一心。伐谓击刺,少则四五,多则六七,以为例。"对这种解释,刘起釪发出疑问:"既然是战前的动员誓词,为什么叫战士只进攻六步、七步就中止,只刺六伐、七伐就停下来呢?这岂不是不叫打胜仗吗?世界上哪有按规定走六步、七步和刺六下、七下的战争呢?……汉晋儒家把步伐的规定数目解释为端正行列,一致行动。但这样规矩行动怎么作战呢?宋儒就吹嘘这是圣人仁义之师,是为了戒轻进,戒贪杀。甚至把后世作战夜行几百里说成没纪律的行为。这样,周武王比宋襄公更早几百年做了蠢猪式的军事家了。但他仍然打了胜仗,这个矛盾怎么解释呢?所以这类说法显然是不符合史实的。相传唐代李靖解释为教阵法。……宋朝的王炎也说:'六步七步,足法也;六伐七伐,手法也。'(《书传辑录纂注》引)这种说法,看起来合理些。但是为什么到了作战那天的早晨,还在临时教阵法呢?对士兵的操练,不在平时进行吗?"[①] 显然,传统的解释漏洞百出,难以成立。

事实上,部分史籍中已隐约地透露出《牧誓》的真实性质。《礼记·祭统》正义引《尚书大传》记牧野之战说:"武王伐纣,至于商郊,停止宿夜,士卒皆欢乐歌舞以待旦。"又《太平御览》之"人事部"引《尚书大传》:"惟丙午,王逮师,师乃鼓噪,师乃慆,前歌后舞。"《乐纬·稽耀嘉》:"武王承命兴师,诛于商,万国咸喜。军渡盟津,前歌后舞。"《白虎通义·礼乐》:"纣为恶日久,残贼天下,武王起兵,前歌后舞,克商之后,民人大喜。"《天问》王逸注:"武王三军,人人乐战,并载驱载驰,赴敌争先,前歌后舞,凫藻欢呼。"《礼记·文王世子》郑注:"文王、武王有德,师乐为用,前歌后舞。"《华阳国志》:"周武王伐纣,实得巴蜀之师,著乎《尚书》。巴师勇锐,歌舞以凌,殷人前徒倒戈。故世称之曰'武王伐纣,前歌后舞'也。""阆中有渝水,賨民多居水左右,天性劲勇,初为汉前锋,陷阵锐气,善舞。帝善之曰:'此武王伐纣之歌也。'"总之,《牧誓》与战争歌舞有关。

[①] 顾颉刚、刘起釪:《尚书校释译论》,中华书局2005年版,第1109页。

从《牧誓》本身也能发现相关线索。"王左杖黄钺,右秉白旄以麾"一句中的斧钺和牦牛尾都与舞蹈有关。先看这种特殊的作为王权标志和仪节的斧钺。钺,即"戉",《说文·戉部》:"戚,戉也",《礼记·乐记》郑注:"戚,斧也",则斧、戉、戚为一物。据有关史料,周代武舞又称"干戚之舞",干即盾,戚即斧钺,是武舞的两种主要舞具,史籍中多联言,如《山海经·海外西经》形天"操干戚以舞"、《吕氏春秋·贵直》"其干戚之音"、《礼记·祭统》"君执干戚就舞位"、《礼记·文王世子》"大乐正学舞干戚"、《后汉书·祭遵传》注"武乐,执干戚以舞也"等。由此可知,斧钺(戚)是与战争有关的武舞中的一种舞具。再看"白旄",据《周礼·春官·旄人》郑玄注:"旄,牦牛尾,舞者所持以指麾。"《春官·乐师》记六小舞之一的"旄舞",郑玄注:"旄舞者,[舞]牦牛之尾。"可知周代以牦牛尾作为舞具。《吕氏春秋·古乐》的记载证明这种舞蹈用具源自上古时代:"昔葛天氏之乐,三人操牛尾,投足以歌八阕。"甲骨文的"舞"字字形,即一人站立,左右手各执一根牦牛尾作为舞具。朱骏声《说文通训定声·小部》则谓:"用牦牛尾注于旗之竿首,故曰旄。""麾"字《说文》释为"旌旗所以指麾也"。由此可知,牦牛尾作为舞具,是装饰于旗杆之上的,作用近似舞蹈指挥者手中的指挥棒。二者很多时候配合使用。如《乐记》:"比音而乐之,及干戚羽毛(旄)谓之乐。""干戚旄狄(翟)以舞之。""动以干戚,饰以羽旄。"郑注:"干,盾也;戚,斧也:武舞所执也。羽,翟羽也;旄,旄牛尾也:文舞所执。"由此可知,武王手中的两件器具既是军事用具,又是舞蹈用具,可用来指挥军事行动,也可用来指挥舞蹈活动。

"称尔戈,比尔干,立尔矛,予其誓",是描述兵士手中所执。干戈也是武舞中的舞具。《山海经·中山经》中的首山、熊山之祠用"干舞",郭璞注:"持盾武舞也。"《庄子·让王》:"子路抗然,执干而舞。"《礼记·文王世子》:"凡学世子及学士,必时。春夏学干戈,秋冬学羽籥,皆于东序。小乐正学干,大胥赞之;籥师学戈,籥师丞赞之;胥鼓南。"干戈在这里指代武舞。按照郑玄、孔颖达的解释,春夏阳气发动,故教武舞;秋冬阴气凝寂,故教文舞。周代六小舞中有《干》舞,《周礼·春官》郑注:"干舞者,兵舞。""干舞者,所持谓楯也。"可知士兵手中的干戈亦可作为舞具。

"今日之事,不愆于六步、七步,乃止齐焉,夫子勖哉!不愆于四伐、五伐、六伐、七伐,乃止齐焉,勖哉夫子!"其中的"伐",《乐记》郑注:"武舞,战象也。每奏四伐,一击一刺为一伐。""伐"与"步"为互文,可知二者都是舞蹈名词。甲骨卜辞中也多有"二伐""三伐""五伐""十伐"之名，有的研究者认为这是不同武舞的名称；① 有的研究者认为这与《牧誓》中的"步""伐"同义，是指乐舞中舞队变化的次序或乐舞的不同节次。② 对此，刘起釪解释说："六步七步、六伐七伐等等，都是舞蹈动作。这次举行的是一次军事舞蹈。周武王所说的这些，就是指挥这次军事舞蹈的一篇举行宣誓性的当时称作'誓'的讲话。"③"乃止齐"则是对舞蹈动作整齐一致的要求。《乐记》载："执其干戚，习其俯仰诎伸，容貌得庄焉；行其缀兆，要其节奏，行列得正焉，进退得齐焉。"

"尚桓桓如虎、如貔、如熊、如罴，于商郊，弗御克奔。""桓桓"，《史记·周本纪》正义引郑玄注："威武貌"，这里是用虎、貔、熊、罴四种动物的动作来形容战士们舞姿的威猛、矫健。在上古时代曾有"驱兽作战"的传统，如著名的黄帝与蚩尤的战争。后世亦间有出现，如《史记·田单列传》载田单"收城中得千余牛，为绛缯衣，画以五彩龙文，束兵刃于其角，而灌脂束苇于尾，烧其端……燕军视之，皆龙文"。后来"驱兽作战"演变为"拟兽作战"，即装扮成野兽的样子，模拟野兽的声音、动作以取得威吓对手的目的。史籍中多有此类记载，《左传·庄公十年》载郎之役，鲁公子偃蒙皋比（虎皮）先犯敌阵，战胜宋军；《僖公二十八年》载城濮之役，晋下军胥臣蒙马以虎皮，战胜陈、蔡，等等。在牧野进行的军事舞蹈很可能就是一种战前的拟兽舞蹈，士兵们装扮成野兽的样子，模拟野兽的动作起舞。"弗御克奔"，刘起釪释曰："'奔'……在此与'御'对举，其义既为走，则'御'当指御车。'弗御'与'克奔'似为舞蹈中的两个动作，指舍车、徒步，与上文六步、七步相合。《孟子·尽心下》谓'武王之伐殷也，革车三百乘'，《书序》《周本纪》也都说'戎车三百乘'，可知此役原以车队为主。现在舞蹈中的动作都以徒步进行，那么自应先有一下车的动作。"④ 也是表现舞蹈的动作。

综合史籍的材料与《牧誓》文本，可以断定《牧誓》所记乃是一次战前进行的具有典礼性质的祈祷胜利、显示声威的军事舞蹈，武王的讲话是进行典礼舞蹈之前的开场白和宣誓致词。以现代人的眼光，在紧张的牧野大战之前进行舞蹈典礼，颇为不可思议。但在原始时代及文明时代早期，

---

① 宋镇豪：《夏商社会生活史》，中国社会科学出版社1994年版，第338页。
② 王秀臣：《三礼用诗考论》，中国社会科学出版社2007年版，第130页。
③ 顾颉刚、刘起釪：《尚书校释译论》，中华书局2005年版，第1108页。
④ 同上书，第1104页。

在从事重大行动，如军事行动之前，一定要举行祈祷胜利的典礼仪式。在这类仪式上，舞蹈是必不可少的。摩尔根（Lewis Henry Morgan）说："舞蹈是美洲土著的一种敬神的仪式，也是各种宗教的庆典中的一项节目。世界上任何地方的野蛮人，也没有像美洲土著这样专心致志地发展舞蹈。他们每一个部落都有十至三十套舞蹈。每一套舞蹈都有专门的名称、歌曲、乐器、步伐、造型和服装。某些舞蹈是所有的部落共有的，如战争舞蹈即是。"① 恩格斯也描述古代民族说："反对这种敌人的军事行动，多半是由一些优秀的战士来组织的；这些战士发起一个战争舞蹈，凡参加舞蹈的人，就等于宣告加入了出征队，队伍便立刻组织起来，即时出动。……这种队伍的出发和归来，总要举行公共的典礼。"②《左传·成公十三年》有"国之大事，唯祀与戎"的话，重大战争之前举行典礼舞蹈，宣告战争誓词，祈祷胜利，是中外上古时代共同的习俗。

甚至在近现代，一些地方也仍然存在着这一习俗。汪宁生曾根据我国西南少数民族的战俗，解释古代战争舞蹈的起源。他说，古代战争讲究先声夺人，临阵时要大声呐喊，高唱战歌，手执武器，作出各种恐吓性的刺杀动作，或身穿彩衣，化装为野兽。云南德宏地区景颇族中华人民共和国成立前经常发生贵族间一种掠夺性械斗。巫师卜卦决定战期后，由贵族对先锋举行"授盾牌"仪式，将一块绘有恐怖人面图形的野猪皮盾牌授予先锋。先锋共两人，一人一手舞刀，一手舞野猪皮盾牌；一人双手握长矛，作不断击刺状。两人狂热舞蹈，并模拟虎吼，冲向敌阵。汪先生认为，《牧誓》中武王的讲话提及许多参战的少数民族："庸、蜀、羌、髳、微、卢、彭、濮"，其中蜀、髳等都来自西南地区，具有巴蜀之师"歌舞以凌"的战斗作风。武王伐纣"前歌后舞"就与这些参战的少数民族军队大有关系。③ 这种民俗学的解释对理解《牧誓》的战争舞蹈内容大有帮助。

2.《大武》乐舞与周代武舞

牧野之战的胜利，确立了周王朝的统治地位。为了纪念和歌颂这个胜利，周初建国不久，由周公主持编排演出了纪功性质的《大武》乐舞。《吕氏春秋·古乐》载："武王即位，以六师伐殷……克之于牧野。归乃荐俘馘于京太室，乃命周公为作《大武》。"《周颂·武》孔《疏》："周公摄政六

---

① ［英］摩尔根：《古代社会》，杨东莼等译，商务印书馆1977年版，第113页。
② 《马克思恩格斯选集》第四卷《家庭、私有制和国家的起源》，人民出版社1972年版，第88页。
③ 汪宁生：《释"武王伐纣前歌后舞"》，《历史研究》1981年第4期。

年之时,象武王伐纣之事,作《大武》之乐,既成而奏之于庙。"从舞蹈的性质上看,《大武》乐舞不同于《韶》乐舞的模拟舞性质,而是源自古老的有着实用目的的远古操练舞和战争舞。"武"字在古文字中甚至与"舞"通用,如《左传·庄公十年》:"以蔡侯献舞归",《谷梁传》写作"献武";《大雅·维清》小序有"象舞",毛传释为:"象用兵时刺伐之舞",即"象武",象武王之武。"武"字的金文从戈从止,却并非如《说文》所说的"止戈为武","武"即"舞",是执戈而舞之意。所从之"止"即"趾",《尔雅》《国风·麟之趾》毛传:"趾,足也。"故"止"指跳舞的舞步。"武"从"止",故又训为"足迹",如《大雅·生民》的"履帝武敏歆"。

《大武》乐舞是根据牧野之战的实战过程创制的。杨向奎说:"根据实战过程制为乐舞,美盛德之形容者,不仅宗周,历代有之;不仅汉族,各族有之。"① 他举了唐太宗时的《秦王破阵乐》为例。据《新唐书·礼乐志》载:"唐之自制乐,凡三大舞,一曰《七德舞》,二曰《九功舞》,三曰《上元舞》。《七德舞》者,本名《秦王破阵乐》,太宗为秦王,破刘武周,军中相与作《秦王破阵乐曲》。及即位,宴会必奏之,谓侍臣曰:'虽发扬蹈厉,异乎文容,然功业由之,被于乐章,示不忘本也。……'乃制舞图,左圆右方,先偏后伍,交错屈伸,以象鱼丽鹅鹳。命吕才以图教乐工百二十八人,披银甲执戟而舞。凡三变,每变为四阵,象击刺往来,歌者和,曰《秦王破阵乐》。"而在唐前的北齐,也有类似的《兰陵王入阵曲》。段安节《乐府杂录·鼓架部》载:"大面出于北齐,齐兰陵王长恭才武而貌美,常著假面以对敌。尝击周师金墉下,勇冠三军,齐人壮之,为此声以效其指挥击刺之容,俗谓之《兰陵王入阵曲》。"这些"象击刺往来""效其指挥击刺之容"的乐舞都与《大武》乐舞有着相同的创制背景。

关于《大武》乐舞的舞容,《礼记·祭统》载:"朱干玉戚以舞《大舞》";《礼记·明堂位》:"朱干玉戚,冕而舞《大武》",孔《疏》:"执赤盾玉斧而舞武王伐纣之乐也。"干与戚是武舞的典型舞具,干即红漆之盾,戚即玉石制的大斧;冕为平顶、长方形的前后垂旒的帽子。《公羊传·昭公二十五年》:"八佾以舞《大武》",《论语集解》引马融:"佾,列也;八人为列,八八六十四人。"舞队共六十四人。具体的舞蹈过程,《乐记》有详细、全面的记录:

---

① 杨向奎:《宗周社会与礼乐文明》,人民出版社1992年版,第268页。

宾牟贾侍坐于孔子，孔子与之言及乐，曰："夫《武》之备戒之已久，何也？"对曰："病不得其众也。""咏叹之，淫液之，何也？"对曰："恐不逮事也。""发扬蹈厉之已蚤，何也？"对曰："及时事也。""《武》坐致右宪左，何也？"对曰："非《武》坐也。""声淫及商，何也？"对曰："非《武》音也。"子曰："若非《武》音，则何音也？"对曰："有司失其传也，若非有司失其传，则武王之志荒矣。"子曰："唯丘之闻诸苌弘，亦若吾子之言也。"宾牟贾起，免席而请曰："夫《武》之备戒之已久，则既闻命矣，敢问迟之迟而又久，何也？"子曰："居，吾语女。夫乐者，象成者也；总干而山立，武王之事也；发扬蹈厉，大公之志也；《武》乱皆坐，周召之治也。且夫《武》，始而北出，再成而灭商，三成而南，四成而南国是疆，五成而分陕，周公左，召公右，六成复缀以崇。天子夹振之，而驷伐盛威于中国也。分夹而进，事早济也；久立于缀，以待诸侯之至也。且女独未闻牧野之语乎？……"

这是春秋时代有关《大武》乐舞表演的对话。"《武》之备戒之已久，何也？"郑注："备戒，击鼓警众。"孙希旦《集解》："谓《武》之将作，先击鼓以戒警其众；击鼓甚久，而后舞乃作也。"长时间的击鼓，既是为乐舞的开场渲染气氛，又象征着武王伐纣之前在军事上和道义上的诸多长期准备。《乐记》："先鼓以警戒，三步以见方，再始以著往。"郑注："三步，谓将舞必先三举足，以见其舞之渐也。""咏叹之，淫液之"，郑注："歌迟之也。"可知《大武》乐舞是在长时间的击鼓之后，在缓慢、悠长的歌曲声中，以慢节奏的迟缓动作开始的。

乐舞共分六成，即六个场次，每成配有一段音乐和歌曲。"始而北出"，郑注："像武王始出伐纣，至孟津而大会诸侯也。"第一成表现武王出师北伐，观兵于孟津。《史记·周本纪》："九年，武王上祭于毕，东观兵，至于盟津（孟津）。……是时，诸侯不期而会盟津者八百诸侯。诸侯皆曰：'纣可伐矣！'武王曰：'女未知天命，未可也！'乃还师归。"这一成的舞容是"总干而山立"，郑注："总干，持盾也；山立，犹正立也，象武王持盾正立，待诸侯也。"孙希旦《集解》："《武》舞初起，武王持盾正立，不震不动，天子威重之容也。"可知缓慢、肃穆是这一成音乐与歌舞的特点，表现大战前的压抑紧张的气氛。

"再成而灭商"，第二成是乐舞的主体部分，表现牧野之战的情景。《周本纪》："居二年，闻纣昏乱，暴虐滋甚，杀王子比干，囚箕子，太师疵、少师彊抱其乐器而奔周。于是武王遍告诸侯曰：'殷有重罪，不可不毕伐！'乃遵文王，遂率戎车三百乘，虎贲三千人，甲士四万五千人，以东伐纣。"这一成动作繁剧，情节复杂。首先紧接上一成，表现武王"久立于缀，以待诸侯之至也"。《集解》："再成将发时，久立于缀而未即舞，象武王将济河时，待诸侯之至而俱发。"其次表现军队渡过黄河，开赴战场。"分夹而进，事早济也。"《集解》："谓舞者象将帅部分士卒，又振铎夹之，而使之进也。"最后表现牧野大战的情景，舞容以表现太公的"发扬蹈厉"为主。《史记·乐书》张守节《正义》："发，初也；扬，举袂也；蹈，顿足踏地；厉，颜色勃然如战色也。"牧野之战，由太公出任军队的前锋。《大雅·大明》："牧野洋洋，檀车煌煌，驷騵彭彭。维师尚父，时维鹰扬。"前锋致师后，双方主力开始交战。"夹振之而驷伐，盛威于中国也。"《正义》："夹振，谓武王与大将军夹军而奋铎，振动士卒也。言当奏《武》乐时，亦两人执铎，夹之为节之象也。"交战过程中，武王与太公亲自督战，鼓舞士卒。"驷伐"，郑注："驷当为四，声之误也。武舞，战象也，每奏四伐，一击一刺为一伐。《牧誓》曰：'今日之事，不过四伐五伐。'""伐"为舞蹈动作，舞蹈者手持戈、矛，每节向四方击刺四次，以表现战斗的激烈。

"三成而南"，第三成表现灭商后，周朝军队回师南归的情景。郑注："象克殷有余力而反也。"张守节《正义》："舞者第三奏，往而转向南，象武王胜纣，向南还镐之时也。"这一成的舞容当是轻松而愉快的。

"四成而南国是疆"，第四成表现一部分周师乘胜追击，消灭了南方的残敌。郑注："象南方荆蛮之国复畔者服也。"

"五成而分陕，周公左，召公右。"张守节《正义》："舞者至第五奏，而东西中分之，为左右二部，象周太平后，周公、召公分职，为左右二伯之时。"这一成主要表现周公与召公分陕而治的历史事件。舞队一分为二，一队向东，表示周公东居洛邑，管理东部地区；一队向西，表示召公西居镐京，管理西部地区。

"六成复缀以崇"，郑注："象兵还振旅也。复缀，反位止也；崇，充也，凡六奏以充《武》乐也。"最后一成表现天下太平，偃武修文的政治气象。"复缀"，指分为两队的舞者再次合而为一，并以"致右宪左"的动作完成全部乐舞。"致右宪左"，郑注："致，谓膝至地也；宪，读为轩，声之误。"舞者以右膝至地，左膝曲立的姿势全体坐下，以表示战争的结束与和平生活的到来。全部乐舞分为六个场次，表演起来用时颇久，故《乐记》载孔子之言："若此，则周道四达，礼乐交通，则夫《武》之迟久，不亦宜乎？"

　　相对于《韶》乐舞，《大武》乐舞的舞曲节奏更为缓慢。《史记·礼书》引《荀子·礼论》："和鸾之声，步中《武》《象》，骤中《韶》《濩》。"《正义》："步，犹缓，缓车则和鸾之音中于《武》《象》。"从音乐的构成上看，除周乐的因素外，《大武》舞曲还有商乐的成分。《乐记》载："'声淫及商，何也？'对曰：'非《武》音也。'子曰：'若非《武》音，则何音也？'对曰：'有司失其传也，若非有司失其传，则武王之志荒矣。'""淫"是浸染的意思，说明周人部分地继承了殷商的音乐文化。《史记·周本纪》记武王誓师，指责纣王"断弃其先祖之乐，乃为淫声，用变乱正声，怡说妇人。"说明周人仍将传统的殷商音乐作为"正声"，而并非"有司失其传"。至于《大武》乐舞使用的乐器，则可以由《乐记》的记载推知："今夫古乐，进旅退旅，和正以广，弦、匏、笙、簧，会守拊鼓；始奏以文，复乱以《武》；治乱以相，讯疾以雅。君子于是语，于是道古，修身及家，平均天下，此古乐之发也。"其中的"相"，郑注："即拊也，亦以节乐。拊者，以韦为表，装之以穅，穅，一名相，因以名焉。""相"又名"搏拊"，郑注《皋陶谟》："搏拊以韦为之，装之以穅，形如小鼓，所以节乐，一名相。"可知相以韦（牛皮）制为鼓形，实之以穅，击之以为节。后来演化为表演民间说唱"成相辞"的伴奏乐器。《荀子》中的《成相》一篇，即是以"相"伴奏的"成相辞"。"雅"是另一种节乐器。据郑注："雅亦乐器名也，状如漆筒，中有椎。"据郑玄的说明，则"雅"与"柷"或"椌"为同物，是一种木质击奏乐乐器，用来止音为节，类似伴奏的拍板。

　　关于《大武》乐舞的歌辞，研究者们众说纷纭，莫衷一是。《左传·宣公十二年》载楚庄王之言："武王克商，作颂曰：'载戢干戈，载櫜弓矢。我求懿德，肆于时夏，允王保之。'又作《武》，其卒章曰：'耆定尔功。'其三曰：'铺时绎思，我徂维求定。'其六曰：'绥万邦，屡丰年。'夫《武》，禁暴、戢兵、保大、定功、安民、和众、丰财者也。故使子孙无忘其章。"据楚庄王的说法，则《大武》乐歌的第三章，即与乐舞第三成相配合的歌曲，有"敷时绎思，我徂维求定"一句。按此句今在《周颂·赉》中，全诗为：

　　　　文王既勤止，我应受之。敷时绎思，我徂维求定。时周之命，於绎思！

第六章有"绥万邦，屡丰年"之句，见于今《周颂·桓》，全诗为：

> 绥万邦，屡丰年。天命匪解。桓桓武王，保有厥士。于以四方，克定厥家。於昭于天，皇以间之！

卒章即最后一章有"耆定尔功"之句，见于今《周颂·武》，全诗为：

> 於皇武王，无竞维烈。允文文王，克开厥后。嗣武受之，胜殷遏刘，耆定尔功。

《大武》乐舞一共六成，歌诗亦当为六首，《桓》既为六章，何以《武》又为卒章？朱熹《诗集传》卷八曰："《武》，《春秋传》以此为《大武》之首章也。"马瑞辰亦曰："'卒章'盖'首章'之讹。……盖宋人所见《左传》，原作'首章'耳！"① 后世学者又有不同意见。王国维据《礼记·祭统》"舞莫重于'武宿夜'"郑注"《宿夜》，《武》曲名"，考证《周颂·昊天有成命》一首为《大武》乐歌；他又根据《毛传》"《酌》，告成《大武》也"，断定《周颂·酌》亦为《大武》乐歌之一；根据《周颂·般》有"於皇时周，陟其高山"一句，与乐舞第六成"复缀以崇"相合，断定《般》亦为《大武》乐歌之一。② 高亨先生则以《周颂·我将》为《大武》乐歌的第一首。③ 杨向奎则以《周颂·时迈》为《大武》乐歌之一。④ 此外，孙作云、阴法鲁亦提出了自己的观点。⑤⑥ 下表可以显示各家说法的差别：

《大武》乐次	王国维	高亨	孙作云	杨向奎	阴法鲁
一成	《昊天有成命》	《我将》	《酌》	《武》	《酌》
二成	《武》	《武》	《武》	《时迈》	《武》
三成	《酌》	《赉》	《般》	《赉》	《赉》
四成	《桓》	《般》	《赉》	《酌》	《般》

---

① （清）马瑞辰：《毛诗传笺通释》卷二十九，中华书局1989年版，第1089页。
② 王国维：《观堂集林》卷六，中华书局2004年版，第440页。
③ 高亨：《文史述林》，中华书局1980年版，第86页。
④ 杨向奎：《关于周公制礼作乐》，《文史知识》1986年第6期。
⑤ 孙作云：《周初大武乐章考实》，《诗经与周代社会研究》，中华书局1979年版，第257页。
⑥ 阴法鲁：《诗经中的舞蹈形象》，《舞蹈论丛》1982年第4期。

续表

《大武》乐次	王国维	高亨	孙作云	杨向奎	阴法鲁
五成	《赉》	《酌》	无	《般》	缺
六成	《般》	《桓》	《桓》	《桓》	《桓》

从诗歌的内容上看，《大武》乐歌本是一个完整的组诗，表现了周初开国的全过程，具有史诗的性质。从诗歌艺术的角度来看，《大武》乐歌的特点可以概括为：语言典正雍容，气象博大，文辞质朴，简短古奥；为不规则的四言体诗，以四言为主，间有三言、五言、六言，没有鲜明的节奏感；只用赋体陈述，不用比兴，没有描写；大多无韵，语言散文化，音调缓慢；多不分章，没有重叠复沓的旋律结构。对于这些特点的形成，王国维认为，其根源在于与之配合的音律节奏过于缓慢："凡乐诗之所以用韵者，以同部之音间时而作，足以娱人耳也。故其声促者，韵之感人也深；其声缓者，韵之感人也浅。韵之娱耳，其相去不能越十言或十五言，若越十五言以上，则有韵与无韵同。即令二韵相距在十言以内，若以歌二十言之时，歌此十言，则有韵亦与无韵同。然则《风》《雅》所以有韵者，其声促也；《颂》之所以多无韵者，其声缓而失韵之用，故不用韵，此一证也。其所以不分章者亦然。《风》《雅》皆分章，且后章句法多叠前章，其所以相叠者，亦以相同之音间时而作，足以娱人耳也。若声过缓，则虽前后相叠，听之亦与不叠同，《颂》之所以不分章不叠句者当以此，此二证也。"① 而音调过缓又是由其应用场合所决定的。《大武》乐舞创制于周公摄政六年，表演于庄严、肃穆的宗庙祭祀典礼之上，是以歌颂文治武功为主的诗、乐、舞结合的大型团体演出。这类演出的首要要求是表演者动作的整齐划一，和谐一致，舞蹈动作富于象征性和仪式性，如《乐记》所说的"进旅退旅"，与伴奏的音乐一样，具有和缓、典雅、庄重的特征。《荀子·乐论》说："舞《韶》歌《武》，使人心庄。"《乐记》亦云："执其干戚，习其俯仰诎伸，容貌得庄焉；行其缀兆，要其节奏，行列得正焉，进退得齐焉。"这是形成《大武》乐歌特征的主要原因。

《大武》乐舞作为周代六大乐舞之一，是应用于宗庙祭祀等重大场合的必备乐舞之一。《周礼·春官宗伯》载："乃奏无射，歌夹钟，舞《大武》，以享先祖。"六大舞中，《大武》与《大濩》为武舞，表现征伐之事，以干戚为舞具。1960 年，湖北省荆门县漳河车桥的战国墓中曾出土

---

① 王国维：《观堂集林》卷六，中华书局 2004 年版，第 111 页。

一件铜兵器,经研究鉴定,命名为"大武戚"。其上有铭文"大武辟兵","辟兵"即"避兵",很可能是周代演出《大武》乐舞所使用的舞具"戚"。① 由此可知,《大武》乐舞在春秋战国时代是经常性上演的。《左传·襄公二十九年》载吴公子季札观乐于鲁,"见舞《大武》者,曰:'美哉!周之盛也,其若此乎!'"《论语·八佾》记孔子对《大武》乐舞的评价:"《武》尽美矣,未尽善也。"说明孔子虽欣赏《大武》乐舞的表演艺术,却对其表现的战争杀伐的内容不满,尽管这种战争是正义的战争。

第三节 《尚书》中的早期戏剧艺术

戏剧与人类共生,人类有了社会生活,就有了原始的戏剧。原始的戏剧起源于人类的模拟本能和天性,原始人类幻想通过模拟与神灵和自然进行沟通,他们在各种巫术仪式上表演的模拟歌舞就是一种雏形的戏剧形式。闻一多说:"所谓模拟舞者,其目的并不如一般人猜想的,在模拟的技巧本身,而是在模拟中所得的那逼真的情绪。……一杯能使他们陶醉的醇醴而酷烈的酒,只要能陶醉,那酒是真是假倒不必计较,何况真与假,或主观与客观,对他们本没有多大区别呢!……主观的真与客观的真,在原始人类的意义中没有明确的分野。在感情极度紧张时,二者尤易混淆,所以原始舞往往弄假成真,因而发生不少的暴行。正因假的能发生真的后果,所以他们常常因假的作为勾引真的媒介。"② 对早期的人类来说,模拟舞蹈绝不是简单的娱乐和消遣,而是有着神圣的宗教意义的。巫术的第一原理"同类相生",又称"相似律",是生发"模拟巫术"的宗教心理前提。初民们相信,他们能够仅仅通过仪式化的模拟,就可以把自己同神秘的宇宙和自然的主宰同化,就可以实现任何他们想做的事。因此,原始的戏剧是早期人类本能和天性的表现,是自我感情和愿望表达的渠道,这种表现和表达又与他们的宗教思想相联系,采用了巫术这种原始形式。戴着面具,装饰奇异,疯狂舞蹈并击鼓歌唱的巫师们称得上是最早的戏剧表演家。他们的表演,有舞蹈,有唱腔,有道白,有情节,实在是一出特别的独角戏。根本说来,巫术表演这种原始的戏剧形式是一种情绪化的模拟

---

① 黄锡全:《大武辟兵浅析》,《江汉考古》1955年第3期。
② 闻一多:《神话与诗》,古籍出版社1957年版,第197—198页。

行为，其现实意义和功能在于发泄表演者和观者的情绪，释放压抑的情感，并以暗示和联想的方式缓解、抚慰人们受挫和痛苦的精神，使人们在虚假的仪式中获得解脱，保持生活的乐观和希望。这种意义和功能与亚里士多德概括古希腊戏剧的作用为"净化"或"陶冶"（katharsis）大体近似，与文明时代的戏剧并无本质的区别。

随着原始巫术仪式在文明时代发展为各种富有文化意味的典礼，由原始巫术仪式发展起来的音乐、舞蹈、诗歌以及美术等各个艺术形式也随之成熟起来。在原始的巫术宗教意味淡化之后，典礼仪式的艺术和娱乐性质不断增强，诗、乐、舞、美术、服装，乃至舞具、表演场所的进化为作为综合艺术的戏剧的成熟创造了条件。《尚书》中记载的尧舜时期以及西周初年的诗、乐、舞结合的大型乐舞表演，其实质就是一种戏剧的雏形。这类乐舞不但具有歌舞剧的形式，而且具有一定的叙事性，表演古老的或现实的故事情节，具备了戏剧的基本要素。一般认为，真正意义上的戏剧在我国要迟到宋代中叶才成熟，认为中国古代戏剧与古希腊、古印度不具备可比性，发生、发展远远滞后于后者，这种说法其实大有问题，只见现象，不见本质。我国古代的一些有识之士早已洞察戏剧的本义，注意到戏剧的发源问题。明代的著名学者、一代心学大师王阳明就有过相关论述，只是长期不为人们注意而已。《传习录下》载："先生曰：'古乐不作久矣，今之戏子，尚与古乐意思相近。'未达，请问。先生曰：'《韶》之九成便是舜的一本戏子，《武》之九变便是武王的一本戏子。圣人一生实事俱播在乐中，所以有德者闻之，便知他尽善尽美，与未尽善处。'"①所谓"戏子"，是指明代的戏曲，王阳明将《韶》乐舞与《大武》乐舞等同于明代戏曲这种成熟的戏剧形式。清代的李渔也有近似的认识。李渔在《闲情偶寄》中提出："吾谓剧本非他，即三代以后之《韶》《濩》也。"②古人的这些观点，正好为《尚书》的戏剧研究导夫先路。后人的任务，就是要去除蒙在《尚书》中的历史尘埃，揭示上古戏剧的本来面目。

（一）《皋陶谟》与节庆戏剧

《尚书》中的《皋陶谟》一篇记录了舜帝与禹、皋陶等大臣商讨政务的一次会议的情况。据文中所记，这次会议气氛热烈，感情融洽，君臣之间畅所欲言，不仅在国家大政方面取得了一致的意见，还互相劝勉，互相

---

① （明）王阳明：《传习录》，岳麓书社2004年版，第312页。
② （清）李渔：《闲情偶寄》，《李渔全集》第三卷，浙江古籍出版社1992年版。

鼓励，竞陈昌言。在会议之后，紧接着举行了一次盛大的乐舞演出。孙作云说："祭祀和会议之后，是不是要有一种'余兴'呢？就是祭政之后，是不是还有一种有实用而兼娱乐性质的游戏呢？我想应该有的。"① 这种实用而兼娱乐性质的游戏也就是原始的乐舞和在乐舞基础上形成的戏剧。所谓实用，是指乐舞和原始戏剧的巫术与宗教的性质。在本质上，乐舞和原始戏剧就是典礼仪式本身，它作为人神沟通的媒介，是一种庄重严肃的巫术与宗教的实践行为。所谓娱乐，指乐舞和原始戏剧的艺术作用，它能够陶冶人的心灵，释放压抑的情感，具有娱乐功能。《皋陶谟》所描写的，就是仪式上的这种实用兼娱乐的游戏，只不过在后人的笔下，其原来所具有的庄重严肃的实用性质，即巫术与宗教性质已经淡化了，而另一面的娱乐性却被突出出来，既娱神，又娱人，"神人以和"成为这种仪式乐舞和原始戏剧的主要目的。《皋陶谟》对乐舞和原始戏剧表演的描述，实际目的在于宣扬儒家学派的政治理想，是形象化地表现儒家学派所向往的尧舜之治。在被儒家学派作者所讴歌赞美的这种美好的仁政社会里，人神和合，天地氤氲，人民生活幸福，君臣和谐团结，莺歌燕舞，一派歌舞升平的节日景象，展现了一幅和乐幸福的仁政蓝图。乐舞和戏剧的娱乐性在这里成为主要功能，被作者以抒情的笔调形象地描绘出来。

考察各个文明民族的戏剧发展历史都能够发现，戏剧的娱乐功能是戏剧进入文明时代后发展繁荣的重要因素。如古希腊的戏剧发展便是如此。古希腊的戏剧起源于古老的酒神祭祀仪式，在这种仪式上产生了诗歌、音乐、舞蹈结合的早期戏剧。据有关资料的记载，古希腊的酒神祭祀仪式是在每年的葡萄收获时节进行的。古希腊盛产葡萄，酿酒是一种普遍进行的生产劳动，当人们开怀畅饮第一杯新酒时，也就是进行酒神祭祀活动之时。随着时间的推移和文明的进步，早期的巫术性质的酒神祭祀仪式慢慢失去了神圣性质，娱人代替了娱神，祭祀活动演变为大众化的娱乐狂欢活动。在每年的这个时节，人们载歌载舞，装扮成酒神的模样，纵酒狂欢，如痴如醉地沉浸在节日的喜庆气氛中。他们手执华美的神杖，头戴常春藤花冠，成为集体戏剧演出的一分子。节庆活动发展到高潮阶段，则往往演变为野蛮狂热的纵欲行为。古希腊的戏剧也就在这种节日庆典活动中发展起来。古埃及法老时代的原始戏剧和古印度的梵剧最初也是由宗教祭祀仪

---

① 孙作云：《孙作云文集·中国古代神话传说研究卷》，河南大学出版社 2003 年版，第 816 页。

式发展出来的，随着巫术仪式转变为文化庆典活动，戏剧也就逐渐脱离了原始的宗教性质，娱乐功能大为增强，成为表现丰富多彩的社会生活的一种艺术活动。

《皋陶谟》所描述的乐舞表演就是这样一种雏形的节庆戏剧。全篇除了"祖考来格"一句透露了乐舞的原始祭祀性质之外，几乎没有任何有关宗教的描述和神秘的巫术气氛的渲染。洋溢全篇的是欢乐喜庆的格调和对仁君的歌颂、对美好政治的赞美。整个表演过程有舞蹈，有音乐，有歌诗，有独唱，有合唱，有语言道白，有舞具和化妆，有场景的变化，有观众的参与，还有一位导演和主持者。除了叙事性略显不足外，几乎已经具备了戏剧的所有要素。《韶》乐舞经过夏商二代的不断加工改进，至周代更为成熟，更具观赏性和娱乐性。经常性的上演为《韶》乐舞赢得了巨大的声誉和影响，屈原创作的《九歌》，就是在楚国民间祭祀歌舞的基础上，仿效《韶》乐舞的曲调、体制改编而成的。王国维在《宋元戏曲考》中称《九歌》为"后世戏剧之萌芽"，闻一多在《九歌古歌舞剧悬解》中，更将《九歌》作为歌词，据此复原出一部先秦时代的多幕歌舞剧。据闻先生的观点，其中的首篇《东皇太一》为"迎神曲"，中间的九篇《云中君》《湘君》《湘夫人》《大司命》《少司命》《东君》《河伯》《山鬼》《国殇》为九个场次的歌词，最后一篇《礼魂》为"送神曲"。整个演出由巫觋扮演神的故事，表现人与神的沟通，甚至人与神的恋爱。全剧气氛热烈，场面隆重，歌、舞、乐结合，且具有一定的叙事性，符合后世戏曲的"以歌舞演故事"的性质。据此，闻先生称《九歌》为"前戏剧"或"一种雏形的歌舞剧"。①

（二）《牧誓》与战争戏剧

格罗塞将舞蹈划分为模拟舞与操练舞。他对模拟舞给予高度评价，并认为模拟舞是戏剧的源头："能给予快感的最高价值的，无疑是那些代表人类感情作用的模拟舞蹈，最主要的例如战争舞和爱情舞；因为这两种舞蹈也和操练式的及其他模拟式的舞蹈一样，在满足、活泼和合律动作和模拟欲望时，还贡献一种从舞蹈里流露出来的热烈的感情来洗涤和排解心神，这种 katharsis 就是亚里士多德所谓悲剧的最高和最大的效果。模拟式舞蹈的后一种形式实为产生戏剧的雏形，因为从历史的演进的观点看来，戏剧实在是舞蹈的一种分体。"② 他对操练舞的评价却不高，认为操练舞

---

① 闻一多：《神话与诗》，古籍出版社1957年版，第277页。
② ［德］格罗塞：《艺术的起源》，蔡慕晖译，商务印书馆1984年版，第167页。

蹈只与战争有关:"除战争外,恐怕跳舞对于原始部落的人,是唯一的使他们觉着休戚相关。同时也是对于战争最好的准备之一,因为操练式的跳舞有许多地方相当于我们的军事训练。"① 闻一多则认为,模拟舞与操练舞的划分并不科学,他说:"这又是文明人的主观看法。二者在形式上既无明确的界限,在意义上尤其相同。"② 虽然戏剧源于原始巫术仪式上的模拟舞蹈,但这种仪式和舞蹈如果是为战争目的而进行,则这种模拟舞也自然具有操练舞的性质,二者往往难以区分。汉字"戏"字的早期字形就可以证明这一点。金文中已出现了"戏"字,秦篆写作"戲",由三个象形字符组合而成:左上部的"虍"表示一只虎头,为原始部落的战争图腾神的形象;左下部的"豆"表示一座大鼓,既用于祭祀仪式和舞蹈,也用于战争;右边的"戈"是一种战争舞具,也是作战兵器。三个象形字符的组合表示,所谓的"戲",就是在鼓声的伴奏下,表演者手持兵器,装扮成象征勇猛的图腾神兽,在巫术仪式上进行的舞蹈表演。这种舞蹈表演或"戏",恐怕很难说清究竟是模拟舞抑或操练舞,真戏假做与假戏真做的可能性都有。

早期人类的战争往往以这种"戏"或舞蹈开场,这种战争戏剧或战争舞蹈既有模拟表演的性质,也有实战前的操练性质。《牧誓》所载牧野大战前的战争舞蹈便是如此。其最主要的目的,于己,可以动员军心,鼓舞士气;于敌,可以显示武力,威慑对方。《淮南子·氾论训》载:"舜执干戚而服有苗",高诱注:"舜时有苗叛,舜执干戚而舞于两阶之间,有苗服从。"这是以战争舞蹈的表演不战而胜的例子,是所谓的"战胜于朝廷""先礼而后兵",显示出这种舞蹈表演在上古时代的重要性。"戏",《说文》释为:"三军之偏也,一曰兵也。"段注"三军之偏也"一句云:"偏,若先偏后伍,偏为前拒之偏,谓军所驻之一面也。师古曰:'戏,军中之旌旗也。……戏,大将之麾也。'"注"一曰兵也"一句云:"一说谓兵仗之名也,引申之为'戏豫',为'戏谑',以兵仗可玩弄也,可相斗也,故相狎亦为'戏谑'。""偏"为先秦时代的军队编制。二十五辆战车为一偏,树立一面旌旗,由将领掌握。"兵"指仪仗兵器,是操练和演习使用的兵器。可知早期的"戏",最重要的标志就是旌旗和兵仗。《牧誓》中武王"左仗黄钺,右秉白旄以麾","白旄"即旌旗,"黄钺"即兵仗,正是典型的"戏"的演出形象。武王在这次表演之前的讲话里,

---

① [德]格罗塞:《艺术的起源》,蔡慕晖译,商务印书馆1984年版,第171页。
② 闻一多:《神话与诗》,古籍出版社1957年版,第197页。

历数了纣王的种种恶行，宣称要"恭行天之罚"，指出了战争的正义性质。他既是这次表演的主持者和演说者，同时也是表演者之一，《礼记·祭统》曰："君执干戚就舞位……朱干玉戚以舞《大武》。""戏"的后出异体字写作"戲"，戏剧学者释为"虚戈为戏"，指明这种"戏"的仪式特征和虚拟表演性质。但这已属后世的意思了，是在这种战争表演失去了真实性质，完全成为娱乐性和观赏性的演出之后的事了。相对于《韶》乐舞，《大武》乐舞的叙事性大为增强，表现了武王克商的全过程。按照戏剧的定义，戏剧就是由人物扮演故事，或以歌舞演出故事，《大武》乐舞完全与之相合，称得上是我国早期的戏剧。

（三）《金縢》与祈禳戏剧

祈禳是原始巫术仪式的重要内容之一，巫师们试图通过举行祈禳仪式，达到与神灵沟通、消除灾患的目的。一般说来，一切仪式都具有戏剧性质，而祈禳仪式的这种戏剧特征往往更为明显。《吕氏春秋·顺民》载："汤克夏而正天下，旱，五年不收，汤乃以身祷于桑林曰：'余一人有罪，无及万夫；万夫有罪，在余一人。无以一人之不敏，使上帝鬼神伤民之命。'于是翦其发，枥其手，以身为牺牲，用祈福于上帝。民乃甚说，雨乃大至。"这个故事，又载于《墨子》《荀子》《尸子》《淮南子》《说苑》等古籍。祈雨是巫师的职责，《周礼·春官》："司巫掌群巫之政令，若国大旱，则帅巫而舞雩。"上古时代存在着焚巫、曝巫以求雨的现象，是一种模拟巫术的实践，在甲骨卜辞和古籍中多见。商汤的时代，巫政不分，商汤既是政治领袖，也是群巫之长，他的自焚，在当时可能并非出于爱民之心，而是以大巫师的身份自觉或被迫履行其求雨的职责而已。郑振铎由这段故事发现，商汤祈雨的巫术活动，同时具有很强的文学和戏剧色彩，可以看作是一出古代的诗剧，具备了诗剧的各种因素：

时间：汤克夏五年后　　　　人物：商汤
背景：天大旱五年不收　　　　地点：桑林
祷辞：1.《荀子·大略》："政不节与？使民疾与？何以不雨至斯极也！宫室荣与？妇谒盛与？何以不雨至斯极也！苞苴行与？谗夫兴与？何以不雨至斯极也！"
2.《吕氏春秋·顺民》："余一人有罪，无及万夫；万夫有罪，在余一人。无以一人之不敏，使上帝鬼神伤民之命。"
动作："翦其发，枥其手，以身为牺牲。"
结局："民乃甚悦，雨乃大至。"

郑先生称这段故事为"诗剧",主要着眼于其中富于文学色彩的祷辞和富有情节性的模拟动作。对于戏剧和模拟舞蹈的区别,格罗塞(Ernst Grosse)说:"双声曲伴着模拟动作,立刻成为戏剧;模拟舞伴上言辞也立即成为戏剧。原始戏剧在外表上和模拟舞有两个区别点:第一,演员的动作不是合于节奏的;第二,是常常伴着言辞的。但那内部的差异,却并不是容易这样严密地区分出来。"① 郑先生敏锐地发现了上古祈禳巫术活动中所具有的戏剧性,给后人以很大启发。与此近似,《尚书》中有《金縢》一篇,也同样表现了富于戏剧色彩的祈禳巫术活动,却一直不为研究者所注意。《金縢》记载了下面一个祈禳故事:

> 既克商二年,王有疾,弗豫。二公曰:"我其为王穆卜?"周公曰:"未可以戚我先王。"公乃自以为功,为三坛同墠。为坛于南方,北面,周公立焉。植璧秉珪,乃告太王、王季、文王。史乃册祝曰:"惟尔元孙某,遘厉虐疾。若尔三王是有丕子之责于天,以旦代某之身。予仁若考能,多材多艺,能事鬼神。乃元孙不若旦多材多艺,不能事鬼神。乃命于帝庭,敷佑四方,用能定尔子孙于下地。四方之民罔不祗畏。呜呼!无坠天之降宝命,我先王亦永有依归。今我即命于元龟,尔之许我,我其以璧与珪归俟尔命;尔不许我,我乃屏璧与珪。"乃卜三龟,一习吉。启籥见书,乃并是吉。公曰:"体,王其罔害。予小子新命于三王,惟永终是图;兹攸俟,能念予一人。"公归,乃纳册于金縢之匮中。王翼日乃瘳。

在这里,《金縢》讲述了一个武王遘疾,周公为之祈禳于先祖而灵验的故事。理解这个故事的关键,是要知道先秦时代存在的一种禳疾风俗。据《左传·哀公六年》载:"王(楚昭王)有疾。……是岁也,有云如众赤鸟,夹日以飞三日。楚子使问诸周大史。周大史曰:'其当王身乎,若禜之,可移于令尹、司马。'王曰:'除腹心之疾,而置诸股肱,何益?不穀不有大过,天其夭诸?有罪受罚,又焉移之!'遂弗禜。"周太史掌握的禳疾方法,就是通过祈禳而将这种疾病从患病者身上转嫁到他人的身上,一般是从国君或贵族的身上转移到下属的身上。这种方法可能源自周人的一种传统巫术,《金縢》中周公使用的禳疾方法就与此相同。周公为消除武王的疾病,就进行了这样一次禳疾的巫术仪式,希望将武王的疾病

---

① [德]格罗塞:《艺术的起源》,蔡慕晖译,商务印书馆1984年版,第203页。

转移到自己的身上。从文学的角度看，这个祈禳仪式与文献中的商汤祈雨仪式极为近似，全过程充满了文学色彩，形式上近乎一出戏剧。我们不妨仿照郑先生的方法，分析其戏剧结构如下：

> 时间："既克商二年。"　　背景："王有疾，弗豫。"
> 人物：周公、太公、召公、太史
> 场景一：二公（太公、召公）与周公商议为武王禳疾之事。
> 道白：二公、周公（略）
> 场景二：周公"乃自以为功，为三坛同墠。为坛于南方，北面，周公立焉。"
> 动作1、"植璧秉珪，乃告太王、王季、文王。"
> 动作2、"史乃册祝。"
> 祷辞："惟尔元孙某，遘厉疟疾。……"，共一百二十九字。
> 动作3、"乃卜三龟，一习吉。"
> 动作4、"启籥见书，乃并是吉。"
> 道白："体，王其罔害。……"
> 场景三："公归，乃纳册于金縢之匮中。"
> 结局："王翼日乃瘳。"

有故事情节和场景的变化，有人物的模拟动作，更有富于文学性的祷辞和道白，这段故事自然也可称为诗剧。

从本质上讲，巫术仪式便是一种戏剧。马林诺夫斯基说："巫术中每一个举动都包含着标准化的行为，即仪式；标准化的语言，即咒语；及有一定的人物在适当的情境中举行礼节。"① 在巫术与艺术融合的时代，标准化的仪式也就是按照交感巫术的原理，精心设计的一种富有象征意义的戏剧结构或故事情节；标准化的语言即咒语，也就是一种经过认真加工和锤炼、富有文学和修辞色彩的诗歌语言，韵律协调，适于吟唱；人物在特定情境中举行的礼节，也就是在戏剧性的故事情节中，在音乐和歌唱的伴奏下，进行的一系列模拟性和象征性的戏剧表演，包括舞蹈和道白。因此，记载了周代祈禳仪式详细过程的《金縢》的上半篇，完全可以看作是一篇我国戏剧处于萌芽状态时期的早期剧本。

---

① ［英］马林诺夫斯基：《文化论》，费孝通等译，中国民间文艺出版社1987年版，第57页。

第二章 艺术论:《尚书》与中国早期艺术形式的构成　115

(四)《顾命》与典礼戏剧

《周书》中的《顾命》一篇,记载了成王病故,康王即位的全过程。其中对康王登基典礼的记述,详细而完整,具有重要的史学价值。王国维评论此篇说:"古《礼经》既佚,后世得考周室一代之大典者,惟此篇而已。"① 下面一段是《顾命》和《康王之诰》中关于康王登基典礼的记述:

> 王麻冕黼裳,由宾阶隮。卿士邦君麻冕蚁裳,入即位。太保、太史、太宗皆麻冕彤裳。太保承介圭,上宗奉同瑁,由阼阶隮。太史秉书,由宾阶隮,御王册命。曰:"皇后凭玉几,道扬末命,命汝嗣训,临君周邦,率循大卞,燮和天下,用答扬文、武之光训。"王再拜,兴,答曰:"眇眇予末小子,其能而乱四方以敬忌天威?"乃受同瑁,王三宿,三祭,三咤。上宗曰:"飨!"太保受同,降,盥,以异同秉璋以酢。授宗人同,拜。王答拜。太保受同,祭,哜,宅,授宗人同,拜。王答拜。太保降,收。诸侯出庙门俟。王出,在应门之内,太保率西方诸侯入应门左,毕公率东方诸侯入应门右,皆布乘黄朱。宾称奉圭兼币,曰:"一二臣卫敢执壤奠。"皆再拜稽首。王义嗣,德答拜。太保暨芮伯咸进,相揖。皆再拜稽首。曰:"敢敬告天子,皇天改大邦殷之命,惟周文武诞受羑若,克恤西土。惟新陟王毕协赏罚,戡定厥功,用敷遗后人休。今王敬之哉!张皇六师,无坏我高祖寡命!"王若曰:"庶邦侯甸男卫!惟予一人钊报诰,昔君文武丕平,富不务咎,厎至齐信,用昭明于天下。则亦有熊罴之士,不二心之臣,保乂王家,用端命于上帝。皇天用训厥道,付畀四方。乃命建侯树屏,在我后之人。今予一二伯父尚胥暨顾,绥尔先公之臣服于先王。虽尔身在外,乃心罔不在王室,用奉恤厥若,无遗鞠子羞!"群公既皆听命,相揖,趋出。王释冕,反,丧服。

在周代举行的所有典礼中,君王的登基典礼无疑是最重要的,是规模最大,层次最高,最具代表性的王朝大典。从记录了大典全过程的《顾命》《康王之诰》来看,周初的登基大典已经完全摆脱了原始时代巫术仪式的简单、狂野、迷信的特征,表现为一种组织严密,目的明确,富于人

---

① 王国维:《观堂集林》卷六,中华书局2004年版,第50页。

文意识和伦理精神的理性活动。这种典礼活动已经与政治活动、文化活动融为一体，成为为统治阶级所垄断的，表现等级秩序、伦理秩序的政治、文化活动。原始的模拟式的仪节发展为富于象征性和高度仪式化的礼节，典雅雍容的举止言谈、繁缛细致的仪式程序、文辞雅洁整饬的册命与诰命、音乐与歌诗相伴等，都使典礼浸染了诗性和美学气息，体现了周王朝所达到的文明高度。原始仪典的艺术性表演，在加工、改造之后，开始制度化、规范化，被纳入周代礼乐制度的轨道，体现了周人的审美观念与文化精神。虽然这种改造并没有改变典礼仪式的宗教祭祀的本质，但其背后所表现出来的文化属性与文明性质却已完全不同。日本学者今道友信在言及中国古代典礼的文化精神时说："所谓礼，是典礼的精神，是个人或人与人之间的基本的精神状态，不是内在的道德心或外在的形式。这正是形态世界中的美和道德心世界中的善的统一的理念，这就使礼在行为的领域中成为崇高的理念，成为美和善的统一体，成为实践活动中的行为和行动的准则了。正是由于这种原因，我给礼下的定义是：礼是举止文雅崇高的艺术，以典礼为起点。"①《顾命》所载周王朝的一代登基大典，正可以用来印证今道友信对于"礼"的定义。

  典礼的本质就是一种人扮演神或演出给神看的戏剧，是诗、乐、舞配合的具有审美性的艺术活动。今道友信说："典礼是什么呢？就是教给人们凭了诗的象征思索而把握了神和祖先的灵魂……也就是说，宗教性质的典礼全是采取演剧形式的。"② 傅道彬先生也说："典礼是举止高雅的艺术，宏大的典礼仪式更像一幕气势磅礴的诗剧。"③ 从《顾命》所记录的典礼过程看，这次登基大典不但具有实用的政治、伦理、宗教目的，也同时具有审美和诗性特征，是在和谐优雅的艺术化和审美化的气氛中进行的。整个典礼过程既庄重肃穆、组织严密，体现出周人的理性精神，又和谐融洽、气氛热烈，具有戏剧艺术的各种要素，近于一出场面宏大、气势磅礴的大型诗剧。

  首先，这幕宏大的诗剧有着明确的主题。《史记·周本纪》对此有准确的概括："成王既崩，二公率诸侯，以太子钊见于先王庙，申告以文王、武王所以为王业之不易，务在节俭，毋多欲，以笃信临之。……康王即位，遍告诸侯，宣告以文、武之业以申之。"典礼突出强调的是对上帝和祖先的

---

① ［日］今道友信：《东方美学》，蒋寅等译，生活·读书·新知三联书店1991年版，第99页。
② 同上书，第12页。
③ 傅道彬：《乡人、乡乐与"诗可以群"的理论意义》，《中国社会科学》2006年第2期。

虔诚与敬仰，对未来国君继承文王武王的基业成功治理国家的鼓励与期望，以及对未来国君培养诚信、仁爱、勤勉、谦虚、节俭等美好品德的要求。成王册书中的"率循大卞，燮和天下"，既是成王对未来国家政治定下的目标、设计的蓝图，也是整个典礼戏剧的中心内容和主题。

其次，这幕诗剧形式完备，具有戏剧的各种要素。其中有场次的变化（典礼分为登基册命典礼和诰命典礼两大部分，诗剧相应地也分为前后两个场次），有导演和主持者（如太保、太宗、太史都身着彤裳吉服，扮演已故先王主持典礼），有情节（册命典礼上诸大臣扮演先王对康王进行的政权交接、群臣对新王的朝贺、诰命典礼上康王与群臣的对答），有人物的表演（如仪式上具有象征意义的举止动作、精心设计的程式化和标准化的仪节），有道白（如典雅整饬、富有韵律节奏的册命辞和诰命辞，以及富于修辞与文学色彩的仪式性对答），有道具（如太保手中的象征沟通神灵的介圭，上宗手中的祭祀用的酒器同瑁、太史手中的书、诸侯进献的圭币等），有布景（如表演场所——祖庙中的陈设：黼扆、缀衣、席、玉、几、宝玩、舞具、五辂等），有次要演职员（如立于毕门之内的执矛兵士、夹两阶戺的执戈兵士、立于东堂的执钺兵士、立于西堂的执斧兵士、立于东西垂及侧阶的兵士以及典礼中起辅助作用的宗人、摈者等），有服饰化装（如康王的麻冕黼裳、太保等人的麻冕彤裳、卿士邦君的麻冕蚁裳、诸侯的布乘黄朱之衣等），有观众（如群臣及诸侯等），几乎具备了戏剧表演的所有形式要素。

更重要的是，这幕戏剧诗、乐、舞结合，具有艺术感染力。傅斯年最早发现了《周颂》部分篇章与《顾命》的关系，他认为《周颂》中的《闵予小子》《访落》《敬之》《烈文》四篇为"嗣王践阼之舞"的歌词，与《顾命》有关。[①] 美国学者、芝加哥大学教授夏含夷（Edward Shaughnessy）更进一步论证了此说。[②] 据此说，康王登基大典之始，由太史手持册命之书，代表已故的成王，面对康王宣读册命文：

> 皇后凭玉几，道扬末命，命汝嗣训，临君周邦，率循大卞，燮和天下，用答扬文、武之光训。

---

① 傅斯年：《诗经讲义稿（含〈中国古代文学史讲义〉）》，中国人民大学出版社2004年版，第24页。
② ［美］夏含夷：《从西周礼制改革看〈诗经·周颂〉的演变》，《河北师院学报》（社会科学版）1996年第3期。

康王此时下拜，起而答曰：

眇眇予末小子，其能而乱四方以敬忌天威？

此时堂下开始奏乐歌诗，歌《闵予小子》：

闵予小子，遭家不造，嬛嬛在疚。於乎皇考，永世克孝！念兹皇祖，陟降庭止。维予小子，夙夜敬止。於乎皇王，继序思不忘！

登基典礼之后，诸侯朝贺，并开始进行新王的诰命典礼。此时太保与芮伯再拜稽首，代表群臣对康王致辞：

敢敬告天子，皇天改大邦殷之命，惟周文武诞受羑若，克恤西土。惟新陟王毕协赏罚，戡定厥功，用敷遗后人休。今王敬之哉！张皇六师，无坏我高祖寡命！

此时，堂下开始演奏《敬之》的前半篇：

敬之敬之，天维显思，命不易哉！无曰高高在上，陟降厥士，日监在兹。

接着，康王对群臣致答辞：

庶邦侯甸男卫！惟予一人钊报诰，昔君文武丕平，富不务咎，厎至齐信，用昭明于天下。则亦有熊罴之士，不二心之臣，保乂王家，用端命于上帝。皇天用训厥道，付畀四方。乃命建侯树屏，在我后之人。今予一二伯父尚胥暨顾，绥尔先公之臣服于先王。虽尔身在外，乃心罔不在王室，用奉恤厥若，无遗鞠子羞！

此时堂下开始演奏《敬之》的后半篇：

维予小子，不聪敬止。日就月将，学有缉熙于光明。佛时仔肩，示我显德行。

诰命宣读之后,"群公既皆听命,相楫,趋出。王释冕,反,丧服。"此时开始演奏《访落》:

> 访予落止,率时昭考。於乎悠哉,朕未有艾。将予就之,继犹判涣。维予小子,未堪家多难。绍庭上下,陟降厥家。休矣皇考,以保明其身。

至此,大典全部结束。这几首诗歌的内容与典礼的内容密切相关,在与典礼相关程序的配合演奏中,不但对典礼的主题起深化和升华的作用,而且能够烘托渲染气氛,强化了典礼庄重、肃穆的基调,使得这幕诗剧更富感染力和文学色彩。

也有学者对傅、夏二位先生的观点提出反对意见。如李山认为:"《顾命》对典礼过程记述是十分详细的,但却没有只字提及歌诗情况,也没有任何歌诗的迹象,因此,《顾命》记载的君臣对话,只可以帮助我们理解这几首诗歌唱的礼仪背景,而并不能说明康王朝就已有登基典礼用的乐歌。"他又根据歌辞内容,认为"《闵予小子》之悲悯,与昭王战死他乡有关",进而认定这几首诗是穆王登基典礼中的乐歌,认为"穆王登基时,以诗歌的诵唱替代了以往的对话形式"。①

问题的关键是,《顾命》没有歌诗的记载,能否说明登基典礼上没有歌诗?"无礼不乐",按《周礼》的记载,吉、凶、嘉、宾、军五礼,除凶礼不用乐之外,其他的典礼场合都有诗乐演奏。《顾命》所载的事件发生在公元前1020年(据"夏商周断代工程"研究成果),距周公摄政七年"制礼作乐"已经二十余年,重大典礼场合演奏诗乐是毋庸置疑的事。虽然典礼举行在成王去世后不久,康王处于居丧期间,但典礼举行过程中,他和诸大臣们仍然身着吉服,典礼的性质属册命之礼,自当奏乐歌诗。《周颂》全部三十一篇和《大雅》的大部分都为典礼乐歌,都是为了举行各种典礼而作,其中自然包括为举行周王登基典礼而创作的作品。《尚书》中的《洛诰》《顾命》分别记载了成王、康王的登基典礼,与之偕配的典礼诗歌,也一定会保存在产生于同一时期的《诗经》作品之中。如《大雅·假乐》,《诗序》谓"嘉成王也",其中就有"假乐君子,显显令德。宜民宜人,受禄于天。保右命之,自天申之"的句子。所谓"保右命之",指的就是太保任傧右之职,辅助成王行册命之礼。又如

---

① 李山:《诗经的文化精神》,东方出版社1997年版,第172—175页。

《大雅·大明》的"笃生武王，保右命尔，燮伐大商"，说的就是武王登基，接受册命的事。据今本《竹书纪年》载："（康王）三年，定乐歌。"这显然是在文王、武王、周公、成王典礼实践的基础上，于康王即位之初，对传统典礼乐歌进行的一次大规模的整理修订活动。毫无疑问，如果没有前代的创作与实践的积累，在康王即位后的短短三年时间里，根本不可能进行这种大规模的"定乐歌"的活动。把登基典礼歌诗活动的上限定在穆王时代，显然是不符合历史事实的。而且有关"《闵予小子》之悲悯，与昭王战死他乡有关"的推论，也是不可靠的。仔细体会《闵予小子》一诗，并没有什么特别的"悲悯"情调，"闵予小子，遭家不造，嬛嬛在疚"一类话，不过是西周时代君王的常用套语，《诗》《书》中多见。如《文侯之命》中平王自称"闵予小子嗣，造天丕愆。殄资泽于下民，侵戎我国家纯"，《金縢》《大诰》《顾命》等篇中周公和成王也都自称"予小子"云云，情境各不相同，不过是年幼君王的一种谦辞，并无特别的"悲悯"的意思。总之，《顾命》没有记载歌诗情况，并不能说明典礼上没有歌诗，而是在周人看来，典礼歌诗乃是理所当然之事，并不需要特别予以记录。

除诗、乐之外，典礼上也有舞蹈表演。诗乐舞偕配，有诗和乐，则必当有舞蹈的表演。傅斯年就认为，《闵予小子》等篇为"嗣王践阼之舞"的歌词。《顾命》在对典礼的准备布置的记载中提到"狄设黼扆、缀衣"。所谓"狄"，孔《疏》释云："乐吏之贱者也"，可知"狄"为乐官。《礼记·祭统》有"翟"，为乐官的别称。"翟"即"狄"。其实，称乐官为"翟"，乃是一种上古乐舞文化的遗存。"翟"本是凤凰实即野鸡的羽毛，凤凰又称"天翟"。周代文舞以"翟"为舞具，周代大舞中的《韶》舞，小舞中的《羽》舞、《皇》舞等都用到"翟"，故主管舞蹈的乐官又称为"翟"或"狄"。康王登基大典有负责文舞的乐官参与，可以推知典礼期间也一定有舞蹈的表演。此外，《顾命》在描述典礼的陈设时又提到"胤之舞衣、大贝、鼖鼓，在西房；兑之戈、和之弓、垂之竹矢，在东房"。其中的舞衣、鼖鼓、戈等都是乐舞的用具，与歌舞活动有关。鼖鼓是一种大鼓，在乐舞中起调节节奏的作用，是乐器中的指挥乐器。文中提及的"垂"是传说中的音乐家，《吕氏春秋·古乐》有倕作鼙鼓、钟、磬，吹苓管、埙、篪、鞀，椎钟的记载。在东、西二房陈列的这些舞蹈用具，显然并不仅仅供观赏之用，在君王登基典礼这样的重大场合，上演庆贺性的舞蹈表演是极有可能的。据《礼记·祭统》："古者明君爵有德而禄有功，必赐爵于大庙，示不敢专也。"《顾命》所记登基大典就是在太庙中进行的。徐干《中论·爵禄》说:"先王将建诸侯而爵禄也,必于清庙之中,陈金石之乐,宴赐之礼,宗人傧相,内史作策也。"君王登基大典在庄重严肃的宗庙举行,意味着向祖宗之灵的报功,告成功于神灵,同时获得神灵的庇护和祝福。

近出清华简文献《周公之琴舞》更为我们准确理解这一问题提供了新的材料。《周公之琴舞》共十七只简,记录了在成王登基大典上周公和成王所作的十首诗歌。简文开头部分称:"周公作多士儆毖,琴舞九遂。……成王作儆毖,琴舞九遂。"这十首诗歌均为劝诫性质的《诗经》颂体诗,文辞古雅,佶屈聱牙,用韵也很不规则,由成王登基大典上的乐舞表演可以推知康王登基典礼的情况。简文中诗歌作品的"乱曰"正是诗歌作品现场演奏的证明,与楚辞的"乱曰"一样,是演奏的标记。李学勤说:"一遂是一首诗配乐和舞演奏,三者具备,表演完整。"琴舞,即诗、乐、舞结合,可知《诗经》中的颂诗是诗歌、音乐、舞蹈的结合,颂指舞容,颂诗与风诗、雅诗的区别在于颂诗有舞蹈配合。

所以,《顾命》没有舞蹈的记载,也和没有诗、乐的记载一样,是因为乐舞表演伴随典礼的全过程,不在典礼的程序之内,而且由专门的乐师掌管,非史官之职,故史官在记录典礼写成《顾命》时,没有专门加以记录。

第三章 叙事论:《尚书》的历史记述与史诗因素分析

在我国古代,"叙事"作为一个文类术语,最早出现在唐代。刘知几在其史学批评著作《史通》中,专门设立了《叙事》一篇,把《尚书》和《春秋》作为古代叙事文的源头。观其篇名,似为探讨历代史书的叙事问题,究其实,则只局限于史书的叙事语言问题的研究。至南宋真德秀编辑散文选本《文章正宗》,专设"叙事"一目,与"辞命""议论""诗赋"并列,才使这一概念真正普及开来。元代陈绎曾的《文筌》则对叙事的具体方法进行了总结归纳,提炼出正叙、总叙、铺叙等十一项方法。此后,明、清两代的一些诗文评类著作也对叙事问题有所论及。尤其是以金圣叹为代表的明清之际的小说评点家,在对章回小说进行的"拟史批评"中,所表现出的许多观念、方法已初具现代意识,在许多方面与当代西方叙事学不谋而合,最能体现传统叙事研究的成就。总体来看,我国古代的叙事研究虽材料丰富,但分布零散,不易搜集;虽不乏真知灼见,但多为直观感悟,较少系统理论;早期基本局限于史学领域,后期开始延伸至小说,尚未形成跨学科的文类研究。总之,这一份传统遗产问题很多,良莠并陈,尚待加以细致的鉴别和进一步的发掘整理。

与我国的情况相比,叙事研究在西方的历史似乎更短。"叙事"一词成为西方文艺理论和文学批评术语是20世纪60年代的事情,是在西方现代语言学和形式主义、结构主义发展的影响下兴起的。英文中的narrative(法文récti)一词在我国存在"叙述"与"叙事"两种译法。究其本义,narrative是指被叙述出来的东西,是一个名词,是实际发生的事情被语言加以表述之后所得的结果;而汉语的"叙述"则是一个动词,表示一种动作或活动,相当于英文中的narrating和法文中的narration,二者并不相应。我国传统的"叙事"一词,其本义是指按照时间或空间的顺序所记述的事情,是我国传统的文章学术语,与英语的narrative一词大致相近。从语义上看,所谓narrative(叙事),就是用语言表达的、以一定的方式结构起来的、由一位叙述者从一定的角度传达给读者的一系列事件。对叙事的研究形成了一门新学科 narratology（叙事学）。狭义的叙事学是对叙事性的文学话语（discourse），如小说、史诗、神话、传奇，乃至非文学话语，如新闻报道、电影电视等各种文体的话语的研究，目的是把文本作为一个独立体系封闭起来，排除外在的社会、历史、心理等因素，抽象出话语中潜在的叙事法则和模式。广义的叙事学则延伸到历史学、自然科学、心理学等广阔领域，将文学话语的法则当作人类的普遍模式应用到各个领域，把叙事看作是人类在线性的时间过程中认识世界、社会，乃至认识自己的一种普遍的认知方式。近半个世纪以来，叙事学在西方的社会科学领域，尤其是文学研究领域取得了重大进展，已经渗透到文学研究的各个方面，并取得了令人瞩目的成绩。如何有效借鉴西方叙事学研究方法，并将它与我国传统的叙事理论结合起来，应用到古典散文研究中，是目前古典文学研究的一项重要课题。

第一节 在文学和历史之间：《尚书》叙事新论

"前艺术"时期的原始散文叙事是一种与诗歌结合在一起的口头表达的艺术，通过口耳相传的方式创作并传播，经历了漫长的历史岁月。而文字形式的散文叙事只有几千年的历史。我国古代的文字叙事始于商代的巫卜之官。巫卜之官是后世史官的前身，宋代真德秀认为"叙事起于古史官"，清代章学诚认为"叙事实出史学"，都是正确的说法。今日所见最早的叙事文字为商代的甲骨卜辞。甲骨卜辞为商王的巫卜之官对占卜内容的记录，是具有一定体式的记事短文。其中已有一些叙事形式完整、内容初具文学色彩的作品，如《卜辞通纂》第三七五片所载：

癸卯卜，今日雨，其自西来雨？其自东来雨？其自北来雨？其自南来雨？

又如《殷契粹编》第九零七片所载：

己巳，王卜贞：（今）风商受（年）？王占曰：吉。东土受年？吉。南土受年？吉。西土受年？吉。北土受年？吉。

总体看来，甲骨卜辞基本上还处于叙事的雏形状态，简单、稚拙，缺乏文学技巧与审美特征。与之相较，其后发展起来的殷周铜器铭文在叙事方面已有较大进步。铜器铭文是殷周贵族为了祭祀、铭功、教化等目的而镂刻在青铜器上的文字。从形式方面看，铭文叙事篇幅更长，更为完整、规范，条理更为清晰，时间、地点、人物、事件等主要叙事要素俱全；从叙事内容方面看，铭文叙事出现复杂化倾向，已由单纯的记事发展到复杂的记言，甚至描述事件的场景；从技巧方面看，部分铭文叙事韵散相间，风格典重，虚构性和文学性增强。如作于武王灭商之前的《天亡簋》铭文，文字简劲，结构严谨，音律铿锵，风格典重，气象雄浑，与西周后期的《虢季子白盘》铭文异曲同工。但从总体上说，殷周铜器铭文的叙事还过于质朴简单，语句生涩板滞，并且由于其实用的目的性较强，缺乏文学手段与修辞色彩，只是处于散文艺术的萌芽状态。真正成熟的文字形式的散文叙事艺术，应该以《尚书》为起点。《尚书》是我国散文艺术的发端，而其中的叙事部分，则是我国文字形式散文的最早的成熟之作。《尚书》的叙事散文在商代甲骨卜辞和殷周铜器铭文的基础上，将散文叙事艺术发展到成熟的阶段，代表了西周时期散文艺术的最高成就，是后世散文艺术的发端和源头。

从大的文类划分上看，《尚书》可分记言与叙事两大文类，其中记言文在今文《尚书》二十八篇中占据绝对多数，而叙事文只占少数。纯粹的叙事文只有《顾命》《禹贡》两篇，叙事而兼记言的只有《尧典》《金縢》两篇。对于《尚书》的记言特征，古人有过很多论述。《汉书·艺文志》云："左史记言，右史记事，事为《春秋》，言为《尚书》，帝王靡不同之。""《书》者，古之号令，号令于众，其言不立具，则听受施行者弗晓。"刘知几《史通·六家》亦云："《书》之所主，本于号令，所以宣王道之正义，发话言于臣下，故其所载，皆典、谟、训、诰、誓、命之文。"《尚书》的记言性质，与《尚书》篇章形成时期的功能有关。"书"的本义是史官载笔记录君王的言行，《说文》释为"箸也，从聿，者声"，记录的目的是以防君王的遗忘和进行决策的参考，并有保存档案的意义。而这种记录下来的内容，又非君王普通的言行，而是在重大场合下，主要是重要仪典场合下君王的言行。重要仪式典礼上最主要的内容，就是由君王本人，或由史官代替，宣读有关的诰命文书，这些文书就是后来形成《尚书》的篇章。史官之职，既要起草记录文书诰命，又要口宣王命，甚至具体执行。"史"之本义是执简记事和口宣王命，后又兼有"使""吏"之义。三者之中，当以起草记录和传达晓谕为主，执行为辅。这就决定了《尚书》篇章记言多于记事的特征。

而在实际的作品中,记言与记事常常是分不开的,章学诚就认为:"《记》曰:'左史记言,右史记动',其职不见于《周官》,其书不传于后世,殆礼家之愆文欤?……《尚书》典谟之篇,记事而言亦具焉;训诰之篇,记言而事亦见焉。古人事见于言,言以为事,未尝分事与言为二物也。刘知几以二《典》、《贡》、《范》诸篇之错出,转讥《尚书》义例之不纯,毋乃因后世之空言而疑古人之实事乎?《记》曰:'疏通知远,《书》教也',岂记言之谓哉!"① 浦起龙也对所谓"左史记言,右史记事"的说法发生怀疑,质疑道:"王者有事而有言,有言必有事,理势本自相连,珥笔如何分记?况左右配属,班、荀之与郑、戴,又各抵牾,此等皆出汉儒,难可偏据。"② 今文二十八篇中,《皋陶谟》记言而兼记事,其他的诰命文亦有很多叙事成分。《尚书》中的诰命文,从性质上看,是史官在口传诰命的基础上写作的代言体散文,其中也存在叙事的内容,且多具文学色彩。如在每篇的开头往往以事件报告人的姿态,使用第三人称展开叙事,介绍事件的发生背景,引入人物,描摹人物的举止神态,渲染、烘托气氛等。如《盘庚》三篇,《甘誓》《康诰》《多士》就侧重介绍事件的发生背景;《召诰》虽属此类,但叙事部分内容过多,时间跨度大,可以看作一篇独立的叙事文。最具文学色彩的是《牧誓》的叙事部分,不但介绍了事件的时间、地点、人物,还从叙述者的视角描摹了人物的举止行动,表现了牧野大战前武王"左仗黄钺,右秉白旄以麾"的英武之姿。除开头部分的叙事外,主体部分也往往记言与叙事相间。如《洛诰》虽以记录诰命为主,却加入了大量的叙事成分,且诰命中有叙事,叙事中夹杂诰命,记言与叙事相互融合。

相对于《尚书》记言文的研究,《尚书》的叙事文研究一直处于薄弱状态。在古代,唐人刘知几的《史通》最早对《尚书》的叙事艺术有过论述。《史通》中的《叙事》一篇,对《尚书》的叙事大加赞誉:"夫史之称美者,以叙事为先。至若书功过,记善恶,文而不丽,质而非野,使人味其滋旨,怀其德音,三复忘疲,百遍无致,自非作者曰圣,其孰能与于此乎?……子夏曰:'《书》之论事也,昭昭若日月之代明!'扬雄有云:'说事者莫辨乎《书》,说理者莫辨乎《春秋》。'然则意复深奥,诰训成义,微显阐幽,婉而成章,虽殊途异辙,亦各有差焉。谅以师范亿

---

① (清)章学诚著,叶瑛校注:《文史通义·书教》,中华书局1994年版,第31页。
② (唐)刘知几撰,(清)浦起龙通释:《史通通释》,上海古籍出版社1982年版,第5页。

载,规模千古,为述者之冠冕,实后来之龟镜。"① 此类论述在今天看来虽弥足珍贵,但毕竟只是感性与直观的认识,距离全面深入的系统论证和研究还非常遥远。至 20 世纪 80 年代,古典文学领域的叙事研究渐趋繁荣,西方叙事学方法和后现代历史叙事学观念被广泛引进和应用,在历史散文研究中取得了很大的成绩。相比之下,《尚书》的叙事研究仍未真正开展起来,许多人甚至对叙事学方法是否适用于《尚书》研究仍心存疑惑。毫无疑问,将西方叙事学理论和研究方法与我国传统的叙事文学理论和研究方法有机结合起来,有针对性地应用于《尚书》的文学研究,对我们重新认识《尚书》的叙事方式和技巧,进而加深对《尚书》文本思想内容和艺术手法的理解,拓展《尚书》文学研究的新领域,取得局部的突破和创新,均有重要意义。

(一)"古史即诗":《尚书》史诗因素考辨

按照当代叙事学的观点,探讨作品的叙事问题,也就是探讨作品的叙事话语,以便从中发现潜藏的不为读者甚至不为作者所了解的叙事法则。那么,《尚书》的叙事部分《虞夏书》以及《商书》《周书》的叙事篇章,它们的叙事话语属于哪一种文体类型呢?它与一般的文学文体,如小说、神话、传奇、叙事诗等文体的叙事话语,或一般的非文学文体,如历史、传记、政令文书等历史的叙事话语有哪些相同和区别呢?我们认为,《尚书》叙事话语的独特之处就在于,在表面的非文学的历史叙事话语的框架之下,潜藏着文学色彩很强的文学叙事话语。《尚书》的叙事语言,既非单纯的文学语言,如神话、传说或诗歌的;又非单纯的非文学的纪实性的语言,如历史、传记或政令文书的,而是表现为文学的和非文学的叙事话语的融合,同时兼有神话、传说、历史、民间故事、传记、政令文书等诸多叙事话语,是诸多文体的化合物。其中的神话、传说、民间故事的成分在《尚书》叙事的早期部分,主要是《虞夏书》中成为主要的叙事话语,出现的时间更早;而历史、传记和政令文书的成分是《尚书》叙事的后期部分,是《周书》的主要叙事话语,其出现的时间较晚。二者的结合决定了《尚书》叙事话语的总体特征。长期以来,学界只注意到了《尚书》叙事话语中的非文学文体的一面,而对其中文学文体的一面注意不够,从而把《尚书》作为历史散文进行研究,只承认《尚书》具有部分的文学属性,而把《尚书》的整体置于文学之外,影响了对《尚

---

① (唐)刘知几撰,(清)浦起龙通释:《史通通释》,上海古籍出版社 1982 年版,第 165—174 页。

书》叙事、文学价值全面、准确的认识。

从文学发生史的角度看，在文字尚未产生的时代，文学以口传的诗歌、主要是史诗的形式存在，史诗是文学的源头，兼有后世文体中的神话、传说、历史、传记、故事等多种形式。西方文艺理论家罗伯特·斯科尔斯（Robert Scholes）和罗伯特·凯洛格（Robert Kellogg）在其所作《叙事的本质》一书中，以一个"树形结构"展示了叙事文体的发展史：

史诗（忠实于神话）

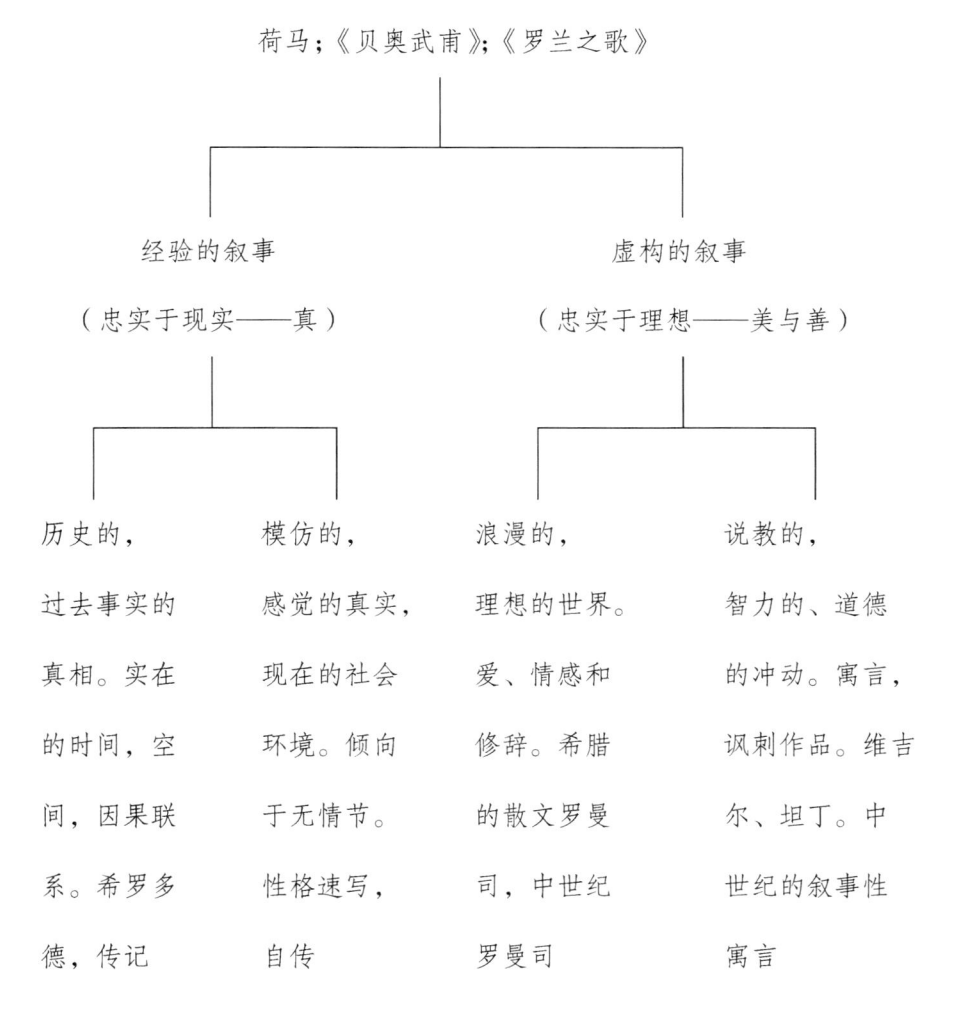

荷马；《贝奥武甫》；《罗兰之歌》

经验的叙事　　　　　　　　虚构的叙事

（忠实于现实——真）　　　（忠实于理想——美与善）

| 历史的，过去事实的真相。实在的时间，空间，因果联系。希罗多德，传记 | 模仿的，感觉的真实，现在的社会环境。倾向于无情节。性格速写，自传 | 浪漫的，理想的世界。爱、情感和修辞。希腊的散文罗曼司，中世纪罗曼司 | 说教的，智力的、道德的冲动。寓言，讽刺作品。维吉尔、坦丁。中世纪的叙事性寓言 |

他们认为，史诗是所有叙事文类的开端；史诗既不是历史的，又不是创造的，而是再造的；史诗的讲述者既不忠实于现实，又不忠实于真理和娱乐，而是在讲一个忠实于神话的故事。随着时间的推移，从"史诗综合体"中分出经验的（empirical）与虚构的（fictional）两类叙事话语，它们本身又再分出更专门的话语。当叙事由口传阶段进入文字写作阶段之后，"第一批故事记录者面临的任务有所不同。如果他们对故事进行'艺术'加工，这一艺术也是从口头故事技巧借鉴的艺术——对语言进行诗歌性的或演说性的组织。如果一位作者作为记录者或学者而不是作为艺术家行事，他就可能为所抄录的材料加上'解释'，即阐明其晦涩之处，或为之补充其他信息来源"。[①]《尚书》叙事篇章的话语就包含了后世经验的（历史的）和虚构的（文学的）两种叙事话语形式，其源头就在于文字时代之前出现的"史诗综合体"。经过无数代人的口头创作、加工和传播，《尚书》中的这些叙事性的故事，经历了一个逐步成熟的过程，到最后被以文字的形式写成书面文本，距离故事发生的时代已经很久远了。虽然文本的面貌已经发生了巨大变化，但其叙事话语在很多方面仍保留着早期史诗和口传文学的诸多特征，表现为多种叙事文体话语的融合。具体地看，《尚书》中的故事产生时间较早，而写定较晚的作品，如《虞夏书》中的作品，文学的虚构与想象的成分更多一些，使用的主要是虚构性的文学话语形式，其创作出来的作品可称之为诗化散文；而故事发生时间较晚，写定时间较早的《商书》《周书》，历史和现实的内容更多一些，使用的主要是经验性的历史话语形式，其创作出来的作品可称之为历史散文或修辞性散文。总体来看，它们都是口头创作与文字创作共同作用的结果，都具有一定的史诗因素。《尚书》叙事篇章的叙事语言，就是虚构性的文学叙事话语和经验性的历史叙事话语二者的融合。其中《虞夏书》以虚构性的叙事为主，《商书》和《周书》以经验纪实性的叙事为主。

所谓"史诗"（epic），西方传统上将其定义为长篇英雄叙事诗，据艾布拉姆斯（M. Abrams）《文学术语汇编》的定义，是"关于一个严肃主题的长篇叙事诗，以正规、庄重的风格讲述出来，以一个其行为能够决定部落、国家甚至人类命运的英雄或半神的形象为中心"。[②]《不列颠百科

[①] ［美］华莱士·马丁：《当代叙事学》，伍晓明译，北京大学出版社2005年版，第24—27页。

[②] ［美］艾布拉姆斯：《文学术语汇编》，外语教学与研究出版社2004年版，第76页。

《全书》的定义是:"文体庄严、歌颂英雄业绩的长篇叙事诗。它涉及重大的历史、民族、宗教或传说主题。它区别于较短的英雄歌谣、文体较少庄严和矫饰的传说与民谣,以及较为夸张、更为神奇的中世纪传奇故事。"① 世界上许多民族都有符合这一定义的史诗流传至今,如公元前3000年左右产生于中亚美索不达米亚的《吉尔伽美什》(Gilgamesh),公元前900年至公元前750年产生于古希腊的《伊里亚特》(Iliad)、《奥德修斯》(Odysseus),公元前400年至公元200年产生于古印度的《摩诃婆罗多》(Mahābhārata)、《罗摩衍那》(Ramayana),6世纪产生于古代英国的《贝奥武甫》(Beowulf),11世纪产生于古代西班牙的《熙德之歌》(Cantar de Mio cid),12世纪产生于古代法国的《罗兰之歌》(Chanson de Roland),13世纪产生于古代德国的《尼伯龙根之歌》(Nibelungenlied)以及中国藏民族的《格萨尔王传》、柯尔克孜民族的《玛纳斯》、蒙古族的《江格尔》,等等。20世纪初,当我国学者,如王国维、胡适等,接触到西方的宏大史诗《伊里亚特》(Iliad)和《奥德修斯》(Odysseus)时,对我国上古时代未能产生类似的史诗作品而深以为憾。甚至西方学者,如黑格尔、海托华(James Hightower)等,对此也深感惊异,认为中国不存在上古史诗。对此,许多学者尝试从历史文化、思想观念、政治制度等方面进行各种解释。另有一些学者则致力于从存世古籍中寻找中国的早期史诗。如陆侃如、冯沅君的《中国诗史》,就从《诗经·大雅》中寻出《生民》《公刘》《绵》《皇矣》《大明》五首诗歌,认为将这五首诗歌组合起来,"可成一部虽不很长而亦极堪注意的'周的史诗'"。另从《大雅》中寻出《崧高》《烝民》《韩奕》《江汉》《常武》等作品,认为它们"也都是史诗片断的佳构"。据此,陆、冯两位先生反驳中国上古无史诗的说法:"我们常常怪古代无伟大史诗,与他国诗歌发展情形不同,其实这十篇便是很重要的作品,它们的作者也许有意组织一个大规模的'周的史诗',不过还没有贯串成一个长篇。"② 与陆、冯二位先生不同,叶舒宪则试图从存世古籍,如《山海经》《天问》中寻找有关上古神话的资料,希望从中复原已经失传了的上古史诗。他的早期作品《英雄与太阳——中国上古史诗原型重构》就是这样的一次尝试。③

---

① 《不列颠百科全书》(国际中文版)第六册,中国大百科全书出版社1999年版,第89页。
② 陆侃如、冯沅君:《中国诗史》,人民文学出版社1956年版,第48页。
③ 叶舒宪:《英雄与太阳——中国上古史诗原型重构》,上海社会科学出版社1991年版。

那么，究竟应该如何看待上古汉民族史诗缺失的问题呢？近年来，学界对此逐渐达成了一致的意见：问题就出在对史诗的片面认识上，就出在把西方的宏大史诗当作标准的史诗看待，要在中国的古典文献中寻得对应物的错误做法上。其结果便是强中就西，削足适履，陷于徒劳无益的争论中。西方传统的史诗定义显然是西方文化中心主义的产物，已经不适应于今日的学术语境了。在知识全球化的今天，已经有越来越多的学者摒弃了传统的狭隘观念。据跨文化文学研究家、荷兰莱顿大学（The University of Leiden）教授米尼克·希珀（Mineke Schipper）的最新定义："史诗为最初由讲述者、游吟诗人或歌手在口头表演中表现的长篇英雄诗。"① 这里已经抛弃了过去史诗概念中的"大范围""多方面"等定语，使史诗这一概念具有了更多的灵活性和适应性，更符合大多数民族的历史实际。事实上，在世界各民族的早期史诗中，除了少数的百科全书式的宏大史诗之外，更多存在的是形式内容多样，长短不一，各具特色的史诗类型。如近年来在我国南方地区新发现的二百多部少数民族史诗，就表现出与传统认识中的史诗的很大差别，体现了我国南部地区的独特的文化和文学风貌。由此我们可以推知，产生于上古时期的汉民族史诗，也一定与传统意义上的史诗存在很大差别，应该是一种适应于上古汉民族文化特征、生存环境以及文学风格、欣赏习惯的独特的史诗类型。这样，我们就可以改变过去的只把眼光盯在《诗经》和神话上的做法，扩大眼界，以更为灵活和更为实事求是的态度，从更广泛的领域寻找我国上古史诗的线索。

这样，《尚书》自然进入我们的视界。在近一个世纪关于上古史诗问题的讨论中，还从没有人想到过《尚书》与史诗的联系，似乎《尚书》天然与史诗无关，这不能不令人深感困惑和遗憾。究其原因，还是传统的史诗观念长期作祟的结果，人们只从表面形式上去理解史诗，而不去注意史诗的本质特征。从诗歌发生的角度看，最早的原始诗歌是抒情性质的。而成熟于上古巫术仪式上的仪式诗歌（ritual songs），则已具有了一定的叙事成分，是一种戏剧性的故事演示。随着叙事内容的逐渐增多和表演成分的减弱，开始出现了纯粹以讲述故事为主要目的的口传叙事诗。这种以表现早期民族英雄事迹和民族历史的长篇口传叙事诗，就是后来所说的史诗。叙事史诗虽以口头讲述为主，仍未完全脱离仪式诗歌的表演性质，仍

---

① [荷兰]米尼克·希珀、尹虎彬主编：《中国少数民族文化中的史诗与英雄》，广西师范大学出版社2004年版，第286页。

在一定程度上具有诗、乐、舞（表演动作）结合的特征。而这一特征在现存的成文的史诗中是看不到的。过去，人们对史诗的认识只局限于少数的成文史诗上面，有限的上古和中古时代的史诗文本成了史诗研究的唯一对象。随着世界各地越来越多的口传史诗的发现，人们对史诗的认识才发生了根本改变。相对于成文的文本型史诗，仍在世界各地口头传唱的史诗才是真正意义的活形态的史诗，展现了史诗的本来面貌，文本型史诗不过是这种活形态史诗的一种不完整不真实的替代品而已。考察活形态的史诗才能使我们真正认识史诗的原初面貌。

以我国藏民族的著名史诗《格萨尔王传》为例。这部史诗在我国青藏地区内部流传了一千余年，但直到18世纪末才被外界发现和注意。经过二百余年的搜集、整理与研究，这部史诗的真实面貌逐步展现在世人面前。考察这部藏民族的口传史诗可以发现，它与藏族口传文化关系密切。其最初的形态本是一种表演性质的讲唱文体，并非如《诗经·大雅》中的诗篇那样，始终是整齐划一的完整诗体形式，而是充满了枝蔓的讲述和大量的插话，是以唱为主，以讲为辅，讲唱结合的混合文体形式。这种韵散相间的讲唱文体兼有散文和韵文的长处，既有散文的富于故事性、简洁明了的特点，又有韵文的富于乐感、便于抒情的特点。整部史诗以散文交代故事情节、承上启下，以韵文抒发情感、烘托人物心理活动、渲染战争场面的激烈与恢宏。讲唱的综合运用，反映了史诗的表演性质，这种表演性质是史诗从巫术仪式诗歌那里继承来的根本属性。除《格萨尔王传》外，我国南方各少数民族的史诗也都具有这一性质。如苗族的《枫木歌》、瑶族的《密洛陀》、壮族的《布洛陀》《布伯》、彝族的《勒俄特依》《查姆》《阿细的先基》《梅葛》《铜鼓王》、景颇族的《穆瑙斋瓦》、拉祜族的《牡帕密帕》、水族的《诘歌》、阿昌族的《遮帕麻和遮米麻》、纳西族的《创世纪》等都是如此。反观现存文本型的成熟的史诗作品，讲唱表演的原始遗迹已经很难发现了，完整统一的诗体结构取代了韵散相间的讲唱形式。如古希腊的两大史诗和世界上现存最早的史诗《吉尔伽美什》（Gilgamesh）都是完全由诗体构成。例外的情况也存在。如印度的史诗《摩诃婆罗多》就留下了一些散文与韵文结合的迹象。保存在《圣经·旧约》中的"希伯来史诗"，如《摩西五经》（Torah），则是以散文为主，以韵文为辅的史诗作品，更多地保留了史诗的原始形态。可以推知，现存史诗文本的较精致的诗体形式并非史诗在口头创作和讲述时的原貌，而是经过历代无数文人抄写、加工、整理和书面文字化后的结果。用荷兰跨文化学者米尼克·希珀的话说，一部诗歌形式的史诗是被"打造"

出来的。①

随着跨文体的叙事研究的深入发展以及不断发掘出来的活的史诗形态的增加，西方文论家改变了对史诗的传统看法。最早对叙事文体类型重新进行分类的西方著名学者弗莱就用"epos"（口头传诵的史诗）这个词来指称"那些原本是说或唱给听众的作品"。② 米尼克·希珀也认为，口传史诗的形式具有"一种显而易见的散文叙事与诗歌的交替使用"，这种讲唱性质使人们重新关注到传统的对诗歌和散文的定义。她说："截然区分散文与诗歌是不可能的，或者至少是成问题的。在一般的口头文学中，通过韵律、音乐和歌唱，散体与诗体相遇、结合、交织。在一种口头表演的散体、诗体和戏剧体之间，具有一种过渡性的而不是一种根本性的区别。这个观念改变了西方世界中对散文或诗歌进行定义的观点。回溯欧洲中世纪的情况，诗歌（poetry）是用于文学中的一般性术语。只有到了18世纪的英格兰，有韵的诗歌和无韵的散文才彼此区分并相互对立起来。"③

与希珀所说的西方的情况相同，我国现存的早期典籍也普遍具有韵散相间、诗史不分的现象。如最早的传世典籍《周易》《诗经》《尚书》以及后来的《老子》等，都是如此。刘师培曾对比中国的典籍与印度的佛经，认为印度的佛经分经、律、论三类，"而中国古代典籍，亦大抵分此三类：一曰文言，藻绘成文，复杂以骈语韵文，以便记诵，如《易经》六十四卦及《书》《诗》两经是也；是即佛书之经类。……后世以降，排偶之文，皆经类也"。④《诗经》虽是最早的诗歌总集，其《颂》的部分却近于无韵之散文；而《周易》《尚书》以散文为主，在很多地方又接近于诗。《老子》用韵之密集也接近于诗，可称为散文诗。韵散相间、诗史不分的现象在史官文化发达的我国古代造成了"诗史"观念，即把诗歌作品的本质属性归之于史。如隋代的王通在《文中子》中，就把《诗经》与《尚书》《春秋》同等看待，作为历史文献之一："昔圣人述史三焉。其述《书》也，帝王之制备矣，故索焉而皆获；其述《诗》也，兴衰之由显，故究焉而皆得；其述《春秋》也，邪正之迹明，故考焉而皆当：

---

① ［荷兰］米尼克·希珀、尹虎彬主编：《中国少数民族文化中的史诗与英雄》，广西师范大学出版社2004年版，第290页。
② ［美］华莱士·马丁：《当代叙事学》，伍晓明译，北京大学出版社2005年版，第21页。
③ ［荷兰］米尼克·希珀、尹虎彬主编：《中国少数民族文化中的史诗与英雄》，广西师范大学出版社2004年版，第290页。
④ 刘师培：《中国中古文学史讲义·论文杂记》，人民文学出版社1959年版，第109页。

第三章 叙事论:《尚书》的历史记述与史诗因素分析

此三者同出于史而不可杂也,故圣人分焉。"① 至清代,这种"诗史"观念达到了顶峰,章学诚更把古代经典全部归入历史学的范畴,在其《文史通义·易教上》中提出了"六经皆史"的著名主张。与章学诚同时代的著名诗人袁枚,虽在当时就提出了与之相反的"六经皆文"的主张,但其影响却远远不如前者。

对于这种根深蒂固的传统的"诗史"观念,钱钟书先生针锋相对地说:"诗者,文之一体,而其用则不胜数。……记事传人,特其一端,且成文每在抒情言志之后。赋事之诗,与记事之史,每混而难分。此士古诗即史之说,若有符验。然诗体而具纪事作用,谓古史即诗,史之本质即是诗,亦何不可?论之两可者,其一必不全是矣。况物而曰合,必有可分者在。谓史诗兼诗与史,融而未划可也;谓诗即以史为本质,不可也。"他更明确地提出:"古代史与诗混,良因先民史识犹浅,不知存疑传信,显真别幻。号曰实录,事多虚构;想当然耳,莫须有也。述古而强以就今,传人而借以寓己,史乎云哉? 直诗(poiêsis)而已! 故孔子曰:'文胜质则史',孟子曰:'尽信则不如无《书》,于《武成》取二三策。'……由是观之,古人有诗心而缺史德。与其曰'古诗即史',毋宁曰'古史即诗'。此《春秋》所以作于《诗》亡之后也。"② 显然,钱钟书先生看到了"诗史"观念的局限性,用更符合文学发展实际的"史诗"观念来取代它。"古史即诗",道出了《尚书》叙事篇章在历史纪实伪装下的史诗性质。《尚书》的叙事部分就是由上古的叙事史诗发展而来,虽经后世史家和儒家学派学者的加工修订,但仍保留了口传史诗的韵散相间的讲唱性质,具有"史诗兼诗与史,融而未划"的特征。如果去除后世添加的历史叙事话语,我们便可以看到一部初具规模的早期《尚书》史诗。

《尚书》叙事的口传史诗色彩首先就反映在《尚书》的名称上。《周易·系辞》云:"天生神物,圣人则之;天地变化,圣人效之;天垂象,见吉凶,圣人象之;河出图,洛出书,圣人则之。"《尚书正义》引郑玄《书赞》:"尚者上也,尊而重之,若天书然,故曰《尚书》。"刘知几在《史通·六家》中也说:"《尚书》家者,其先出于太古。《易》曰:'河出图,洛出书,圣人则之。'故知《书》之所起远矣。"纬书《尚书璇玑钤》载:"尚者,上也,上天垂文,以布节度,如天行也。"刘勰在《文心雕龙·原道》中说:"爰自风姓,暨于孔氏,玄圣创典,素王述训,莫

---

① (隋)王通:《文中子》卷一,《二十二子》,上海古籍出版社1986年版,第1310页。
② 钱钟书:《谈艺录》(补订本),中华书局1984年版,第38—39页。

不原道心以敷章，研神理而设教。取象乎河洛，问数乎蓍龟。"所有这些关于《尚书》性质的言论以及上古时代有关"河图洛书"的传说，都透露出《尚书》原始的神秘性质。古人的观点概括起来就是：《尚书》是一种"天生"的"神物"，源自"天"或"玄圣"所赐，后经儒家圣人整理而成。因此，按照古人的观点，《尚书》正是一种"天书"或"神书"。许多年来，人们从唯物主义的观念出发，把古人的这些见解当作唯心主义的无知妄说，痛加指斥和批驳，却未能进一步思考这些见解的合理性。站在今天文化学、人类学和宗教学的角度来看，从起源的意义上说《尚书》是一种"天书"或"神书"，应该说是毫无问题的正确看法。正如《尚书》中的《洪范》《吕刑》两篇托名于上帝，《尚书》正是来源于巫祝口中的托名上帝的神圣之书。杨向奎曾把我国上古历史的演进分为三个时期。第一个时期是"神"职历史时期。这时正是《国语·楚语》所载的"及少昊氏之衰也，九黎乱德，民神杂糅，不可方物，夫人作享，无有要质"的时期，人人都可以自为巫祝而通天神。这时的历史就是神话的历史，天人不分，神话、历史不分。《天问》就是这个时期的历史。第二个时期是"巫"职历史时期。这时已是《国语·楚语》所载的颛顼命南正重司天，命火正黎司地，"绝地天通"的时期，出现了专门的巫师负责与天神沟通。这时的历史是传说的历史，天人渐分。《周颂》就是这个时期的历史。第三个时期是"史"职历史时期，这时天人已分，人文兴起，出现了史官与史书。"诗亡然后《春秋》作"，即史诗亡然后史书作。[①] 按照杨先生的分期，《尚书》就应是形成在第一、二两个时期而最后完成在第三个时期的作品。"神"职、"巫"职历史时期赋予它以神话和传说的内容，被作为神秘的"天书"而流传。

考察中外各民族史诗都可以证实，口传史诗除了具有民间讲唱的通俗性和群众性之外，宗教的神圣性是它最根本的特点。郭沫若曾对《尚书》与《诗经》的性质进行过一番研究，并得出结论说："《尚书》和《诗经》的《雅》《颂》可以说完全是宗教的典籍，它们的性质完全和犹太人的宗教的《旧约》一样，《雅》《颂》就是那《旧约》里面的《雅歌》诗篇了。而且《诗》《书》中的上帝完全是人格神。"[②]《圣经》最早源自希腊文的"ta biblia"，意为"the Books"，即复数的"书"，因此，它并非

---

① 杨向奎：《宗周社会与礼乐文明》，人民出版社1992年版，第345—346页。
② 郭沫若：《中国古代社会研究》，《郭沫若全集·历史编》第一卷，人民出版社1982年版，第128页。

是为一部书起的名字，而是对《圣经》里许多卷书归结在一起的事实的表述。"ta biblia"后来在翻译的过程中演变为"the bible"，由复数变为单数，意思是"唯一的书"。而《尚书》最早被结集为《书》，也是许多单篇的"书"的汇集。由《书》演变为《尚书》，亦如《圣经》一样，是取"唯一的书"的意思，显示出其所具有的宗教神圣性。此外，二者都包含了大量的口传内容，如早期的神话、史诗、传说等，传承也都与巫师有关，具有宗教的神圣性。在口传文学的时代，这种神圣的"书"并不是任何人都有资格传承的，只有少数的巫师和祭司通过"神授"才获得了传授、演唱史诗的能力和资格，也只有在特定的场合、特定的仪式上才可以演唱史诗。据郎樱的介绍，巫师兼歌手是我国少数民族史诗传承的普遍现象。彝族的"毕摩"、纳西族的"东巴"、哈尼族的"贝玛"、景颇族的"董萨"、佤族的"大魔巴"、壮族和瑶族的"师公"都是神巫，在主持祭祀仪式、行巫驱邪活动时，他们是祭司、巫师，在演唱史诗时，他们的身份又转变为歌手。彝族史诗《勒俄特依》由"毕摩"专门演唱，纳西族史诗《创世纪》由"东巴"专门演唱，佤族史诗《司岗里》由"大魔巴"专门演唱，壮族史诗《布洛陀》《布伯》以及瑶族史诗《密洛陀》由"师公"专门演唱，等等。在突厥语民族中，集萨满、部落首领、歌手于一身的现象也曾普遍存在。至今在乌兹别克斯坦、土库曼斯坦，"歌手"与"萨满"仍是同一个词汇。而且史诗平时是不允许上演的，只有在族群的重大仪式典礼上才可以演唱。在庄严而神圣的祭天、祭祀鬼神和祖先、为亡者送魂的仪式上，参加仪式的部落成员怀着敬畏与虔诚之心，倾听着祭司、巫师神圣地演唱记述民族起源、迁徙的历史，讲述民族英雄的事迹。郎樱因此认为："如果追根溯源，可以发现史诗最初始的演唱活动与先民的原始思维及原始信仰有密切的关联。先民相信诗歌具有魔力：巫师或萨满诵唱请神歌，便能把神请到人界；巫师和萨满所念唱的咒语歌，具有驱魔祛病的神力。依据大量的资料，我们可以推测出古代史诗演唱活动的发展轨迹：即最初的史诗演唱者多由巫师或萨满担任，人们相信他们通过巫术仪式使神附体，是'神授'使他们获得演唱史诗的本领。"[①] 正是在起源的意义上，承载着神话与传说内容、由巫祝传承下来的《尚书》，才被称作"天书"或"神书"。

那么，《尚书》中所反映的上古史诗内容由哪几部分构成呢？首先，

[①] ［荷兰］米尼克·希珀、尹虎彬主编：《中国少数民族文化中的史诗与英雄》，广西师范大学出版社2004年版，第397页。

《虞夏书》的《尧典》《皋陶谟》《禹贡》《甘誓》四篇可以看作《尚书》史诗的一个组成部分。上古史诗是以表现民族英雄为主的叙事诗，《尧典》《皋陶谟》两篇集中表现了氏族军事民主制时代的英雄——虞舜的事迹，虽然残存的部分篇幅不是很长，却融神话、传说、民间故事、历史为一体，显然是在上古口传史诗的基础上加工修订而成。《禹贡》《甘誓》两篇则是虞舜故事的延续部分。这一部分内容除篇幅较短外，基本蕴含了传统史诗的因素，可以称之为"虞舜史诗"。其次，《商书》中的《西伯戡黎》《微子》两篇加上《周书》中的《牧誓》《洪范》《金縢》三篇，可以看作《尚书》史诗的另一个组成部分。这一部分内容集中反映了周民族灭商建国的过程，塑造了武王和周公两个民族英雄的形象。这一部分篇幅较长，故事情节较复杂，五篇内容既各自独立，又互相联系，时间跨度从帝辛（纣王）三十四年到周公摄政居东二年，反映了殷周之际周文王灭黎、微子启出亡、牧野之战、武王访箕子、周公摄政并平定三叔叛乱等重大历史事件，可以称之为"周民族开国史诗"。这两部分史诗共同构成了《尚书》全部的史诗内容。

与《诗经》中的史诗相比，二者在文字文本化之后，存在文体上的区别。《诗经》史诗为精致工整的、以四言为主的诗歌体式，而《尚书》的史诗材料在文体上却以散文为主，以韵文为辅，散文韵文相结合，反映出原始口传史诗的讲唱特征。从内容上看，二者存在密切联系。若将《诗经·大雅》中的《生民》《公刘》《绵》《皇矣》《大明》五首诗歌组合起来，按照陆侃如、冯沅君的说法，将是一部"虽不很长，而亦极堪注意的'周的史诗'"。① 与《尚书》中的由《西伯戡黎》《微子》《牧誓》《洪范》《金縢》五篇组成的史诗材料相比，二者在内容上正可互补。《生民》是根据周人的始祖神话创作的，歌颂周民族的始祖后稷；《公刘》反映周民族从有邰迁豳的历史事件，塑造了氏族英雄公刘的形象；《绵》反映周人的第二次迁徙，从豳地迁往周原的历史事件，歌颂了周朝王业奠基者古公亶父；《皇矣》记述了太王、王季和文王扩展疆域的历史；《大明》则记述了文王、武王伐纣灭商的过程。五篇作品具有连续性，表现了周民族从传说中的始祖诞生，到农业氏族的繁荣和发展，再到奴隶制王国的建立，最后统一天下的整个历史进程。而《尚书》的五篇史诗则正好与之衔接：《西伯戡黎》《微子》与表现周人积极进取的《皇矣》《大明》形成对比，反映殷商亡国前分崩离析、风雨飘摇的态势；《牧誓》记

---

① 陆侃如、冯沅君：《中国诗史》，人民文学出版社1956年版，第48页。

述牧野之战，与《大明》的部分内容重合；《洪范》《金縢》则侧重表现周王朝建立初期复杂的政治状况。如果将《诗经》史诗与《尚书》的周史诗共十篇作品整个衔接起来，再加上相关的《大雅·文王》一首，则这样一部周民族的史诗更接近于"长篇叙事诗"的史诗定义，可以认作是早期汉民族口传史诗的文字记录和改编。黑格尔说："史诗就是一个民族的'传奇故事'、'书'或'圣经'。每一个伟大的民族都有这样绝对原始的书，来表现全民族的原始精神。在这个意义上，史诗这种纪念坊简直就是一个民族所特有的意识基础。"①《尚书》《诗经》中的部分内容和古希腊的"荷马史诗"、犹太民族的《旧约》一样，都是这种表现全民族精神的"绝对原始的书"。

（二）"十口为古"：《尚书》口传文学分析

《尚书》史诗的前一部分是以上古时代的传说英雄虞舜为中心的，表现了虞舜一生的事迹和功勋，反映了上古时代由氏族军事民主制向奴隶制国家转化期间的历史面貌；后一部分则以周部族伐纣灭商、建立新王朝为历史背景，以庄严的文体形式塑造了武王、周公两个民族英雄的形象，表现了殷周之际几个重大的历史事件，具有艺术概括力和感染力。在经过后代史官和学者的加工改造之后，《尚书》史诗的面貌发生了很大变化：其中的神话和传说部分已被历史化或删除了，原来的诗歌叙事语言也被散文化了。但总体看来，早期口传叙事史诗的基本面貌仍大致完整地被保存下来，表现为《尚书》叙事文本不同于一般历史叙事的独特鲜明的口传文学色彩。

《尚书》的口传文学色彩在文本中有许多具体表现，表现之一是，《尚书》叙事保存了大量的韵文的成分，尤其是描述性的内容，较多使用韵文，表现为韵散结合的叙事特征。显然，这是口传史诗历史化、散文化后遗留的部分，有助于探究《尚书》史诗的本来面貌。清人阮元早就注意到上古典籍协韵的现象，他解释说："古人以简策传事者少，以口舌传事者多；以目治事者少，以口耳治事者多。故同为一言，转相告语，必有愆误，是必寡其词，协其音，以文其言，使人易于记诵，无能增改。"②钱基博也从这个角度评价《尚书》说："《易》《书》二经，媲于《诗》而饰以文者也。……（《尚书》）而为文章，奇偶相生，音韵克谐，亦无

---

① ［德］黑格尔：《美学》第三卷下，朱光潜译，商务印书馆1997年版，第108页。
② （南朝梁）刘勰撰，范文澜注：《文心雕龙注》，人民文学出版社1998年版，第13页。

不与《易》同。"① 《尚书》的叙事篇章大多保留着口头传播、口耳授受的鲜明印记，表现最明显的是《虞夏书》中的《尧典》。顾颉刚就曾以《尧典》为例，说明《尚书》中有韵文一体，是"取便诵读及记忆者，犹今唱本之用也"，并因此而称这些材料为"诗史"。② 具体地看《尧典》中的韵文，首先表现在较多使用歌谣中常见的"顶针格"的叙事方式。如篇首的歌颂尧帝品德的段落：

> 克明俊德，以亲九族；
> 九族既睦，平章百姓；
> 百姓昭明，协和万邦；
> 黎民于变时雍。

这一段的"顶针格"层层递进，逻辑清晰，其中"族"与"睦"、"姓"与"明"、"邦"与"雍"协韵，声律和谐，节奏感强。又如描写虞舜"历试诸难"的一段：

> 慎徽五典，五典克从；
> 纳于百揆，百揆时叙；
> 宾于四门，四门穆穆；
> 纳于大麓，烈风雷雨弗迷。

这一段也采用了"顶针格"的方式，其中"从""揆""穆""麓"协韵，是一首虞舜颂歌的片段内容，与《大雅·生民》描写后稷遭难的一段如出一辙：

> 诞置之隘巷，牛羊腓字之；
> 诞置之平林，会伐平林；
> 诞置之寒冰，鸟覆翼之；
> 鸟乃去矣，后稷呱矣。

二者无论内容或形式，均共同源自古老的上古歌谣，反映了上古口传

---

① 钱基博：《中国文学史》，中华书局1993年版，第12—13页。
② 顾颉刚：《顾颉刚读书笔记》，台北联经出版事业公司1990年版，第4122页。

第三章 叙事论:《尚书》的历史记述与史诗因素分析

诗歌的艺术特征。其他的韵文形式,如:

> 象以典刑,流宥五刑,
> 鞭作官刑,扑作教刑,
> 金作赎刑。
> 眚灾肆赦,怙终贼刑。

还有一些更近于简练、齐整的歌诀,显然是在长期流传过程中屡经加工、锤炼而成:

> 平秩东作　日中星鸟　以殷仲春　厥民析　鸟兽孳尾
> 平秩南讹　日永星火　以正仲夏　厥民因　鸟兽希革
> 平秩西成　宵中星虚　以殷仲秋　厥民夷　鸟兽毛毨
> 平在朔易　日短星昴　以正仲冬　厥民隩　鸟兽氄毛

类似这种关于天文的歌诀都是在长期的民间天文观测基础上逐步形成的,绝非后世史官与文士所能杜撰。而且这类歌诀的产生时代应是很早的。闻一多说:"最古的诗实相当于后世的歌诀,如《百家姓》《四言杂字》之类。就三百篇论,《七月》(一篇韵语的《夏小正》或《月令》)大致还可以代表这阶段,虽则它的产生决不能早到一个太辽远的时期。"①

《尧典》而外,其他的叙事篇章也表现出韵散结合的叙事特征,反映了《尚书》叙事的口传来源。如《皋陶谟》便包含了大量齐整的四言句,许多近似于短篇的诗段:

> 亮采有邦,翕受敷施,
> 九德咸事,俊乂在官。
> 百僚师师,百工惟时,
> 抚于五辰,庶绩其凝。

这里的"施""事""师""时"协韵,韵律和谐,含义精警,近于一首后世的"官箴"。另如:

---

① 闻一多:《神话与诗》,古籍出版社1957年版,第185页。

> 庶顽谗说，若不在时，
> 侯以明之，挞以记之，
> 书用识哉，欲并生哉！
> 工以纳言，时而飏之，
> 格则承之庸之，否则威之。

除了这些夹杂在散文中的韵文或短诗，《皋陶谟》更记录了最早的独立的短篇诗歌作品，即《元首歌》和《股肱歌》两首诗作。至于《禹贡》和《洪范》，更因其特殊的祭祀巫仪的背景而含有更多的韵语和短篇诗歌。《禹贡》中就有许多整齐的四言韵文形式，如：

> 既载壶口，治梁及岐。
> 既修太原，至于岳阳。
> 覃怀厎绩，至于衡漳。
> 厥土惟白壤。

这段中的"阳""漳""壤"为韵，颇有短诗韵味。又如：

> 彭蠡既猪，阳鸟攸居。
> 三江既入，震泽厎定。
> 篠簜既敷，厥草惟夭，
> 厥木惟乔，厥土惟涂泥。

又如：

> 弱水既西，泾属渭汭，
> 漆沮既从，沣水攸同。
> 荆岐既旅，终南惇物，
> 至于鸟鼠。
> 原隰厎绩，至于猪野。
> 三危既宅，三苗丕叙。

这段中的"物""鼠""野"为韵，韵律和谐自然。再如：

> 九州攸同，四隩既宅，
> 九山刊旅，九川涤源，
> 九泽既陂，四海会同。
> 六府孔修，庶土交正，
> 厎慎财赋，咸则三壤，
> 成赋中邦。锡土姓。
> 祗台德先，不距朕行。

至于《洪范》，则可以说全文都由韵文构成，押韵的形式也更规则，基本上可以看作是一篇押韵的散文诗：

> 我闻在昔，鲧堙洪水，
> 汩陈其五行；帝乃震怒，
> 不畀洪范九畴，彝伦攸斁。
> 鲧则殛死，禹乃嗣兴，
> 天乃锡禹，洪范九畴，
> 彝伦攸叙。
> ……
> 水曰润下，火曰炎上，
> 木曰曲直，金曰从革，
> 土爰稼穑。润下作咸，
> 炎上作苦，曲直作酸，
> 从革作辛，稼穑作甘。
> ……
> 貌曰恭，言曰从，
> 视曰明，听曰聪，
> 思曰睿。恭作肃，
> 从作乂，明作哲，
> 聪作谋，睿作圣。
> ……
> 锡汝保极：
> 凡厥庶民，无有淫朋，
> 人无有比德，惟皇作极。
> 凡厥庶民，有猷有为有守，

汝则念之。
不协于极,不罹于咎,
皇则受之。
而康而色:
曰予攸好德,汝则锡之福。
时人斯其,惟皇之极。
无虐茕独,而畏高明,
人之有能有为,使羞其行,
而邦其昌。
凡厥正人,既富方谷,
汝弗能使,有好于而家,
时人斯其辜。
于其无好德,汝虽锡之福,
其作汝用咎。
无偏无陂,遵王之义;
无有作好,遵王之道;
无有作恶,遵王之路。
无偏无党,王道荡荡;
无党无偏,王道平平;
无反无侧,王道正直。
会其有极,归其有极。
曰皇极之敷言,是彝是训,
于帝其训。凡厥庶民,
极之敷言,是训是行,
以近天子之光。
曰天子作民父母,以为天下王。
……
平康正直,
强弗友刚克,燮友柔克。
沈潜刚克,高明柔克。
惟辟作福,惟辟作威,
惟辟玉食。
臣无有作福、作威玉食,
臣之有作福、作威玉食,

其害于而家，凶于而国。
人用侧颇僻，民用僭忒。
……
谋及乃心，谋及卿士，
谋及庶人，谋及卜筮。
汝则从，
龟从，筮从，
卿士从，庶民从，
是之谓大同。
身其康强，子孙其逢。
……
王省惟岁，卿士惟月，
师尹惟日。
岁月日时无易，
百谷用成，乂用明，
俊民用章，家用平康。
日月岁时既易，
百谷用不成，乂用昏不明，
俊民用微，家用不宁。
庶民惟星，
星有好风，星有好雨。
日月之行，则有冬有夏。
月之从星，则以风雨。
……

综观《洪范》一篇，几乎全文用韵。其中第二畴的"恭""从""明""聪""睿"为韵，其中的"明"为阳部，其余为东部，系东阳合韵。第五畴的"德""极"为韵，皆职部；"咎""受"为韵，皆幽部；"色""德""福""极"为韵，皆职部；"明""行""昌"为韵，皆阳部；"家""辜"为韵，皆鱼部；"好""咎"为韵，皆幽部；"陂""义"为韵，皆歌部；"好""道"为韵，皆幽部；"恶""路"为韵，皆铎部；"党""荡"为韵，皆阳部；"偏""平"为韵，系真部、耕部合韵；"侧""直""极"为韵，皆职部；"训""训"，文部；"民""言"为韵，系真部、元部合韵；"行""光""王"为韵，皆阳部。第六畴的"直""克"为韵,皆直部;"福""食""国""忒"为韵,皆职部。第七畴的"从""同""强""逢"为韵,系东部、阳部合韵。第八畴的"岁""月"为韵,皆月部;"成""明""章""康"为韵,其中的"成"为耕部,其余为阳部,系耕阳合韵;"成""明""宁"为韵,系耕部、阳部合韵;"雨""夏""雨"为韵,皆鱼部。在西周金文及《诗经》《周易》中已有东、阳合韵,耕、真合韵,耕、阳合韵的情况。《洪范》用韵既多又密,且极为严格,使全文富于节奏、韵律,具有和谐、流畅之美。

《尚书》叙事的口头文学特征还表现在内容的程式化上。口头文学依靠口传的方式创作和传播,往往存在较多的重复现象,根据"口头程式理论"的创立者帕里(Milman Parry)和洛德(Albert Lord)对此现象的解释,口头文学的讲唱者在讲述故事时,其所依赖的是一种程式化的口头文本,包括由固定的词组组成的小规模的叙事程式,以及一些反复使用的意义固定的叙事单元。口头史诗就是由程式化的句法、程式化的意义单元建构而成的。这种程式化的"大词"(large words)和结构的重复运用为歌手的讲唱提供了便利。① 程式化在《尚书》叙事中具体表现在内容的重复,包括比较固定的套语和相似的句式、段落的反复运用。

套语和相似句式的重复运用在《尚书》叙事中较为普遍。如《尚书》全书开篇的"曰若稽古"四个字。"曰若稽古"作为起首的四个字,同时出现在《尚书》第一、二两篇《尧典》和《皋陶谟》以及《逸周书》的部分篇章中。那么,何谓"曰若稽古"呢?郑玄注"稽古"为"同天",《逸周书》云"天为古"。这些都说明《尚书》在起源时期所具有的宗教神秘性质。《说文·古部》:"古,故也,从十口,识前言者也。"段注:"识前言者,口也,至于十,则展转因袭,是为自古在昔矣。""十口为古",由"自古在昔""展转因袭"而流传下来的口口相传的故事就是"古"。所谓"曰若稽古",就是追溯历史时的口头套语,为故事开头固定的起句,相当于今日民间故事的"在很久很久以前"或英语的 once upon a time 或 long long ago 等常用的固定模式。"曰若稽古"四个字重复出现在《尚书》中故事发生时代最古老的《尧典》和《皋陶谟》的开头,正可以用来说明《尚书》叙事篇章的口述文学性质,是其口头创作和传播的证明。《洪范》起始的"我闻在昔"、《吕刑》的"若古有训"也应作

---

① [美]约翰·麦尔斯·弗里:《口头诗学:帕里—洛德理论》,朝戈金译,社会科学文献出版社2002年版,第23页。

同样理解。此外,《尧典》在叙述虞舜巡狩时有一段文字:

> 敷奏以言,明试以功,车服以庸。

在叙述舜任命夔为典乐之官时,夔有一段话:

> 夔曰:於!予击石拊石,百兽率舞。

以及在描述洪水水势之大时的一段描写:

> 汤汤洪水方割,荡荡怀山襄陵,浩浩滔天。

这三段文字也同时见于《皋陶谟》之中。前一段变"奏"为"纳",变"试"为"庶";另《左传·僖公二十七年》亦引该句,作"《夏书》曰",变"敷"为"赋",变"奏"为"纳"。中间一段一字未变,后一段变为:

> 洪水滔天,浩浩怀山襄陵。

这种固定套语的反复运用正是口述文学的最大特征,其中个别字句的变化可以看作是口头传述过程中出现的变形。语句重复的现象在《尚书》叙事篇章中也有明显的表现,如《洪范》中的一段:

> 王乃言曰:"呜呼!箕子,惟天阴骘下民,相协厥居,我不知其彝伦攸叙。"箕子乃言曰:"我闻在昔,鲧堙洪水,汩陈其五行。帝乃震怒,不畀洪范九畴,彝伦攸斁。鲧则殛死,禹乃嗣兴,天乃锡禹洪范九畴,彝伦攸叙。"

这段话中,"彝伦攸叙(斁)"重复了三次。再如《金縢》的一段话:

> 予仁若考能,多材多艺,能事鬼神。乃元孙不若旦多材多艺,不能事鬼神。

短短一段话中,"多材多艺,能事鬼神"重复了两次。再如《洪范》的一段话:

> 臣无有作福作威玉食，臣之有作福作威玉食，其害于而家，凶于而国。

"作福作威玉食"重复了两次。这些地方都表现出口头创作和传播的特征。

一些相似的句式也有重复使用的情况，如《尧典》的一段：

> 直而温，宽而栗，刚而无虐，简而无傲。

相似的句式也出现在《皋陶谟》中：

> 宽而栗，柔而立，愿而恭，乱而敬，扰而毅，直而温，简而廉，刚而塞，强而义。

段落的重复也有很多例证，如《舜典》的几段对话：

> 舜曰："咨，四岳！有能奋庸熙帝之载，使宅百揆亮采，惠畴？"佥曰："伯禹作司空。"帝曰："俞，咨，禹！汝平水土，惟时懋哉！"禹拜稽首，让于稷、契暨皋陶。帝曰："俞，汝往哉！"
> 帝曰："畴若予工？"佥曰："垂哉！"帝曰："俞，咨，垂！汝共工。"垂拜稽首，让于殳斨暨伯与。帝曰："俞，往哉！汝谐。"
> 帝曰："畴若予上下草木鸟兽？"佥曰："益哉！"帝曰："俞，咨，益！汝作朕虞。"益拜稽首，让于朱虎、熊罴。帝曰："俞，往哉！汝谐。"
> 帝曰："咨，四岳！有能典朕三礼？"佥曰："伯夷。"帝曰："俞，咨，伯夷！汝作秩宗。夙夜惟寅，直哉惟清。"伯夷稽首，让于夔、龙。帝曰："俞，往，钦哉！"

文中舜帝的这几段话在句式和词语上存在许多重复，如果是今日的文人创作，这些将被看作是不足取的繁复多余的败笔，但这恰恰证明了《尚书》叙事的口头创作的性质。从这几段话中，我们可以找出这样的固定模式：

> 帝（舜）曰：咨，四岳！畴若予某某官职？佥曰：某某。帝曰：

俞，咨，某某！汝作某某官职。某某稽首，让于某某。帝曰：俞，汝往哉！

这种固定套语是在讲述过程中逐渐形成的，对于故事的讲述者起着帮助记忆的重要作用。

大量使用数字也与口头创作和传播有关。列维·布留尔说："记忆首先在原逻辑思维中起着比在我们的智力生活中大得多的作用。"① 但人的记忆的广度和深度毕竟存在一定的限制，口头文学因此具有不稳定性。为了帮助记忆，使用数字无疑是一个好办法，《尚书》在叙事中夹杂着大量的数字，就是这个原因。清代的阮元说："以数记言，使百官万民易诵易记，《洪范》《周官》尤其最著者也。"② 《洪范》全文就是由数字组织起来的整齐押韵的一部政治大纲：

> 洪范九畴：初一曰五行，次二曰敬用五事，
> 次三曰农用八政，次四曰协用五纪，
> 次五曰建用皇极，次六曰乂用三德，
> 次七曰明用稽疑，次八曰念用庶征，
> 次九曰向用五福，威用六极。
> 一、五行：
> 一曰水，二曰火，
> 三曰木，四曰金，
> 五曰土。
> 二、五事：
> 一曰貌，二曰言，
> 三曰视，四曰听，
> 五曰思。
> 三、八政：
> 一曰食，二曰货，
> 三曰祀，四曰司空，
> 五曰司徒，六曰司寇，
> 七曰宾，八曰师。

---

① ［法］列维－布留尔：《原始思维》，丁由译，商务印书馆2004年版，第103页。
② （清）阮元：《数说》，《揅经室集》，中华书局1993年版。

四、五纪：
一曰岁，二曰月，
三曰日，四曰星辰，
五曰历数。
五、皇极
六、三德：
一曰正直，二曰刚克，
三曰柔克。
七、稽疑：
曰雨曰霁，曰蒙曰驿，
曰克曰贞，曰悔。
凡七，卜五，
占用二，衍忒。
八、庶征
九、五福：
一曰寿，二曰富，
三曰康宁，四曰攸好德，
五曰考终命。
六极：
一曰凶短折，二曰疾，
三曰忧，四曰贫，
五曰恶，六曰弱。

再如《禹贡》的一段：

九州攸同，四隩既宅，
九山刊旅，九川涤源，
九泽既陂，四海会同。
六府孔修，庶土交正，
厎慎财赋，咸则三壤，
成赋中邦。锡土姓。
祗台德先，不距朕行。
五百里甸服，百里赋纳总，
二百里纳铚，三百里纳秸服，

四百里粟,五百里米。
五百里侯服,百里采,
二百里男邦,三百里诸侯,
五百里绥服,三百里揆文教,
二百里奋武卫,五百里要服。
三百里夷,二百里蔡,
五百里荒服。
三百里蛮,二百里流。

此外,《尧典》和《皋陶谟》还使用了大量的数字化概念,也是出于方便记忆、方便传唱的原因。如《尧典》的:"四表""九族""百姓""万邦""四时""百工""四岳""五典""百揆""四门""七政""六宗""五瑞""五礼""五玉""三帛""五器""四朝""十有二州""十有二山""五刑""三苗""四罪""八音""四目""四聪""百谷""五品""五教""五服""三就""五流""三居""三礼""百兽""三考"等,《皋陶谟》的"九德""三德""六德""百僚""百工""五辰""万机""五典""五惇""五礼""五服""五章""五刑""五用""四载""九川""四海""万邦""四方""五采""五色""六律""五声""八音""五言""四邻""十有二师""五长""九成""百兽""万事"等。

双音词和双声词、叠韵词的大量使用也体现出《尚书》叙事的口传说唱性质。大卫·马森(David Masson)在《诗中的声音》一文中说:"语音的重叠模式似乎是人类的一种本能。这种叠音自发地出现在各种场合:婴儿学语、某些自然语言、情感强烈的失衡、咒词、谚语、誓言、祷告、甚至广告之中。现存原始的歌曲也显示出某种重叠的结构:叠句、叠词、叠音,不过这些已经风格化了。"① 从双音词和双声、叠韵词的作用上看,这些词汇都具有"声音的图画"的功能,可以很好地描摹客观事物的性质状态,具有形象化的生动的语言效果,是诗歌语言的一个重要特征。《尚书》的这一特征还没有引起研究者的充分注意。从双音词的使用情况看,《尧典》出现了"安安""汤汤""荡荡""浩浩""明明""烝烝""穆穆"等,《皋陶谟》出现了"采采""师师""兢兢""业业""赞赞""孜孜""浩浩""颔颔""呱呱""跄跄"等,《牧誓》出现了

---

① 阿历克斯·普莱明戈主编:《普林斯顿诗与诗学百科全书》,普林斯顿大学出版社1974年版,第784页。

"桓桓"，《洪范》出现了"荡荡""平平"等。另一种复叠形式的重言，如《皋陶谟》的"懋哉懋哉""臣哉邻哉，邻哉臣哉"等，也有出现。这些双声词的使用都具有很好的修辞效果。如《尧典》在描写洪水泛滥的情景时，连续使用了三个叠音词以表现水势之大：

> 汤汤洪水方割，荡荡怀山襄陵，浩浩滔天。

这种壮阔的场面描写给读者留下了深刻印象，以致"浩浩荡荡""浩浩汤汤"都成为现代汉语中的成语。其他一些双音词也有成为成语的，如今人用"兢兢业业"表现忠于职守、谨慎勤恳的态度，用"孜孜不倦"表现人的勤奋等。双声叠韵词也在《尚书》的叙事部分中多次出现。刘师培曾论述双声叠韵现象说："上古之时，未有诗歌，先有谣谚。然谣谚之音，多循天籁之自然。其所以能谐音律者，一由句各叶韵，二由语句之间多用叠韵双声之字。凡有两字同母，是为双声；两字同韵，谓之叠韵。上古歌谣已有此体。……虞廷之赓歌曰'股肱''丛脞'，此双声也。"[①]《皋陶谟》所载《元首歌》《股肱歌》中，便有"股肱"与"丛脞"两个双声词。由此可以发现《尚书》叙事来源的古老及其与口传诗歌之间的密切关系。

格言和谚语的使用也是文本口传性质的证明。简单、质朴、富于哲理和启示的格言与谚语是口头文学的重要形式。如《皋陶谟》文中皋陶和大禹向舜帝所进的"昌言"以及《洪范》中箕子对武王陈述的"洪范九畴"，都是流传久远的上古格言和谚语。《皋陶谟》中的"知人则哲，安民则惠""兢兢业业，一日二日万机""天聪明，自我民聪明；天明畏，自我民明畏"等格言影响深远，甚至已成为现代汉语中的成语。《牧誓》中的所谓"古人有言"，也是引用当时流传广泛的谚语：

> 王曰："古人有言曰：'牝鸡无晨；牝鸡之晨，惟家之索。'"

这显然是当时流传的谚语，武王引用它来指责"惟妇言是用"的商纣王。此外，《汤誓》中的"时日曷丧？予及汝皆亡"，也是当时流传于民众中的一句谣谚。

《尚书》叙事的口头创作特征还表现在排比对偶句式的大量使用上。

---

① 刘师培：《中国中古文学史讲义·论文杂记》，人民文学出版社1959年版，第139页。

排比句式有规则的重复和富于节奏性、音乐感以及对偶句式整齐和谐的音律都为传唱和记忆提供了方便。排偶句式如《舜典》的"命夔典乐"一段：

> 教胄子：直而温，宽而栗，刚而无虐，简而无傲。诗言志，歌咏言，声依永，律和声。八音克谐，无相夺伦，神人以和。

这段文字包括了前后两段排比：前一段排比是由"而"字连接的四对八个形容词组成，采用了 A 而 B、A 而不 B 的整齐形式，排比而兼对偶；后一段则采用了"顶针格"的谣谚诗歌形式。其他的排偶句式如：

> 类于上帝，禋于六宗；望于山川，遍于群神。
> 流共工于幽州，放驩兜于崇山，窜三苗于三危，殛鲧于羽山。
> 敷奏以言，明试以功，车服以庸。
> 汤汤洪水方割，荡荡怀山襄陵，浩浩滔天。
> 肇十有二州，封十有二山。
> 询于四岳，辟四门，明四目，达四聪。
> 五刑有服，五服三就；五流有宅，五宅三居。
> 柔远能迩，惇德允元。
> 百姓不亲，五品不逊。
> 夙夜惟寅，直哉惟清。

除句子的排比之外，《舜典》还存在段落的排比，如：

> 岁二月，东巡守，至于岱宗，柴。望秩于山川，肆觐东后。
> 五月，南巡守，至于南岳，如岱礼。
> 八月，西巡守，至于西岳，如初。
> 十有一月，朔巡守，至于北岳，如西礼。

《皋陶谟》中也存在大量的排偶句式，如：

> 在知人，在安民。
> 知人则哲，安民则惠。
> 能哲而惠，何忧乎驩兜？何迁乎有苗？何畏乎巧言令色孔壬？

亦行，有九德；亦言，其人有德。

宽而栗，柔而立，愿而恭，乱而敬，扰而毅，直而温，简而廉，刚而塞，强而义。

百僚师师，百工惟时。

天聪明，自我民聪明；天明畏，自我民明畏。

烝民乃粒，万邦作义。

侯以明之，挞以记之。

工以纳言，时而飏之，格则承之庸之，否则威之。

敷纳以言，明庶以功，车服以庸。

漫游是好，傲虐是作。

迪朕德，顺乃功。

段落的排偶句式，如：

天叙有典，敕我五典五惇哉！
天秩有礼，自我五礼有庸哉！同寅协恭和衷哉！
天命有德，五服五章哉！
天讨有罪，五刑五用哉！政事懋哉懋哉！

又如：

予欲左右有民，汝翼；
予欲宣力四方，汝为；
予欲观古人之象，……以五采彰施于五色，作服，汝明；
予欲闻六律五声八音，在治忽，以出纳五言，汝听；
予违，汝弼。

《禹贡》中则含有大量的段落排比句式，如叙述各州的起始句用"惟"字贯穿排比：

济、河惟兖州，
海、岱惟青州，
海、岱及淮惟徐州，
淮、海惟扬州，

第三章 叙事论:《尚书》的历史记述与史诗因素分析

荆及衡阳惟荆州,
荆、河惟豫州,
华阳、黑水惟梁州,
黑水、西河惟雍州。

下面分别叙述各州河流的治理,用"既"字贯穿排比:

九河既道,雷夏既泽,灉、沮会同;桑土既蚕,是降丘宅土。
嵎夷既略,潍、淄其道。
淮、沂其乂,蒙、羽其艺;大野既猪,东原底平。
彭蠡既猪,阳鸟攸居;三江既入,震泽底定。
沱、潜既道,云土、梦作乂。
荥波既猪,导菏泽,被孟猪。
岷、嶓既艺,沱、潜既道;蔡、蒙旅平,和夷底绩。
弱水既西,泾属渭汭;漆沮既从,沣水攸同。

接着叙述贡赋情况,用"厥"字贯穿排比:

厥土惟白壤,厥赋惟上上错,厥田惟中中。
厥土黑坟,厥草惟繇,厥木惟条,厥田惟中下,厥赋贞,作十有三载乃同;厥贡漆丝,厥篚织文。
厥土白坟,海滨广斥,厥田惟上下,厥赋中上,厥贡盐、絺。
厥土赤埴坟,草木渐包,厥田惟上中,厥赋中中,厥贡惟土五色。
厥草惟夭,厥木惟乔,厥土惟涂泥,厥田惟下下,厥赋下上,上错,厥贡惟金三品,……厥篚织贝,厥包橘柚。
厥土惟涂泥,厥田惟下中,厥赋上下,厥贡羽、毛、齿、革,……厥篚玄纁玑组。
厥土惟壤,下土坟垆,厥田惟中上,厥赋错上中,厥贡漆、枲、絺、纻,厥贡纤、纩。
厥土青黎,厥田惟下上,厥赋下中,三错,厥贡璆、铁、银、镂、砮、磬、熊、罴、狐、狸。
厥土惟黄壤,厥田惟上上,厥赋中下,厥贡惟球、琳、琅玕。

另如以"至于"贯穿的排比:

> 壶口、雷首，至于太岳；
> 厎柱、析城，至于王屋；
> 太行、恒山，至于碣石。
> 西倾、朱圉、鸟鼠，至于太华；
> 熊耳、外方、桐柏，至于陪尾。
> 导嶓冢至于荆山，内方至于大别，
> 岷山之阳，至于衡山。
> 过九原，至于敷浅原。
> 导弱水至于合黎，余波入于流沙。
> 导黑水至于三危，入于南海。
> 导河、积石，至于龙门。
> 南至于华阴，东至于厎柱，
> 又东至于孟津。
> 东过洛汭，至于大伾；
> 北过降水，至于大陆。

叙述各州的末句以"于"字贯穿排比：

> 夹右碣石，入于河。
> 浮于济、漯，达于河。
> 浮于汶，达于济。
> 浮于淮、泗，达于河。
> 沿于江、海，达于淮、泗。
> 浮于江、沱、潜、汉，逾于洛，至于南河。
> 浮于洛，达于河。
> 浮于潜，逾于沔，入于渭，乱于河。
> 浮于积石，至于龙门、西河，会于渭汭。

陈柱在《中国散文史》中称赞此篇说："可谓极参差，亦可谓极齐整；有奇句，亦有偶句。倘古文家而选经也，固不可遗此篇；倘骈文家而选经也，亦不可遗此篇矣。"①

其他的叙事篇章也有很多排偶句式，如《甘誓》的排偶句式：

---

① 陈柱：《中国散文史》，商务印书馆1998年版，第13页。

威侮五行，怠弃三正。
左不攻于左，汝不恭命；
右不攻于右，汝不恭命；
御非其马之正，汝不恭命。
用命，赏于祖；弗用命，戮于社。

《西伯戡黎》的排偶句式：

不虞天性，不迪率典。

《牧誓》的排偶句式：

左杖黄钺，右秉白旄。
称尔戈，比尔干，立尔矛。
是崇是长，是信是使。
俾暴虐于百姓，以奸宄于商邑。
不愆于六步七步，乃止齐焉，勖哉夫子！
不愆于四伐五伐六伐七伐，乃止齐焉，勖哉夫子！
如虎如貔，如熊如罴。

《洪范》中的排偶句式则更多，如：

敬用五事，农用八政，协用五纪，建用皇极，乂用三德，明用稽疑，念用庶征，嚮用五福，威用六极。
水曰润下，火曰炎上，木曰曲直，金曰从革，土爰稼穑。
润下作咸，炎上作苦，曲直作酸，从革作辛，稼穑作甘。
貌曰恭，言曰从，视曰明，听曰聪，思曰睿。
恭作肃，从作乂，明作哲，聪作谋，睿作圣。
不协于极，不罹于咎。
无虐茕独，而畏高明。
无偏无陂，遵王之义；无有作好，遵王之道；无有作恶，遵王之路。
无偏无党，王道荡荡；无党无偏，王道平平；无反无侧，王道正直。

会其有极，归其有极。

强弗友刚克，燮友柔克。沈潜刚克，高明柔克。

惟辟作福，惟辟作威，惟辟玉食。

臣无有作福作威玉食，臣之有作福作威玉食。

其害于而家，凶于而国。

谋及乃心，谋及卿士，谋及庶人，谋及卜筮。

汝则从，龟从，筮从，卿士从，庶民从，是之谓大同。

汝则从，龟从，筮从，卿士逆，庶民逆，吉。

卿士从，龟从，筮从，汝则逆，庶民逆，吉。

庶民从，龟从，筮从，汝则逆，卿士逆，吉。

汝则从，龟从，筮逆，卿士逆，庶民逆，作内吉，作外凶。

曰肃，时雨若；曰乂，时旸若；曰晰，时燠若；曰谋，时寒若；曰圣，时风若。

曰狂，恒雨若；曰僭，恒旸若；曰豫，恒燠若；曰急，恒寒若；曰蒙，恒风若。

百谷用成，乂用明，俊民用章，家用平康。

百谷用不成，乂用昏不明，俊民用微，家用不宁。

星有好风，星有好雨。

当文学创作还处于口头讲唱阶段的时候，讲说者自然要注意他们的语言表达形式。为了增加吸引力和戏剧效果，他们往往采用生动活泼的表演方式，戏剧化地模拟故事人物的语言和动作。反映在《尚书》的叙事篇章中，是对能够表现人物个性的口语的大量使用，以及对于具体人物在具体环境中的语气、神态、动作的细致描摹。

如《尧典》全文都是以人物对话的方式组织情节、展开叙事的。前半篇以虚拟的尧帝和群臣的对话组织故事情节，后半篇则虚拟了舜帝任命百官的情节，整个故事就在作者想象力的驾驭下展开。前半篇尧帝与群臣的对话以尧帝发问，群臣回答的形式进行。在这一段中，出现尧帝讲话16次，群臣讲话6次。在尧帝的16次讲话中，先后出现了"咨"（5次）、"吁"（3次）、"俞"（1次）等三个感叹词；在群臣的6次讲话中，共出现"都"（1次）、"於"（1次）等两个感叹词。在后半篇中，仍以对话的形式组织情节。在这一部分，出现舜帝讲话19次，群臣讲话5次。在舜帝的19次讲话中，先后出现了"咨"（8次）、"俞"（8次）等两个感叹词；在群臣的5次讲话中，出现了"於"（1次）一个感叹词。全文共出现感叹词5个，28次。《皋陶谟》也同样以对话形式组织情节。参与对话的四人中，皋陶讲话10次，大禹讲话10次，舜帝讲话5次，夔讲话两次。皋陶的10次讲话中，共出现"都"（3次）、"吁"（1次）、"俞"（1次）等三个感叹词；在大禹的10次讲话中，共出现"俞"（5次）、"吁"（1次）、"都"（2次）等三个感叹词；在舜帝的5次讲话中，共出现"俞"（2次）、"吁"（1次）等两个感叹词；在夔的两次讲话中，出现了感叹词"於"（1次）。全文共出现感叹词4个，17次。《尧典》和《皋陶谟》的感叹词使用频率之高在古典文献中是少见的。

从效果上看，这些对话中使用的感叹词，或表示呼唤应答，或表现人物的长吁短叹，惟妙惟肖地描摹了人物的喜怒哀乐等复杂的情感，表现了对话中人物的心理状态，语气逼真，令人如闻其声，如见其人，有很强的真实的现场感。过去有个别的研究者把《尧典》和《皋陶谟》看作是上古流传下来的真实档案记录，事实上，即便是后代正史中的记录也很少有单纯的纪实，更何况这种上古口传材料！这些内容只能认作是想象和虚构的结果，正如钱钟书先生所说："上古既无录音之具，又乏速记之方，驷不及舌，而何其口角亲切，如聆謦欬欤？……盖非记言也，乃代言也，如后世小说、剧本中之对话独白也。……史家追叙真人实事，每须遥体人情，悬想事势，设身局中，潜心腔内，忖之度之，以揣以摩，庶几入情合理。盖与小说、院本之臆造人物、虚构境地，不尽同而可相通。"① 苏格拉底（Socrates）把叙事分为纪实的"单纯叙事"和虚构的"模仿叙事"两种。其中的"模仿叙事"指作者努力创造一种不是他在说话而是当事人在说话的幻觉，叙述者仿佛消失了，留下读者从他自己的所"见"、所"闻"中自行得出结论。②《尧典》和《皋陶谟》兼有纪实的"单纯叙事"和虚构的"模仿叙事"两种叙事方式，"模仿叙事"尤为精彩。通过模仿叙事对人物对话戏剧性地、现场地模仿，读者可以不再以叙述者为中心，而是直接了解到每个对话者的语气、动作，包括现场的气氛，由此具体地了解他们的个性特征。尧帝的公正无私、经验丰富、知人善任，舜帝的谦虚谨慎、从善如流，大禹和皋陶的忠诚耿直、勤勉奉公等，都通过对话表现出来。古代文学作品中通过对话塑造人物形象的方法实以《尚书》为发端。

其他的以人物对话组织情节的叙事篇章还有《高宗肜日》《西伯戡

---

① 钱钟书：《管锥编》，中华书局1986年版，第164—166页。
② ［古希腊］柏拉图：《文艺对话集》，朱光潜译，人民文学出版社1988年版，第47页。

黎》《微子》等几篇。《高宗肜日》记载了殷相祖己对同僚和高宗武丁的讲话。在高宗举行肜日之祭的时候，一只野鸡跳到鼎耳上鸣叫。这在当时被认为是凶兆，令高宗武丁非常害怕。祖己利用这个机会，向武丁阐述了一番"天监下民""天既孚命正厥德"的道理，要求武丁"典祀，无丰于昵"，按照常典公平地祭祀每位先王，而不要照顾亲近，有所偏私。这番话有设问，有感叹，有例证，语重心长，辞浅意深，表现出一定的议论和说服的技巧。《西伯戡黎》全文以祖伊与商纣王的对话为中心内容。对话中，祖伊将殷王朝风雨飘摇的危机形势如实禀告纣王：老天和祖先的在天之灵已经对无法无天的纣王彻底失望，下层民众也痛恨纣王的暴虐，如再不悔改，国家将走上灭亡之路。纣王的一句"呜呼！我生不有命在天？"将纣王的愚蠢、狂妄、固执、死不悔改的个性表现得淋漓尽致。而祖伊的回答："呜呼！乃罪多，参在上，乃能责命于天？殷之即丧，指乃功，不无戮于尔邦！"则表现了一位忠心为国的老臣在国家将亡时的痛苦心情：他既清醒地认识到"天既讫我殷命"——殷王朝必然灭亡、天命难改的严峻现实，又不愿放弃最后的努力，为尽到自己作为大臣的职责，向执迷不悟的昏君作最后的劝谏。文中祖伊的语言凄凉而悲壮，与纣王的骄傲固执形成鲜明对比。一个知其不可为而为之的忠贞大臣的形象跃然而出。周秉钧在《尚书易解》中评价祖伊说："祖伊勉王振作，挽救殷邦之言，其存君兴国之心，虽与日月争光可也。"① 《微子》一篇则以殷王子微子启与父师、少师的对话组织全文。微子启在劝谏纣王无效的情况下，面对即将到来的国破家亡的前景，只有两条出路：或者弃国出逃，或者随腐朽的殷王朝一同灭亡。在矛盾和痛苦中，他向父师、少师描述了当前危机的局势：

  我祖厎遂陈于上，我用沈酗于酒，用乱败厥德于下。殷罔不小大好草窃奸宄，卿士师师非度。凡有辜罪，乃罔恒获，小民方兴，相为敌仇。今殷其沦丧，若涉大水，其无津涯。殷遂丧，越至于今！

  朝廷上酗酒成风，败德乱政；民间不法之徒抢掠盗窃，与官府的贪官相互勾结；下层民众不堪暴政，起而反抗。微子对殷王朝的现状使用了一个比喻："今殷其沦丧，若涉大水，其无津涯"，殷王朝的前途，就如同一个溺水的人挣扎在湍急的水中，看不到任何挽救的希望。在这种状况

---

① 周秉钧：《尚书易解》，岳麓书社1984年版，第117页。

下，"我其发出狂"或"吾家耄逊于荒"成为无奈的选择。语气之沉痛，正如蔡沈在《书集传》中所言："微子上陈祖烈，下述丧乱，哀怨痛切，言有尽而意无穷。数千载之下，犹使人伤感悲愤。"① 又如鲁迅在评价《商书》时所说："时有哀激之音，若缘崖而失其援。"② 与纣王的同母兄长微子面对亡国命运的痛苦与矛盾不同，父师与少师的态度明确而坚决："自靖！人自献于先王，我不顾行遯。"坚决不做亡国后的奴隶，动员箕子、微子与他们一同出逃。文中微子语气的沉痛与无奈、对未来的困惑与彷徨，父师的干练、冷静和对现实的清醒认识，都通过人物的对话清楚地传达给读者。

通过人物语言表现人物个性较为成功的，还有《牧誓》。《牧誓》是一篇战争之前的动员演说。在《牧誓》之前，《尚书》已有《虞夏书》中的《甘誓》和《商书》中的《汤誓》两篇战争演说。比较这三篇可以发现，三者的人物语言存在一定的差别。《甘誓》的背景是夏启继承禹位，有扈氏起而反叛，夏启决心以武力统一天下。文中夏启的语言简捷明晰，直截了当，威严而有气势，表现了夏启果敢刚强、赏罚分明的个性特征。其中多用排比句式，反复申明纪律，语气威严肃杀。而《汤誓》表现了商汤吊民伐罪，兴兵讨伐夏桀的故事。对比夏启的语言，商汤的语言更为委婉、繁复。他首先自称"非台小子，敢行称乱，有夏多罪，天命殛之"，指出自己并非有意犯上作乱，而是出于不得已。接着以自问自答的方式解释了伐桀的具体原因，使用设问句式，模拟士兵的疑问并给予解答，还引用了当时的民谣，委婉陈情，多方说明，语气亲切自然，目的在于打消士兵们对这次战争的正义性质的疑虑。最后以坚决的语气表明自己的决心："夏德若兹，今朕必往""尔无不信，朕不食言"，并宣布了严格的战争纪律。从人物语言中，可以了解到商汤既果敢刚毅、坚持己见，又了解民情民意、体恤士卒的外柔内刚、足智多谋的个性特征。《牧誓》中武王的语言既不同于夏启的肃杀刚戾，又不同于商汤的委婉曲折，而是表现为王者之师的堂堂正正的博大弘裕的气象。与《甘誓》一样，其中多用排比句式，造成雄强、充沛的气势，如：

> 称尔戈，比尔干，立尔矛，予其誓。
> 昏弃厥肆祀弗答，昏弃厥遗王父母弟不迪。

---

① （宋）蔡沈:《书经集传》，上海古籍出版社1987年版，第63页。
② 鲁迅:《汉文学史纲要》，《鲁迅全集》第九卷，人民文学出版社1981年版，第351页。

> 乃惟四方之多罪逋逃，是崇是长，是信是使，是以为大夫卿士。
> 俾暴虐于百姓，以奸宄于商邑。
> 今日之事，不愆于六步七步，乃止齐焉，勖哉夫子！
> 不愆于四伐五伐六伐七伐，乃止齐焉，勖哉夫子！
> 尚桓桓，如虎如貔，如熊如罴。

对待友军和下属，武王的语言亲切而平易，如慰劳友军说："逖矣，西土之人！"并以"我友邦冢君御事"称呼他们。他称呼下属将士为"夫子"，连用三个"勖哉夫子"以勉励士卒，鼓励士气。对待作恶多端的纣王，则以严厉的语气和排比句式历数其罪恶，义正词严，无可辩驳，宣布要替天行道，"恭行天之罚"。

与其他篇章不同，《金縢》人物语言的最大特点是口语化。史官宣读的册祝文模拟周公的语气，与太王、王季、文王的在天之灵进行了一场阴阳隔绝的对话。文中自称己名"旦"，称武王为"尔元孙"，称对方为"尔三王"，仿佛是一次面对面的对话。其中"予仁若考能，多材多艺，能事鬼神；乃元孙不若旦多材多艺，不能事鬼神"等句，不避重复，不嫌自夸，为颇富情趣的口头语言。尤其是下面的一段：

> 今我即命于元龟，尔之许我，我其以璧与珪归俟尔命；尔不许我，我乃屏璧与珪。

似乎是对鬼神的戏谑性的调侃。方玉润《诗经原始》引袁枚的话指责说："尔汝者，古人挟长之称；而圭璧者，所以将敬之物也。公呼先王为尔，不敬；自夸材艺，不谦；终以圭璧要之，不顺。若曰许我则与圭，不许我则屏璧与圭，如握果饵以劫婴儿，既骄且吝，慢神蔑祖。"① 殊不知，这种今天看来荒诞不经的事情却正是上古时期的古老风俗。按照原始的巫术原理，物体一经接触，在中断实体接触后还会继续远距离地相互作用，是为"接触律"，又称"触染律"。周公用先王们生前喜爱的圭璧作为媒介，对他们施加影响，这正是原始巫术思维的遗存。巫术本来是按自己的意志对鬼神的一种强迫，故"敬""顺"一类文明时代的概念在这里显然是不适用的。弗雷泽在《金枝》中谈到巫术与宗教的区别时说："（巫术）对待神灵的方式实际上是和对待无生命物完全一

---

① （清）方玉润：《诗经原始》，中华书局1986年版，第318页。

样，也就是说，是强迫或压制这些神灵，而不是像宗教那样去取悦或讨好它们。"① 下面的"予小子新命于三王"的"命"字，一般解释为被动用法，指"受命"，其实也应按照字面的意思，理解为"命令"。后面述及管叔与群弟的流言"公将不利于孺子"、周公对二公说的"我之弗辟，我无以告我先王"，以及诸史对成王说的"信，噫！公命我勿敢言"等都是高度口语化的句子。

人物语言的生动形象也与对人物动作的描摹有关，《尚书》叙事对语言和动作的描摹是联系在一起的。如《牧誓》开头的：

> 王左杖黄钺，右秉白旄以麾，曰："逖矣，西土之人！"

既将武王飒爽的英姿生动地表现了出来，又渲染了战场的气氛，为下面武王的演讲作了铺垫，为全文定下了基调。《西伯戡黎》开头的"西伯既戡黎，祖伊恐，奔告于王"，一句"奔告于王"，将祖伊面对亡国的态势时恐慌、焦虑而又急迫的心情准确地描摹出来，直接引发了下文祖伊对纣王的进谏。又如《金縢》的"王执书以泣，曰：'其勿穆卜！'""执书以泣"的动作描写生动地表现了成王因为错怪周公而悔恨莫及的心情。此外，《尧典》和《皋陶谟》在记述人物对话时，也常常伴随着动作描写。如"禹拜稽首，让于稷、契暨皋陶""垂拜稽首，让于殳斨与伯与""益拜稽首，让于朱虎、熊罴""伯夷稽首，让于夔、龙""皋陶拜手稽首飏言曰""帝拜曰"等，都是语言和动作描写相结合。

（三）文与史的融合：《尚书》叙事的审美特征

与传统的西方史诗和部分东方史诗相比，《尚书》的文学叙事虽以口传史诗为基础，却经过了历史化、散文化的过程，与没有经历这一过程的前者存在很大的区别。

区别之一，与完全建立在神话想象与虚构基础之上的传统西方史诗和部分东方史诗不同，《尚书》的叙事虽以史诗为基础，却经过了严格的历史化加工。因此，与传统史诗洋洋洒洒、华丽铺陈、极尽描写之能事的宏大叙事风格不同，《尚书》的文学叙事表现为简洁凝练、严谨朴实的艺术风格，这种风格的形成与后世史官与学者的加工修订不无关系，但也与早期华夏民族朴实无华、崇尚严谨含蓄的民族性格和审美习惯有关。汉代的扬雄在《法言·问神》中评价《尚书》的叙事风格说："《虞》《夏》之

---

① ［英］弗雷泽：《金枝》，徐育新等译，大众文艺出版社1998年版，第79页。

书，浑浑尔；《商书》，灏灏尔；《周书》，噩噩尔。"所谓"浑浑""灏灏""噩噩"，是形容《尚书》叙事的淳朴、浑厚、渊深朴茂的风格特征。试以《金縢》为例，对《尚书》的叙事风格进行简单的分析。

> 既克商二年，王有疾，弗豫。二公曰："我其为王穆卜？"周公曰："未可以戚我先王。"公乃自以为功，为三坛同墠。为坛于南方，北面，周公立焉。植璧秉珪，乃告太王、王季、文王。史乃册祝曰：……（略）乃卜三龟，一习吉。启籥见书，乃并是吉。公曰："体，王其罔害。予小子新命于三王，惟永终是图；兹攸俟，能念予一人。"公归，乃纳册于金縢之匮中。王翼日乃瘳。
>
> 武王既丧，管叔及其群弟乃流言于国，曰："公将不利于孺子。"周公乃告二公曰："我之弗辟，我无以告我先王。"周公居东二年，则罪人斯得。于后，公乃为诗以贻王，名之曰《鸱鸮》。王亦未敢诮公。
>
> 秋，大熟，未获，天大雷电以风。禾尽偃，大木斯拔，邦人大恐。王与大夫尽弁以启金縢之书，乃得周公所自以为功、代武王之说。二公及王乃问诸史与百执事。对曰："信。噫！公命我勿敢言。"王执书以泣，曰："其勿穆卜！昔公勤劳王家，惟予冲人弗及知。今天动威以彰周公之德，惟朕小子其亲逆，我国家礼亦宜之。"王出郊，天乃雨，反风，禾则尽起。二公命邦人凡大木所偃，尽起而筑之。岁则大熟。

全文分两个部分。前一部分写武王染病，周公向先王在天之灵祝祷，愿以己身代替武王，事毕藏祝册于以金縢封缄的柜中。后一部分写武王死后，周公摄政，管蔡流言诽谤周公，后因天变示警，成王及群臣打开金縢之柜，看到周公的册书，了解到周公的忠诚，消除了误会。显然，这是一篇在口头流传的关于周公蒙冤、终获昭雪的故事基础上编写的《尚书》篇章，旨在表现周公对国家的忠诚与正直的人格。全文开门见山，用"既克商二年，王有疾，弗豫"这样干净利落的句子点明了故事发生的时间和背景。下面周公和召公、太公的对话也极其简短，可谓"惜墨如金"。周公祝祷的一短文字使用白描的客观笔法，简洁而清晰。后半篇更显示了作者熟练驾驭语言、表现复杂事件和人物关系的能力。全文叙事简洁晓畅，质实朴素，几乎没有修饰性的形容词，更没有华美的词藻和大段的铺陈；故事结构严谨、情节紧凑、主题明确，没有枝蔓的插叙。其中对人物心理进行的描写，尤其是悬念（suspense）的设置和充满神怪色彩的场景气氛的渲染，使得这篇文字具有了现代小说的主要特征。由于该篇出现时代之早，其所具有的文学技巧就特别引人注意。谭家健就称该篇为"我国最早的一篇微型历史小说"。①

从这段故事可以看出，《尚书》的叙事风格与传统史诗叙事风格存在很大区别。传统的西方史诗以"美"为目的，充分发挥作者的想象与虚构能力，追求场面的宏伟和壮阔，力图愉悦与满足读者的审美需求。而《尚书》的叙事以"真"为目的，虽然存在许多虚构的成分，却采用了历史写作的手法，创造并渲染了真实的历史氛围，力图使读者信以为真。因此，《尚书》的叙事不注意细节的生动与故事表现的全面，而是以故事情节的紧凑、集中取胜。作者往往从大处着眼，抓住事件的主要方面，通过悬念的设置，牢牢抓住读者的注意力，以简练的语言引导读者体验故事的全过程，进而从故事中获得理性的启迪和思索。所以《尚书》的文学叙事并不注意愉悦读者，也不追求制造生动的感官效果，既不对环境、事件进行细腻铺陈的描述，也不对人物心理作过多的分析和刻画，而是以客观的立场，用简洁的语言把事件的整个过程叙述出来。显然，这种叙述方式给读者留下了更多的隐含内容去理解和体认。相对于那种一览无余的、铺陈华丽的史诗，《尚书》的文学叙事更为深刻、精练，需要读者去仔细体会其字里行间的无尽内涵，挖掘文本内在的意蕴，从而获得理性的认知与启迪。

南朝的著名文论家刘勰最早认识到《尚书》叙事的这一特点，他在《文心雕龙·宗经》中以"辞约而旨丰，事近而喻远"概括五经的叙事风格。至唐代的刘知几，更在刘勰的启发下，在《史通·叙事》中明确将《尚书》的叙事风格概括为"尚简用晦"。关于"用晦"，刘知几认为："章句之言，有显有晦。显也者，繁词缛说，理尽于篇中；晦也者，省字约文，事溢于句外。然则晦之将显，优劣不同，较而可知矣。夫能略小存大，举重明轻，一言而巨细咸该，片语而洪纤靡漏，此皆用晦之道也。"显然，相对于"繁词缛说，理尽于篇中"的"显"的风格，刘知几更赞赏"晦"的风格。所谓"略小存大，举重明轻"，也就是《尚书》叙事注重整体、忽略细节的叙事特征：作者有意删繁就简，将次要的情节和人物的心理描写舍弃掉，把读者的注意力集中到故事的主要线索和所要传达的主要意图上。所谓"省字约文，事溢于句外"，也就是刘勰说的"事近而喻远"，指《尚书》叙事在表达上的限知策略：作者不对事件流露主观

---

① 谭家健：《先秦散文艺术新探》，首都师范大学出版社1995年版，第315页。

的评价，而是通过具体、简洁的客观叙述，使读者从中得出自己的理解和认识。对作者"言外之意"的不同理解和探究，其结果必然是扩大了文本的解读、理解的空间，使得读者不再是消极被动的接受者，而成为积极的参与者，通过对貌似简单的文本的个人化的辨析和思考，进而获得对文本内涵的深刻理解。《尚书》叙事的这一风格特征必然要求表达的言简意赅、含蓄蕴藉、意在言外。刘知几认为，叙事"用晦"的结果是："言近而旨远，辞浅而意深，虽发语已殚，而含意未尽。使夫读者望表而知里，扪毛而辨骨，睹一事于句中，反三隅于字外。"显然，《尚书》叙事的"用晦"特征所产生的影响，已不仅仅局限于刘知几所注意到的历史散文的创作领域，而是进一步扩展到我国古典文学的各个领域，成为包含了散文、诗歌创作在内的普遍的美学追求。在《春秋左氏传》《史记》等历代优秀的历史散文著作、唐诗宋词等大量优秀的诗歌作品中，我们都可以看到这种美学追求。我们在历代优秀的散文作品中，不难发现"望表而知里，扪毛而辨骨，睹一事于句中，反三隅于字外"的深婉隐曲的笔法；在古典诗词中，更能看到对于"言近而旨远，辞浅而意深，虽发语已殚，而含意未尽"的美学境界的追求。我国古典诗文对"隐秀""风神""韵味""意境"的强调，与《尚书》叙事的"用晦"一脉相承。

关于"尚简"，刘知几认为："国史之美者，以叙事为工；而叙事之工者，以简要为主。简之时义大哉！历观自古，作者权舆，《尚书》发踪，所载务于寡事……文约而事丰，此述作之尤美者也。"他将"文约而事丰"作为散文叙事的最高审美要求和审美目标。所谓"文约而事丰"，就是透过事物纷繁复杂的表象，用尽可能简约、概括的言词传达出事物的本质特征。为了说明《尚书》叙事"文约而事丰"的特点，刘知几举了《尧典》的"帝乃殂落，百姓如丧考妣""四凶罪而天下咸服"和《皋陶谟》的"启呱呱而泣，予不子"三句为例，认为："此皆文如阔略而语实周赡，故览之者初疑其易，而为之者方觉其难。……盖作者言虽简略，理皆要害，故能疏而不遗，俭而无阙，譬如用奇兵者，持一当百，能全克敌之功也。"对于刘知几所引《尧典》的两句，浦起龙分别释曰："德盛、民戴皆见""凶德、公心皆见"；对所引《皋陶谟》一句，浦起龙通释曰："忧国、忘家皆见"[①]。可见，"文约而事丰"的关键是抓住事物的要害和本质，能够炼句炼意，用画龙点睛、惜墨如金的语句把这种本质的东西传达出来，做到用语简洁而记事详尽。类似的例子在《尚书》中还有很多。

---

① （唐）刘知几撰，（清）浦起龙通释：《史通通释》，上海古籍出版社1982年版，第101页。

第三章 叙事论:《尚书》的历史记述与史诗因素分析

如《舜典》在记述舜帝巡守四方时写道:

> 岁二月,东巡守,至于岱宗,柴。望秩于山川,肆觐东后。……五月,南巡守,至于南岳,如岱礼。八月,西巡守,至于西岳,如初。十有一月,朔巡守,至于北岳,如西礼。

作者用"如岱礼""如初""如西礼",力避重复,可以看出作者对简洁、朴素文风的有意追求。

《尚书》叙事虽以简洁、朴素为主导风格,但也兼有详尽、繁复的一面。《尚书》的作者绝非简单地处理叙事对象,而是根据叙事对象的具体情况,有意识地选取最适合的手法展开叙事。刘知几就认为,《尚书》在叙事的详略、繁简的处理上有着一定的原则。他在《史通·六家》中分析说:"原夫《尚书》之所记也,若君臣相对,词旨可称,则一时之言,累篇咸载;如言无足记,语无可述,若此故事,虽有脱略,而观者不以为非。"最典型的例子是《尧典》中关于尧和舜主持的三次部族首领会议的记述。《尧典》集中笔墨叙述了这三次事关大政的会议,生动而详尽地记叙了会议的全过程,可谓"一时之言,累篇咸载",不厌其详。尤其是在事关重大的官员任命上,虽然舜一次任命的官员达22人之多,却还是清楚地交代了每个人的职责和具体的行政措施,记述杂而不乱,有条不紊。而作者对会议结果的具体执行情况却脱略不记,只抓住最后的实际效果,作简洁明了、三言两语的总结式记叙。可见,《尚书》的叙事并非一味求"简"和"用晦",而是在叙事清楚明晰基础上的"尚简用晦"。《尚书大传·略说》、《孔丛子·论书》及《韩诗外传》均载子夏对《尚书》叙事的评价,文字基本相同,兹以《尚书大传》为据:"《书》之论事也,昭昭然若日月之代明,离离然若星辰之错行。"扬雄在《法言·寡见》中也评价说:"说事者莫辨乎《书》。"所谓的"昭昭然若日月之代明,离离然若星辰之错行"与"说事者莫辨乎《书》"都是赞赏《尚书》叙事的清晰晓畅。可见,《尚书》的叙事是简洁凝练、"尚简用晦"与清晰晓畅的统一。

《尚书》文学叙事与东西方传统史诗叙事的另一个显著区别在于:传统史诗保留了更多的神话成分,在情节的安排和人物的塑造上充满了离奇怪诞的幻想与虚构;而《尚书》的文学叙事较少神怪成分,现实性更强。史诗是在神话的基础上发展起来的,或多或少总会保留一定的神话成分,可以说,神话是构成史诗的最重要的元素,是史诗文学性和想象力的源泉。相对而言，在经历了书面文本化之后，《尚书》史诗中的许多充满神奇虚幻和美丽想象的神话受到了不同程度的改造、变形，被严重历史化、散文化，甚至彻底地从《尚书》文本中消失了。这对《尚书》史诗的文学性造成了很大的损害，不能不令人感到遗憾。然而，我们还应当看到问题的另一面：《尚书》史诗中神话的改造和变形乃至消亡，对于《尚书》文本的文学性固然是一个损失，但这种损失却以另一种方式获得了补偿。一般来说，上古的神话与历史之间存在着一种双向互动的关系：一方面是神话的历史化，即上古文化在从巫官文化向史官文化过渡的过程中，史官们对巫官文化进行了改造，对神话传说加以取舍和变形，去除"怪、力、乱、神"的色彩，纳入古史的正常轨道；另一方面则是相反的运动——历史的神话化，即真实的上古人物和事件在流传过程中逐渐加入了神话的成分，历史被神话化了。这种情况在中国的上古神话和历史中反映得尤为明显，《尚书》的情况便是这样。从现存《尚书》的叙事篇章中，我们仍可以分解还原出大量的上古神话，这些神话均是《尚书》史诗材料的重要组成部分，只不过同原始的未经加工改造的神话不同，已经被历史化了，并渗透到《尚书》的历史叙事之中，这是神话的历史化；同时，《尚书》史诗中大量的上古真实的历史人物和事件又被神话化了，被附会以离奇怪诞的特征。其结果是造成了《尚书》叙事的独特风格：神话与历史平行交织，互相转化，真伪莫辨：神话和史诗的文学叙事采用了历史叙事的伪装，历史叙事又融合在文学叙事之中，历史与文学纠缠交织在一起。

  从《尚书》叙事篇章的具体情况看，《商书》和《周书》中的内容虽然可以基本上被证明为真实的历史人物和事件，在其中却附会了许多神话传说，这是历史的神话化；而《虞夏书》中的内容，除了少数可以明确被证明为神话外，大量的人物和事件几乎无法明确地证明，神话和历史互渗纠缠，难以区分。尤其是其中的人物，往往既有人的一面，又有神的一面，介于人神之间，神话和传说混淆，在没有足够的出土文献证明的情况下，我们只好采取存疑的态度。以《虞夏书》中的核心人物虞舜为例。虞舜本是传说中的东方殷民族的祖先，《国语·鲁语》云："殷人禘舜而祖契，郊冥而宗汤。"是殷人四个祖先神中最早的一位。《山海经》中的天神帝俊，郭璞注曰："俊亦舜字，假借音也。"王国维在《殷卜辞中所见先公先王考》一文中考证说，殷卜辞中有"高祖夒"，"夒"音变而为"喾"，"喾"形变而为"俊"，夒与舜、帝喾、帝俊、太皞本是同一个神话传说中的人物。① 吴世昌、郭沫若、孙作云、袁珂、杨宽诸先生也都赞同这一观点。这样一位殷人的祖先神，很可能来自图腾崇拜，本是殷人的保护神，后来又成为殷人部族的名称，成为部族首领的固定称号。在历史上可能存在许多拥有这一名号的真实历史人物，但这些人物的具体事迹与活动的历史时期已经与神话和传说混淆在一起，究竟何者为历史，何者为神话，何者为传说，实在难以判断。《虞夏书》中出现的其他人物，如尧、鲧、禹、契、稷、皋陶、伯夷、共工、夔、龙、朱虎，等等，也都是传说中的半人半神的人物。这些人物的名称多半来源于原始部族的图腾神，又转化为祖先神的名称，代表着历史上某一特定的原始部族。据顾颉刚的考证，这些部族的首领本是不同历史时代出现的神话传说中的人物，在《虞夏书》中，他们就如同古希腊神话中的奥林匹斯（Olympus）山上的诸神一样，被想象汇聚在一起，成为同时共世的半人半神的史诗人物。② 这些人物在《虞夏书》中被组成两个对立的集团，其中代表正义一方的有尧、舜、禹、契、稷、皋陶、伯夷、夔、龙、朱虎，等等，代表邪恶一方的有共工、丹朱、瞽叟、象、鲧、驩兜，等等，围绕着争夺帝位的继承权和治水两个重大事件，展开了一场善与恶的较量。

弗莱说："每一个人类社会都拥有一个神话体系，这个神话体系由文学加以继承、传播，并赋予它千姿百态。"③《虞夏书》中所记载的两个重大事件，就是由体系化的神话演化出来的富有文学色彩的历史传说，是《虞夏书》据以成书的《尚书》"虞舜史诗"的核心内容，构成了整个《虞夏书》的框架。争夺帝位继承权的斗争是《尧典》和《皋陶谟》两篇的核心内容。故事起因于尧帝年老，急切寻找一位合格的继承者。在排除了傲慢、跋扈的贵公子丹朱和阴险狡诈的共工之后，以孝道闻名的虞舜最终成为尧帝的考察对象。在经过长期、反复认真的考察后，具有丰富政治经验和知人善任的尧帝最后选择了正直坚强、果敢干练且深得民心的舜代替自己，继承帝位。在打败了争夺帝位失败的共工、驩兜等人的叛乱，平定了三苗的侵扰后，舜任命了一批忠于职守、与自己同心同德的官员，开创了新的盛世政局。另一个治水故事与争夺帝位故事在《尧典》和《皋陶谟》中同时展开，并在《禹贡》中结束。故事的主人公大禹的父亲鲧是尧帝的大臣，被尧帝任命治理洪水。在历时长达九年的治水失败后，

---

① 王国维：《观堂集林》卷九，中华书局2004年版，第411—413页。
② 顾颉刚等：《古史辨》第一册，上海古籍出版社1982年版，第203页。
③ ［加］诺思罗普·弗莱：《神力的语言——圣经与文学研究续编》，吴持哲译，社会科学文献出版社2004年版，第3页。

鲧被舜帝放逐，由禹代替。大禹历经艰难险阻，"决九川、距四海，浚畎浍距川"，而且牺牲了个人的生活幸福，弃妻儿于不顾，终日"惟荒度土功"，最终取得了治水的成功。大禹也因治水之功，取代虞舜，继承了帝位。这两个故事虽起源于神话，却已经历史化和传说化了，玄怪荒诞的情节也都获得了大致合理的解释，神话叙事穿上了历史叙事的外衣，俨然是一段真实的上古史，反映出我国古代史官文化传统的强大。

总之，《尚书》的叙事，是文学叙事——如诗歌、神话、传说叙事和非文学的历史叙事的融合，是在写作代替口传成为叙事的主要方式时，从口传文学阶段的"史诗综合体"中分流出来的经验的和虚构的两种话语形式的结合。《尚书》叙事的最大优点，在于写作者能够妥善处理文学叙事与历史叙事、神话传说与历史纪实的关系，能够将口传史诗中充满虚构和想象的神话传说成分进行充分的过滤，将其中无所顾忌的夸张和荒诞成分去除，以历史纪实严谨、质朴的外在形式包装史诗的内容，将文学叙事与历史叙事结合起来。《尚书》的这种叙事特色受到了后世的广泛赞誉。《孔丛子·论书》记载了孔子对《尚书》叙事的评价："《书》之于事也，远而不阔，近而不迫，志尽而不怨，辞顺而不谄。"刘勰在《文心雕龙·宗经》中评价《尚书》等五经的叙事语言："根柢盘深，枝叶峻茂，辞约而旨丰，事近而喻远。"刘知几在《史通·叙事》中也评价《尚书》的叙事："文而不丽，质而非野……意指深奥，诰训成义。"所谓"远而不阔，近而不迫"，与"辞约而旨丰，事近而喻远""文而不丽，质而非野"一样，都是对《尚书》叙事特色的赞誉。《尚书》叙事的优点就在于很好地处理了"远"与"近"、"阔"与"迫"、"文"与"质"之间的关系，既简洁含蓄，又清晰明确；既具历史的严谨质朴，又具诗歌的抒情与藻彩；将神话传说的驰骋不羁的放旷想象与切近现实的具有真实感的历史纪实结合起来，文学叙事与历史叙事完美融合，形成了独具特色的民族散文叙事艺术传统和审美范式，为后世古典散文的发展树立了杰出的榜样。

第二节 《尚书》叙事的神话溯源

文学起源于神话。神话是产生于人类童年时期的一种口传艺术，是上古时代的文学形式和当时人们认识、解释世界的方式。在亚里士多德的《诗学》中，神话的概念是指"情节"、"叙述性结构"和"寓言故事"，是一种叙事性的文学形式。在世界文明进入"轴心时代"之后，"诗哲之争"成为当时的文化主题。"诗哲之争"的结果是"理念"和理性精神放逐了神话,神话从此走向衰落。在西方,以苏格拉底和柏拉图为代表的理性思想家都把神话置于与科学和历史对立的位置上,对神话采取排斥的态度。直到18、19世纪,神话才取得与诗歌同等的地位,开始成为与科学和历史一样的学术研究的对象。在我国古代,由于儒家"不语怪、力、乱、神"的传统以及史官文化的发达造成的神话历史化,原始神话的系统性被打碎,造成上古神话的大量消亡。今天,我们虽不能看到流传下来的有关我国上古神话的完整、系统的神话专书,却能够在各类典籍当中片断地看到一些保存下来的神话记录,《尚书》就是这样的典籍之一,尤其是《虞夏书》,更可以看作是历史化了的我国上古神话与传说的汇集。有关虞舜的神话和有关鲧禹治水的神话构成了《虞夏书》的核心部分,加上其他较小的神话故事,使《尚书》的叙事富于神话的想象和幻想,在历史叙事之外,更增添了想象与幻想等虚构叙事所带来的形象性,使故事情节更为曲折复杂、绚丽多彩,人物形象更为丰满生动。因此,研究《尚书》的叙事,就需要关注《尚书》叙事的神话内容,追溯并分析《尚书》叙事神话的原型意义。

(一) 虞舜神话溯源

虞舜的神话是典型的上古英雄神话。著名的神话专家袁珂认为,虞舜神话的本来面目,是作为猎人的虞舜与肆虐于北方地区的野象斗争的故事:"舜称'虞舜','虞'字的涵义,当是《易·屯》'即鹿无虞,惟入于林中'的'虞',是猎夫的意思,而非一般人所谓的朝代名或地名。舜的弟弟象也只是动物象,而非名叫'象'的人。虞舜这个生长在丛莽中的勇敢的猎人,在和野象的斗争中,由于野象的凶悍和狡谲,几番险遭它的毒手。后来靠了天女的帮助,才终于战胜和驯服了野象,使它开始在农业上为人类服役。而猎人舜也在人民的拥戴下成了他们的领袖。根据一些舜的神话的片断推想,古神话的本貌或许就是这样。"[①] 现存古代典籍中记载了虞舜神话内容的,主要有《尚书》《孟子》《山海经》《楚辞·天问》《史记》《列女传》《论衡》等。从这些典籍的记载中,可以大致勾勒出虞舜神话的主要内容。西方著名文艺理论家弗莱认为,"文学总的来说是移位的神话",分析世界各国古代神话中反复出现的一些基本现象——原型(Achytype),是对世界文学现象进行综合宏观分析(原型批评)的基础。他认为,在神话中,从神的诞生、爱恋、历险、胜利、受难、死亡,再到

---

① 袁珂:《古神话选释》,人民文学出版社1979年版,第242、241—251页。

神的复活,是一个周而复始的有生命的循环过程,是世界文学现象中带有普遍性的共同因素。① 从《尚书》中记载的舜奇异的出身("有鳏在下""瞽子,父顽,母嚚,象傲")、奇异的婚姻("观厥刑于二女,厘降二女于妫汭,嫔于虞")、反映原始部落习俗的历险受难经历("纳于大麓,烈风雷雨弗迷")、与邪恶战斗并取得胜利(放逐"四凶",分北"三苗"),到最后颇具传奇色彩的死亡(以一百余岁的高龄"陟方乃死"),如果从这貌似历史记录的文字中还原其本来面目,虞舜的故事无疑具有上古英雄神话的原型特征。

卡尔·荣格(Carl Jung)说:"原始意象即原型——无论是神怪,是人,还是一个过程——都总是在历史进程中反复出现一个形象。……它基本上是神话的形象。"② 神话原型研究自20世纪30年代后在西方渐成热点。洛德·拉格伦(Lord Raglan)在其初版于1936年的名著《英雄:传说、神话与戏剧研究》一书中指出,许多据称是历史事实的东西在本源上其实是传说的东西,来源于古老的神话传说。③ 他认为,一些叙事模式,或先天的或习得的,规定着人们对于经验的感知。他通过对西方和东方文化中众多的神话、民间故事的研究,发现了一个具有普遍意义的典型神话:

> 有一位皇族血统的、在非常环境中孕育的英雄,被认为是某位神的儿子。为了逃避谋杀他于诞生之时的企图,他被养父母在另一个国度养大。后来,他踏上征途,走向另一块土地,在搏斗中战胜某位国王、巨人或毒龙后,娶了一位公主,成为那里的国王。

这一模式的无所不在性也在普罗普(Vladimir Propp)出版于1928年的《故事形态学》中得到证实。④ 他在分析了一百个故事后得出结论说,所有这些故事都由三十一种"活动"(function)构成,它们大致是:

> 坏蛋给家庭中的一员造成伤害或者家庭中的一员缺少某物或渴望得到某物。不幸或缺乏真相大白;英雄接受请求或命令;他获准前去或者他受到派遣。……英雄离家。英雄受到考验、盘问或袭击

---

① 张中载等编:《二十世纪西方文论选读》,外语教学与研究出版社2002年版,第107页。
② [瑞士]卡尔·荣格:《论分析心理学与诗的关系》,《20世纪西方文艺述评》,生活·读书·新知三联书店出版社1986年版,第56页。
③ [英]洛德·拉格伦:《英雄:传说、神话与戏剧研究》,文特奇出版社1956年版。
④ [俄]普罗普:《故事形态学》,贾放译,中华书局2006年版。

等等。……英雄与坏蛋直接交手，坏蛋被击败，起初的不幸或缺乏被消除。……一项困难的任务被提交给英雄。任务被完成，英雄被承认，坏蛋受惩。英雄完婚并登上王位。

如果我们把《尧典》中描述舜的故事与上面两种普遍故事形式对照，可以相信，舜的故事基本符合典型神话的模式，是起源古老的一种原型性神话。唯一区别之处是：《尧典》中的虞舜故事已非单纯的原始神话的形态，而是在漫长的发展过程中，吸收了各种不同的材料，混杂了传说和历史的成分，发生了历史化的变化和扩展。弗莱在其所著《批评的解剖》一书中，曾根据文学作品的题材，主要是其所描绘的世界和人物的性质，对各种形式的叙事文学进行了分类，其中在神话、罗曼司（传奇）和高级模仿三种样式中，主人公都具有优于他人的特征：①

样式	规定性特征	文学样式
神话	主人公本质上优于其他人和这些人的环境	《圣经》和史诗中的某些部分
罗曼司	主人公程度上优于他人和环境	部分古典的和欧洲早期的史诗、传奇、民间故事、童话、民谣
高级模仿	主人公程度上优于他人，但不优于环境	大部分史诗

按照《尧典》的记载，故事的主人公虞舜显然是优于他人的，但他并不是一位神，并不能施展法术，也不能超越所处的环境。这里的虞舜已经不再是一位神，而只是历史上曾经存在的一位具有某些超越常人能力的圣贤了，虞舜的道德品质成为区别他与普通人的关键。显然，《尧典》中的虞舜是经过改造了的儒家学派的虞舜了。

在洛德·拉格伦和普罗普的神话模式中，都含有两次重大考验或冲突，构成了英雄故事的核心内容。考察世界各民族的神话、史诗都可以发现，考验情节是展示英雄人物本性的一个重要情节类型，具有世界范围的普适性。其中，最典型的考验情节是出生考验。如古希腊神话中的主神宙斯（Zeus），出生后被抛弃在克里特岛的一个山洞里，靠喝山羊奶长大；罗马神话中的第一代国王罗慕洛（Romulus）和他的弟弟瑞穆斯（Remus）出生后被装进篮子里丢入河中，漂至浅滩后被一只母狼救助哺养；古希腊

---

① ［加］诺思罗普·弗莱：《批评的解剖》，陈慧等译，百花文艺出版社2006年版，第45—46页。

神话中的赫拉克勒斯（Herakles）、俄狄浦斯（Odipous）也在出生后被丢弃于山野或河流中。东方神话和史诗也是如此，如希伯来神话中的摩西（Mosheh），当他在利未族中出生时，正值埃及法老下令将希伯来男婴抛进尼罗河。他的母亲在藏了他三个月后，用一个蒲草箱装进摩西，抹上石漆和石油，放在河边的芦荻中。后来摩西被法老女儿发现并收养。印度史诗中的加尔纳（Karna）的出生也是如此。我国神话与史诗也有近似的内容。如《大雅·生民》所记的周民族始祖后稷，《史记·周本纪》载："姜原出野，见巨人迹，心忻然说，欲践之，践之而身动如孕者。居期而生子，以为不祥，弃之隘巷，马牛过者，皆辟不践；徙置之林中，适会山林多人；迁之，而弃渠中冰上，飞鸟以其翼覆荐之。姜原以为神，遂收养长之。"虞舜神话也存在着这种考验情节。《尧典》共有两次关于虞舜的考验情节，其中第一次考验，据《史记·五帝本纪》载，起因于"舜父瞽叟盲而舜母死，瞽叟更娶妻而生象。象傲，瞽叟爱后妻子，常欲杀舜"，主人公虞舜受到虐待和迫害的不幸童年与世界各民族神话与史诗中的婴儿考验模式一致。

据《孟子》《史记》《列女传》的记载，可知原始的舜神话中有瞽叟使舜涂廪、浚井，借机杀舜的情节。顾颉刚认为，这些内容原本是《尚书》所有，只是后来因各种原因失传了。① 失传的原因很可能是：这些情节富于强烈的神话和传说色彩，在《尚书》历史化的过程中，被改编者作为"怪、力、乱、神"的内容而有意删去了。其实，这些情节都是有着历史文化的真实背景的。其中浚井一节故事很可能是一种上古原始习俗的反映。据美国学者莫莱（Sylvanus Morle）在《全景玛雅》一书中的记载，在美洲印第安人的奇岑伊策萨部落中，有一种不同寻常的祭祀方法，即在干旱的时候向一种牺牲井中投入活人进行祭祀，"牺牲者，特别是孩子被投入井中的时候，手脚并不被捆绑住。黎明的时候，主人把他们投入井中。如果有人能死里逃生，中午的时候，人们会放下去一条绳子把他拉上来，然后当地统治者会询问他，神灵需要怎样的祭祀方式"。② 根据比较考古学的"中国—玛雅文化连续体"假说，美洲印第安人本是源自东亚地区的族群，玛雅文化出现在美洲，是两三万年以前旧大陆的游牧民族将北方文化向东移动的结果。因此，玛雅文化在很多方面与我国上古文化颇

---

① 顾颉刚：《顾颉刚读书笔记》，台北联经出版事业公司1990年版，第600页。
② ［美］西尔瓦纳斯·G. 莫莱：《全景玛雅》，文静、刘平平译，国际文化出版公司2003年版，第183页。

多一致，考察其现存的习俗或许对理解舜神话的历史文化背景有所帮助。

除出生考验之外，神话与史诗中对英雄进行的常见考验，还有成人考验、求婚考验、任务考验等。这些考验的目的是证明故事主人公的能力、资格、道德品质以及神性，其基本结构形式是"阻碍的出现"和"阻碍被克服"两个阶段。考验的具体形式包括：英雄被遗弃、英雄被攻击、英雄被引诱、英雄被要求完成某个艰辛凶险的任务等。《尧典》中对舜的考验，亦如洛德·拉格伦和普罗普的神话模式，含有两次重大考验或冲突。

舜面对的第二次考验，是在他被推荐给尧帝之后。这次考验具体包括婚姻考验、任务考验和成人考验三个方面的内容。具体来看，如婚姻考验：

> 帝曰："我其试哉！女于时，观厥刑于二女。"厘降二女于妫汭，嫔于虞。帝曰："钦哉！"

任务考验：

> 慎徽五典，五典克从；纳于百揆，百揆时叙；宾于四门，四门穆穆。

成人考验：

> 纳于大麓，烈风雷雨弗迷。

其中最值得注意的，是有关成人考验的部分。

所谓"成人考验"，是在原始部落中普遍存在的一种习俗，即要对即将成为社会成员的青年进行一系列的考验，认为只有经历了知识和体力上考验的人，其生命才获得了新的意义，才有资格成为社会的一员。为什么在舜顺利地通过了婚姻考验和任务考验之后，还要对他补行这种成人考验呢？列维-布留尔的《原始思维》一书会给这个问题提供一些启示："在我们所知的大多数原始民族中间，有一些人要行补充成人礼。他们是巫师、巫医，总而言之，不管怎么称呼，就是这一类的人物。他们在青春期要受所有年轻人都必须受的那些考验；除此之外，为了使他们能够胜任他们将要担负的重要职务，他们还必须进一步经历一个见习期的考验，这个时期是在他们的师傅，亦即实际上执行巫师或巫医职务的人的监视下持续几个月，甚或几年。巫师或巫医的成年礼仪式与部族的一般新行成年礼的成员的成年礼仪式之间有明显的相似。但是，一般的成年礼是一切人必须遵行的，它具有比较公开的性质（如果不算妇女和儿童），而且必须每隔相当长一段时期才举行。相反地，巫师、巫医的成年礼只适用于某些有'使命'的人物。它是秘密举行的，而且只是在有这样的人物时才举行。至于考验的细节及其达到的效果（假死和新生），则二者的相似有时竟达到完全相同。……这些仪式的目的是十分清楚的：它们是要使参加者与神秘的实在互渗，使他们与某些神灵相联系，或者更确切地说，与它们互渗。须知巫师或巫医的力量正来源于他所掌握的这样一种特权，即在他请求下，他可以与神秘力量联系，以此来掌握秘密，而普通人只有通过他的工作的结果才能知道这些神秘力量。"①

这种特殊的成人考验是相当残酷的。据列维·布留尔在《原始思维》中的说明，这类仪式"其目的是要把他们引进一种神魂颠倒、昏迷不醒的'死亡'的状态，这种状态是他们与自己的部落、图腾、祖先的本质上神秘的实在互渗所必需的。这种互渗一经实现，他们就成了部族的'完全的'成员，因为部族的秘密已经向他们揭露了。从这时起，这些完全的成员，这些完全的男人就是社会集体所有的一切最神圣的东西的保管人了。此后他们将永不背弃这种责任感"。② 所谓"纳于大麓，烈风雷雨弗迷"和《论衡·乱龙》所载的"舜以圣德入大麓之野，虎狼不犯，虫蛇不害"，均说明这是一次以生命为代价的考验。按孙作云的观点，上古人以登山为最艰险之事，因为"古人认为山泽之中是鬼神虫蛇之所潜居"，随时有遇害的可能，故《焦氏易林》卷十"蹇之无妄"有"林麓山薮，非人所处"的话。使虞舜冒着生命的危险进入山林之中，其目的是验证虞舜的生命力，以便证明他是否能得到神的帮助，是否具有超出常人的特殊能力。③ 只有在通过了这最困难的一次考验之后，舜才最终得到尧帝的认可，结束了为时三年的"见习期"，成为掌握了通天技能的群巫之长，代替尧帝，登上了部落最高权力的宝座。《论语·尧曰》所载："尧曰：'咨，汝舜！天之历数在尔躬，允执其中，四海困穷，天禄永终。'"实际上就是尧和舜之间对通天权力的移交。

---

① ［法］列维-布留尔：《原始思维》，丁由译，商务印书馆2004年版，第345页。
② 同上。
③ 孙作云：《中国古代神话传说研究》，《孙作云文集》第三卷，河南大学出版社2003年版，第472页。

袁珂认为，舜神话的核心是作为猎人的舜和野象的斗争，并认为虞舜的"虞"是猎夫的意思，舜弟象的原型为肆虐于黄河流域的野象。① 那么，作为猎夫的舜又何以成为《尚书》故事中的部落首领？上古时代的部落酋长与狩猎存在怎样的关系呢？陈梦家在《史字新释》一文中认为，上古时代"史"之一职本是主管祭祀的巫官。他由分析"史"字的字形引申说："'史'为田猎之网，而网上出干者，搏取兽物之具也。古者祭祀用牲，故掌祭祀之史即搏兽之吏，而猎兽之事与战事无异，故战、兽并从单，是以祭事为有事，而战事亦曰有事。司祭者为史，司敌国相战媾和传达之事者为使。卜辞'使'亦以'事'为之。然后知古人以祭祀、猎事为大事也。"② 上古时代巫、政一体，主管祭祀之巫史即是部落之首领和酋长。作为氏族社会首领的虞舜需要同时兼掌祭祀活动，而祭祀活动需要捕获猎物作为牺牲，所以《尚书》神话中的虞舜以猎夫的形象出现。这种推测也能从典籍中寻得证据。因为工具和技术的不断进步，尤其是农耕经济的发达，狩猎活动在社会中的重要性不断降低，早期作为部族最重要的大事之一的狩猎，也逐渐失去了其重要意义。由部落首领亲自主持的狩猎活动至殷末也逐渐演变为一种仪式。周人的祭祀场所称为明堂或灵台，在其中建有名为璧雍的大水池以及放养驯兽的场所灵沼、灵囿。每次祭祀活动之前，周王都要象征性地在璧雍中射鱼，在灵沼、灵囿中捕兽，以供祭祀时的牺牲。周初的《天亡簋》铭文以及《大雅·灵台》对此均有记述，这种象征性的狩猎活动其实是上古巫术祭祀活动的一种文化遗存。

虞舜神话中出现的其他神话人物也值得我们关注，下面综合相关材料，分正面和反面两方分别予以说明。正面一方的主要有以下几个。

（1）尧。《尧典》中对"帝尧"大加赞美，在各种神话传说中，他都是一位贤德的国君形象。这位尧帝，本是《山海经》中记载的几位最高天神中的一位，相当于古希腊神话中的宙斯（Jove）和希伯来神话中的耶和华（Jehovah），《山海经》和《尚书》中都称之为"帝"。所谓"帝"，在殷墟卜辞和《山海经》中均专指"上帝"，被借用来指称人间之王，已是殷代末年的事情了。"尧"在《说文》中本来只是"高"的意思，最高莫过于天，故"尧"为天帝的代称。《论语》称赞尧说："唯天为大，唯尧则之"，也将尧比为天。在《尚书》中，尧虽然已经从天帝历史化为一位人间的君王，但仍具有某些天帝的特征。如《尧典》中的尧始终是

---

① 袁珂：《古神话选释》，人民文学出版社1979年版，第241—251页。
② 陈梦家：《史字新释》，《考古》1936年第5期。

一个高高在上、神秘莫测、明察秋毫、近于全知全能的形象，以"帝曰"开头的语言以命令的语气为主，既简短又威严，俨然是上帝在空中发出的声音。试看这样一段：

> 师锡帝曰："有鳏在下，曰虞舜。帝曰：俞！予闻，如何？"

文中的"有鳏在下"，正说明对话中的一方"帝"与下界的普通人虞舜不同，是高居人间之上的神灵；而"师"则是负责沟通人神的巫师，可以向上帝推荐人间的才俊担任部落和氏族的领袖。楚辞《招魂》的开头亦假设上帝与负责降神的巫阳之间进行的对话，无论句式、语气都与《尧典》极其相似：

> 帝告巫阳曰："有人在下，我欲辅之。魂魄离散，汝筮予之。"

通过对比可知，《尧典》中的尧，其神话原型很可能就是殷商民族的"上帝"，随着故事的流传而逐渐世俗化，终于演变为人间的帝王。在《尧典》中，他和舜一样，都是正义与仁德的化身。

（2）羲和。据《山海经·大荒南经》载，羲和本是东夷族的上帝帝俊的妻子，是生出了太阳的女神。后来，又由太阳女神演化为"日御"，即为太阳驾车的男神。在《尚书》中，羲和被人化为主管天文事务的官员，实即负责通天的巫师。对于尧帝"乃命羲和，钦若昊天，历象日月星辰，敬授人时"，传统的解释是制定历法，以便安排农事。实际上，在上古时代，对天文的观测和了解不过是通天巫术的副产品，人与上天和日月星辰的关系主要还是荒诞的巫术感应关系。如《尧典》所载的"寅宾出日"，本是一种殷代的祭日典礼。在甲骨文中，就有对"出日""入日"举行祭祀的专名"又"（侑）。①

（3）禹。在《诗经》的《商颂》和大、小《雅》以及《尚书》的《吕刑》《康诰》中，商、周人都以禹为敷布土地、拯救下民的天神。在《山海经·海内经》和《楚辞·天问》的神话中，禹是鲧的儿子，是在鲧死后三年，由他的尸体中剖出而生。鲧治水失败，天帝命禹继其父业，改变了堙堵的方法而采用疏导的方法，终于治水成功。至禹子启建立夏王朝，禹遂成为夏王朝的宗族神。到《尚书》产生的时代，禹已经成为与

---

① 胡厚宣：《甲骨学商史论丛》，成都齐鲁大学国学研究所专刊1944年版。

尧、舜并称的上古圣王和道德典范。在《尚书》的《尧典》和《皋陶谟》中，禹作为舜任命的平治水土的司空之官，成为舜帝的重要助手，参与治国的大计。而在《禹贡》中，禹更成为成功治水、划定九州的疆域的英雄。

（4）稷。稷一名"弃"，又称后稷，是以农耕为业的周民族的始祖神。关于他的神话，始于《大雅·生民》和《山海经·大荒西经》。《生民》说他是姜原履上帝的足迹所生，《大荒西经》更说他是帝俊之子。作为天帝的儿子和一个农业神，神话中的稷精通农业技术，教民播种百谷。在《尚书》中，后稷被人化为舜帝的农业之官。

（5）契。契是殷商民族的始祖神。据《商颂·玄鸟》和《楚辞·天问》，契为有娀氏之女简狄吞玄鸟之卵所生。玄鸟为殷商民族的图腾神，也即神话传说中的帝俊、帝喾、舜。则契也是天帝的儿子，商民族的始祖。在《尚书》中，契被人化为舜帝的司徒之官，负责人民的教化。

（6）皋陶。皋陶原写作"咎繇"，为上古时代生活在今日安徽地区的群舒偃姓的始祖神。据刘起釪先生的研究，皋陶与尧关系密切。"陶"与"尧"音义全同，"皋"为发声词，《仪礼·士丧礼》郑玄注："皋，长声也。"故"皋陶"实即"阿尧"，为神话中的同一神名，可能是上古擅长陶器制造民族的始祖神。① 在《尚书》中，皋陶被人化为舜帝的刑法和审判之官，并且和禹一道，同为舜帝的主要谋臣。《皋陶谟》一篇，集中记载了他的治国言论。

（7）垂。垂，《山海经·海内经》称为"巧倕"，《庄子》称为"工垂"。据《山海经·海内经》，他又名"义均"，是帝俊之孙。在上古神话中，他是最著名的发明家和工艺制造者，既擅长制造武器，又擅长制造乐器、农具。在《尚书》中，他被人化为舜帝的官员，负责管理百工之事。

（8）益。益又称伯益、后益、大费，为嬴秦的祖先神。嬴秦民族本居东方而后迁于西土，故他们的始祖神话也与玄鸟有关，据《史记·秦本纪》，益为"玄鸟陨卵"所生的后代。益本为善飞的燕子，"益"同"嗌"，其籀文字形就是一只张口分尾的燕子形象。在上古神话中，益以擅长调训鸟兽、种植草木以及占卜著称。《国语》《孟子》等先秦典籍都曾提及他。在《尚书》中，舜因他能够"上下草木鸟兽"，故封他为管理山林之官。

---

① 顾颉刚、刘起釪：《尚书校释译论》，中华书局2005年版，第220页。

（9）伯夷。据《国语·郑语》，伯夷为姜姓部族的祖先神，"能礼于神以佐尧者"。另据《尚书》的《吕刑》篇："蚩尤惟始作乱，延及于平民……上帝监民罔有馨香德，刑发惟闻腥。……乃命三后恤功于民：伯夷降典，折民惟刑；禹平水土，主名山川；稷降播种，农殖嘉谷。"则伯夷是上帝派到人间的三位天神之一。在《尚书》中，伯夷成为舜帝任命的典礼之官。

（10）夔。夔的神话已经在第二章"上古乐舞"部分有详细说明，此处不再赘述。

（11）龙。《山海经·海内经》有"帝俊生晏龙"的记载，《山海经》另有先龙、烛龙、应龙的记载。龙本是一种神话中具有神性的灵兽，后来成为某一宗族的图腾神，在传说中逐渐被人化为该部族的始祖。甲骨文中便有名为"龙方"的部族，① 《左传·昭公二十九年》也载有董父扰畜龙以服事舜的传说。在先秦典籍中出现的龙往往与音乐、舞蹈有关，可能与其在神话中善舞有关。在《尚书》中，龙被舜帝任命为传达政令之官。

此外，尚有殳斨、伯与、朱虎、熊罴等来历不甚清楚的神话人物，在《尚书》中都属于代表正义的舜的一方。反面一方的神话人物主要有以下几个。

（1）丹朱。"朱"本是上古神话中的一种神鸟，见于《山海经》的《海外经》。《尚书》中的丹朱就是由这种神鸟演化而来的神话人物。在《尚书》中，丹朱是最先被推荐作为尧帝继承人的。据《世本》，丹朱是尧帝和散宜氏之女女皇所生的孩子，是尧帝的长子。借助《尧典》和《皋陶谟》中的人物对话，可以了解丹朱的性格是"嚚讼"和"傲"，即口不道忠信之言，为人傲慢、喜好争斗；而且有"惟慢游是好，傲虐是作；罔昼夜頟頟，罔水行舟，朋淫于家"的种种恶行，如贵公子一般地横行霸道、飞扬跋扈。这样的人自然被尧帝排除在外。心怀不满的丹朱勾结三苗作乱，很快被舜帝以武力平定。

（2）驩兜。《山海经·海外南经》有名"讙头"的神鸟，是驩兜的神话原型。据杨宽先生考证，"驩"汉隶为"丹"，"兜""朱"二字通用，驩兜与丹朱本是上古神话中的同一个人物，是苗民族的祖先神。② 在《尚书》中，驩兜与共工狼狈为奸，为"四凶"之一，最后被舜帝放逐于

---

① 陈梦家：《殷虚卜辞综述》，中华书局1986年版，第283页。
② 吕思勉、童书业编著：《古史辨》第七册上编，上海古籍出版社1982年版，第303页。

崇山。

（3）共工。据《国语·周语》，共工是西方姜姓部族的祖先神。《国语·鲁语》《楚辞·天问》《礼记·祭法》《淮南子·天文训》等典籍均有共工与颛顼争帝位、共工怒触天柱的神话。据顾颉刚先生考证，共工与鲧为同一个神话人物，"共工"为"鲧"的反切音。[①] 在《尚书》中，共工为尧帝的水官，负责治水工程。心怀不轨的大臣驩兜向尧帝推荐共工，尧帝以共工为"静言庸违，象恭滔天"，即阳奉阴违、心怀野心，予以拒绝。共工是舜帝时期的"四凶"之首，最后被放逐到幽州。

（4）鲧。神话中的鲧本是天帝的儿子，据《墨子·尚贤中》："昔者伯鲧，帝之元子，废帝之德庸，既乃刑之于羽之郊。"另据《山海经·海内经》："黄帝生骆明，骆明生白马，是为鲧。"他与共工为同一神话人物，是西方姜姓部族的祖先神。《海内经》说："洪水滔天，鲧窃帝之息壤以堙洪水，不待帝命。帝令祝融杀鲧于羽郊。"可见鲧的形象本是同情人民苦难的天神，因为盗取息壤，触怒天帝而被杀。在神话的流传过程中，鲧的形象发生了改变，在《吕氏春秋·行论》中，他成为一个与尧、舜争夺帝位的凶恶的神灵。在《尚书》中，鲧被四岳推荐治水，尧帝说他是"方命圮族"，即违弃教命、破坏团结之人。鲧被任用治水，历经九年，以失败告终。与共工、驩兜一样，鲧也是"四凶"之一，最后被舜帝放逐于羽山。

（5）瞽叟。瞽叟的神话已经在第二章"上古乐舞"部分有详细说明，此处不再赘述。

（6）象。袁珂认为，《尚书》等先秦典籍中作为舜弟出现的象，其原型为上古时代生存于北方的野象，传说中象对舜的迫害，实际是凶悍狡黠的野象对猎人虞舜生命的威胁。神话以舜驯服了野象告终。[②] 袁先生的根据是，《史记·五帝本纪》载："舜之践帝位……封弟象为诸侯。"《孟子》里面具体说"封之有庳"，《汉书·武五子昌邑哀王传》及《后汉书·袁绍传》《三国志·魏书·乐陵王茂传》均载：舜封象于"有鼻"。"有鼻"既是地名，又表现出像这种动物所具长鼻的特点，很可能是舜为驯服之后的野象安置的地方。《论衡·偶会》亦载："舜葬苍梧，象为之耕。"此外，《尧典》中有"象傲"的说法。"傲"本是人眼中的野象的神态，在《尧典》中又成为人化后的舜弟象个人的性格特征。这些神话内容都增强了

[①] 吕思勉、童书业编著：《古史辨》第七册上编，上海古籍出版社1982年版，第156页。
[②] 袁珂：《古神话选释》，人民文学出版社1979年版，第241—251页。

作品的文学特性，激发起读者的想象力。

(二) 洪水神话溯源

虞舜神话之外，洪水神话构成了《尚书》神话的另一个重要系统。洪水神话是一个世界性的神话类型，学者们发现，有关洪水的神话文本几乎遍及全世界各个民族。这类神话往往有共同之处，如大片土地被淹，生灵灭绝，人类依靠一只船逃生等。一般来说，洪水神话分为创世洪水神话和再生洪水神话两类。前者表现神（上帝）如何在洪水中创造世界和人类；后者则表现人类如何躲过神（上帝）降下的洪水惩罚，成功地使自己获得再生。再生洪水神话实际上是对创世洪水神话的模拟，是自然性神话向文化性神话的转变。我国上古时代的治水神话与古代两河流域的洪水神话，如巴比伦的源自公元前17世纪的《吉尔伽美什史诗》（*The Epic of Gilgamesh*）和公元前7世纪的《阿特拉哈西斯史诗》（*The Epic of Atrahasis*）以及《旧约·创世记》中的挪亚方舟神话（The Flood and Noah's Ark）一样，都属于再生洪水神话类型，讲述人类如何逃脱水患的故事。《尚书》中的《尧典》《皋陶谟》《禹贡》《洪范》等篇，都有与治水神话相关的内容。关于治水神话较早且较全面的记载当属《山海经·海内经》："洪水滔天，鲧窃帝之息壤以堙洪水，不待帝命。帝令祝融杀鲧于羽郊。鲧复生禹，帝乃命禹卒布土以定九州。"在《尚书》中，这样一段神奇浪漫的富有文学色彩的原始神话被理性地改造为一段历史纪录。两相对比，可以清楚地看到《尚书》是如何在神话叙事的基础上，将神话叙事与历史叙事结合在一起。

（1）背景。《山海经·海内经》："洪水滔天。"《孟子·滕文公下》："当尧之时，水逆行，泛滥于中国，蛇龙居之，民无所定，下者为巢，上者为营窟。"《吕氏春秋·爱类》："昔上古龙门未开，吕梁未发，河出孟门，大溢逆流，无有丘陵、沃衍、平原、高阜，尽皆灭之，名曰鸿水。"《尚书·尧典》："汤汤洪水方割，荡荡怀山襄陵，浩浩滔天。下民其咨。"

（2）鲧治水。《山海经·海内经》："鲧窃帝之息壤以堙洪水，不待帝命。帝令祝融杀鲧于羽郊。"《国语·晋语》"昔者鲧违帝命，殛之于羽山。"《楚辞·天问》："鸱龟曳衔，鲧何听焉？顺欲成功，帝何刑焉？永遏在羽山，夫何三年不施？伯禹腹鲧，夫何以变化？"《尚书·尧典》："帝曰：'咨！四岳，……有能俾乂？'佥曰：'於，鲧哉！'帝曰：'吁！咈哉！方命圮族。'岳曰：'异哉！试可乃已。'帝曰：'往，钦哉！'九载，绩用弗成。"《尚书·洪范》："我闻在昔，鲧堙洪水，汩陈其五行。帝乃震怒，不畀洪范九畴，彝伦攸斁。鲧则殛死。"

（3）禹治水。《山海经·海内经》："鲧复生禹，帝乃命禹卒布土以定九州。"《楚辞·天问》："洪泉极深，何以窴之？地方九则，何以坟之？应龙何画？河海何历？鲧何所营？禹何所成？"《尚书·尧典》："帝曰：'俞，咨！禹，汝平水土，惟时懋哉！'"《尚书·皋陶谟》："禹曰：'洪水滔天，浩浩怀山襄陵，下民昏垫。予乘四载，随山刊木，暨益奏庶鲜食。予决九川距四海，浚畎浍距川。暨稷播，奏庶艰食鲜食。懋迁有无，化居。烝民乃粒，万邦作乂。'……禹曰：'俞哉！帝……予创若时。娶于涂山，辛壬癸甲。启呱呱而泣，予弗子，惟荒度土功。'"《尚书·禹贡》："禹敷土，随山刊木，奠高山大川。……东渐于海，西被于流沙，朔南暨声教讫于四海。禹锡玄圭，告厥成功。"《尚书·洪范》："箕子乃言曰：'我闻在昔……鲧则殛死，禹乃嗣兴，天乃锡禹洪范九畴，彝伦攸叙。'"

与神话相比，《尚书》的相关内容删去了荒诞离奇的情节，进行了合理化的改编，用尧舜时代的一场真实的大水取代了神话中的上帝降下的洪水，用传说中的治理国家的"洪范九畴"取代了神话中的神秘离奇的息壤，用现实社会中的"方命圯族"并"汩陈五行"的恶人鲧的形象取代了神话中的具有普罗米修斯（Prometheus）一般救世精神、为消除洪水而勇敢地"窃帝息壤"的神话英雄鲧，等等。这样，经过《尚书》的转换，洪水神话就发生了从神到人的场景变化，神话被转述为现实的历史故事了。在这个过程中，神话的意味虽然减少，但故事的文学性并未减弱。相对于简单的梗概式的神话叙事，《尚书》中的治水故事增加了很多故事细节，如具体的人物对话、具体的场景描写、围绕治水展开的现实的人世斗争等，为治水神话增添了富有现实性的故事情节和内涵。尤其是对人物对话的描摹，生动而形象地展示了人物的个性特征，具有真实的历史感和现实感。

在治水神话中，除了广泛流传、为后世熟知的鲧、禹等人物形象之外，尚有一个重要的、最终决定治水成败的神话人物需要特别予以关注，这就是虽未在《尚书》中直接出场，却能够决定一切的上帝形象。在古代的东西方洪水神话中，洪水都是因为上帝对人类不满而降下的，是上帝对人类的惩罚。如在《阿特拉哈西斯史诗》神话中，洪水是因为人类的吵闹惊扰了上帝的睡眠，上帝为惩罚人类而降下的；在《创世记》的挪亚方舟神话中，洪水则是因为上帝不满于人类的败坏与强暴而降下的。《尚书》的洪水虽未明言因何而降，但伪《古文尚书·大禹谟》有"帝曰：'来，禹，洚水儆予'"的记载，从中可以窥知真相。"儆"即警示，洪水是上帝为警示人类而降下的。在水患过程中，鲧窃取了上帝的"息壤"来堙塞洪水。所谓的"息壤"是一种能够不断生长的神奇的土壤。这导致了"帝乃震怒"的结果，鲧因此而被处死。而鲧子禹则因得到上帝的帮助，得到了上帝赐予的"息壤"，最终消除了水患。由此可见，《尚书》中的上帝虽不可见、不可闻，却无处不在，无所不能，是治水神话中关键性的人物。

郭沫若曾对《尚书》《诗经》中上帝的形象进行过一番研究，并得出结论说：与《圣经》中的上帝一样，"《诗》《书》中的上帝完全是人格神。天能够视，能够听，能够说话，能够闻香气，能够吃东西，能够动作，能够走路，能够思索，能够喜怒，并且还能够生儿子。他是完完全全和人一样的"。[①] 《尚书》中的上帝（又称"帝"或"天"）与《旧约》的上帝一样，具有人的各种特征："天聪明，自我民聪明；天明畏，自我民明畏"（《皋陶谟》）、"天监下民"（《高宗肜日》）、"闻于上帝，惟时受有殷命哉"（《君奭》），说明上帝有视觉、听觉；"上帝监民，罔有馨香德刑，发闻惟腥"（《吕刑》）、"弗惟德馨香祀，登闻于天；诞惟民怨。庶群自酒，腥闻在上"（《酒诰》），说明上帝有嗅觉；"皇帝哀矜庶戮之不幸，报虐以威，遏绝苗民，无世在下"（《吕刑》）、"上乃震怒，不畀洪范九畴"（《洪范》）、"天亦哀于四方民，其眷命用懋"（《召诰》）、"天休于宁王"（《大诰》），说明上帝有喜怒的情绪；"天亦惟休于前宁人"（《大诰》）、"天惟五年须暇之子孙"（《多方》）、"惟时天罔念闻"（《多士》）、"惟天不畀允罔固乱"（《多士》），说明上帝能够思索；"皇帝清问下民鳏寡有辞于苗"（《吕刑》）、"天阅毖我成功所"（《大诰》）、"天叙有典，敕我五典五惇哉"（《皋陶谟》）、"在昔上帝割申劝宁王之德"（《君奭》），说明上帝能够与下界通话；"天秩有礼……天命有德……"（《皋陶谟》）、"禹锡玄圭，告厥成功"（《禹贡》）、"天乃锡禹洪范九畴"（《洪范》）、"惟是怙冒，闻于上帝，帝休，天乃大命文王"（《康诰》）、"皇天既付中国民越厥疆土于先王"（《梓材》），说明上帝能够赐福给人；"天讨有罪"（《皋陶谟》）、"天用剿绝其命"（《甘誓》）、"天毒降灾荒殷邦"（《微子》）、"天既讫我殷命"（《西伯戡黎》）、"故天弃我，不有康食"（《西伯戡黎》）、"天既孚命正德"（《高宗肜日》）、"天降时丧"（《多方》）、"天罚不极"（《吕刑》）、"上帝不蠲，降咎于苗"（《吕刑》），说明上帝能够降灾给人类；"皇天上帝改厥元子"（《召诰》）、"王司敬民，

[①] 郭沫若：《中国古代社会研究》，《郭沫若全集·历史编》第一卷，人民出版社1982年版，第128页。

罔非天胤"（《高宗肜日》），说明上帝能够生养后代，等等。可见，《尚书》中的上帝完全是人格神的形象，是《尚书》中不出场的神话人物。

对于《尚书》神话的研究，以顾颉刚为最早，成就亦以顾先生为最大。他在《虞廷九官问题》一文中认为，《尚书》中的神话曾经经历了一个漫长的发展演变的过程："自《雅》《颂》观之，禹、契、稷之故事皆各个独立发展者也"，至《尚书》的《吕刑》出现时，"乃以伯夷、禹、稷组成一个团体，是此种传说之突变，自此以后处处有其联络性矣。然这一团体组织者为上帝，而在此团体中者仅得三人，则犹是初变时情状也"。由初变的情状进一步发展，这一神话团体进一步扩大，组织此团体者也由原来的上帝变为人间的帝王，如尧和舜。顾先生在考察了所谓"虞廷九官"后认为："舜臣五人，禹为姒姓民族之祖，契为子姓民族之祖，后稷为姬姓民族之祖，益为嬴姓民族之祖，皋陶为偃姓民族之祖。历二千余年传国之统，举夏、商、周、秦四代之始祖而胥为之臣焉，何其奇巧乃尔？"则这一神话体系已将两千余年的神话总体纳入其中，构成了一个惊人的庞大的神话系统。其中，"传说之兴，禹为最早。其有民族祖先传说之背景者六人，曰禹、契、后稷、伯夷、皋陶、益；其有神话之背景者二人，曰夔、龙；其因遗物之流传而有传说发扬之者一人，曰垂。……经此布置，而后《吕刑》之三后，《论语》之五臣，其人数遂扩而为九矣。亦惟经此布置，而后数千年中之重要人物，不论其时代早晚，皆萃集于一堂，得帝舜之俞咨矣。此古代史事之一大改变，亦即后人对于古史观念之一大改变也"。在神话学中，一般的神话故事（myth）与成为体系的神话（mythology）之间，虽然在叙事内容和叙事结构上存在许多相似之处，但二者却存在着根本性的区别：其一，民间的神话故事往往各自独立，且具有不稳定性，极易与其他的神话故事交融互渗，交换彼此的情节和主体格局，而成为体系的神话，如《尚书》中的这种"处处有其联络性"的神话系统，则彼此紧密关联，较为稳定。其二，一般的民间神话故事并无明显的文化意义，而形成体系的神话系统却代表着一个特定的文化范畴，从而把这种区域文化和其他的文化区分开来，这样的神话构成了区域或民族文化、民族历史的一部分。如《尚书》中的神话，就在整体上浸润了儒家文化的影响，成为民族传统文化的重要组成部分。因此，《尚书》中的神话不仅具有文学价值，更具有重要的文化价值，它对后世儒家文化的形成，对上古历史的建构均具有重要意义。

第三节 《尚书》叙事的阐释与解读

在现代叙事学理论中，叙事结构（structuure）和叙事视点（point of view）问题具有特别的重要性，是整个叙事学理论的核心问题。按照华莱士·马丁（Wallace Martin）的说法，根据看待叙事的方式，现代叙事理论一般被分成三组：视叙事为事件序列；视叙事为叙事者生产的话语；视叙事为读者所组织起来并赋予意义的文字制品。其中，视叙事为事件序列即传统上的"情节"（plot）的理论将叙事结构作为研究重心；视叙事为叙事者生产的话语即"视点"的理论将叙事视点问题作为研究重心；视叙事为读者所组织起来并赋予意义的文字制品的理论将阅读作为研究的重心。[①] 三种理论分别侧重于文本、作者、读者，其中尤以前二者最受关注。因此，运用叙事学理论对《尚书》的叙事篇章进行分析和解读，叙事结构和视点应是重点探讨的问题。

（一）《尚书》的叙事结构

叙事学并不满足于传统的"情节"结构理论，而是致力于在文学、历史、传记、新闻故事等叙述形式中寻求一致的普遍的结构模式。在这一过程中，符拉基米尔·普罗普（Vladimir Propp）对民间故事形态的分析，列维—斯特劳斯（Claude Lévis - Strauss）对古代神话的研究都取得了重要成果。尤其是海登·怀特（Hayden White）提出的历史叙事理论在西方史学界和文学批评界产生了极大的影响，其跨越了文学、历史、哲学三个学科的宏大叙事研究已经打破了传统的学科界限，为叙事研究开辟了一条新的道路。他认为，历史修撰与其他方式的写作没有区别，历史修撰中最重要的不是内容，而是文本的语言形式，历史在本质上说就是以叙事散文话语为形式的语言结构。他在代表作《元历史——19世纪欧洲的历史想象》中，致力于在历史叙事中寻找叙事结构，并提出，任何一部历史著作都包含五个方面：（1）编年史；（2）故事；（3）情节编排模式；（4）论证模式；（5）意识形态含义模式。他认为，"编年史"和"故事"是历史叙事的原始成分，是有待选择和编排的原始"数据"；一个编年史是一个纯粹罗列的事件名单，是开放的，无始无终，没有高潮和低谷，但经过编年史家的精心选择后，即经过编序后，事件就变成了"景观"，就有

---

① ［美］华莱士·马丁：《当代叙事学》，伍晓明译，北京大学出版社2005年版，第74页。

了开头、中间、结尾,有了"发生过程";通过对"初始动机""终极动机""过渡性动机"的描写,事件就有了意义。这个过程即"把编年史变成故事"的过程。编年史中的事件不是"发明"的,而是"发现"的,要进行选择、排除、强调和归类,从而将其变成一种特定类型的故事。这个过程即历史叙事建构的过程。情节编排模式、论证模式以及意识形态含义模式又为故事提供了意义和主旨。这样,海登·怀特深层次地揭示了历史和文学之间的共同之处。

对于历史与文学关系的认识,在西方可以追溯到古希腊时期。亚里士多德在《诗学》中就认为,历史与诗的区别只在于题材,历史"叙述已发生的事",而诗"描述可能发生的事",二者的叙事方式一致;柏拉图则转述苏格拉底的话,把叙事分为"单纯叙事"和"模仿叙事"两种,认为"单纯叙事"是纪实的,是"以自己的身份在说话",而"模仿叙事"则是虚构的,是对当事人说话的模仿。① 尼采认为,历史修撰中的"客观性"是艺术家和戏剧家的那种客观性,历史学家的任务就是要戏剧性地思维。② 后现代理论家罗兰·巴特(R. Barthes)也对历史叙事的客观性发出了质疑:"对过去事件的叙述,一般都要征得历史'科学'的认可吗?都要符合'真实'的基本标准、经过'合理'解释原则的证实吗?这种叙述形式真的以某种图形、某种不可否认的独特性区别于我们在史诗、小说和戏剧之中发现的那种想象的叙述吗?"他进而宣称自己发现了历史叙事的悖论:"原本在虚构的坩埚(神话和早期史诗)中发展起来的叙事结构,在传统的历史修撰中竟然既是现实的符号又是现实的证据。"③ 海登·怀特在前人的基础上,更进一步把历史叙事结构的本质看作是想象的和诗性的。他分析说:"如果说历史学家借以阐释其材料的方式都具有意识形态或道德含义的话,那么,他们在形式上就只有两个选择:选择情节结构和选择解释范式。如果情节结构指历史话语的表面现象,解释范式指意义生成系统的话,那么,我们就在历史与文学(和神话)之间,甚或在历史话语与文学批评之间看到了共性。历史,无论是描写一个环境,分析一个过程,还是讲一个故事,它都是一种话语形式,都具有叙事性。作为叙事,历史与文学和神话一样,都具有'虚构性',即赋予'真实事件'以意义的能力。"他进而指出二者在叙事结构上的一致性:"历史和

---

① [古希腊]柏拉图:《文艺对话集》,朱光潜译,人民文学出版社1988年版,第47页。
② [美]海登·怀特:《后现代历史叙事学》,陈永国、张万娟译,中国社会科学出版社2003年版,第67页。
③ 同上书,第139页。

文学都不同程度地参与了对意识形态问题的'想象'的解决。作为叙事，历史使用了'想象'话语中常见的结构和过程，只不过它讲述的是'真实事件'，而不是想象的、发明的事件。这意味着历史与神话、史诗、罗曼司、悲剧、喜剧等虚构形式采取了完全相同的形式结构。"因此，历史著作不能避免地具有诗歌的性质，具有与文学相同的话语模式，"现代文学理论有必要成为关于历史、历史意识、历史话语和历史书写的一门理论"。① 他认为："历史学家决不亚于诗人，他们通过就特定历史事件所提供的形式解释，无论是什么，而把意义类型嵌入他们的叙事之中，因此获得了'一种解释情感'。……历史学家刻意在历史记录中'发现'的'故事'对于情节来说就是预期叙述的，借此，事件最终被揭示出来，表明某一特定神话种类的一个可辨认的关系结构。"②

从《尚书》的情况看，作为经过数次整编而具有整体性的今文《尚书》二十八篇，其整体结构就是在意识形态的作用下，在数百年间多次编辑的过程中逐步形成的。这样一部齐备、完整的包括《虞夏书》《商书》《周书》几个部分的历史著作，反映了尧舜二帝、夏商周三王的儒家历史系统，宣扬了儒家的德政思想、历史观念和秦统一后出现的大一统的思想，是在对两千余年间流传下来的神话、传说、口传诗歌、谣谚、历史档案等材料以及前代的《尚书》文本进行认真的选择、删削、编排之后的结果。从时间跨度上看，从最早的篇目《尧典》（大约发生于公元前 21 世纪的古老故事）到最晚的篇目《泰誓》（发生于公元前 627 年的历史事件），整部《尚书》记录的历史历时约一千五百余年，再加上原始神话的部分，时间跨度还要更长。反映如此漫长历史年代的《尚书》，其篇目的安排、故事情节的选择必然要经过精心的设计。《虞夏书》反映的历史时段长达四百余年（据最新的"夏商周断代工程"的研究成果，夏代约始于公元前 2070 年，亡于公元前 1600 年），而这一部分却只选择记载了尧舜禅让、大禹治水、启伐有扈氏等区区三个历史事件（故事），共四篇作品，平均一百年才有一篇。《商书》反映的历史时段也长达五百年（商代始于公元前 1600 年，亡于公元前 1046 年），而这一部分也只选择了商汤伐桀、盘庚迁殷、高宗肜日、祖伊谏纣王和微子启出亡等五个历史事件（故事），共五篇作品，平均一百年才有一篇。《周书》反映的是而自灭商建国

---

① ［美］海登·怀特：《后现代历史叙事学》，陈永国、张万娟译，中国社会科学出版社 2003 年版，第 10 页。
② 同上书，第 75 页。

至秦晋崤之战之间的周代历史,长达四百余年(自公元前1046年至公元前627年),共十九篇作品,平均二十一年一篇。三部分的篇目比例为4:5:19,年代比例为100:80:21,周代的作品为虞夏时代的五倍,为商代的四倍,比例极不平衡。而这种不平衡也表现在三部分作品的内部。尤其是《商书》,在商汤伐桀(大约发生在公元前1600年)至盘庚迁殷(大约发生在公元前1300年)之间,对三百年的漫长历史竟无一字记载;而反映商亡国前数年的历史事件(故事)却占了两个,其中《西伯戡黎》的故事发生时间略早于《微子》,两篇故事都发生在同一年,大约为公元前1053年。内部比例不平衡的还有《周书》。全部《周书》的内容几乎都集中在周初的二十六年间(自公元前1046年的《牧誓》至公元前1020年的《顾命》),共十七篇,平均一年半有一篇;而从周初的公元前1020年至秦晋崤之战的公元前627年,其间近四百余年的历史却只有《文侯之命》与《泰誓》两篇,平均二百年才有一篇。二者之比为1.5:200,后者是前者的133倍,比例极为悬殊。对这种叙事速度快慢变化的极大反差、叙事分量轻重的极度不平衡,有人用历史时代的远近来解释,即历史时代越远,材料搜集越困难;年代越近,材料越丰富。但这显然还不是问题的根本原因,否则便无法解释,为什么自公元前1020年之后只有两篇《尚书》作品。根本原因在于编者的指导思想。编撰《尚书》的根本目的显然不在于面面俱到、不遗不漏地如编年史一般地记述历史史实,而是通过对历史中实际发生和可能发生的事件的选择、排除、强调和归类,从中"发现"一种特定的故事类型,借以传达作者的某种解释和观念。因此,《尚书》的作用更近乎一部历史的教科书,其中渗透着编者的历史观念和哲学思想。

柯林伍德(R. G. Collingwood)认为,任何历史事件都包含外在面和内在面两个方面。所谓"外在面"指事件的形体和运动的部分,即单纯的"事"(events);所谓"内在面"指事件内在的思想(thought)。他认为,在历史进程中,事件的内在思想是核心的方面,因此提出了"一切历史都是思想史"(all history is the history of thought)的著名观点。[①] 而弗莱则从另一个角度提出了相似的观点,他认为:"当一个历史学家的计划达到一定程度的综合时,它在形态上就变成神话了,因此在结构上接近诗歌。"[②]

[①] [英]柯林伍德:《历史的观念》,何兆武、张文杰译,商务印书馆2004年版,第303页。
[②] [美]海登·怀特:《后现代历史叙事学》,陈永国、张万娟译,中国社会科学出版社2003年版,第74页。

在后现代历史学家看来，历史的基础或者是思想和观念的，或者是神话和诗歌的，它们作为历史写作的或显或隐的目的，决定了历史事实的建构。《尚书》也是如此，它记载的历史事件都是经过精心选择的，内容上以议论和谈话为主，并不注意事件的本身，而是关注事件所蕴含的道德教训和思想意义，是以"义"统摄"事"的。其中的核心思想就是儒家所宣扬的三代历史观和仁政道德与理想。清代的章学诚认为："《书》取足以达微隐，通形名而已矣。因事命篇，本无成法，不得如后史之方圆求备，拘于一定之名义者也。夫子叙而述之，取其疏通知远，足以垂教矣。"① 他认为，与一般的历史著作相比，《尚书》具有"圆而神"的特征，更近于专门著作。他承继了朱熹的观点（《朱文公文集》卷八十一《跋通鉴纪事本末》），将《尚书》作为袁枢创立的"纪事本末体"史书的滥觞："按本末之为体也，因事命篇，不为常格；非深知古今大体，天下经纶，不能网罗隐括，无遗无滥。文省于纪传，事豁于编年，决断去取，体圆用神，斯真《尚书》之遗也。"② 显然，章学诚的历史观与西方后现代历史观存在相通之处。

总体来看，《尚书》是以时间的顺序组织结构的。刘知几在《史通·编次》中说："昔《尚书》记言，《春秋》记事，以日月为远近，年世为先后，用使阅之者雁行鱼贯，皎然可寻。"③《尚书》中的时间包括真实的历史时间和虚构的历史时间，《虞夏书》和《商书》或出现虚构的历史时间，或干脆略去时间；《周书》则以真实的历史时间为主。《虞夏书》的首篇《尧典》，在叙事之始就干脆略去了时间，以"曰若稽古"为全文开端。在接下来的两个段落中又分别以略去时间的"乃命羲和，钦若昊天"和"帝曰"开端。《尧典》中明确的叙事时间出现在虞舜即位之时，连续出现了"正月上日""岁二月""五月""八月""十有一月""二十有八载""三载""月正元日""五十载"等明确的时间记录。我国古代的时间观念成熟较晚。在殷墟卜辞中，标志时间的基本模式为"干支日，才（在）某月，佳（唯）王某祀"，其中干支日最受重视，月与年的记录经常残缺。这种轻视年月记录的现象一直延续到周初。在《虞夏书》记载的传说时代，出现这些明确的时间记录，不能不令人怀疑其真实性。而且"岁"字作为时间概念只是周代的事情，"正月""元日"等概念也不可

---

① （清）章学诚著，叶瑛校注：《文史通义·书教》，中华书局1994年版，第30页。
② 同上书，第51页。
③ （唐）刘知几撰，（清）浦起龙通释：《史通通释》，上海古籍出版社1982年版，第101页。

第三章　叙事论:《尚书》的历史记述与史诗因素分析　189

能出现在尧舜时代。因此，这些时间记录只能是作者的组织结构的一种叙事策略。虚构叙事时间之外，《尚书》叙事也出现许多真实时间记录。如《牧誓》的"时甲子昧爽"、《洪范》的"惟十有三祀"、《金縢》的"既克商二年""周公居东二年"、《康诰》的"惟三月哉生魄"、《召诰》的"惟二月既望，越六日乙未""越若来三月，惟丙午朏""越三日戊申""越三日庚戌""越五日甲寅""若翼日乙卯""越三日丁巳""越翼日戊午""越七日甲子"、《洛诰》的"乙卯""戊辰""在十有二月""惟七年"、《多士》的"惟三月"、《多方》的"惟五月丁亥"、《顾命》的"惟四月，哉生魄""甲子""越翼日乙丑""丁卯""越七日癸酉"等。其中有年、月、月相、干支日等几种记录方式。列维·斯特劳斯在论及历史叙事中的时间时说："历史可以根据对构成其华丽客观框架的那些'日期'的依赖和责任而与神话区别开来。但是，甚至对按年代顺序记录的这种依赖也不能把历史学家从对其材料的神话阐释中解救出来。这些'日期'本身已经按'日期分类'展现在我们面前。诉诸于年代顺序不可能摆脱这样的攻击，即历史叙述的一致性在性质上是神话的。"① 这段话也适用于对《尚书》叙事时间的认识。

除了正常的按时间顺序组织结构外，《尚书》中也出现了逆向的倒叙结构。在伏生所传的二十八篇中，《盘庚》只是其中的一篇。至汉《尚书》博士欧阳生和《书序》，都将《盘庚》分为上、中、下三篇，这样的次序从此沿袭下来。虽然三篇的次序和盘庚讲话的内容存在明显的矛盾，但从汉代至清代的注疏家都从未质疑过上、中、下三篇的次序。直至清末的俞樾始提出新的看法。俞樾认为："'迁于殷'是既迁矣；'民不适有居'是既迁之后民有所不便，非未迁以前不乐迁也。""以当时事实而言，《盘庚中》宜为上篇，《盘庚下》宜为中篇，《盘庚上》宜为下篇。曰'盘庚作，惟涉河以民迁'者，未迁时也；曰'盘庚既迁，奠厥攸居'者，始迁时也；曰'盘庚迁于殷，民不适有居'者，则又在后矣。"②《盘庚》三篇本是商代第二十二位君王盘庚在率民众由奄迁殷的过程中，对安土重迁的民众发表的三篇劝诫性的讲话。按俞樾的观点，《盘庚》三篇的编排顺序与正常时间顺序不合，三篇的正常时间顺序应为中、下、上。那么，《尚书》这样逆时序编排的原因何在？是无心的错误，还是有

---

① ［美］海登·怀特：《后现代历史叙事学》，陈永国、张万娟译，中国社会科学出版社2003年版，第72页。
② （清）俞樾：《群经平议》卷四，《续修四库全书》第178册，上海古籍出版社2002年版，第52页。

意为之？对此，杨义认为："由于《盘庚》三篇时序参差，前人怀疑上篇和中篇是'错简'。其实，这是时序唯顺，不知文章形势气势之论。《史记·殷本纪》云：'帝盘庚崩，弟小辛立，是为帝小辛。帝小辛立，殷复衰。百姓思盘庚，乃作《盘庚》三篇。'当殷民写出三篇追忆盘庚政绩的作品之后，他们可能发现记录迁都以后的两篇意思有些重复，按时间顺序排列，文章气势比较平展而难以表达沉郁的愤世怀旧之情。一旦把渡河迁都以前的那篇通过倒叙的方式，插在渡河迁都以后的两篇之间，就可以感觉到文章气势曲折，首尾呼应，而具有某种潜在的审美张力于其间了。"① 杨先生的解释虽出于推测，但他能够从文章审美的角度分析问题，不失为一种富有启发性的新颖思路。这种违反正常时间顺序的倒叙方法作为一种有效的叙事策略，能取得顺序方式所没有的特殊表达效果，使文章富于情感和节奏上的张力。相对于西方传统史诗较多采用倒叙的叙事方法，在我国早期典籍中很少见到这种方法，《尚书》中也仅此一例。

（二）《尚书》的叙事视点

在西方理论界，自20世纪60年代之后，视点问题成为叙事方法中讨论最多的方面。按照华莱士·马丁的说法，"叙事视点不是作为一种传送情节给读者的附属物后加上去的"，相反，在叙事作品中，"正是叙事视点创造了兴趣、冲突、悬念，乃至情节本身"。② "兴趣、冲突、悬念，乃至情节本身"等都是造成作品文学性的重要因素。因此，运用叙事学理论对《尚书》的叙事篇章进行分析，叙事视点问题是个很好的角度。叙事视点问题又可以进一步分解为叙事视角（perspective）和叙事焦点（focus）两个方面。前者是从作者、叙述者的角度来感觉、体察和认知叙事世界，关注的是谁在看；后者则是从文本自身的角度来考察具体的叙事对象，关注的是什么被看。二者既有区别，又有联系。

叙事视角是一个叙事文本的作者或叙述者在文本中所选择的进入叙述对象世界的独特眼光和角度。任何一部叙事作品都要为读者创造一个叙事世界，这个虚构的叙事世界与真实的外部世界既有区别又有联系：这个虚构的叙事世界只属于作者本人，是作者把他个人体验到的外部世界，通过创造性地运用叙事谋略和叙事语言创造出来的。叙事视角就是作者引导读者进入他所创造的叙事世界的特殊角度。因此，叙事视角连接着作者、文

---

① 杨义：《中国叙事学》，人民出版社2004年版，第149页。
② ［美］华莱士·马丁：《当代叙事学》，伍晓明译，北京大学出版社2005年版，第130页。

本和读者,是解读作品和作者心灵的一把钥匙。视角艺术表现得最为突出和充分的,是以小说为代表的虚构叙事作品。视角的精心安排与设计,会收到波谲云诡的强烈艺术效果。郭沫若认为:"凡《商书》以前的《尧典》《皋陶谟》《禹贡》,都是孔门做的历史小说。"① 实际上,不但是《虞夏书》,《商书》和《周书》中的许多叙事作品也基本可以看作是一种小说,一种古典的"故事新编",是以儒家的人生哲学和历史观念对神话和历史传说进行的整编,通过改变叙事视角的方式赋予旧故事以新的意义。这类作品中最具代表性的,是《周书》中的《金縢》,《金縢》被许多研究者视为我国古代最早的一篇短篇小说,不是没有道理的。《金縢》全篇情节上的矛盾与悬念,就是通过对叙事视角的限制和调整造成的,具有强烈的小说审美效果。全篇表现的主题是周公对于周王朝的忠诚,塑造了周公、成王两个贤明君王的形象。全文具体调动了周公、成王和史官三种叙事视角,其中周公和成王的视角为限知叙事视角,史官的视角则接近于全知叙事视角。限知视角的使用,使《金縢》的视角由外转内,进入人物的心理世界。史官作为事件的参与者和记录者,既需要为周公保守金縢内的秘密,又要为成王对周公的误解担忧,故而使全文的叙事染上了一层情感色彩。

《金縢》最值得注意的地方,是借助视角的变化,对人物心理进行的描写与刻画。从这一点来说,《金縢》堪称我国最早的一篇涉及心理描写的小说。围绕周公献诗一事,文中展现了周公与成王的心理活动:

> 周公居东二年,则罪人斯得。于后,公乃为诗以贻王,名之曰《鸱鸮》。王亦未敢诮公。

表面看来,是周公的献诗引起了成王的不满,但成王并没有把这种不满表现出来。问题是,为什么这首诗会激起年少成王的不满,以致二人的关系更加僵化?是周公有意而为,还是因为成王的误解?对此,历代注疏家有过许多解释,但似乎均未得要领。《鸱鸮》一诗今载《诗经·豳风》,全诗如下:

> 鸱鸮鸱鸮!既取我子,无毁我室。恩斯勤斯,鬻子之闵斯!

---

① 郭沫若:《中国古代社会研究》,《郭沫若全集·历史编》第一卷,人民出版社1982年版,第197页。

> 迨天之未阴雨，彻彼桑土，绸缪牖户。今女下民，或敢侮予！
> 予手拮据，予所捋荼，予所蓄租，予口卒瘏，曰予未有室家！
> 予羽谯谯，予尾翛翛。予室翘翘，风雨所漂摇，予维音哓哓！

这是我国古代最早的一首禽言诗。鸱鸮即猫头鹰，古人眼中的恶鸟。全诗模拟一只母鸟的语气，诉说自己的痛苦遭遇：孩子被可恶的鸱鸮捉去，自己辛苦经营风雨飘摇的鸟巢，劳累不堪，处境危险。对该诗的理解自古存在很大歧义，大致可以归纳为下面几种。

（1）郑玄说。据孔颖达《诗经·鸱鸮·正义》引郑玄《尚书注》之说，释"罪人斯得"曰："罪人，周公之属党与知居摄者。周公出，皆奔，二年尽为成王所得。谓之罪人，史书成王意也。"又谓《鸱鸮》之作，是周公"伤其属党无罪将死……故作《鸱鸮》之诗以贻王"。按郑玄的解释，则这一首诗是周公所作的对成王抒发怨气的诗，周公在诗中将成王不恰当地比作恶鸟鸱鸮，将自己比作受到恶鸟伤害、孩子被抢走的无辜者。这样一首语气激烈、近乎控诉的诗作当然会引起成王的不满。郑玄此说的错误是显而易见的。据《大诰》《洛诰》等篇，年幼的成王对周公是信任有加的，虽然有管叔、蔡叔的"公将不利于孺子"的流言，但绝不至于发展到对周公使用武力、诛杀其下属的地步。而且周公作为周初的政治家、思想家，对维护周王朝的政局起了巨大的作用。他在武王病重时，使用迷信的祝祷手段，既避免了武王死后自己居摄所招致的诽谤，又弥合贵族间的矛盾，起了安定人心的作用。正如顾颉刚先生所说："周公在商周之际鬼治主义极盛的政治社会里，他那种鬼画符式的举动正是他的多才多艺的表现。"① 以他的品德与智慧，绝不会做出这种把时年仅十四五岁的成王比为鸱鸮，作诗加以咒骂，以致矛盾激化的蠢事的。

（2）"毛传"说。"毛传"释"无毁我室"为"宁亡二子，不可以毁我周室"。孔《疏》释"毛传"之意曰："毛以为周公既诛管、蔡，王意不悦，故作诗以遗王。……言不得不诛管、蔡之意。"按"毛传"之意，则鸱鸮是指煽动管、蔡叛乱的武庚等势力。伪孔《传》亦云："成王信流言而疑周公，故周公既诛三监，而作诗解所以宜诛之意以遗王。"马瑞辰发挥此说云："《诗》以子喻管、蔡，以鸱鸮喻武庚，以鸱鸮取子喻武庚之诱管、蔡……所以未减管、蔡倡乱之罪，而不忍尽其词，

---

① 顾颉刚等：《古史辨》第二册，上海古籍出版社1982年版，第44页。

亲亲之道也。……后三章皆以防患难于未然，明己忧劳王室之心，情危词迫，使成王知其心之无他而已。"① 这种解释比之郑玄更为合理，但也颇多矛盾之处。如诗中将管、蔡二叔比喻为儿子实属不伦，而且"恩斯勤斯，鬻子之闵斯"这样的话也非周公所宜言。而且管、蔡实为周公所诛杀，则此种言辞近乎猫哭耗子，于理不通。

（3）《史记》说。《史记·鲁周公世家》载："东土以集，周公归报成王，乃为诗贻王，命之曰《鸱鸮》，王亦未敢训周公。"皮锡瑞发挥此说云："训、顺古通用，成王未敢顺公意也。《鸱鸮》言'绸缪户牖'即营成周、作礼乐之意。成王未敢自任，故亦未敢顺公意也。"② 如此，则此诗的主旨在于勉励成王营建新都、治礼作乐，并预示周公将还政于成王。这个主旨与诗的实际内容所表现出的风雨飘摇、危机四伏的气氛完全不合。

（4）《诗序》说。《诗序》云："《鸱鸮》，周公救乱也。成王未知周公之志，公乃为诗以遗王，名之曰《鸱鸮》焉。"则该诗可以理解为周公托为鸟言，向成王申述周室的危机局面，以及自己历尽艰辛，救危扶难的良苦用心。这种解释比前面几种更为合理，但有过于笼统之嫌。比如，鸱鸮在诗中究竟何所指？成王观诗后又何以不满？《诗序》都没有具体的解答。

（5）孙作云说。孙作云对该诗的创作背景、作者和作意进行了全新的解释。他在《说豳在西周时代为北方军事重镇》一文中分析说："《诗经》十五《国风》中有《豳风》七篇：《七月》《鸱鸮》《东山》《破斧》《伐柯》《九罭》《狼跋》。所有这些诗和其余《国风》不同：（一）它不是某一个国家的诗，如《郑风》《齐风》《唐风》《晋风》《秦风》；也不是某一地区的诗，如《周南》《召南》，而是一个特定地点的诗；（二）所有这些诗都是民歌，而《国风》中其他各国的诗，有的是民歌，有的是贵族的诗；（三）在这七首诗中，除去《七月》《伐柯》（特别是前者）不是军人所作的诗以外，其余五篇全是军人所作，其中有一首是军人家属所作；（四）所有这些诗皆与周公有关，或为周公所陈（献给朝廷），或为讽刺周公、责骂周公。这样一来，《豳风》成了周公的专辑。这是为什么呢？"他具体分析说："（《七月》与《伐柯》）是周公所献，它与周公无直接关系，但有间接关系。其余五首诗，皆与周公直接有关。不过，有

---

① （清）马瑞辰：《毛诗传笺通释》，中华书局1989年版，第470页。
② （清）皮锡瑞：《今文尚书考证》，中华书局1989年版，第298页。

的显明，有的隐晦，需要作一些调查研究。"①

按照孙作云的分析，《鸱鸮》一诗的作者，并非传统上认定的周公，而是跟随周公东征的士兵的家属；诗中的"鸱鸮"也非指成王或武庚，而是指周公。他认为，诗中反映的主人公的痛苦、劳累的生活，只能属于下层的劳动人民，绝不可能是周公的生活。如诗中说"予手拮据，予所捋荼，予所蓄租"，意为：我的手虽然疼挛了，但为了生活还得捋苦菜、搓麻子。因此，"唱这首歌的是农夫。这首诗说一个农夫的儿子被征走后，他家的残破情况。……周公东征，动员人力物力之大，战争时间之长，兵士死伤之多，远远超过了武王伐纣，这在古代战争史上是空前未有的。因此，在战争期间周国人民所受的痛苦，是无法想象的。所以骂周公是猫头鹰，是完全可以理解的。总之，此诗是东征军人父母骂周公的诗"。②《鸱鸮》而外，《东山》一诗按传统的理解，是跟随周公东征、胜利后回到西方的士兵所作。这首四章的作品，表现了归途中的士兵对家乡和亲人的思念之情。诗中的"自我不见，于今三年"与《孟子·滕文公》《史记·周本纪》所载周公东征三年的记述一致。《破斧》一诗更明确提到了周公：

既破我斧，又缺我戕；周公东征，四国是皇。

据毛《传》，"四国"指管、蔡、商、奄。这是东征士兵喜获生还而作的一首诗。《九罭》和《狼跋》二诗也都是以周公为对象的诗。《狼跋》中的"狼跋其胡，载疐其尾"，是表现周公为流言所伤的进退维谷的处境。如此，则《豳风》之诗皆为军人或其家属所作，都以军队的统帅周公为对象。那么，这些诗歌又是如何被收集起来，成为与其他十四"国风"并列的《豳风》的呢？

对此，孙作云分析说，殷周之际的豳，其位置在陕西中部，泾水上下游交汇之处，是当时的交通要道，兵家必争之地。周公为驻扎在此的豳师的统帅和军监，东征的部队就是由豳地的部队组成的。"在西周初年，针对着灭商后的新形势，周国统治者为了巩固他们的统治，曾经有一次广泛的采诗活动。这采诗，既不是由于文艺爱好，也不是提倡文化，而是由于

---

① 孙作云：《诗经研究》，《孙作云文集》第二卷，河南大学出版社2003年版，第253—254页。
② 同上书，第256—257页。

政治（统治）的需要，由此窥探各地人民的服从与否，以便采取对策，进行统治；而执行者为军监。……这些民歌和军人之歌，是各军区的首府、各个军事据点的属吏们所采集，他们像搜集情报似的搜集了这些诗歌，向上级长官呈献，最后由军监们遴选、汇集，然后再呈报周朝廷。我们从《豳风》中，就可以得到最典型的例证。《豳风》里第一首诗《七月》，《毛诗序》说是周公'陈王业也'。向谁陈呢？过去以为向成王，叫成王知道'王业之艰难'。而我们知道周公作过豳师的军监，则此诗之献给周朝廷，非军监采诗而何！"《金縢》中的"公乃为诗以贻王"，指的就是周公献上采来的东征士兵的父母骂周公的诗。"'王亦未敢诮公'，是周成王看见了这首歌骂周公，心领意会，知道他是替自己挨了骂，便不责备周公。"① 虽然仍属推测之词，但与传统的解释相比，更为具体，更有说服力。

  事实上，从《金縢》文中的"王亦未敢诮公"一句看，说"周成王看见了这首歌骂周公，心领意会，知道他是替自己挨了骂，便不责备周公"显然是错误的。"王亦未敢诮公"分明表现出成王对周公的不满，只不过碍于情面，没有发作而已。这一段叙述实际反映了周公与成王二人因对具体诗意理解的不同而产生的矛盾。从周公方面说，周公是希望借助献诗，表明自己的心迹，表白自己对周王室的忠诚；从成王方面说，他显然对周公献诗的目的并不了解，对《鸱鸮》一诗的含义也未真正理解。在流言影响下的成王这时对周公并不信任，在这种怀疑的心态下，周公所献的《鸱鸮》诗，便含有了讥讽、影射自己的意思，自然会引起年少气盛的成王的不满。这样，周公献诗，不但没有澄清自己的无辜，反而起了相反的效果，加大了二人之间的隔阂与猜疑。在这里，《金縢》的作者似乎是全知全能的，他把叙事巧妙地由史官的外视角转入到成王的内视角，使叙事进入成王的内心世界。成王看诗后的心理反应，他的不满以及对不满的克制，这些属于个人内心深层的意识活动被作者通过视角的转换展示出来。毫无疑问，成王看诗后的心理活动，史官是无从知晓的。文中对成王心理活动的叙述，只能看作是史官想象的结果。《左传》"僖公二十四年"所记介之推与其母偕逃前的对答、"宣公二年"所记鉏麑触槐自杀前的独白，均属生无旁证、死无对证的想象之词，历来为恪守教条的文人所诟病。尤其是《国语·晋语》所载"骊姬夜泣"的一段对话，竟然把叙事视角延

---

① 孙作云：《诗经研究》，《孙作云文集》第二卷，河南大学出版社 2003 年版，第 276—277 页。

伸到国君与爱妾的私房中。难怪《孔丛子·答问》载陈涉的质疑："人之夫妇，夜处幽室之中，莫能知其私焉，虽黔首犹然，况国君乎？余以是知其不信，乃好事者为之词！"与之相较，《金縢》更有过之而无不及。介之推与其母偕逃前的对答、鉏麑触槐自杀前的独白以及"骊姬夜泣"的故事，毕竟都表现为外在的语言，还有属垣烛隐的可能，而《金縢》所记的只是成王个人的心理活动和情绪变化，并无语言的表露。显然，这只能是史官想象力的结果。这类对人物心理活动的叙述，增加了作品的文学虚构色彩，为读者的阅读提供了更为广阔的想象空间，同时也丰富了作品的思想内涵。

除"周公献诗"之外，《金縢》对人物心理的表现还反映在通过视角的转换，在景物和人物心理之间造成的对应、衬托关系上。《金縢》作为我国古代最早的一篇小说，出现了成熟的景物描写。值得称道的是，《金縢》中的景物描写绝非单纯的写景，而是同时具有情节的功能和人物心理刻画的功能。如周公蒙冤、天变示警的一段景物描写：

> 秋，大熟，未获，天大雷电以风。禾尽偃，大木斯拔，邦人大恐。王与大夫尽弁，以启金縢之书。

这一段景物描写紧承"周公献诗"之后，在故事情节的演进上具有重要作用。因周公献诗，成王对周公的误解进一步加深，东征数年不能回归的周公"忠而被谤，信而见疑"，蒙冤受屈，又无法面见成王申述。故事发展至此，似乎将以悲剧结束。就在此时，《尚书》中那个无所不在、无所不能、又从不现身的"天"或"上帝"显灵了。这位具有人格特征的万能的"天"或"上帝"因为周公的冤屈而发怒，在秋收时节降下了一场灾祸。风雨大作，电闪雷鸣之后，禾麦倒伏，树木连根拔起，新建的周邦蒙受了巨大的物质损失。这时，文章的视角由面对自然转为面对人物：朝廷上下、国都内外，人人惊恐不安，都在探究上天发怒的原因。这一段景物描写与人物心理描写紧密联系在一起，既是自然景物描写，同时也是人物心理描写，把生活在迷信时代的人们在灾异降临时的那种既恐惧，又惶惑的心情渲染出来。接着，叙事视角又转到了一个特定的场合：成王与大夫们"承天变而降服"（孔《疏》引郑玄说），急忙换掉平日穿的华贵的朝服，改穿普通的衣帽，集体来到太庙，心怀忐忑、战战兢兢地开启了"金縢之书"。

这时，如同电影的特写镜头一般，全文的视点全部都聚焦于神秘的"金縢"上面。那么，究竟何谓"金縢"？作者又为什么选择"金縢"作为故事的标题?"金縢"对全文来说,究竟意义何在?所谓"縢",《说文》释为"缄也",又释"缄"为"束箧也"。则金縢只是用牢固的金属物捆扎的箱箧。文中又出现"乃纳册于金縢之匮中","匮"是"柜"的古字,则金縢为以金属物捆扎的珍藏物品的柜子。孔《疏》引郑玄说:"凡藏秘书,藏之于匮,非周公始造此匮,独藏此书也。"依郑玄之说,则此种金縢之柜历史悠久,其出现远在周公之前,是周王室的旧物。那么,这种金縢之柜对于周人来说仅仅就是藏书之柜吗?藏于其中的所谓"秘书"又是什么呢?历代注疏家根据《史记·太史公自序》所说的"紬史记石室金匮之书",把金縢之柜简单地理解为收藏秘密文件文书的柜子。近世更有人把它等同于后世的档案柜、保险柜。实际上,用司马迁、郑玄时代的"金匮"去解释《尚书》时代的"金匮",完全是一种本末倒置的做法。"金縢之柜"绝不是什么档案柜、保险柜,而是蕴含着上古原始民族丰富文化密码的早期宗教的"神柜",是专门用于收藏上帝和祖先神灵神谕的地方,其作用和意义与《圣经·旧约》所载犹太民族的"约柜"(ark of covenant)相当。人与上帝立约,是《旧约》的一个重要内容。其中《出埃及记》所载上帝与摩西之约,即"摩西十诫",是犹太人逃出埃及后在西奈山上与上帝订立的盟约。按照约定,犹太人需要服从上帝的戒律,作为回报,上帝应允保护犹太人,满足他们的需求。据《旧约》记载,"摩西十诫"被刻在两块石板上,存放在神圣的装饰华丽的镀金木柜——"约柜"之中,成为犹太民族精神信仰的寄托。

在《金縢》中,周公为了禳除武王的疾病,筑三坛,植璧秉圭,向太王、王季、文王的在天之灵祈祷,实即与先祖的神灵立约:

> 今我即命于元龟,尔之许我,我其以璧与珪归俟尔命;尔不许我,我乃屏璧与珪。

立约的结果是皆大欢喜,而记载了这次人神之约的祝册之文,被周公照常例收藏于金縢之柜中。清人袁枚质疑周公的行为说:"周公既不告庙而私祷矣,武王已瘳,己身无恶,公之心已安,公之事已毕,此私祷之策文焚之可也,藏之私室可也,乃纳之于太庙之金縢,预为日后邀功免罪之计,其居心尚可问乎?礼,祝嘏词说,藏于宗庙,是谓幽国,岂周公有所不知而躬蹈之乎?"[①] 显然,袁枚对金縢之柜的性质和意义并不了解,也

---

① (清)方玉润:《诗经原始》,中华书局1986年版,第318页。

不明白周公对三王祷告所具有的人神之约的神圣性。总之，金縢之柜即收藏神谕和人神盟约之柜，是上古时代流传至周初的具有神圣性质的宗教性器物。当天变示警之时，成王与群臣自知有罪，变服而往太庙，开启金縢之柜观看从前的人神之约，借以察知神意。《金縢》的故事，主旨是表现周公蒙冤、终获昭雪，借以结构全文的重要关目就是这个神秘的"金縢"。由"金縢"的两次开启所构成的悬念增添了故事对读者的吸引力，使全文富于情节的张力。"金縢"作为文中的核心意象，除了具有情节功能之外，还具有宗教象征意义。神秘的"金縢"收藏着人与神之间的盟约，是人神沟通和神意的象征，是万能的上帝和神灵洞察人世苦难和不平的表证。以"金縢"作为标题，暗示着神意不可违，天理不可掩，善恶忠奸必将昭彰于世的深刻内涵。

文中的第二段景物描写出现在周公的冤情大白、成王与群臣出郊迎接周公回归的时候：

> 王出郊，天乃雨，反风，禾则尽起。二公命邦人凡大木所偃，尽起而筑之。岁则大熟。

这一段景物描写与前面一段恰成鲜明对比：前一次是令人震惊恐惧的"天大雷电"，是一场电闪雷鸣的暴雨；后一次则"天乃雨"，是一场畅快人心的及时雨。前一次的狂风造成了"禾尽偃，大木斯拔"的可怕后果；而后一次则是一场神奇的"反风"，把从前吹倒的禾苗尽数重新扶起；对应前文的"秋，大熟，未获"，文章以"岁则大熟"结尾，整个故事在欢乐祥和的气氛中结束。如果说前一次对自然景物的描写具有情节的功能，同时渲染了气氛、描摹了人物心理变化的话，那么，后一次的景物描写具有更明显的刻画人物心理的作用。作者以原始的天人感应的思维方式观察、描写自然与人世，在天与人之间寻求着对应的关系，人世的矛盾与自然界的风雨似乎有机地联系在一起。这样，叙事视角便在物色与人心之间不断转换，自然景物的描写与人物心理的描写互为衬托、互为照应。对自然景物的描写已不再是单纯的写景，而是点染、映衬着人物的心绪，描摹着事件发生的环境，推动着故事情节的变化，揭示出人物的内在心灵。《金縢》对叙事视角的选择和有效调动，使全文情景交融互渗，富有抒情的韵味，染上了一层传奇和浪漫的色彩。

《尚书》叙事篇章对视角的成功调动还表现在对叙事空间的拓展上。视角除了具有线性的时间序列角度外，还有立体的空间序列角度，对于空间角度的开拓,有利于展开独特的视境,表现出多样的描写色彩和审美趣味。以《顾命》为例。该篇的视角在时间和空间两个方向展开:既按时间顺序叙事,首尾相应,事事相因,环环相扣;又按空间顺序状物,井井有条,错落有致,在时间和空间两个维度上,全方位地展示了册命大典的庄重与神圣。由于作者对视角的成功调动,一篇《顾命》展现了结构布局上的艺术构思,颇类一幅色彩鲜艳、描绘生动、具有立体空间感的"典礼图"。从《顾命》视角的整体空间调动上看,是按照先静态、后动态展开。静态的部分基本是按照先由北而南、由西而东记物,再由南而北、由东而西记人的空间序列展开的。"由北而南,由西而东"记物,即按照由堂(堂北牖间—堂西序—堂东序—西堂—堂西序—堂东序)而房(西房—东房),再到庭(宾阶—阼阶—左塾—右塾),再到门(毕门)的顺序依次展开,对典礼上布置的器物逐一介绍;"由南而北,由东而西"记人,即按照与前面记物部分相反的顺序,由门(毕门)而庭(宾阶—阼阶),再到堂(东堂—西堂—东垂—西垂—侧阶),对典礼上的侍卫人员逐一介绍。总计全文提及的器物共 34 项,其中堂上 24 项(包括屏风、衣饰、彩席、几案、珍稀珠宝、玉器等),房中 6 项(乐舞用的舞具),庭中 4 项(大辂、缀辂、先辂、次辂);提及的侍卫共 11 人,其中毕门 2 人,庭中 4 人,堂上 4 人,房外侧阶 1 人。其中对兵士的记录尤为详尽,包括他们的衣着服饰,手中所持兵器的种类和样式,以及站立的具体方位等。以流动的视角记录了静态部分之后,全文两次将视点聚焦,一次是在册命大典举行的堂上,一次是在诰命典礼举行的应门。前者以记述康王、太保、太史、太宗、宗人的活动为焦点,后者以康王、太保、毕公、芮伯的活动为焦点,细致生动地描述了整个典礼的全过程。其中对人物的记述,从衣着服饰、站立行走的方位,到言语举止、升降揖让的礼节,都有准确详尽的记录。这幅立体流动的"典礼图"空间开阔,场面壮观,具有审美趣味和意义。其时空结合的全景式场景写法对后世的史传文学作品,如《史记》《汉书》产生了重要影响;其空间布局结构对后世的美术作品有深刻的影响,启发了美术家们的艺术构思,又进而对唐宋以后的题画诗文产生了影响,出现了一系列效法《顾命》写法的诗歌、散文作品。

叙事视角的选择是由作者所决定的一种叙事谋略,通过对叙事视角的深入发掘,可以发现视角与作者之间的联系,可以由此进而解读作者个人的心灵与思想,发现作品所蕴含的深层文化密码。《尚书》叙事的一大特点是,作者个人的思想感情有时假借史官的主观叙述,直接投射到作品中,使作品染上强烈的主观色彩。这种情况在《虞夏书》中表现得尤为明显。如《尧典》采用全方位的全知叙事视角，全面表现舜的一生，同时又常常插入叙述者以历史家和政论家双重身份所发的议论。在行文的过程中，叙事视角在客观的全方位视角与主观的史官叙事视角之间不断切换，在客观的叙写中寄寓了作者的主观评价。这种以叙事者角度发表的议论对后世的史传文学和诸子文学都有重要影响，《左传》的"君子曰"、《史记》的"太史公曰"、历代正史的"论""赞"以及诸子文学中的"子曰"等，都是这一叙事方式的传承与延续。这种古史今论的叙事谋略打破了时间的限制，使历史叙事取得了现实意义，在现实的叙事者与古代的人物、事件之间架起了沟通的桥梁。在《尧典》中，循着叙事者在作品中表现的客观、主观两种视角深入下去，可以发现作者内心对理想之君和完美政治的真诚企盼与讴歌。显然，作者是借对尧、舜、禹的记述表达自己的政治理想，是一种托圣贤以自重的"托古改制"。文中插入的史论和政论实际上就是作者本人以史官的叙事立场表达的儒家政治理想。联系春秋战国时期的政治状况，以及当时处于乱世的人们对明君和治世的强烈企盼，就不难理解，《尧典》所反映的不仅仅是儒家的政治伦理，也是社会现实的一种回声。难怪司马迁在读到《皋陶谟》时仍然禁不住落泪，这正是作者与读者心灵的沟通。只有真实的现实人生、现实世界才能赋予作品以艺术生命和文学价值，才能赋予作品以现实的生命感。这一点正是《尚书》叙事的价值所在，是《尚书》能够打动后世读者心灵的重要原因。但《尚书》叙事的这种"托古改制"的伪托性质，也给作品造成了许多混乱，如具体的人物、地名、官制、事件往往出现古今混杂的矛盾，作品的题旨也呈现出复杂的多元性质：既有历史悠久的神话传说中的英雄故事，又有历史纪实性质的忠奸、正邪的斗争，还有后世儒家政治伦理的表达。这种在历史积累过程中形成的多层次特点造成了《尚书》叙事的多重意义。从积极方面说，《尚书》意义的多元特点丰富了《尚书》的文化内涵，成就了其作为经典的普适性，为后世多角度的解读与阐释创造了可能性与广阔的空间。

第四章　修辞论：原始礼乐活动与《尚书》语言表述的雅化

"修辞"一词最早见于《易传·文言》："君子进德修业。忠信，所以进德也；修辞立其诚，所以居业也。"唐孔颖达《周易正义》云："修辞立其诚，所以居业也者，辞谓文教，诚谓诚实也；外则修理文教，内则立其诚实，内外相成，则有功业可居，故云居业也。"把"修辞"释为"修理文教"，显然是一种引申发挥之义，并非该词的本义。自《易传·文言》之后，"修辞"成为一个成语和固定的词汇被使用。究其实，"修辞"的本义还在"修"与"辞"这两个单字中。所谓"修"，据《说文·彡部》："修，饰也。从彡，攸声。"段注："修之从彡者，洒刷之也，藻绘之也。"《论语·宪问》："为命，裨谌草创之，世叔讨论之，行人子羽修饰之，东里子产润色之。"可知"修"是修饰、润色之义。"辞"，《说文·辛部》："辞，讼也。"朱骏声《说文通训定声》："分争、辨讼谓之辞。""辞"又有文辞、语辞的分别，如《论语·卫灵公》："辞达而已矣"，《论语·泰伯》："出辞气，斯远鄙倍矣"，是言说的语辞；《易传·系辞》："圣人设卦观象系辞焉，而明吉凶""鼓天下之动者存乎辞""其旨远，其辞文，其言曲而中"，《孟子》："不以文害辞"，《荀子·正名》："辞合于说"，杨倞注："成文为辞"，以上是书写的文辞。可见，修辞的本义，是对言语、文辞的修饰与润色。有了言语和文辞，也就有了修辞，因此，修辞的历史同语言一样悠久。钱基博说："孔子以前，有言有文，直言者谓之言，修辞者谓之文。"[①] 先秦时代，人们已经开始了自觉的修辞实践，注意对语言进行美化和文饰。许多甲骨卜辞已经表现出明显的修辞特征。如《卜辞通纂》第三七五片："癸卯卜，今日雨，其自西来雨？其自东来雨？其自北来雨？其自南来雨？"整齐的排比句式表明，商代的卜辞已非简单的口语记录，而是经过了一定整饬作用的修辞性文辞了。到

---

① 钱基博：《中国文学史》，中华书局1993年版，第21页。

《尚书》篇章写作之前,人们已经积累了大量的修辞经验,修辞已经成为人们的一种自觉追求。

相对于甲骨文和早期金文来说,《尚书》的修辞表现出巨大的进步。这种进步与文字物质载体的进步有直接关系。甲骨文和金文的载体为刻写困难的龟甲、兽骨和青铜器皿等材料,既不便刻写,又不便传播与交流。其结果,造成殷周甲骨文、铜器铭文实用性的特征,记事语言质朴简单,语句生涩板滞,缺乏必要的文学手段与修辞色彩。到了《尚书》写作的周初,轻便价廉、书写方便的竹木简册取代了甲骨和青铜,成为主要的书写载体。这种新的载体为文字的表达提供了更为广阔的空间,为更为准确细致的表情达意和对文辞的修饰美化创造了条件,导致了语言修辞的进步,促进了早期文言的成熟。而这种修辞性的文言的成熟,又为文学的产生和繁荣创造了条件,《尚书》的文学性正是以修辞性的艺术语言的进步为前提。相对于甲金文语言的古奥艰涩、单调呆板,《尚书》的语言具有更明显的文学与修辞色彩:句式更为灵活多变,长短句结合,骈散句交错使用,具有诗化特征;语气词的普遍使用使人物语言具有个性化特征和鲜明的感情色彩;说理论辩逻辑清晰,论证组织严谨,结构完整;修辞手段多样灵活,语言生动形象、清新活泼等。与甲金文的质木呆板相比,《尚书》的语言是一种修辞性的形象语言,是经过文饰的文学语言,《尚书》作为我国最早成熟的文学散文,其文学性就建立在这种修辞性语言的基础之上。傅道彬先生说:"文言是中国古典文学的基本语言材料,古典文学实质上是一种文言文学,因此研究古典文学就不能不研究文言的发生发展。"① 文学是语言的艺术,语言问题是文学的核心问题。文学的语言又非普通意义上的语言,而是一种经过修饰加工的形象化的艺术语言,文学就是以这种艺术的语言为材料的。因此,修辞的历史就是文学的历史,修辞研究是文学研究的基础,《尚书》的文学研究离不开《尚书》的修辞研究。

记言是《尚书》最主要的文类,刘勰说:"盖圣贤言辞,总为《书》,《书》之为体,主言者也。……故《书》者,舒也,舒布其言,陈之简牍。"② 作为《尚书》主体的《周书》十九篇,自《大诰》以下,除《顾命》外,都是纯粹的记言之文。《尚书》的记言特征甚至反映在具体的篇目上:"谟"(1篇)、"誓"(5篇)、"诰"(5篇)、"命"(2篇),

---

① 傅道彬:《春秋时代的"文言"变革与文学繁荣》,《中国社会科学》2007年第6期。
② (南朝梁)刘勰撰,范文澜注:《文心雕龙注》,人民文学出版社1998年版,第455页。

第四章　修辞论：原始礼乐活动与《尚书》语言表述的雅化　　203

篇目之字均从"言"、从"口"，几占全部《尚书》篇目的一半，表明它们都与言语有关。从内容上看，按孔颖达在《正义》中的解说，"《无逸》戒王，亦训也"、"《西伯戡黎》云祖伊恐，奔告于受，亦诰也"、"《多士》以王命诰，自然诰也"、"《君奭》，周公诰召公，亦诰也"、"《多方》……上诰于下，亦诰也"、"《吕刑》，陈刑告王，亦诰也"，则记言之文更多。正是在这个意义上，刘勰才称《尚书》为"言经"。① 而《尚书》所记录的言语，又非普通意义上的言语，而是具有权威性的王者的号令之语。刘知几说："《书》之所主，本于号令，所以宣王道之正义，发话言于臣下，故其所载，皆典、谟、诰、誓、命之文。"②《尚书》记言部分的作品自古便以难读著称。刘勰称："《书》实记言，而训诂茫昧，通乎尔雅，则文意晓然。""《尚书》则览文如诡，而寻理即畅。"③ 刘知几在《史通·自叙》中回忆自己学习《尚书》的经历说："每苦其辞艰琐，难为讽读。"④ 韩愈在《进学解》中，也以"周《诰》殷《盘》，佶屈聱牙"来形容其难读。对于难读的原因，王国维在《与友人论〈诗〉〈书〉中成语》一文中认为："《诗》《书》为人人诵习之书，然于六艺中最难读。以弟之愚暗，于《书》，所不能解者殆十之五。……其难解之故有三：讹阙，一也，此以《尚书》为甚；古语与今语不同，二也；古人颇用成语，其成语之意义，与其中单语分别之意义又不同，三也。"⑤ 这三点似可以简化为两点，即：讹阙和"古语与今语不同"。讹阙为流传过程中出现的问题，而古今语言的变异则是最主要的原因，是问题产生的根本所在。

　　《尚书》记言诸篇，显然是在当时口语的基础上加工而成的。《周书》诰命诸篇之前的"王曰""王若曰"就可以说明：这些篇章是由当时的史官根据周王的语气写作并发布的。鲁迅说："《书经》有那么难读，似乎正可作照写口语的证据。"⑥ 黄侃也说："《尚书》所记，即当时语言。"⑦ 刘大杰也认为："'周诰'是周初的散文代表，现在人读起来佶屈聱牙，不容易懂，其实并非此中有奥妙的道理，也并非作者的文章特别高深，原因是'周诰'中的文辞，全是用当时的口语记录的文告和讲演，记录之

---

① （南朝梁）刘勰撰，范文澜注：《文心雕龙注》，人民文学出版社1998年版，第283页。
② （唐）刘知几撰，（清）浦起龙通释：《史通通释》，上海古籍出版社1982年版，第2页。
③ （南朝梁）刘勰撰，范文澜注：《文心雕龙注》，人民文学出版社1998年版，第21—22页。
④ （唐）刘知几撰，（清）浦起龙通释：《史通通释》，上海古籍出版社1982年版，第288页。
⑤ 王国维：《观堂集林》，中华书局2004年版，第75页。
⑥ 鲁迅：《且介亭杂文·门外文谈》，《鲁迅全集》第六卷，人民文学出版社1981年版，第90页。
⑦ 黄侃：《文心雕龙札记·宗经》，中国人民大学出版社2004年版，第14页。

后一直没有什么变动，于是那种言语渐渐随时代而僵化了。"① 而当时使用的口语，与后来成为"雅言"的周代通行的文言不同，是具有一定地方特色的岐周方言，这是《尚书》诰命诸篇难读的主要原因。傅斯年认为："'周诰'最难懂，不是因为它格外的文，恰恰相反，'周诰'中或者含有甚高之白话成分。……'周诰'既是当时的话言之较有文饰者，也应是当时宗周上级社会的标准语，照理《诗经》中的《雅》《颂》应当和它没有大分别，然而颇不然者，固然西周的诗流传到东周时字句有通俗化的变迁，不过，'周诰''周诗'看来大约不在一个方言系统中，'周诰'或者仍是周人初叶的话言，'周诗'之中已用成周列国的通话。"② 刘起釪先生统计了先秦古籍称引《尚书》篇目的情况：以《康诰》称引次数最多，达三十余次；其次《太誓》二十三次；《洪范》十九次；再次则《吕刑》《尧典》各十六次，其余皆在十次以下。在谈到称引次数多少的原因时，刘先生认为："他们称引这些篇的文句，都是一些平易好读的句子，……西周初年周公为巩固周王朝所作的好几篇诰词，是特别重要的周代开国文献，有好几篇比只封一国国君的命辞《康诰》显然更重要……但是那些《书》篇太难读了，因为全是周公用西土岐周方言讲的，隔了五六百年之后，中原大地上的通用语言已不同于岐周方言了，因此对于春秋战国人来说，这些都成了不易懂的文辞，就只好索性绕开它们，不去提它。……只有《康诰》在难懂的句子中夹有这几句好懂的句子（如'怨不在大，亦不在小''父不慈，子不祗''若保赤子'），以及其他几篇平易的句子，才被广泛引用。"③ 傅斯年更进一步推测，《周书》的难读也与传写之误有关："自《大诰》至于《顾命》，合以《文侯之命》，凡十三篇，此正所谓'佶屈聱牙'之文辞。文式语法皆为一贯，此真一部《尚书》之精华，最为信史材料。我们现在读这几篇，其中全不可解者甚多（曲解不算），不能句读者不少，其可解可句读者不特不见得'佶屈聱牙'，反而觉得文辞炳朗，有雍容的态度，有对仗的文辞，甚且有时有韵。然则今日之不能尽读者，与其谓当时文辞拙陋，或谓土话太多，毋宁归之于文字因篆隶之变而致误，因传写之多而生谬，因初年章句家之无识而错简、淆乱，皆成误解。且彼时语法今多不解，彼时字义也和

---

① 刘大杰：《中国文学发展史》，中华书局1941年版，第44页。
② 傅斯年：《诗经讲义稿（含〈中国古代文学史讲义〉）》，中国人民大学出版社2004年版，第124页。
③ 刘起釪：《尚书学史》（补订本），中华书局1989年版，第63页。

第四章 修辞论:原始礼乐活动与《尚书》语言表述的雅化

东周不全同,今人之不解,犹是语学上之困难也。"① 传写之误或讹阙是《尚书》记言诸篇难读的另一个原因。

毫无疑问,所谓难读的问题只是在后世才发生的,在《尚书》诰命文产生的当时,是决不存在这个问题的。《汉书·艺文志序》云:"《书》以广听,知之术也。……《书》者,古之号令,号令于众,其言不立具,则听受施行者弗晓。"刘知几亦云:"《书》之所主,本于号令,所以宣王道之正义,发话言于臣下,故其所载,皆典、谟、诰、誓、命之文。"②由此可知,《尚书》的记言诸篇只是对当时口头语言的照写,是一种应用性的有关国家政治、军事等重大事件的实用文字,如果"听受施行者弗晓",则要耽误大事,因此不可能存在后世遇到的"佶屈聱牙"的语言问题。相反,它的语言在当时一定是晓畅明白、清晰生动的。正如傅斯年所指出的,"其可解可句读者不特不见得'佶屈聱牙',反而觉得文辞炳朗,有雍容的态度,有对仗的文辞,甚且有时有韵",堪称周初文言的代表作,体现了周人深刻的思辨能力和高度发展的论说修辞能力。在文字的书写阅读能力普及之前,口头语言在实际社会生活中占据最重要的地位。在周初,只有史官阶层才掌握书写阅读的专门技能,而其他社会阶层,甚至包括周王在内的最高统治阶层,都还不具备这种需要耗费大量时间和精力才能获得的技能。对于当时的最高统治者们来说,熟练掌握运用官方口头语言具有更为现实的意义。正如阮元所说:"古人以简策传事者少,以口舌传事者多;以目治事者少,以口耳治事者多。"③ 而这种口头的言语能力作为当时最重要的实用知识,是需要专门的培养和训练才能获得的。刘知几说:"古人所学,以言为首。"④ 周王在年幼之时,就需要在少师的指导下学习正确使用言语辞令的方法。《新书·傅职》载:"天子燕辟废其学,左右之习诡其师;答远方诸侯、遇贵大人,不知大雅之辞;答左右近臣,不知已诺之适;简闻小诵之不博不习;凡此之属,少师之任也。"一个合格的官员也需要具有口头创作能力。《诗经·鄘风·定之方中》毛传:"建国必卜之。故建邦能命龟,田能施命,作器能铭,使能造命,升高能赋,师旅能誓,山川能说,丧纪能诔,祭祀能语,君子能此九者,可谓有德音,可以为大夫。"可见,当时一个合格的大夫也应是一个口头的

---

① 傅斯年:《诗经讲义稿(含〈中国古代文学史讲义〉)》,中国人民大学出版社2004年版,第149页。
② (唐)刘知几撰,(清)浦起龙通释:《史通通释》,上海古籍出版社1982年版,第2页。
③ (南朝梁)刘勰撰,范文澜注:《文心雕龙注》,人民文学出版社1998年版,第13页。
④ (唐)刘知几撰,(清)浦起龙通释:《史通通释》,上海古籍出版社1982年版,第379页。

修辞家，能够在政治、外交、祭祀、军事等各种大型典礼活动中恰当地运用语言。《尚书》是以记言为主的"言经"，其主体部分为夏商周三代王者的政治演说。尤其是《周书》的部分，是流传到今天的最早成熟的口头修辞性文言作品，堪称"文言之始，记言之祖"，展示了周初说理散文的高度艺术成就，值得我们认真关注和研究。

第一节 "辞"与"颂"：《尚书》修辞之源

修辞的过程即是对语言进行修饰、美化的过程，修辞的历史同语言一样古老，人类语言发展的历史就是修辞发展的历史。同时，这种发展又与人类经历的不同文明阶段相适应。种种证据显示，早期人类修辞能力的发展与原始宗教活动有着密切关系，人类修辞观念的自觉以及修辞技术的提高也与原始巫术存在密切联系。正是原始的巫术与宗教直接刺激了早期人类修辞能力的发展，成为修辞的直接源头。古人对此也有所认识。《新约·约翰福音》云："太初有言。"（in the beginning was the Word）按照《旧约·创世纪》的说法，物质的世界是上帝在虚空中用具有神力的语言"说"出来的。语言能力与神的创造力密切相关。《易传·说卦》亦云："神也者，妙万物而为言者也。"《系辞》云："圣人设卦观象系辞焉，而明吉凶""鼓天下之动者存乎辞"。刘勰在《文心雕龙·原道》中解释说："辞之所以能鼓天下者，乃道之文也。"不论中西，都将修辞性的语言与宗教活动、与神圣的天道联系起来。正如傅道彬先生所说，在上古时代，"一切自觉的修饰的言说'道'、言说神秘、言说神圣的语言都可以称作'辞'"。[①] 在古人看来，这种修辞性的语言并非人类所有，并非人类的创造，而是源自神和上帝，是神或上帝赐给人类的。人类在和神、上帝的沟通中获得并使用这种语言，因此这种语言具有神圣的神秘莫测的力量，可以改变甚至创造物质的现实世界，是一种具有神力的语言。

从汉字的"辞"字可以发现修辞的宗教起源。《说文》云："辞，讼也。"又云："讼，争也，从言，公声，一曰歌讼。"据许慎的解释，似乎"辞"最初与辩论、争讼有关。在古希腊，修辞学（rhetoric）的产生就与论辩和争讼有关。据修辞史家的研究，修辞学产生于公元前460年，与城

[①] 傅道彬：《春秋时代的"文言"变革与文学繁荣》，《中国社会科学》2007年第6期。

第四章　修辞论：原始礼乐活动与《尚书》语言表述的雅化

邦民主体制的发展相关。当时失去土地的地主很多，在新的平等政治条件下，他们有机会在公众面前辩护自己的权利，要求相应的赔偿。在这种情况下，善于言辞且具有说服力就显得尤为重要，修辞学就此发展起来。按照亚里士多德的说法，修辞学是"一种能够在任何一个问题上找出可能说服方式的功能"，① 是一种说服人的艺术，最初表现为一种系统研究讲演术并训练讲演者进行辩论和公开讲演的技艺。在古希腊，修辞学主要应用在政治集会上的讲演、法庭辩护以及重大的典礼仪式上的讲话方面。在修辞的发展史上，中西似乎都经过了相同的历程，可以彼此互证。但修辞的论辩、讲演或争讼功能只是在社会文明发展到一定阶段之后才发展起来的，显然不是修辞的最初起源。在上古时代，人与神的关系显然要比人与人、人与社会的关系更重要。修辞的产生亦如早期人类文化的其他方面一样，都与原始的巫术、宗教密切相关。如果说修辞是一种说服的艺术的话，那么，最初说服的对象并非是人，而只能是神，是人与神进行沟通的艺术。巫觋就是上古时代专门职掌这种修辞语言的人。

《说文》云："讼，争也，从言，公声，一曰歌讼。"值得注意的是"讼""一曰歌讼"，那么，何谓"歌讼"呢？日本学者白川静在《说文新义》中认为："颂"字"盖其初形也，字示于公廷祭祀祝告之意象。……又哀诉于祖灵曰'讼'。《说文》训'讼'为'争也'，又作'一曰歌讼'，而颂与歌讼之义相近。段注曰：'讼、颂古今字，古作讼，后人假颂皃字为之。'盖以其声而言者。然'讼'又示其祝祷之皃者，颂也。《颂》诗正如王国维所言，配合庙祭之仪节而奏者也。分其声容而言，则为讼、颂。然'讼'有哀诉之意，'颂'有称颂之意，因其仪礼之目的而不同者也"。② 据此，则"歌讼"即今天说的"哀诉"或"歌颂"，"辞"即在宗教活动中以文辞对祖先和神灵的祝祷、哀诉和歌颂。《诗经》中的《颂》，据"毛诗序"的解释，是"美盛德之形容，以其成功告于神明者也"。郑玄注《周礼》，释"颂"云："'颂'之言'诵'也，'容'也，诵今之德广以美之。"他在《诗谱》中又云："'颂'之言'容'。"刘熙《释名·释言语》："颂，容也，叙说其成功之形容也。"清代阮元《揅经室集》卷一《释颂》引申云："颂之训为形容者，本义也。且'颂'字即'容'字也，容、养、羕一声之转……所谓《商颂》《周颂》

---

① ［古希腊］亚里士多德：《修辞学》，罗念生译，生活·读书·新知三联书店1991年版，第24页。
② 叶舒宪：《诗经的文化阐释》，陕西人民出版社2005年版，第445页。

《鲁颂》者，若曰商之样子，周之样子，鲁之样子而已。"① 陈子展就认为，《诗经》之《颂》为"史巫尸祝之词，歌舞之曲"。② "辞"既然是宗教祭祀场合下的"歌讼"，而这种"歌讼"实即早期的诗歌，"辞"在辽远的时代，也就是诗歌之辞。"诗""辞"古音相同，诗的语言也称为辞。《大雅·崧高》："其诗孔硕，其风肆好。"这里的"诗"就指诗辞，而"风"指曲调。《大雅·卷阿》："矢诗不多，维以遂歌。""矢诗不多"即"陈辞不多"，"诗"即"辞"。《孟子·万章上》曰："说诗者不以文害辞，不以辞害志，以意逆志，是为得之。"赵岐注："辞，诗人所歌咏之辞。"总之，由宗教祭祀活动中产生的诗歌性质的"歌讼"（颂、诵、容），到社会关系中以说理为目的的应用散文性质的"讼争"，应是人类修辞的整个发展演变过程。修辞的直接源头是"颂"，是"诗"，是献给神灵的歌唱，产生于上古时代的宗教祭祀活动。

（一）"绝地天通"：《虞夏书》修辞与夏代祭祀活动

《礼记·表记》云："夏道尊命，事鬼敬神而远之，近人而忠焉，先禄而后威，先赏而后罚，亲而不尊。其民之敝，惷而愚，乔而野，朴而不文。殷人尊神，率民以事神，先鬼而后礼，先罚而后赏，尊而不亲。其民之敝，荡而不静，胜而无耻。周人尊礼尚施，事鬼敬神而远之，近人而忠焉，其赏罚用爵列，亲而不尊。其民之敝，利而巧，文而不惭，贼而蔽。"这段话简洁地概括出夏、商、周三代各自不同的文化特征。由"夏道尊命"到"殷人尊神"，再到"周人尊礼"，上古文化经历了由重视天道与鬼神的原始的"自然宗教"，到重视人事的具有人文特征的"伦理宗教"的转变。

相对于《国语·楚语下》所说的"民神杂糅，不可方物。夫人作享，家为巫史，无有要质。民匮于祀，而不知其福。烝享无度，民神同位。民渎齐盟，无有严威。神狎民则，不蠲其为"的原始状态，夏代已经进入"绝地天通"的原始宗教阶段，祭祀活动虽带有原始巫术的残存，但已不再是个人行为，而成为由专门的巫师阶层所垄断的国家行为。如夏王禹和启，都既是国王，又是巫师之长。《论语·泰伯》云："子曰：禹，吾无间然矣，菲饮食而致孝乎鬼神。"从祭祀的对象上看，夏代盛行天神和上帝崇拜，以天神和上帝为主要祭祀对象。如《尚书·甘誓》载夏启之言："有扈氏威侮五行，怠弃三正，天用剿绝其命。今予惟恭行天之罚。"夏

---

① （清）阮元：《揅经室集》，中华书局1993年版。
② 陈子展：《诗经直解》，复旦大学出版社1983年版，第1065页。

启崇拜天神,希望借助天神的帮助来剿绝政敌。除祭祀天神和上帝外,祖宗神也成为祭祀对象。《国语·鲁语》载:"夏后氏禘黄帝而祖颛顼,郊鲧而宗禹。"《礼记·祭法》亦云:"夏后氏亦禘黄帝而郊鲧,祖颛顼而宗禹。"《周礼·考工记》中有关于夏代祭祖场所"夏后氏世室"的记录,1959 年发现的河南偃师二里头夏文化遗址印证了《考工记》的记载。据《夏史与夏代文明》一书的介绍,二里头遗址发现了许多与祭祀有关的基址,可能是文献所载的坛、墠类建筑。在其上发现了许多整齐的墓葬以及随葬品,证明这里是祭祀鬼神的场所。尤其是遗址的 2 号宫殿,既有主殿、廊庑,又有一座可能是先祖"衣冠冢"的大墓。2 号殿因此被认定为是所谓的"夏后氏世室"。① 与祭祀活动相关的占卜活动在夏代也很盛行。二里头夏文化遗址多次发现占卜用的兽骨和龟甲。《虞夏书·禹贡》云:"九江纳赐大龟。"《左传·哀公十八年》引《夏书》云:"官占,惟能蔽志,昆命于元龟。"这些都说明,占卜与祭祀一样,都是夏代经常性的宗教活动。

经常性的祭祀等宗教活动同时促进了文化的发展。祭祀乐舞的上演促进了音乐、舞蹈、诗歌以及戏剧表演等艺术形式的发展,祭祀仪式上的祝祷辞令以及相关的占卜刻辞则促进了言语修辞能力的进步。后一方面从语源学角度也可得到证明。"祝",《说文·示部》释为:"祭主赞词者,从示,从人、口,一曰从兑省,《易》曰:'兑为口,为巫'。"按照前面的一种解释,则"祝"字从"示"、从"人"、从"口",是祭祀典礼上负责向神宣读赞美辞的人。段玉裁注曰:"以人口交神也。"其意为人通过言辞与神灵沟通、向神灵祷告。《释名·释语言》:"祝,属也,以善恶之词相属著也。"《战国策·齐策》:"为仪千秋之祝。"注:"祝,祈也。"《吕氏春秋·乐成》:"王为群臣祝。"注:"祝,愿也。"《淮南子·说山》:"尸祝斋戒。"注:"祝,祈福祥之辞。"按照后一种解释,则"祝"字从"兑"省,而"兑"有"口"的意思。《说文·儿部》:"兑,说也,从儿。"徐铉则认为,"兑"字当从"口"、从"八","象气之分散",并引《易》曰:"兑为巫,为口。"② 据日本学者白川静的解释,"兑"指一种心醉神迷的忘我状态,既通"说",即"悦",表示"喜悦"的意思;又通"脱",表示"虚脱"的意思。"兑"字上面的"八",表示神气出

---

① 李学勤主编,詹子庆著:《夏史与夏代文明》,上海科学技术文献出版社 2007 年版,第 214 页。
② (汉)许慎:《说文解字》(附检字),中华书局 1956 年版,第 176 页。

现。总之，"兑"即"悦"的意思，表示"在其祈祷中，有变成心醉神迷的状态"。① 则"祝"字除了"以人口交神"，表示人通过言辞与神灵沟通、向神灵祷告的意思之外，还表示人在这种"以人口交神"情况下的心理状态。在祭祀祷祝的仪式上，巫师处于一种极度兴奋的迷狂状态，一种喜悦和虚脱的状态，他的"神气"（灵魂）似乎脱离了肉体，与冥冥中的"神"和"上帝"合二为一。这时他说出的语言已经不再是自己的语言，而是具有神力的"神"的语言，是"神"借助于他的口，向人世传达上天的神谕。这种"神"的语言显然不同于世俗语言的直白通俗，而是富于修辞性的神圣庄重的语言，很多时候表现为符咒式的话语形式，具有节奏和韵律。为了掌握这种神谕的语言和特殊的言说方式，巫祝们就必须花费相当的时间和精力，努力提高自己的修辞技术，修辞就在这种职业性的训练过程中发展起来。

在现存《虞夏书》诸篇中，我们仍能发现这种修辞性的巫祝话语的影响。过去的研究者一般认为，《虞夏书》中的《禹贡》是一篇史家记载的地理著作，关于《禹贡》的全部争论几乎都集中在它的产生时代以及内容的真实性方面，很少有人注意到其语言的独特性。事实上，《禹贡》和其他已经遗失了的《虞夏书》作品一样，最初是以口传的方式流传的，其语言具有明显的巫祝话语特征。关于《禹贡》的名称，《说文》云："贡，献功也"，则《禹贡》为记录禹功、献功告成之作。关于《禹贡》的作者，郑玄《尚书注》云："禹知所当治水，又知用徒之数，则书于策以告帝。"孔《疏》云："禹分别九州之界……史录其事以为《禹贡》之篇。"两种说法中，以郑玄之说最值得注意。依郑玄的理解，《禹贡》实为一篇臣下的奏章，是"告帝"的策文。《史记·夏本纪》亦有"于是帝锡禹玄圭，以告成功于天下"的话。问题是，这里的"帝"究竟何指？在第二章中，我们已经对《禹贡》篇末的"禹锡玄圭，告厥成功"进行了分析，认为这一句表现的是神对人的赏赐，是上帝嘉奖禹的功绩而赐予他玄圭。在《国语·周语下》和《尚书璇玑钤》中都保留了这个神话的片断内容。《国语·周语下》载，由于禹治水的功绩，"故天无伏阴，地无散阳，水无沉气，火无灾燀，神无间行，民无淫心，时无逆数，物无害生，帅象禹之功，度之于轨仪，莫非嘉绩，克厌帝心。（韦昭注：帝，天也）皇天嘉之，祚以天下，赐姓曰姒，氏曰有夏"。《左传·隐公八年》：

---

① ［日］白川静：《中国古代文化》，加地伸行、范月娇译，台湾文津出版社1983年版，第139—140页。

"天子建德，因生以赐姓，胙之土而命之氏。"而《禹贡》的文本有"中邦锡土、姓，祗台德先，不距朕行"几句，与《国语》的记载正合，"中邦锡土、姓"，即"胙以天下，赐姓曰姒"。这几句透露出《禹贡》的真实来历，《禹贡》实为策告皇天上帝并宣示天下的祝策之文。下面的"祗台德先，不距朕行"，刘起釪认为："古代胙土赐姓，要讲一篇诫勉性的诰辞。在诰辞中要讲几句诫敕的话。这或者是原诰诫誓词中的两句，被《禹贡》作者遇到，就收入了篇中，则当为上告诫下的用语。"① 据此，则《禹贡》所录实为夏禹登基祭天、告众之文，其中引述的神谕，是托上帝之言以自重，证明自己王权的神圣性。全文多使用排偶句式，整齐而富有韵律，体现出明显的口传特征。

《左传》中的人物在言谈中多次引用"夏书"，杜预注："《夏书》，逸书也。"可知《夏书》的篇章曾是很丰富的。据统计，《左传》共引用"夏书"十五次，基本上都是以格言的形式，甚而有韵。如《文公十七年》的"戒之用休，董之用威，劝之以《九歌》"，《襄公二十一年》的"念兹在兹，释兹在兹，名言兹在兹，允出兹在兹，惟帝念功"等都是如此。而《哀公六年》的"惟彼陶唐，帅彼天常，有此冀方。今失其行，乱其纪纲，乃灭而亡"，简直便是一首合格的四言诗，完全可以收入《雅》《颂》之中。《国语》引"夏书"三次，亦复如此：《周语上》的"众非元后何戴？后非众，无与守邦"，《晋语九》的"一人三失，怨岂在明，不见是图"。可知这些失传的《尚书》篇章都曾以口头的方式广泛流传。早期的巫觋，后来的瞽史，依靠他们的博闻强记和"心率旧典"，一代一代地将这些篇章从夏代传唱下来，只是因为没有被最后写定为书面文本而失传。杨向奎在谈到产生时代在先的《虞夏书》何以易懂，而后出的《周书》反而难读的原因时说："《夏书》文从字顺，比'周诰'易懂，实因《夏书》是巫的口头传授，可以文从意转；而'周诰'是史官记录，录于书版或刻于铭文，文字定型无法改动，是以有难易之分。"② 这种观点是很有说服力的。

（二）"修辞立其诚"：《商书》修辞与殷商祭祀活动

殷商文化正处于"尊命"与"尊礼"之间，与夏、周二代相比，殷商人的鬼神宗教信仰是狂热的，宗教迷信渗透到社会生活的各个方面，并且产生了集自然神和祖先神为一体的至上神的观念。郭沫若说："由卜辞

---

① 顾颉刚、刘起釪：《尚书校释译论》，中华书局2005年版，第814页。
② 杨向奎：《宗周社会与礼乐文明》，人民出版社1992年版，第384页。

看来，可知殷人的至上神是有意志的一种人格神，上帝能够命令，上帝有好恶，一切天时上的风雨晦冥，人事上的吉凶祸福，如年岁的丰啬，战争的胜败，城邑的建筑，官吏的黜陟，都是由天所主宰，这和以色列民族的神是完全一致的。但这殷人的神同时又是殷民族的祖宗神，便是至上神，是殷民族自己的祖先。"① 陈梦家也认为："殷代的帝是上帝，和上下之'上'不同。卜辞的'天'没有作'上天'之义的。'天'之观念是周人提出来的。"② 整个殷商社会就是在这样一个"上帝"和围绕在他身边的殷商祖先神们统治的社会。殷商文化因此可以简单地概括为"巫鬼文化"，殷商的政治也可以概括为"巫鬼政治"。

在"巫政不分"的时代，商王本人就是群巫之长，既是政治首脑，又是宗教领袖。顾颉刚说："西周以前，君主即教主，可以为所欲为，不受什么政治道德的拘束；若是逢到臣民不听话的时候，只要抬出上帝和先祖来，自然一切解决。这一种主义，我们可以替它起个名儿，唤作'鬼治主义'。"③ 从《商书》中可以看到，商汤伐桀，便打出"天"和"上帝"的招牌："非台小子敢行称乱，有夏多罪，天命殛之""夏氏有罪，予畏上帝，不敢不正"；盘庚迁殷，也抬出上帝和先祖之灵来对付反对者："予迓续乃命于天，予岂汝威，用奉畜汝众"，"汝万民乃不生生，暨予一人猷同心，先后丕降与汝罪疾"，"故有爽德，自上其罚汝，汝罔能迪"，"我先后绥乃祖乃父，乃祖乃父乃断弃汝，不救乃死"，"迪高后丕乃崇降弗祥"，等等。大臣劝谏商王，如《高宗肜日》《西伯戡黎》《微子》所载，也以"天"和"上帝"为说。《商书》五篇处处都表现出对上帝和祖先神灵的虔诚崇拜，表现出强烈的天命意识和神权思想。"巫鬼政治"的核心是对祭祀权力，也就是通天权力的垄断。"国之大事，在祀与戎"，祭祀权力的垄断造就了既掌握政权，同时又"祭在寡人"、掌握神权的巫政合一的统治阶层。正如张光直所言："通天的巫术成为统治者的专利，也就是统治者施行统治的工具。'天'是知识的源泉，因此通天的人是先知先觉的，拥有统治人间的智慧与权力……占有通达祖神意旨手段的便有统治资格。"④ 现存的甲骨卜辞就是这种祭祀活动的记录。频繁的制度化的祭祀活动，其实质既是商王和群巫们利用祭祀手段对天意的探

---

① 郭沫若：《先秦天道观之进展》，《郭沫若全集·历史编》第一卷，人民出版社1982年版，第317页。
② 陈梦家：《殷虚卜辞综述》，中华书局1986年版，第581页。
③ 顾颉刚等：《古史辨》第二册，上海古籍出版社1982年版，第44页。
④ 张光直：《考古学专题六讲》，文物出版社1986年版，第107页。

第四章　修辞论：原始礼乐活动与《尚书》语言表述的雅化　213

测，同时又是一种政治行为，具有加强血缘宗法关系的目的。

《易传·文言》解释《乾》"九三"爻辞"君子终日乾乾，夕惕若，厉，无咎"说："子曰'君子进德修业。忠信所以进德也；修辞立其诚，所以居业也。知至至之，可与几也；知终终之，可与存义也。'"这里的"修辞立其诚"，堪称我国古代最早出现的修辞观念，对我们了解上古时代的修辞大有帮助。考察"诚"字的起源可以发现，甲骨文中只有"成"字，而没有"诚"字。"成"字在甲骨文中是殷商民族第一代君王成汤的专用名称。《太平御览》卷八十三引《竹书纪年》"汤有七名而九征"，《金楼子》亦云"汤有七号"。关于商汤的七个名号，甲骨文中已发现了"成""咸""唐""大乙""天乙"等几个，金文《叔尸镈》有"成唐"，传世文献中有"成汤""汤""唐""武汤""武王""天乙""履"等几个。其中"成"字是商汤的主要名号，陈梦家在《殷虚卜辞综述》中，收录有祭祀"成"的甲骨卜辞达三十多片。[①] 商汤另有名号"咸"，见于《殷墟文字乙编》第 6664、5920、1877 号，《殷墟文字前编》1.4.3，以及《卜辞通纂》第 237 片，《尚书·酒诰》亦有"成汤咸"的记载。而"成"字与"咸"字之异，只在从"丁"（口）与从"口"的微有不同，很可能是文字流传过程中的混淆。日本学者岛邦男在《殷墟卜辞综类》中，记录带有商汤名号"咸"字的卜辞共达八十条以上。可知"成"（咸）是商汤在殷商时代最通行的名号。"咸"本是巫的古称。孙作云先生引日本学者狩野直喜的观点："咸字之古音为 Kam，满洲语称萨满为 Kam，Kama、Kamen、Shamanism、Schamanismus、Chamanisme 等名词，皆由此出。"然则"咸"即巫即萨满。[②] 巫师在上古时代具有最高的社会权力，是氏族部落的酋长，后来又发展成为奴隶制国家的国王。因此，"咸"很可能就是成汤之"成"的本字，他既是殷商时代最著名的巫师，又是殷商的第一位国王。在殷商时代，宗教观念已由原始的图腾崇拜发展到祖先崇拜，在殷商贵族统治者的频繁祭祀活动中，殷商民族的祖先神成为主要的祭祀对象。这种祭祀活动，既有企求祖先神灵佑助的宗教目的，又有加强王室内部亲情关系的政治目的。作为殷商民族的开国君王和最著名的巫师，对成汤的祭祀贯穿了整个殷商时代。晁福林曾根据 20 世纪 80 年代所能见到的甲骨卜辞资料进行统计，在整个卜辞中明确记载祭祀祖先的多

---

① 陈梦家：《殷虚卜辞综述》，中华书局 1986 年版，第 411 页。
② 孙作云：《孙作云文集》，《美术考古与民俗研究》卷，河南大学出版社 2003 年版，第 528 页。

达一万五千余条，其中祭祀成汤的多达八百余条，在所有殷商诸王中排在第三位，仅次于上甲（一千一百余条）和祖乙（九百余条），而且祭祀仪式隆重盛大，用牲数多至一次数十甚至上百。① "修辞立其诚"的观念，就是在频繁盛大的祭祀成汤的仪式中产生的。王齐洲认为："殷商时代的巫觋，无论祭祀还是占卜，对成汤都是诚惶诚恐，不仅由衷敬仰，而且绝对忠诚，相信成汤对于他们的诉求也会有求必应。而至于对其他鬼神的占辞或祝辞，也抱有同样的心态，预期能够获得同样的效果，这应该就是'诚'的原始义。"② 与春秋战国时代被儒家思想家赋予了哲学内涵的"诚"不同，"修辞立其诚"的"诚"是指对神灵诚敬、诚信的的态度。

事实上，商汤本人就是这个观念的早期实践者。《国语·周语上》《墨子·兼爱下》《论语·尧曰》《荀子·大略》《吕氏春秋·顺民》《尸子·绰子》均记录了商汤的祈雨祷辞。其中以《墨子·兼爱下》和《论语·尧曰》所记较详：

> 惟予小子履，敢用玄牡，告于上天后，曰："今天大旱，即当朕身履，未知得罪于上下，有善不敢蔽，有罪不敢赦，简在帝心，万方有罪，即当朕身；朕身有罪，无及万方。"
>
> 予小子履，敢用玄牡，敢昭告于皇皇后帝，有罪不敢赦。帝臣不蔽，简在帝心，朕躬有罪，无以万方；万方有罪，罪在朕躬。

诸书所载虽有文字之异，但基本内容大致相同，可以相信是根据商代口头流传下来的真实材料加工而成。从形式上看，这段祷辞使用了整饬的排偶句式，文风典重雍容，文字雅洁精炼，显然是经过了精心修饰的祝祷之辞，是富有艺术性的修辞语言。商汤以自身为牺牲而祈雨，其精诚终于感动了上天，据《吕氏春秋·顺民》的记载，其结果是"民乃大悦，雨乃大至"。

对于《论语·尧曰》所载祷辞，何晏《论语集解》引孔安国注："此伐桀告天之文。"清代刘宝楠《论语正义》则谓："疑伐桀告天与祷雨文略同。"魏源在《书古微》中，则径直把《论语》的这一段文字与商汤伐桀的《汤誓》合二为一。如此看来，这段祷文与《商书》中的《汤誓》关系密切。《汤誓》虽然最后写定于周代，但它却是产生于商汤时代的可

---

① 晁福林：《先秦社会形态研究》，北京师范大学出版社2003年版，第165页。
② 王齐洲：《观乎天文：中国古代文学观念的滥觞》，《文艺研究》2007年第9期。

第四章 修辞论:原始礼乐活动与《尚书》语言表述的雅化

信材料。刘起釪认为:"它(《汤誓》)既是商王朝建国史上最重要的一篇'宝典',自然为商汤子孙所历世相传,作为必诵必尊的祖训珍视着。后来商亡后,周公在一篇题为《多士》的诰辞里对殷人说:'惟尔知,惟殷先人有册有典,殷革夏命。'指出殷人的祖先用典册记载了当时殷革夏命的事实,那么显然这篇重要祖训一定就是记载在当时的典册中的。很可能就是灭殷时周人把它接收了,成为'周公旦朝读"书"百篇'中的一篇。也可能宋国的内府里仍然保存了一份,或者当宋国受封建国,精神逐渐镇定缓和过来之后,重新搜集整理祖先文献,从历世口耳相传中恢复重写了这一份。由于时间已在周代,所以会运用周代通用的文句去写它,等于也是当时的一篇'今译'。"① 表面看来,"汤祷之辞"与《汤誓》不同,如刘起釪所说的:"('汤祷之辞')不是誓词而是祷词,是告天谢罪祈祷之词。本篇(《汤誓》)则是作战誓词,而不是告天之词。所以不同的书篇是不宜牵混在一起的。"② 而事实上,在商汤的时代,不论是告天谢罪的祈祷之词,还是作战誓词,都是宗教祭祀活动的一种具体形式,二者并不存在本质的区别。如果说存在区别的话,这种区别也是在后世形成的,在商汤所处的"事鬼敬神""先鬼而后礼"的时代,并不存在后世所谓"祷词"和"誓词"的区别。在原始时代及文明时代早期,祈雨仪式和在重大军事行动之前举行的祈祷胜利仪式一样,都是宗教祭祀活动的一种形式,都需要以修辞性的言辞向神灵祷告。在这些仪式中产生并通过口耳相传的方式流传下来的文辞,因为性质、言说的具体形式相同,故往往不能区分,甚至混而为一,是完全可能的。陈梦家从体例角度划分《尚书》篇章为"诰命"、"誓祷"和"叙事"三类,其中将"誓"与"祷"归为一类,不是没有道理的。③

从语源学的角度来看,"祝"和"祈"都表示对神的祈求和祷告。其中"祝"又有祝愿和诅咒两个意思。《释名·释语言》:"祝,属也,以善恶之词相属著也。""善恶之词"就包括祝愿和诅咒两个方面。在祈祷、祝告之时,一方面是对自己一方表达的积极肯定的祝愿,另一方面是对敌对一方表达消极否定的诅咒;祈雨仪式上的祝辞即祷词属于前者,战争仪式上的祝辞即誓词则包含两个方面:对己方获胜的祝愿、对敌方进行的诅咒。如果说"祷词"和"誓词"有区别,则根本性的区别也仅限于这一

---

① 顾颉刚、刘起釪:《尚书校释译论》,中华书局2005年版,第888页。
② 同上书,第891页。
③ 陈梦家:《尚书通论》(增订本),中华书局1985年版,第309页。

点。"祝"这个宗教术语又与"祈"同义,《战国策·齐策二》注:"祝,祈也。"《淮南子·说山训》注:"祝,祈福祥之辞。""祈",《说文》云:"求福也。"《礼记·郊特牲》云:"祭有祈焉,有报焉。"说明"祈"是祭祀活动的一种形式。郑注:"祈犹求也,谓祈福祥,求永贞也。"祝祈行为是以语言为手段的,故《尔雅·释言》云:"祈,叫也。"郭璞注:"祈祭者叫呼而请事。"《说文》:"叫,呼也。"《一切经音义》九引孙炎曰:"祈,为民求福叫告之辞也。"祈雨活动是"为民求福"的行为,其言辞当然属于"祈"之一种,战争仪式上的祈祷言辞也同属"祈"之一种。容庚《金文编》卷一收有"祈"字49个,其中最常见的写法是"旂"。①《金文诂林》第一册载罗振玉的观点,认为此字表示战争之时在军旗下的祷告,"祈"与"旂"在金文中为同一个字。所谓"战争之时在军旗下的祷告",其实也就是后世所说的"誓"。"祈"或"祝"其实正是"誓"的本义,而《说文》所说的"誓,约束也",乃是后起的字义。《尚书》中的《甘誓》《汤誓》《牧誓》《费誓》数篇,所记录的就是这类"战争之时在军旗下的祷告",其实就是一种祝祷之文,同"汤祷之辞"并无根本区别。因此,所谓"祷词"和"誓词"本来就是同一件事情,"祝"、"祈"和"誓"都体现为祈祷、祝告的性质,在修辞方面存在一致性。这样看来,古人关于《论语·尧曰》一段话究竟是伐桀之文还是祈雨之文的争论就可以平息了。既然二者并无根本区别,其具体词句自然也可以互易。何况祭祀活动本来就是一种程式化的行为,祝祷词句也是一种世代口耳相传的模式化的词句,既无必要也不可能强加分别。

李零将"誓"定义为"誓神之辞",② 可谓抓住了"誓"的本质。《说文》训"誓"为"约束也",最初应是神对人的约束,而非后来的人对人的约束。由"誓神"而"誓众""誓师",反映了殷周两代文化由"率民以事神,先鬼而后礼"的"巫鬼文化",到"尊礼尚施,近人而忠"的"礼乐文化"的转变。从《汤誓》的具体内容看,商汤口口声声讲"天命""上帝""天之罚",分明是以一个巫师兼酋长的身份,在向大众传达上天的意旨,借以证明其军事行动的合理性。尤其是结尾的"尔不从誓言,予则孥戮汝,罔有攸赦",更是借鬼神的权威来威吓民众,反映了殷商"巫鬼文化"的原始和野蛮。由《甘誓》到《汤誓》,再到《牧誓》《费誓》,再到《秦誓》,我们可以清晰地看到鬼神地位的逐步衰

---

① 容庚:《金文编》,中华书局1985年版,第16页。
② 李零:《简帛古书与学术源流》,生活·读书·新知三联书店2004年版,第65页。

落和人性意识的逐步觉醒。《甘誓》全文，出现两个"天"字、一个"祖"字、一个"社"字、五个"命"字，而出现的"人"字只有一个。与之相比，《秦誓》全文没有出现一个"天""天命""上帝""祖宗"的字样，而出现的"人"字却达九个之多，另出现"民"字三个。可见，"誓"的发展过程，也就是人最终取代神的过程，"誓众""誓师"最终取代了"誓神"。

第二节 "祝"与"史"：《尚书》修辞的主体考察

（一）从巫到史：《尚书》修辞与史官职能的历史演变

早期宗教区别于原始巫术的一个重要特征是出现了专职的巫师。据《国语·楚语下》："民之精爽不携贰者，而又能齐肃衷正，其知能上下比义，其圣能光远宣朗，其明能光照之，其聪能听彻之，如是则明神降之，在男曰觋，在女曰巫，是使制神之处位次主，而为之牲器时服。而后使先圣之后之有光烈，而能知山川之号、高祖之主、宗庙之事、昭穆之世、齐敬之勤、礼节之宜、威仪之则、容貌之崇、忠信之质、禋洁之服，而敬恭明神者，以为之祝；使名姓之后，能知四时之生、牺牲之物、玉帛之类、采服之仪、彝器之量、次主之度、屏摄之位、坛场之所、上下之神祇氏姓之所出，而心率旧典者，为之宗。于是乎有天、地、神、民、类物之官，谓之五官，各司其序，不相乱也。民是以能有忠信，神是以能有明德，民神异业，敬而不渎，故神降之嘉生，民以物享，祸灾不至，求用不匮。"这里讲的，是担任巫、觋、祝、宗等神职的主观条件和职能任务。其中巫、觋最重要的职能是能够使"神明降之"，并且能够"制神之处位次主，而为之牲器时服"；而祝和宗则是具体祭祀仪式的组织者。以巫、觋、祝、宗为代表的神职祭司阶层将个体巫术变为公共巫术，垄断了"通天"的权力，由他们构成的"五官"成为最早的社会统治阶级。在"五官"中，"天官"无疑是上古社会的职官之首。对上古时代的统治者来说，对"天"的了解和观测无疑是最重要的政务。《易传·系辞下》说："古者包牺氏之王天下也，仰则观象于天……"《尚书》首篇的《尧典》，即以尧帝任命羲和开篇："乃命羲和，钦若昊天，历象日月星辰，敬授人时。"旧解多释此段为尧舜时代的天文立法管理制度，以"天官"为天文历法之官。对此，江晓原指出："其语表面上虽颇有'科学'色彩，好像是谈历法问题，其实仍是指通天事务。……所谓'观象授时'或'敬授人时',其本义绝不是指'安排农事',而是指依据历法知识,安排统治阶级的重大政治事务日程。"①"天官"的天文立法职能,本是由其最初的宗教祭祀职能发展而来的,"天官"之所以能成为上古职官之首,也是由其沟通人神、垄断祭祀的神圣性所决定的。

在殷商时代,由巫、觋、祝、宗构成的神职"天官"把持了通天的特权,在政治上享有很高的权力。《尚书·君奭》载周公之言曰:

> 我闻在昔,成汤既受命,时则有若伊尹,格于皇天。在太甲时,则有若保衡。在太戊时,则有若伊陟、臣扈,格于上帝,巫咸乂王家。在祖乙时,则有若巫贤。在武丁时,则有若甘盘。率惟兹有陈,保乂有殷。故殷礼陟配天,多历年所。

巫咸、巫贤都是殷代著名的巫师,甲骨卜辞及《山海经》屡见他们的名字。他们与伊尹、伊陟等都具有"格于皇天""格于上帝"的通天本领,能够在人神之间起到沟通的作用。范文澜概括商代巫史的作用说:"巫史都代表鬼神发言,指导国家政治和国王行动;巫偏重鬼神,史偏重人事。巫能歌舞音乐与医治疾病,代鬼神发言主要用筮法。史能记人事,观天象,熟悉旧典,代鬼神发言主要用卜(龟)法。国王事无大小,都得请鬼神指导,也就是必须得到巫史指导才能行动。"② 这种权力的进一步发展,甚至殷商的国王也难免要听从他们的摆布,听任他们借天帝鬼神之名操纵国家大政。在《无逸》中,周公回顾殷商的历史说:

> 呜呼!我闻曰:昔在殷王中宗,严恭寅畏,天命自度,治民祗惧,不敢荒宁,肆中宗之享国七十有五年。其在高宗,时旧劳于外,爰暨小人。作其即位,乃或亮阴,三年不言。其惟不言,言乃雍。不敢荒宁,嘉靖殷邦。至于小大,无时或怨。肆高宗之享国五十有九年。其在祖甲,不义惟王,旧为小人。作其即位,爰知小人之依,能保惠于庶民,不敢侮鳏寡。肆祖甲之享国三十有三年。自时厥后,立王生则逸,生则逸,不知稼穑之艰难,不闻小人之劳,惟耽乐之从。自时厥后,亦罔或克寿。或十年,或七八年,或五六年,或四三年。

---

① 江晓原:《天学真原》,辽宁教育出版社1991年版,第94页。
② 范文澜:《中国通史简编》(修订本)第一册,人民出版社1965年版,第58页。

对于商王年寿前后期的巨大反差，孟世凯分析说："可能那世袭的巫史们借占卜后神的意志来控制商王的言行，甚至谋害无能的商王……周公在前面所说之意思，似这些短命商王是不知稼穑之艰难，只知游乐才'罔或克寿'，也未具体指出是哪几个商王。但祖甲后只有廪辛、康丁、文丁三王在位时间在几年或十年，如果说只知游乐而短命实在太勉强。历史证明，自古以来统治集团中争权夺利的政治斗争不曾间断过，商王朝自仲丁以后就发生过诸弟子'争相代立，比九世乱'的宫廷内乱。为了争夺王位什么残酷手段都能使用，也不排除商王室中亲贵与巫史们上下勾结采取过极端的手段，造成了几个短命的商王。"[1]

据《周礼》"男巫"注，巫者可以与上帝鬼神通言，在很多时候，他们可以借上帝鬼神之名训导人间的帝王。《庄子·天运》所载巫咸之言，很可能就是巫咸借上帝之口对殷王太戊的训诫：

> 巫咸袑曰："来，吾语女。天有六极五常，帝王顺之则治，逆之则凶。九洛之事，治成德备，监照下土，天下戴之，此谓上皇。"

这里的"袑"，应解为"招"，巫咸是以神的态度、口吻在训诫商王。所谓的"九洛之事"，是指商周以来流传于巫史口中的上帝赐给夏禹所谓"洪范九畴"的事。《易传·系辞》云："河出'图'，洛出'书'，圣人则之。"按《洪范》中箕子的说法，"洪范九畴"即：初一曰五行，次二曰敬用五事，次三曰农用八政，次四曰协用五纪，次五曰建用皇极，次六曰乂用三德，次七曰明用稽疑，次八曰念用庶徵，次九曰向用五福、威用六极。《汉书·艺文志》云："凡此六十五字，皆'雒书'本文。"《汉书·五行志》亦载刘歆之言曰："禹治洪水，锡'洛书'法而陈之，《洪范》是也。"按照汉代纬书的记载，这六十五个字最早载在神龟的背上，在夏禹治理洪水时，由上帝赐给他。夏禹就在这"九畴"的指导下治水成功。"洛书"传说与"河图"传说一样，经历了漫长的岁月，由夏商时代一直流传到周初。《周书》中的《洪范》一篇，所记就是箕子向武王传授所谓的"洛书"，即"洪范九畴"一事。《洪范》载：

---

[1] 李学勤主编，孟世凯著：《商史与商代文明》，上海科学技术文献出版社 2007 年版，第 153 页。

>　　惟十有三祀，王访于箕子。王乃言曰："呜呼！箕子，惟天阴骘下民，相协厥居，我不知其彝伦攸叙。"

《史记·周本纪》载此事曰："武王已克殷，后二年，问箕子殷所以亡。箕子不忍言殷恶，以存亡国宜告。武王亦丑，故问以天道。"那么，箕子在商代的身份是什么？他何以能够掌握所谓的"天道"呢？

在殷商后期，由传统的巫、觋、祝、宗等神职祭司阶层中，又分化出瞽与史两种专门化的神职官员。瞽，又称"师"，是由宗庙祭祀活动中负责音乐、舞蹈的巫祝中分化出来的，成为专门执掌朝廷音乐活动的官员，其首脑称"太师"。史则是由祭祀活动中负责占卜记录等文字工作的巫祝分化而来，成为专门执掌朝廷典籍、文字记录的官员。因为这两种官员职责相近相兼，故古籍中每每联言。《国语·周语下》云："吾非瞽、史，焉知天道？"韦昭注："瞽，乐太师，掌知音乐风气，执同、律以听军声而诏吉凶；史，太史，掌抱天时，与太师同车，皆知天道也。"所谓"知天道"，说明瞽、史两种官员虽然具体职责不同，但同样是负有沟通人神的巫觋性质的神职官员。在《商书》的《微子》一篇中，微子所谋的对象为"父师"，《史记·殷本纪》则作"太师"。《殷本纪》载："纣愈淫乱不止。微子数谏，不听，乃与太师、少师谋，遂去。……殷之太师、少师乃持其祭器奔周。"《史记·周本纪》亦载此事："纣昏乱暴虐滋甚，杀王子比干，囚箕子，太师疵、少师强抱其乐器而奔周。"而《汉书·五行志》、皇侃《论语义疏》引郑玄注，孔《传》《书集传》则以父师或太师为箕子，与《史记》相矛盾。不管箕子究竟是否为殷之太师，既然武王"问箕子以天道"，说明箕子确是一位具有通神经验的巫官。近年的考古发掘，又为这一问题提供了新的线索。

1977年至1979年，陕西周原考古队在陕西岐山凤雏村发掘西周的宫殿遗址，在西厢二号房两窖穴内出土了大批西周甲骨，共计一万七千余片，其中有字甲骨三百余片，计903个字，合文12个，为西周史的研究提供了重要材料。对于这些甲骨的时代归属问题，王玉哲认为"很可能是在殷商末年商纣王时，掌管占卜的卜人投奔周人时，携带过去的"。[①] 王宇信亦认为，这些甲骨为殷末太师、少师或内史挚携来，或武王伐纣后劫掠而来。具体地说，"周原凤雏甲骨绝大部分应是武、成、康时代的遗物"。[②] 李学

[①] 王玉哲：《陕西周原所出甲骨文的来源试探》，《社会科学战线》1982年第1期。
[②] 王宇信：《西周甲骨探论》，中国社会科学出版社1984年版，第247—249页。

第四章　修辞论:原始礼乐活动与《尚书》语言表述的雅化　221

勤认为:"凤雏甲骨的年代上起周文王,下及康、昭。"① 徐锡台认为:"周原出土的这批甲骨,有一部分相当于周王季晚期或文王早期,大部分卜甲属于文王中晚期,极少数卜甲可能属于武王时期和周公摄政时期的。"② 据陈全方的考释,其中的 H 31:2 号为"唯衣鸡子来降"数字。③ 据史籍记载,箕子在殷亡后曾经到西周的镐京朝见武王。《尚书大传》云:"武王既胜殷,继公子禄父,释箕子囚。……箕子既受周之封,不得无臣礼,故于十三祀来朝。武王因其朝而作《洪范》。"孔《传》亦云:"归镐京,箕子作之(《洪范》)。""衣"在甲金文中同"殷","鸡"即"箕","衣鸡子"即"殷箕子"。所谓的"降",是一个宗教术语,指神的降格、降假,这里指箕子在周镐京举行降神的仪式。显然,箕子同商中期的巫咸一样,都利用降神的机会向君王陈述前代流传下来的治国大法:传说中由上帝传授的"洛书"或"洪范九畴"。巫本是"以舞降神"者,降神仪式上巫讲的话也就是神的话,是由巫代神立言。箕子作为前代"知天道"的瞽史之官,在降神的仪式上口诵神谕,由史官记录,就有了这一篇《洪范》传世。20 世纪 50 年代,方孝岳曾推测《洪范》为殷代巫祝之书,由箕子授予武王。④ 周原甲骨的出土,证明这一推测是完全正确的。

　　从《洪范》的辞气看,它与《庄子·天运》所载巫咸之言正相符合。"巫咸袑曰:'来,吾语女!'"表明巫咸是以神的语气毫不客气地训诫商王。《逸周书》有《周祝解》一篇,其中记录了巫、祝代上帝告诫周王的长篇训辞,也每句以"汝"开头。《洪范》也以"汝"称呼武王:"惟是厥庶民于汝极""锡汝保极""凡厥庶民,有猷有为有守,汝则念之""而康而色曰:予攸好德,汝则锡之福""凡厥正人,既富方谷,汝弗能使有好于而家,时人斯其辜""于其无好德,汝虽锡之福,其作汝用咎""汝则有大疑,谋及乃心,谋及卿士,谋及庶人,谋及卜筮""汝则从,龟从,筮从,卿士从,庶民从""汝则逆,庶民逆""汝则逆,卿士逆"等。其中的"无虐茕独而畏高明""凡厥庶民,有猷有为有守,汝则念之""凡厥正人,既富方谷,汝弗能使有好于而家,时人斯其辜"等句,都是有关国君任用臣下、治理国政的具体方法。孔颖达《正义》说:"《洪范》本体与人主作法,皆据人主为说。"所谓的"九畴",就是国君

---

① 李学勤:《西周甲骨的几点研究》,《文物》1981 年第九期。
② 徐锡台:《周原甲骨文综述》,三秦出版社 1991 年版,第 154 页。
③ 陈全方:《周原与周文化》,上海人民出版社 1988 年版,第 258 页。
④ 方孝岳:《尚书今语》,古籍出版社 1958 年版,第 83 页。

治理国家的九种主要原则和方法。降神仪式离不开音乐和舞蹈，巫祝代神传语是在音乐与舞蹈的配合下进行的，所以所传的神谕往往协于音律，采用诗歌的形式。这方面的例子很多。如《逸周书》的《周祝解》，该篇可称巫祝传语的汇集，基本采用了韵语的形式。再如《大雅·皇矣》一诗，其中的"帝谓文王，无然畔援，无然歆羡，诞先登于岸"，以及"帝谓文王，予怀明德，不大声以色，不长夏以革，不识不知，顺帝之则。帝谓文王，询尔仇方，同尔兄弟，以尔钩援，与尔临冲，以伐崇墉"等句，都是巫祝代上帝对文王的训诫，采用了整齐的四言诗的形式。《洪范》亦是如此，全文基本为诗体，整齐押韵，可诵可歌，先秦人往往视之为诗歌。如《墨子·兼爱下》，便连引《洪范》的"王道荡荡，不偏不党。王道平平，不党不偏"与《小雅·大东》的"周道如砥，其直如矢。君子所履，小人所视"，合称为"周诗"。

（二）从"六祝""六祈"到"六辞"：《尚书》修辞与周代礼乐活动

至周代，巫祝的重要性和地位大大降低。与殷商时代狂热的鬼神迷信相比，周人更具理性精神："周人尊礼尚施，事鬼敬神而远之，近人而忠焉。"在殷商祭祀活动中逐渐成熟的礼乐规范慢慢代替了祭祀本身，形式取代了内容，礼乐活动取代了祭祀活动的中心地位。以礼乐活动为基础发展起来的伦理规范取代了巫术迷信，成为社会上层建筑的基石，富有伦理和人文精神的理性宗教取代了非理性的自然宗教，礼乐文化成为周代文明的根本性标志。王国维曾说："中国政治与文化之变革，莫剧于殷周之际。……殷周间之大变革，自其表言之，不过一姓一家之兴亡与都邑之移转；自其里言之，则旧制度废而新制度兴，旧文化废而新文化兴。"[①] 准确地概括出殷周政治文化巨变的重要历史意义。"事鬼敬神而远之"的现实态度使巫祝的地位大为降低，取而代之的，是与礼乐活动密切相关的乐官与史官，瞽、史站到了社会政治和文化舞台的中心。但同时应当注意的是，任何制度、文化的嬗变都不可能是短时间的事情，都需要有一个很长的过渡期。宏观地、整体地看，殷、周制度、文化的变革是巨大的、革命性的，这种转变最终确立了中华文化与文明的基本性质。但从具体的过程来看，这种转变并非是轻而易举的，从周初周公的"制礼作乐"，到春秋后期儒家学派思想体系的形成，新旧制度、文化的嬗变经历了漫长的历史过程。尤其是在变革发生的西周初年，情况更为复杂。新兴的周民族虽然朝气蓬勃，积极进取，但他们在文化上毕竟落后于殷商，周初的政

---

① 王国维：《观堂集林》，中华书局 2004 年版，第 451 页。

第四章　修辞论:原始礼乐活动与《尚书》语言表述的雅化　223

治、文化制度在很长一段时间里仍不得不沿袭殷制。《尚书》主体部分《周书》的绝大部分篇章都产生于这一时期,显示出新旧文化、制度转型与过渡的特征。

因礼乐文化而兴起的瞽、史之官皆源于殷代的巫官。瞽,《周颂·有瞽》毛传:"瞽,乐官也。"郑笺:"瞽,矇也,以为乐官者,目无所见,于音声审也。"在上古时代,盲人常因其具有卓越的听觉感受力和记忆能力而被视为神圣的人,多在唱诵仪式上担任神职,进而成为精通音乐的巫师。据《吕氏春秋》等典籍的记载,瞽叟便是传说中一位上古时代的盲人乐师。今本《竹书纪年》载:"(帝喾)使瞽人抧鞞鼓,击钟磬,凤凰鼓翼而舞。"《国语·周语下》亦云:"古之神瞽考中声而量之以制,度律均钟。"韦昭注:"神瞽,古乐正,知天道者也,死以为乐祖,祭于瞽宗,谓之神瞽。"在文明的初始阶段,文字只由少数人掌握,应用于占卜等极为有限的领域,而经常性的祭祀活动对音乐有更强的依赖性。《虞夏书》的《禹贡》有"声教讫于四海"的记载,可以证明上古时代的"教"(兼有宗教和教育双重语义)以"声教"为主。《礼记·郊特牲》亦载:"殷人尚声,臭味未成,涤荡其声,乐三阕,然后出迎牲。声音之号,所以诏告于天地之间也。"这里的"声"即指音乐和歌舞。祭祀仪式上对唱诵诗歌和音乐歌舞的需要为盲人取得祭司等神职提供了条件。到周代,由于礼乐活动的重要性逐渐代替了祭祀活动,精通音乐的瞽人便由负责祭祀唱诵的巫官,逐渐转变为负责礼乐活动的乐官了。史官也同样源于巫官。《易经·巽九二》"用史巫纷若"孔颖达注:"史谓祝史,巫谓巫觋,并是接事鬼神之人也。"在商代,史职与巫职混而不分。陈梦家在《殷虚卜辞综述》一书中认为:殷商时代的"史、卿史、御史似皆主祭祀之事"。① 他认为,在殷商时代,"祝即是巫,故祝史、巫史皆是巫也,而史亦巫也。……卜辞卜、史、祝三者权分尚混合,而卜史预测风雨休咎,又为王占梦,其事皆巫事而掌之于史"。②

周代的瞽史之官虽然逐渐取代了巫官的地位,但他们与传统的巫官仍存在紧密联系,他们之间的职能始终未能完全分开。尤其是史官,与巫官的联系更为紧密。史籍中巫、史多联言,如《易·巽九二》:"用史巫纷若。"《国语·楚语》:"家为巫史。"马王堆帛书《易传·要》亦载孔子之言:"吾与史巫同途而殊归者也。"杨宽先生认为:"西周中央政权有两

---

① 陈梦家:《殷虚卜辞综述》,中华书局1986年版,第520页。
② 陈梦家:《商代的神话与巫术》,《燕京学报》第二十期。

大官署,即卿事寮和太史寮。""执政大臣的称为卿士或卿事,是卿事寮长官的简称,其正式官职,西周初期即是太保或大师,西周中期以后为大师。……卿事寮可以说是周王的办公厅和参谋部,掌管着政治、军事、刑法等等。""太史寮的官长是太史,掌管册命、治禄、记录历史、祭祀、占卜、制礼、时令、天文、历法、耕作等等。太史寮可以说是周王的秘书处和文化部,太史可以说是周王的秘书长,同时又是历史家、天文学家、宗教家。既是文职官员的领袖,又是神职官员的领袖。其地位仅次于主管卿事寮的太师或太保。"《礼记·曲礼下》云:"天子建天官,先六大,曰:大宰、大宗、大史、大祝、大士、大卜,典司六典。天子之五官,曰:司徒、司马、司空、司士、司寇,典司五众。"杨宽先生认为:"这些官制,虽然出于后人记述,但是它的来源比较原始。它把'六大'称为'天官',看作神职,是有来历的。它把大史作为六大之一,其实大史就是'六大'之长,'六大'都该属于太史寮,而太史就是太史寮的官长。至于'天子之五官',都是治民之官,该属于卿事寮。"① 张亚初、刘雨也认为,西周时代周王朝存在"卿士寮"和"太史寮"两大政务部门,"太史寮"以太史为首,下有太祝、太卜。与殷代相近,西周太史一方面掌管国家文书典章,一方面掌管祭祀、天象、立法,"是一种兼管神职与人事"的职官。② 总之,西周时代史官的特色表现为兼顾人神两方面,"既是文职官员的领袖,又是神职官员的领袖"。

从现存的典籍中也能够发现史与巫的密切联系。同殷代一样,文献中的周代史官仍然经常地与巫、祝联言并举,尤其是祝、史联言的情况更为普遍。如《左传·桓公六年》:"祝史矫举以祭。"《庄公三十二年》:"神居莘六月,虢公使祝应、宗区、史嚚享焉。"《成公五年》:"祝币,史辞。"《襄公十四年》:"祝史正辞,信也。"《襄公二十七年》:"其祝史陈信于鬼神,无愧辞。"《昭公十七年》:"祝用币,史用辞。"同年:"日有食之,祝史请所用币。"《昭公十八年》:"郊人助祝史除于国北,禳火于玄冥回禄,祈于四鄘。"《昭公二十年》:"今君疾病,为诸侯忧,是祝史之罪也。"同年:"祝史祭祀,陈言不愧。"《仪礼·聘礼》:"辞多则史,少则不达。"郑注:"史谓策祝。"《礼记·曾子问》:"大宰命祝史以名遍告于五祀、山川。"《礼记·郊特牲》:"礼之所尊,尊其义也;失其义,陈其数,祝史之事也。"可见,史与祝的职能相互交叉,紧密联系。《说

---

① 杨宽:《西周史》,上海人民出版社 2004 年版,第 322—326 页。
② 张亚初、刘雨:《西周金文官制研究》,中华书局 1986 年版,第 27 页。

文》释"祝"为"祭主赞词者",即在祭祀典礼上负责向神灵宣读唱诵的告祭文词。而这种告祭文词正是由史官负责撰写的。《周礼·春官》说明"大祝"的执掌是:"掌六祝之辞,以事鬼神示,祈福祥,求永贞。一曰顺祝,二曰年祝,三曰吉祝,四曰化祝,五曰瑞祝,六曰策祝。掌六祈,以同鬼神示,一曰类,二曰造,三曰禬,四曰禜,五曰攻,六曰说。作六辞,以通上下亲疏远近,一曰祠,二曰命,三曰诰,四曰会,五曰祷,六曰诔。"这里的"六祝之辞"与"六祈"都属祭祀活动所使用的文词,是以"示鬼神示""同鬼神示"为目的的沟通人神的宗教语言。据郑玄注引郑众之说,"六祝"为祈福祥的文词:"顺祝,顺丰年也;年祝,求永贞也;吉祝,祈福祥也;化祝,弭灾兵也;瑞祝,逆时雨、宁风旱也;策祝,远罪疾也。""六祈"则属消弭灾祸的文词,郑玄注释曰:"谓为有灾变,号呼告神以求福。"祈福与禳灾是所有宗教活动最原始最基本的目的,祈祷也是所有宗教祭祀活动最基本的形式。在祭祀仪式上向鬼神宣读诵唱"六祝"和"六祈",正是作为"祭主赞词"的巫祝的基本职责。而这些文词的撰写则是史官的职责,《左传·成公五年》"祝币,史辞"的记载,正可以说明祝与史的这种分工合作关系。

值得注意的是,"大祝"所掌的"六辞"显然与"六祝""六祈"属于不同的性质。郑众解释"六辞"说:"祠,当为辞,谓辞令也;命,《论语》所谓'为命,裨谌草创之';诰,谓《康诰》《盘庚之诰》之属也;……会,谓王官之伯,命事于会,胥命于蒲,主为其命也;祷,谓祷于天地、社稷、宗庙,主为其辞也;……诔,谓积累生时德行,以锡之命,主为其辞也。……此皆有文雅辞令,难为者也,故大祝官主作六辞。""六辞"显然不是以鬼神为对象的,而是用来"以通上下亲疏远近"的,是六种以沟通人事为目的的文辞形式。据郑众的解释,所谓"辞",即辞令,是在正式的官方活动的场合所使用的应对、酬答之辞。所谓"命",是政治、外交场合所使用的修辞性的言辞,《论语·宪问》载:"为命,裨谌草创之,世叔讨论之,行人子羽修饰之,东里子产润色之。"所谓"诰",以《尚书》中《周书》的诰命之辞为代表,是一种以君主名义发布的政治性的演说词。所谓"会",指诸侯之间的会盟之辞。所谓"祷",指对天地、社稷、宗庙的祷告之辞。所谓"诔",则是对死者生前德行的表彰和追记,为悼念目的而撰写的追悼辞。那么,不同性质的"六辞"与"六祝""六祈"为什么会并列在一起,同为负责祭祀活动的"大祝"所执掌呢?这二者之间存在怎样的联系呢?我们认为,至周代,由祭祀鬼神活动所产生的宗教祭祀语言已发展到了成熟的阶段,出现了具有高度修辞性的"六祝""六祈"等划分细密的不同的口头语言形式。这些不同的口头语言形式在内容、修辞风格、表达方法、使用场合乃至具体格式等方面都存在一定的差别,具有了初步的文体划分的意义。由于周代文化性质的转变,宗教性的鬼神祭祀活动逐渐向人文性的礼乐活动转化,这些传统上使用于祭祀活动的修辞性口头文体便转而应用于人事和政治活动,经历了由鬼神为中心到以人为中心的转变。这样,原来初步具有文体意义的"六祝""六祈"便转化为"六辞",形成了成熟的文体形式。由于历史的惯性作用,周代文化虽然处于不断的"脱巫"或"祛除巫魅"(disenchartment)的演进过程中,仍在一定程度上保留了自然宗教的活动空间,这就使得"六祝"、"六祈"和"六辞"能够在很长一断历史时期内同时共存。

(三)从"策命"到"诰命":周代策命制度与《尚书》文体的生成

"六辞"在周代,显然已发展为成熟的文体形式。刘勰在《文心雕龙·祝盟》中说:"及周之太祝,掌六祝之辞,是以'庶物咸生',陈于天地之郊;'旁作穆穆',唱于迎日之拜;'夙兴夜处',言于祔庙之祝;'多福无疆',布于少牢之馈;宜社类祃,莫不有文。所以寅虔于神祇,严恭于宗庙也。"[①] 刘勰所举的文例,分别出于《大戴礼记·公冠》的《祭天辞》《迎日辞》和《仪礼·士虞礼》《仪礼·少牢馈食礼》中的祝辞,均为整齐押韵的诗体形式,文辞简练精警,富有文学意味。这说明"六辞"已经深入周代社会生活的各个方面,成为应用广泛的几种文体形式,具有相对清晰可辨的文体特征和固定的语言模式。"六辞"当中,"诰"与"命"两种文体形式与《尚书》直接相关,是《周书》的两种最主要的文体形式。《周书》中有《大诰》《康诰》《酒诰》《梓材》《召诰》《洛诰》《多士》《无逸》《君奭》《多方》《立政》《吕刑》等十二篇"诰体"篇章,另有《顾命》《文侯之命》两篇"命体"篇章。《周书》的诰体文多为君主和大臣对其下属臣民、同僚或宗法关系中的长辈对晚辈的训诫性讲话,其篇名的命名也突出了口头讲话的特征:或源自讲话的主体,如《召诰》;或源自讲话的对象,如《康诰》《多士》《多方》《君奭》;或源自讲话的中心内容,如《酒诰》《无逸》《立政》;或源自讲话的地点,如《洛诰》;或源自讲话中的核心词语,如《大诰》《梓材》。显然,《周书》中的"诰体"与"命体"都是典型的记言文,欲把握其文体特征和具体功用,首先要对其记言性质进行历史的追溯。

---

① (南朝梁)刘勰撰,范文澜注:《文心雕龙注》,人民文学出版社1998年版,第176页。

第四章　修辞论:原始礼乐活动与《尚书》语言表述的雅化

"诰",《说文》释为"告也,从言告声"。《周礼·大祝》郑注引杜子春曰:"诰当为告,《书》亦或为告。""诰"源于"告","告"的本义为祷告、祈告,与"祈"和"祷"同义。《尔雅·释诂》释"祈"为"告也",《说文》释"祷"为"告事求福也"。"告"又与"叫"同义,《尔雅·释言》释"祈"为"叫",《说文》释"叫"为"呼",故"告""叫""呼"为一组同义词,特指巫觋在祭祀仪式上所使用的一种祈祷方式。《说文》另有"祮"字,释为"告祭也,从示从告声"。所谓"告祭",应是一种用"告"的方式,即大声呼告的方式向神灵祈祷的祭祀形式。"诰"的本义即是一种大声呼告的祈祷。那么,这种祭祀方式又何以转化为周代的一种常用的文体形式,成为太祝所掌的"六辞"之一,并成为《尚书》中最常用的一种文体呢?最初的"诰"显然只是一种口头的语言表达。在文字尚未产生,或不为大多数人所掌握的时代,"声音之号,所以诏告于天地之间也",人声便是人神间信息传递的最重要的方式。"诰"的基本文体特征就形成于这个时期。到了文字产生以后,口头表达的诰辞便被以文字的形式记录下来,由祭司们手持记录了诰辞的策书(册书)进行祷告。这样,便出现了新的"策告"(册告)或"策祝(册祝)"的形式。郭沫若所编《殷契粹编》的第一片有"惟册用"三字,郭先生考释说:"'惟册用'与'惟祝用'为对贞,祝与册之别,盖祝以辞告,册以策告也。"① 这说明,早在殷代,"策告"的形式即已出现。至周代,"策告"逐渐取代了传统的以"声音之号"为特征的"告"。《金縢》的"乃告大王、王季、文王,史乃册祝曰"云云,说明周初之"诰"(告)已经采用了简策的形式,由史官负责进行。《国语·晋语五》云:"夫国主山川,故川涸山崩,君为之降服出次,乘缦不举,策于上帝。"韦昭注曰:"以简策之文告于上帝。"说明当时各诸侯国的"诰"(告)也采用了简策的形式。但传统的"告"的祭祀方式仍然存在,与"策告"长期并存。《周礼·春官》载"大祝"掌"六祝之辞":"一曰顺祝,二曰年祝,三曰吉祝,四曰化祝,五曰瑞祝,六曰策祝。"其中的"策祝"即以简策的形式"示鬼神示,祈福祥,求永贞",与其他祝祷方式并存。

由于周代文化性质的转变,由太祝所掌的"六祝""六祈"演化出专门应用于人事和政治活动的"六辞"。"六辞"中的"诰"便直接源于面对鬼神的"策告",由面对鬼神转而面对现实生活中的人。刘熙《释名》曰:"上敕下曰告。告,觉也,使觉悟己意也。"徐师曾《文体明辨序说》

---

① 郭沫若:《殷契粹编》,科学出版社1982年版。

曰:"按《字书》云:'诰者,告也,告上曰告,发下曰诰。'古者上下有诰。故下以告上,《仲虺之诰》是也;上以告下,《大诰》《洛诰》之类是也。"① 那么,这种转变除了周代文化性质演变的大背景之外,其背后的内在原因又是什么呢?葛志毅有关周代策命制度的论述揭示了这一点:"策命制的形成是周人把本是祈告鬼神的策祝、策告形式移用于命官授爵过程的结果,并以此利用其宗教式的神圣性来加强政治法律关系中的约束力量。周人之所以能够达此目的,是因为他们在形式上利用了二者的相互联系之处。如分封策命必举行于庙。……由于禀告先祖于庙的必要性,使本是祈告鬼神的策祝、策告形式,可以被移用为命官授爵于庙的策命形式。"② 典型的例子是《洛诰》。《洛诰》云:

> 戊辰,王在新邑烝,祭岁,文王骍牛一,武王骍牛一。王命作册逸祝册,惟告周公其后。王宾杀禋咸格,王入太室,祼。王命周公后,作册逸诰,在十有二月。

孔《传》曰:"上云作册,作告神之册;此言作册,诰伯禽之册。祭于神谓之祝,于人谓之诰。""告周公其后"与"命周公后"为同一件事,先由作册逸(史佚)"祝册",再由作册逸(史佚)"诰"。"祝册"实即"策告"(册告),是在祖庙举行的祭祀仪式上,由太史向文王、武王等祖先神禀告"周公其后"这件事。这仍是面对神的策祝和策告。但毕竟时代已经发生了变化,将一件重大的政治决定仅仅告知鬼神已经不合时宜了,还需要在祖庙举行正式的策命仪式,以祖先的神灵作见证,授予周公以相应的权力,并将这一重大决定以"诰"的形式法律化,颁布于天下。同一件事情,先"祝册"而后"诰",先"告"鬼神而后"诰"臣民,正说明周初"诰"这一文体尚处于由神到人的转变过程中。在戊辰这一天先后举行的烝祭告神仪式和策命仪式上,太史史佚既是告神祝册文的发布者,同时又是布告天下的策命诰文的发布者,后者被收入《尚书》中流传至今,即《洛诰》一文。于此可见,西周时代的史官具有兼顾人神的两面特色,既是文职官员的领袖,又是神职官员的领袖。

"命体"的演变过程与"诰体"近似。《说文》释"命"为"使也",段注曰:"令者,发号也,君事也。……命者,天之令也。"纬书《春秋

---

① (明)徐师曾著,罗根泽校点:《文体明辨序说》,人民文学出版社1962年版,第115页。
② 葛志毅:《周代分封制度研究》(修订本),黑龙江人民出版社2005年版,第128页。

第四章 修辞论:原始礼乐活动与《尚书》语言表述的雅化

元命苞》亦云:"命者,天之命也。"最早的"命"显然要假借"天"的权威。从起源的意义上说,"命"与"诰"、"誓"具有相同的宗教性质。刘勰在《文心雕龙·诏策》中说:"昔轩辕唐虞,同称为命,命之为义,制性之本也。其在三代,事兼诰誓。誓以训戎,诰以敷政,命喻自天,故授官锡胤。"[①] 首先,"命"与"誓"性质相同,在文献中经常不加区分。"誓"本为"誓神之辞",《说文》训"誓"为"约束也",本是用鬼神对人的约束,来加强盟誓的神圣性。而"命"也同样需要借助于鬼神的权威,任何任命行为都需要得到鬼神的同意。《礼记·礼器》曰:"昔先王尚有德,尊有道,任有能,举贤而置之,聚众而誓之。"《顾命》载成王病重言:"恐不获誓言嗣。"这里的"誓"都作"命"解。反过来,《费誓》的"嗟!人无哗,听命!"这里的"命"也作"誓"解。《周礼·春官》记"典命"之职:"凡诸侯之适子,誓于天子,摄其君,则下其君之礼一等。未誓,则以皮帛继子男。"郑玄注:"誓犹命也。"孙诒让《周礼正义》曰:"约言为誓,引申之,凡策命有诰戒之辞,亦得为誓。"据此可知,策命仪式上的命辞既可称"命",亦可称"誓"。早期的"命"或"誓"都是一种口头语言形式,太祝所掌"六辞"中就有"命"一种文辞,是应用于政治活动,如任命官员时使用的一种修辞性的语言。由这种口头语言进一步发展为书面文字形式,便出现了简策形式的"命"。《周礼·春官》"典命"郑注:"命,谓王迁秩群臣之书。"贾公彦《疏》:"凡言命者,皆是简策之命。"这种书面形式的"命",与《尚书》中的"诰"密切相关。

"命"与"诰"含义相近。《尔雅·释诂》释"命"为"告也",《左传·定公四年》载周初分封之事:"昔武王克商,成王定之。选建明德,以蕃屏周。故周公相王室以尹天下,于周为睦。分鲁公以大路、大旂……使帅其宗氏,辑其分族,将其类丑,以法则周公。……分之土田倍敦,祝宗卜史,备物典册,官司彝器,因商奄之民,命以《伯禽》而封于少皞之虚。分康叔以大路、少帛……命以《康诰》而封于殷墟。皆启以商政,疆以周索。分唐叔以大路、密须之鼓……命以《唐诰》而封于夏虚。启以夏政,疆以戎索。"可知《周书》中的《康诰》等篇,本为由策命仪式产生的正式的策命诰文。"诰"即是对"命"的记录。《洛诰》的"王命周公后,作册逸诰",即先由成王面命周公,再由史佚宣读册命诰文。可见,"命"与"诰"本是有关同一个策命行为的两个连续的阶段,前者为

[①] (南朝梁)刘勰撰,范文澜注:《文心雕龙注》,人民文学出版社1998年版,第358页。

周王与大臣二人之间的权力授受，后者则由史官将这次策命行为制成文告，公布于天下。"诰"是"命"的法律化、公开化。"诰"与"命"都以简策文字形式存在。今日所能见到的"诰"，主要保存在《周书》中；今日所能见到的"命"，除了《尚书》中保存的《顾命》《文侯之命》、《诗经·大雅》的《崧高》《烝民》《江汉》《常武》《韩奕》等五篇组诗，以及《国语》的《周语上》《鲁语上》、《左传》的"僖公四年""僖公十一年""宣公十二年""襄公十四年""襄公三十年""昭公三年""定公四年"所记载的片段内容外，主要见于西周金文。西周金文的内容有多种，其中最主要的，就是记录有关周王"命"的内容，即周王任命、训诫和赏赐的内容。陈梦家说："这些王命，最先是书写在简书上的，当庭宣读了，然后刻铸于铜器之上。原来的简书已经不存，赖此保存了周王室的官文书，它们实具有古代档案的性质。西周档案流传于后世的，主要的只有两种：一是今文《尚书》中的《周书》部分，一是西周铜器铭文。《周书》与西周金文在研究上有彼此发明的地方。"[①]

由于《尚书》的"诰""命"二体存在着这样密切的联系，故陈梦家将二者合为"诰命"一类，与誓祷、叙事并列。而"诰命"一类，实为《尚书》的主导性文体。陈梦家说："《尚书》的《周书》……除《吕刑》《文侯之命》《秦誓》三篇外，其他十七篇（包括了东汉人分出的《康王之诰》）在内容上所记述皆属于西周初的事。除《洪范》《吕刑》《顾命》三篇外，其他十七篇在形式上皆属于命、誓之类；此十七篇中，除了《金縢》《牧誓》《费誓》《秦誓》是誓，其他十三篇是诰命，而其中《文侯之命》晚于周初，故西周诰命共十二篇。"[②] 在《尚书》全部的二十八篇中，诰命文体几乎占了一半。通过对《周书》所有诰命文的进一步分析，可知"诰命"这类文体的实质便是"命体"，"诰命体"实际也就是"命体"。从实际发生顺序上看，"命"在先，"诰"在后；从内容上看，"诰"是对一个或多个"命"的总结和概括，是对具体的"命"的结果的公开发布，诰是由一个或多个"命"组成的，"命"是"诰"的基本单位。陈梦家先生具体将西周的十二篇诰命（包括由《顾命》分出的《康王之诰》一篇）分为两大类：一类为"命一人"的，包括《康诰》《酒诰》《洛诰》《君奭》《立政》《梓材》《无逸》；另一类为"命多人"的，包括《大诰》、《多士》、《多方》、《康王之诰》

[①] 陈梦家：《尚书通论》（增订本），中华书局1985年版，第149页。
[②] 同上书，第164页。

第四章 修辞论:原始礼乐活动与《尚书》语言表述的雅化

(《顾命》)、《召诰》。所谓"命一人",就是针对一个人的诰命,如《康诰》《酒诰》《梓材》三篇,都是周公对卫康叔所宣的诰命;《洛诰》是史佚代表成王对周公所宣的诰命;《君奭》是史官代表周公对召公所宣的诰命;《立政》《无逸》则是周公对年幼的成王所宣的教诫性的诰命。所谓"命多人",就是针对众人的群体性的诰命,如《大诰》为周公对众诸侯国君与大臣所宣的诰命;《多方》为周公代表成王对诸侯国君及大臣所宣的诰命;《多士》为周公对殷商臣民所宣的诰命;《康王之诰》为康王即位后对各诸侯国君所宣的诰命;《召诰》为召公对年幼的成王所宣的教诫性的诰命。

具体地看,十二篇诰命的每一篇都由一个或多个"策命书"组成。陈梦家通过对金文策命制度的研究,得出结论说:"册命既是预先书就的,在策命时由史官授于王而王授于宣命的史官诵读之……'王若曰'以下的命辞乃是王的话。"[①] 如《康诰》,全文记言部分开始的"王若曰",系史官宣读命书之前的话,表明该命书系出于王的旨意。"王若曰"即王如此说,在文中省作"王曰"。《康诰》全文共出现两个"王若曰",分别位于开头和结尾;文中另出现十一个"王曰"。据陈先生的观点,则《康诰》为一篇包括了十三个小节的完整命书,每一小节由"王若曰"或"王曰"领起。《康诰》这一篇诰文系史官直接转录周公(时周公正居摄称王)对卫康叔的命书,再加上类似序言的叙事部分共五十字,对该策命仪式的举行时间、参加人物和举行地点等背景情况作出说明。(陈先生认为这五十字系错简,本在《召诰》之前)再如《多士》,这篇诰命为周公对殷商臣民所宣,文中出现前后两个"王若曰",系由两篇命书结合构成的诰。其中后一篇又是包含了三个"王曰"共四节的长篇命书。比较复杂的是《洛诰》。《洛诰》的主体部分是成王任命周公留守洛邑的诰文,由"王若曰"领起,中间有三个"王曰",为一个包含四节的命书。该命书的前后又有两段以"周公拜手稽首曰"领起的周公的话,可能是周公在接受策命前后对成王说的话。在史佚受命制诰时,将正式的策命文书连同周公的两段话编辑在一起,再加上介绍策命时间、地点、策命过程的背景性说明,便形成了今日所见的《洛诰》全文。

既然《周书》诸诰是《尚书》的主体内容,而《周书》诸诰又是在策命文书的基础上形成的,那么,研究《尚书》的修辞,首先就要重点

---

① 陈梦家:《尚书通论》(增订本),中华书局1985年版,第159页。

研究《尚书》中的"命体"篇章。在《尚书》中，以"命"命名的篇章共两篇，即《顾命》和《文侯之命》。其中《顾命》是对策命典礼全过程的具体完整的记录，使后人清楚地了解到周代策命典礼的详细情况，虽包含了策命的内容，它本身却并非一篇策命文，而是记叙策命过程的叙事文。真正意义上的策命文在《尚书》中只有《文侯之命》一篇。傅斯年评论《文侯之命》说："自《大诰》至于《顾命》，合以《文侯之命》，凡十三篇。此正所谓'佶屈聱牙'之文辞，文式语法皆为一贯，此真一部《尚书》之精华，最为信史材料。……（《文侯之命》）文体词义皆与此十二篇不是一类，……此篇全无记事之上下文，除篇末无'对扬王休，用作宝彝'一套外，全是一篇彝器铭词之体，其文辞内容又绝与师訇敦、毛公鼎同，然则渊源当亦不二致。"① 陈梦家也认为："《文侯之命》内容形式与《毛公鼎》异常接近。……可见《尚书》中传录的命书，颇多是当时册命的副本。"②《周礼·内史》载："内史掌书王命，遂贰之。"说明命书在当时录有副本。从内容上看，《文侯之命》制作于周平王东迁之时。晋文侯仇协助平王东迁有功，平王赐之以车马弓矢，并为之举行策命仪式。从形制上看，《文侯之命》显然与经过加工整理的《尚书》诸诰不同，而更接近于原始形态的策命文书，与熔铸于钟鼎彝器上的金文策命文同属一类。这一类策命文书由于经常性地撰制和发布，在周代已经形成了固定的模式，其具体形成过程及体制特征均与周代策命制度有关。

　　策命制度由策祝和策告鬼神发展而来，至周初始成为重要的政治制度。凡天子的赏赐、任命、告诫都被制成策命文书，并通过在祖庙举行策命仪式的方式传达给受命者。策命的目的在于借助神权以巩固王权，增加政令的神圣性和权威性，建立起明确的天子与诸侯大臣之间的权力义务关系。对于策命典礼，杨宽在《西周史》中概括说："西周王朝举凡继承王位、分封诸侯、任命官职、赏赐臣下或诰诫臣下，都要隆重举行册命礼。"③ 策命礼的具体过程，文献中多有记载。《礼记·祭统》云："古者明君爵有德而禄有功，必赐爵禄于太庙，示不敢专也。故祭之日一献，君降立于阼阶之南，南乡，所命北面，史由君右执策命之，再拜稽首，受书以归，而舍奠于其庙，此爵赏之施也。"《周礼·大宗伯》郑注亦曰："王

---

① 傅斯年：《诗经讲义稿（含〈中国古代文学史讲义〉）》，中国人民大学出版社2004年版，第149—151页。
② 陈梦家：《尚书通论》（增订本），中华书局1985年版，第169页。
③ 杨宽：《西周史》，上海人民出版社2004年版，第820页。

将出命，假祖庙，立依前，南乡。傧者进当命者，延之命使登。内史由王右以策命之。降，再拜稽首，登，受策以出。"金文中载有完整策命仪式的，可以"颂鼎"铭文为代表：

> 佳（唯）三年五月既死霸甲戌，王才周康邵（昭）宫。旦，王各（格）大室，即立（位）。宰引右颂入门，立中廷。尹氏受（授）王令书，王乎（呼）史虢生册令颂。王曰："颂……"颂拜稽首，受令册，佩以出，反（返）入（纳）堇（瑾）章（璋）。颂对扬天子不（丕）显鲁休……

陈梦家归纳说："由此可知一篇完整的记载王命的铭文应该包括了：策命的地点与时间；举行策命的仪式（傧右、位向、宣读策命）；王的策命通常在'王若曰''王曰''曰'之后；受策以后，受命者拜手稽首以答扬天子之休。"[①] 整个策命典礼的实质性内容即策命文书的宣读和授受。据"颂鼎"的记载，在大室（宗庙大室）举行的仪式上，已经预先写就的策命文书由尹氏（一种高级别的史官）转交给周王，周王接过，再转交给立于其右侧的内史虢生，并呼命内史虢生宣读。《礼记·少仪》："诏辞自右。"孔《疏》云："诏辞谓为君传辞也。君辞贵重，若传与人时，则由君之右也。"由金文材料可以了解到，史官代宣王命为策命典礼的惯例，而由周王亲命的情况较少。宣读过的命书具有法律效力，一则由内史录写副本，藏于官府；一则由受命者携归，往往铸之于彝器。由于策命典礼是在宗庙场合举行，故命书又具有了宗教的神圣性，于政治、法律效力外，更增加了宗教的约束力。

策命文书的制作和宣读都是史官的职责。《周礼·春官》所记"大祝六辞"，其中就有"命"这一体。郑众曰："此皆有文雅辞令难为者也，故大祝官主作六辞。"祝、史一体，周代的太祝为太史寮之长太史的下属官员，故"大祝六辞"实为史官的职责所在。在书面文字兴起以前，口述表达能力，尤其是在重要宗教、政治仪式上的言说、陈述能力是考察一个神职人员和官员合格与否的最重要的标准，这对兼有圣、俗两种职能的史官来说，更是必须具备的基本能力。在上古时代，瞽史一体，对一个史官的要求也和对乐官的要求一致，需要他同时是一位能言善诵，通晓音乐，掌握诗歌、散文等多种文体形式的人物，能够适应不同场合的需要，

[①] 陈梦家：《尚书通论》（增订本），中华书局1985年版，第153页。

得体而流畅地使用富于修辞和文学色彩的语言。"六辞"就是适应不同场合和功用发展起来的六种口述文体形式。作为"六辞"之一的"命",其文体特征、表达技巧都是在口头使用中不断成熟起来的。《尚书》首篇《尧典》就记载了大量的尧舜时代命官授职的"命"。以"帝曰"开头的"命"尚处于口头阶段,均有"某某,汝作某某官"之类简单质直的语句,表现出"命"这一文体的原始形态。但《尧典》中的"命"也不乏文辞精警、对偶排比、辞气畅达、富有修辞色彩和文学趣味的句子,显然是出于历代传唱者和文人的加工、文饰和美化。殷周之际的社会剧变促使言辞授受形式的"命"转化为具有政治、法律约束力的书面形式的策命。《周礼·春官》"内史"之职"凡命诸侯及孤卿大夫则策命之",表明口述形式的"命"至周代已逐渐被书面形式的"策命"所取代。这种详细记录了策命时间、地点、过程和内容的策命文书使灵活易变的口头言辞固定化,形成了形式严谨、体制固定、内容明确、词语古奥、语言高度雅化和程式化、风格庄严肃穆的"命"体文书。

《周书》中的《文侯之命》便是"命"体文书的代表篇章。从结构上看,《文侯之命》以"王若曰"开头,说明这篇命书为史官代宣王命,由内史立于周王之右对文侯宣读。文中包含了"王曰""曰",说明这是一篇分三节的长篇命书。命书中直呼受命人文侯的名字"义和",也完全合乎金文策命文的惯例。在金文策命文中,无论是周王亲命还是史官代宣王命,起始都要称呼受命者的私名,而自称曰"余"。在《文侯之命》中,周平王自称"予""予一人""予小子",也合乎金文惯例。从内容上看,命书的首节首先回顾了周民族的开国史,以诗歌一般的语言赞美了文王、武王及其辅佐大臣的功绩。今昔对比,严峻的现实既令平王伤感,又令他渴慕贤才的帮助:

> 丕显文武,克慎明德,昭升于天,敷闻在下。惟时上帝,集厥命于文王。亦惟先正,克左右昭事厥辟,越小大谋猷,罔不率从,肆先祖怀在位。呜呼!闵予小子嗣,造天丕愆。殄资泽于下民,侵戎我国家纯。即我御事,罔或耆寿,俊在厥服,予则罔克。

次节追述了文侯功勋卓著的家世出身,希望文侯能绍其祖德,发挥安邦定国的作用:

> 曰惟祖惟父,其伊恤朕躬!呜呼!有绩予一人,永绥在位。父义

第四章 修辞论:原始礼乐活动与《尚书》语言表述的雅化 235

和!汝克绍乃显祖,汝肇刑文武,用会绍乃辟,追孝于前文人。汝多修,扞我于艰,若汝,予嘉。

末节则对文侯给以赏赐,并加以劝勉:

王曰:父义和!其归视尔师,宁尔邦。……父往哉!柔远能迩,惠康小民,无荒宁。简恤尔都,用成尔显德。

全文的内容与金文策命文如出一辙。以西周初年典型的策命文《大盂鼎》铭文为例。该铭文分四节,首节追述文王、武王之德及殷之所以亡;次节命盂嗣其祖南公;三节授盂官职并予以赏赐;末节对盂加以劝勉,内容结构与《文侯之命》几乎完全一致。另外,著名的《毛公鼎》铭文也是如此,与《文侯之命》在内容、形式上均十分近似,甚至其中一些句子几乎与《文侯之命》完全相同。从文学角度看,《文侯之命》文辞古雅,风格典重,与《大盂鼎》《毛公鼎》铭文相比,结构更为严谨清晰,语言更加精炼易懂,显然是在流传过程中经过了局部的加工和改进。作为一篇散文作品,《文侯之命》还表现出明显的诗化特征,若去掉文中的虚字和个别字词,则这一篇散文就可以成为四言形式,近似于《周颂》中的一篇诗歌:

丕显文武,克慎明德,
昭升于天,敷闻在下。
惟时上帝,命于文王。
先正左右,昭事厥辟,
小大谋猷,罔不率从。
闵予小子,遭天丕愆。
殄于下民,侵戎国家。
即我御事,罔或耇寿,
俊在厥服,予则罔克。
惟祖惟父,伊恤朕躬!
绩予一人,永绥在位。
克绍乃祖,肇刑文武,
会绍乃辟,追孝前人。
扞我于艰,若汝予嘉。

> 归视尔师，往宁尔邦。
> 柔远能迩，惠康小民，
> 简恤尔都，成尔显德。

由此可见，《周书》中的诰命文不但来源与金文相同，而且其文辞具有诗歌的特征，与同时产生的《诗经》中的部分"雅""颂"诗在内容、语言、风格等方面极为近似。因此，研究《诗》《书》之间的关系，将有助于我们加深对《尚书》诰命文体的了解，尤其有助于我们对该文体修辞特征和文学审美价值的深入认识。

第三节　"诗"与"书"：《尚书》修辞与《诗》《书》关系

先秦文献多"诗""书"（《诗》《书》）并称的现象。择其要者，如《论语·述而》云："子所雅言，《诗》《书》执礼，皆雅言也。"《孟子·万章下》云："诵其'诗'，读其'书'，不知其人可乎？"《墨子·非命中》云："在于商、夏之《诗》《书》曰：'命者，暴王作之。'"《墨子·公孟》云："孔子博于《诗》《书》，察于礼乐，详于万物。"《国语·周语》载召公之言："故天子听政，使公卿至于列士献'诗'，瞽献曲，史献'书'……"《左传·僖公二十七年》载晋赵衰之言："说礼乐而敦《诗》《书》；《诗》《书》，义之府也；礼乐，德之则也；德义，利之本也。"《左传·襄公十四年》："史为'书'，瞽为'诗'，工诵箴谏……"《礼记·王制》："乐正崇四术，立四教，顺先王《诗》《书》礼、乐以造士。春秋教以礼、乐，冬夏教以《诗》《书》。"《礼记·文王世子》："春诵夏弦，大师诏之；瞽宗秋学礼，执礼者诏之；冬读《书》，典《书》者诏之。礼在瞽宗，《书》在上庠。"《商君书·农战》："农战之民千人，而有《诗》《书》辩慧者一人焉，千人皆怠于农战矣。""务学《诗》《书》，随从外权，上可以得显，下可以求官爵；要靡事商贾，为技艺；皆以避农战。"《商君书·去强》："国有礼、有乐、有《诗》、有《书》、有善、有修、有孝、有弟、有廉、有辩，国有十者，上无使战，必削至亡。"《庄子·天下》："其在于《诗》《书》礼、乐者，邹鲁之士、缙绅先生多能明之。《诗》以道志，《书》以道事……"《庄子·徐无鬼》："横说之则以《诗》《书》礼、乐，纵说之则以《金板》《六弢》。"《荀子·劝学》:"故《书》者,政事之纪也;《诗》者,中声之所止也;……'礼'之敬文也,'乐'之中和也,《诗》《书》之博也,《春秋》之微也,在天地间者毕矣。""不道礼宪,以《诗》《书》为之,譬之犹以指测河也,以戈舂黍也,以锥飡壶也,不可以得之矣。""上不能好其人,下不能隆礼,安特将学杂识志,顺《诗》《书》而已耳。"《荀子·儒效》:"天下之道归是矣,百王之道一是矣,故《诗》《书》'礼''乐'之归是矣。""法后王,一制度,隆礼义而杀《诗》《书》。"《韩非子·难言》:"时称《诗》《书》,道法往古,则见以为诵。"郭店楚简《性自命出》第15至18简云:"《诗》《书》礼、乐,其始出皆生于人:《诗》,有为为之也;《书》,有为言之也;礼、乐,有为举之也。"郭店楚简《六德》亦云:"夫夫、妇妇、父父、子子、君君、臣臣,六者各行其职而狱犴无由作也,观诸《诗》《书》则亦在矣……"由此可见,在春秋战国士人乃至西周人的观念中,"诗"与"书"(《诗》与《书》)具有同等的地位、相同或相近的意义和作用,二者之间存在着密切联系。作为两部前代流传下来的最重要的经典,"诗""书"(《诗》《书》)受到了战国诸子学派,尤其是儒家学派的高度重视和推崇,成为儒家学派的思想理论源泉,二者在思想意识方面的联系是显而易见的。

"诗""书"并称的现象从西周时期就已经存在了,这说明在它们之间还存在着深层的发生学的内在联系,这种内在联系是由二者的历史形态和早期功用所决定的。那么,在"诗""书"(《诗》《书》)之间究竟存在怎样的历史渊源呢?它们之间的这种联系又对《尚书》的修辞产生了怎样的影响呢?正确回答这些问题是认识《尚书》修辞艺术的重要前提。

(一)"诗言志":《诗》《书》关系的历史渊源

《尧典》载舜帝任命夔为乐官时的一段命辞:

夔,命汝典乐。教胄子:直而温,宽而栗,刚而无虐,简而无傲。诗言志,歌永言,声依永,律和声。八音克谐,无相夺伦,神人以和。

其中的"诗言志,歌永言",孔氏《毛诗正义·诗谱序》引郑玄注:"诗所以言人之志意也。永,长也,歌又所以长言诗之意。"《诗经·关雎》序云:"诗者,志之所之也。在心为志,发言为诗。情动于中而形于言,言之不足故嗟叹之,嗟叹之不足故永歌之,永歌之不足,不知手之舞之足之蹈之也。"显然,"歌永言"道出了上古时代诗与乐之间存在的密不可分的联系。而"诗言志",向来被认作我国古代最早的文学思想和文学理论。"诗言志"本是先秦时代广泛流传的古已有之的成语,有着久远的历史,许多现存典籍都有近似的说法。如《左传·襄公二十七年》载赵文子之言:"诗以言志",《庄子·天下》有"诗以道志",《荀子·儒效》有"诗言是其志也",新近发现的战国楚竹书《孔子诗论》的第一简也有"诗亡隐志"的记载。可见,"诗言志"是有着较早历史渊源的。朱自清在其所作《诗言志辨》中说:"我们的文学批评似乎始于论诗……'诗言志'是开山的纲领,接着是汉代提出的'诗教'。"① 王运熙、顾易生主编的《中国文学批评通史》也认为:"在中国古代文学批评史中,对诗歌表现作者思想感情这一特征的最早理论概括是'诗言志'说。"②"诗言志"说的文学理论意义其实就在于这句话所涉及的"情""志"的关系。据《左传·昭公二十五年》:"民有好、恶、喜、怒、哀、乐,生于六气。是故审则宜类,以制六志。"孔氏《正义》谓:"此'六志',《礼记》谓之'六情',在己为情,情动为志,情、志一也。"此外,在屈原的"楚辞"作品中,"抒情"与"明志"互训;战国楚竹书《孔子诗论》第一简的"诗亡隐志,乐无隐情","志"与"情"互文见义,等等。多种证据显示,"诗言志"的"志",也包括了"情",在先秦时代,"情""志"一体不分。"诗言志"说不仅为文学的抒情功能提供了最早的理论依据,也在文学的内容与形式关系等问题上对中国文学史产生了重要而积极的影响。但是,我们也应认识到,"诗言志"的理论引申义不等同于它的原始义。从语源学角度研究,"诗言志"的"志",其意义有三个发展变化的阶段:首先是"记忆",其次是"记录",最后是"怀抱"。文学理论与文学批评中论及的"诗言志"只不过是"志"发展变化的最后一个阶段,"志"和"情"实际上都指作者的主观"怀抱"而言。

那么,何以说"诗言志"的本义是"记忆"呢?闻一多认为:"'志'字从止。卜辞'止'从止下一,像人足停止在地上,所以'止'本训停止。卜辞'其雨庚止',犹言'将雨,至庚日而止。''志'从止从心,本义是停止在心上。停在心上亦可说是藏在心里,故《荀子·解蔽篇》曰:'志也者,臧(藏)也',注曰:'在心为志',正谓藏在心。《诗序·疏》

---

① 朱自清:《诗言志辨》,广西师范大学出版社2004年版,第3页。
② 王运熙、顾易生主编:《中国文学批评通史》第一册,上海古籍出版社1996年版,第32页。

第四章　修辞论:原始礼乐活动与《尚书》语言表述的雅化　239

曰:'蕴藏在心谓之为志',最为确诂。藏在心即记忆,故'志'又训'记'。《礼记·哀公问篇》'子志之心也',犹言记在心上;《国语·楚语上》'闻一二之言,必诵志而纳之,以训导我',谓背诵之记忆之以纳于我也。《楚语》以'诵志'二字连言尤可注意,因为'诗'字训'志'最初正指记诵而言。诗之产生本在有文字以前,当时专凭记忆口耳相传。诗之有韵及整齐的句法,不都是为着便于记诵吗?(诗必记诵,瞎子的记忆力尤发达,故古代为人君诵诗的专官曰瞍,曰瞍,曰瞽)所以诗有时又称'诵'。(《诗·节南山》'家父作诵',《崧高》及《烝民》'吉甫作诵',皆谓诗。……)这样说来,最古的诗实相当于后世的歌诀,如《百家姓》《四言杂字》之类。就三百篇论,《七月》(一篇韵语的《夏小正》或《月令》)大致还可以代表这阶段,虽则它的产生决不能早到一个太辽远的时期。"① 《周礼·保章氏》郑注:"志,古文识;识,记也。"因此,"诗言志"的本义就是"诗言记忆",诗就是以歌唱的方式对遥远过去的追忆。但这只是文字尚未产生之前的情况,到了文字产生之后,文字便代替了口耳相传的歌唱,成为记诵的主要方式。于是,"记忆"之"记"便演变为"记载"之"记","诗言记忆"也相应地转化为"诗言记载""诗言记录"了。《管子·山权数》:"诗者所以记物也。"《新书·道德说》:"诗者,志德之理而明其旨,令人缘之以自成也。"在古代的西方,也存在着近似的诗歌观念。古希腊诗人品达(Pindar)认为诗歌的功能在于记述英雄们的故事,有时也可以附上诗人的见解。古罗马时期的西塞罗(Cicero)把这一观点发展为诗歌的标准定义之一:"诗歌是对有用的和值得记忆的事物的记载(Poetry is a record of useful and memorable things)。"② 这一定义与"诗言志"(记载、记录)完全相合。

既然在文字产生之后,"诗言志"的"志"不再是口述形式的"记忆",而是文字形式的"记载",那么,这种"志"便应和"书"一样,是当时一切文字记录的统称。事实也正是如此,在先秦时代的典籍中,"志"与"书"往往同义互训。例一:《左传·文公二年》载:"《周志》有之,'勇则害上,不登于明堂。'"杜注:"《周志》,《周书》也。"此语出自《逸周书·大匡》,可知《周书》在先秦又称《周志》。例二:《左传·襄公二十五年》:"《志》有之,'言以足志,文以足言。'"杜注:

---

① 闻一多:《神话与诗》,古籍出版社1957年版,第185—188页。
② 叶舒宪:《诗经的文化阐释》,陕西人民出版社2005年版,第255页。

"《志》，古书也。"可见，"志"与"书"一样，在当时是一切古书的泛称。例三：《国语·晋语四》："《礼志》有之曰'将有请于人，必先有人焉。'"《礼志》即有关礼的书。例四：《国语·晋语四》又载："夫先王之法志，德义之府也。"韦注："志，记也。"《左传·僖公二十七年》有"《诗》《书》，义之府也"的话，可知所谓"法志"即《诗》《书》。例五：《国语·楚语上》："教之故志，使知废兴者而戒惧焉。"韦注："故志，谓所记前世成败之书。"例六：《周礼·小史》："掌邦国之志。"郑众注："志谓记也，《春秋传》所谓《周志》，《国语》所谓《郑书》之属也。"由以上六例可见，"志"与"书"所指相同，本是同一件事。从这个意义上说，"诗言志"或许也可以称为"诗言书"。而从语源上看，"诗"与"志"同义通用。《说文·言部》："诗，志也。"《广雅·释诂》："诗，意志也"，王念孙《广雅疏证》云："诗志声相近，故诸书皆训诗为志，无训为意者。《诗序》云：'诗者，志之所之也，在心为志，发言为诗。'贾子《道德说篇》云：'诗者，此之志者也。'《诗谱正义》引《春秋说题辞》云：'在事为诗，未发为谋，恬淡为心，思虑为志，诗之为言志也。'《书大传》注云：'诗，言之志也。'"①《左传·昭公十六年》载郑六卿饯晋韩宣子于郊，六卿赋诗皆为《郑风》作品，宣子喜曰："郑其庶乎！二三君子以君命贶起，赋不出《郑志》，皆昵燕好也。"可知《郑志》即"郑诗"。

既然"志"与"书"义同互训，"诗"与"志"也义同互训，那么，在"诗"与"书"之间，显然存在着意义上的联系。"诗"与"书"的这种联系从典籍"引'诗'（或《诗》）""引'书'（或《书》）"的情况便可以发现。先看"引'诗'（《诗》）"的情况。《墨子·兼爱下》云："且不惟《誓命》与《汤说》为然，'周诗'即亦犹是也。《周诗》曰：'王道荡荡，不偏不党。王道平平，不党不偏。其直若矢，其易若厎，君子之所履，小人之所视。'"这是把《周书·洪范》与《小雅·大东》的句子合称为"周诗"。《墨子·非命中》云："在于商、夏之《诗》《书》曰：'命者，暴王作之。'"把一句话同时归入《诗》《书》两部典籍。《墨子·非攻中》云："《诗》曰：'鱼水不务，陆将何及乎？'"这个句子与其说出于《诗》，倒更象出于《书》。《墨子·明鬼下》："子墨子曰：'周书'《大雅》有之，《大雅》曰：文王在上，於昭于天，周虽旧邦，其命维新。有周不显，帝命不时。文王陟降，在帝左右。穆穆文王，令闻

---

① （清）王念孙：《广雅疏证》，中华书局1983年版，第140页。

第四章　修辞论:原始礼乐活动与《尚书》语言表述的雅化

不已。'若鬼神无有,则文王既死,彼岂能在帝之左右哉?此吾所以知'周书'之鬼也。"引《大雅·文王》之诗而曰"周书",是明显的《诗》《书》互称之证。《墨子·尚同中》:"是以先王之'书'《周颂》之道之曰:'载来见彼王,聿求厥章。'"引《周颂·载见》而曰先王之"书",也是典型的《诗》《书》互称之证。《战国策·秦策四》:"《诗》云:'大武远宅不涉。'"指明出于《诗》的该句其实出于《逸周书·大武》。再看"引'书'(或《书》)"的情况。《左传·襄公二十一年》:"《夏书》曰:'念兹在兹,释兹在兹,名言兹在兹,允出兹在兹,惟帝念功。'"虽说出于《书》,却颇类《诗》。《左传·哀公六年》:"《夏书》曰:'惟彼陶唐,帅彼天常,有此冀方。今失其行,乱其纪纲,乃灭而亡。'"此处所引的《书》句简直是一首典型的四言《雅》《颂》诗。《孟子·滕文公下》引《太誓》:"我武惟扬,侵之于疆,则取于残,杀伐用张,于汤有光。"更完全是一首每句押韵的四言诗。《墨子·非命下》引《太誓》:"天有显德,其行甚章。为鉴不远,在彼殷王。谓人有命,谓敬不可行,谓祭无益,谓暴无伤。上帝不常,九有以亡。"辞句雄健古雅,完全有资格置于《大雅》《周颂》之中。《吕氏春秋·慎大》引《周书》:"若临深渊,若履薄冰。"此句明言出于《周书》,实际却出自《小雅·小旻》的第六章。由以上典籍"引《诗》""引《书》"可以发现,古人对于《诗》《书》二者往往视为一体,不加仔细分别,正如孙诒让在《墨子间诂》卷四中的断言:"古《诗》《书》亦多互称。"① 蒙文通也推断《书》与《诗》初无二致。②

造成"诗""书"(《诗》《书》)一体并称的根本原因,若从二者创作与传播的主体方面考虑,源于殷周瞽、史之官的同源及职能上的交叉关系。在殷商后期,由传统的巫、觋、祝、宗等神职祭司阶层中,又分化出瞽与史两种专门化的神职官员。"瞽",又称"矇"或"瞍",是由宗庙祭祀活动中负责音乐、诗歌、舞蹈的巫祝中分化出来的,成为专门执掌朝廷音乐活动的官员,其首脑称"太师"。早期诗歌的创作和演唱,以及《诗》的编辑、整理和加工都是"瞽"即乐官的职责。史则是由祭祀活动中负责占卜记录等文字工作的巫祝分化而来,成为专门执掌朝廷典籍、文字记录的官员。早期"书"篇的写作与保管都是史官的职责。在周代,因为这两种官员同为周王的近侍,负有近似的宗教、政治职责,故古籍中每每"瞽、史"

---

① (清)孙诒让:《墨子间诂》,中华书局1986年版,第114页。
② 蒙文通:《经史抉原》,《蒙文通文集》第三卷,巴蜀书社1995年版,第239页。

联言。如《国语·周语下》云:"吾非瞽、史,焉知天道?"韦昭注:"瞽,乐太师,掌知音乐风气,执同、律以听军声而诏吉凶;史,太史,掌抱天时,与太师同车,皆知天道者。"所谓"知天道",说明瞽、史两种官员虽然具体职责不同,但同样是负有沟通人神之责的巫觋性质的神职官员。由他们分别执掌和传承的"诗""书"也必然先天地具有宗教的性质。《诗》最早产生的《大雅》和《周颂》几乎全为宗教祭祀诗,有关《书》的"河图洛书"的传说,都说明"诗""书"(《诗》《书》)有着深远的宗教渊源。二者在政治上也具有近似的职能。如《左传·襄公十四年》云:"自王以下,各有父兄子弟以补察其政:史为书,瞽为诗,工诵箴谏,大夫规诲,士传言,庶人谤,商旅于市,百工献艺。"《国语·周语上》云:"故天子听政,使公卿至于列士献诗,瞽献曲,史献书,师箴,瞍赋,矇诵,百工谏,庶人传语,近臣尽规,亲戚补察,瞽史教诲,耆艾修之,而后王斟酌焉,是以事行而不悖。"《国语·楚语下》云:"在舆有旅贲之规,位宁有官师之典,倚几有诵训之谏,居寝有亵御之箴,临事有瞽史之导,宴居有师工之诵,史不失书,矇不失诵,以训御之。"《国语·鲁语上》云:"夫祀,昭孝也,各致齐敬于其皇祖,昭孝之至也。故工、史书世,宗、祝书昭穆。"韦注:"工,瞽师官也;史,大史也。世,世次先后也。工诵其德,史书其言也。"《国语·晋语四》一云:"《瞽史之纪》曰:'唐叔之世,将如商数。'"又云:"《瞽史记》曰:'嗣续其祖,如谷之滋。'"《周礼·春官》"小史":"奠系世,辨昭穆",郑注:"系世,谓《帝系》《世本》之属也,小史主定之,瞽矇讽诵之。"《礼记·礼运》云:"故先王秉蓍龟,列祭祀,瘗缯,宣祝嘏辞说,设制度……故宗祝在庙,三公在朝,三老在学。王前巫而后史,卜筮瞽侑,皆在左右。"《礼记·玉藻》云:"天子……动则左史书之,言则右史书之,御瞽几声之上下。"这些记载都说明瞽、史在职能上存在着近似和交叉关系。

这种职能上的近似和交叉关系也影响到"诗""书"之关系。虽然"诗"为瞽矇所掌,"书"为史官所掌,但二者却并非截然分开。大体来说,二者都属"瞽、史之纪(记)",在当时并无根本的区别。一方面,"诗"虽为乐官所掌,其编辑整理成书却主要归功于史官。《毛诗序》在言及"变风变雅"时说:"国史明乎得失之迹,伤人伦之废,哀刑政之苛,吟咏情性,以风其上,达于事变而怀其旧俗者也。"《正义》引郑玄答张逸云:"国史采众诗时,明其好恶,令瞽矇歌之。其无作主,皆国史主之,令可歌。"由此可知,"诗"虽由乐官职掌,其编辑与整理在当时却是由史官负责。另一方面,"书"虽为史官所职掌,其传习与传播却要

第四章 修辞论:原始礼乐活动与《尚书》语言表述的雅化

归功于乐官。《周礼·大司乐》云:"大司乐掌成均之法,以治建国之学政。……乐师掌国学之政。"周代的教育是以"乐教"为主的。《礼记·王制》具体说明了当时教学的内容:"乐正崇四术,立四教,顺先王'诗'、'书'、礼、乐以造士。春秋教以礼、乐,冬夏教以'诗'、'书',王大子、王子、群后之大子、卿大夫元士之嫡子、国之俊选,皆造焉。"《礼记·文王世子》云:"春诵,夏弦,大师诏之;瞽宗秋学礼,执礼者诏之;冬读'书',典'书'者诏之。礼在瞽宗,'书'在上庠。"按郑玄、孔颖达之注释,春夏阳气发动,阳气清轻,故学"诗"、乐;秋冬阴气凝寂,阴气质重,故学"书"、礼。可见,"书"在西周与"诗"一样,也是"乐教"的主要教材之一,能够得到传习和传播是离不开乐官的。顾颉刚对于"诗""书"(《诗》《书》)关系曾有过精辟的论述。他针对《国语·晋语》两次言及"瞽、史之纪(记)"的情况解释说:"盖瞽有其箴赋,史有其册书,容有同述一事者,如《牧誓》之与《大明》、《閟宫》之与《伯禽》然,故合而言之耳。又此两种人同为侯王近侍,多谈论机会,自有各出所知以相熏染之可能,其术亦甚易相通。故《太誓》,史也,而《孟子·滕文公下》录其语曰:……《墨子·非命下》亦录其辞曰:……其文皆若诗,若箴,岂复誓师之辞,盖史之所作而瞽之所歌也;不则瞽闻其事于史而演其义于歌者也。《楚辞》之《天问》,《荀子》之《成相》,《大、小雅》及《三颂》纪事之篇章,诗也,而皆史也,非瞽取之于史而作诗,则史袭瞽之声调、句法而为之者也。观于《洪范》之'无偏、无党',《墨子·兼爱下》引之作《周诗》,则史与瞽之所为辄被人视同一体,不细加分别可知也。"[①]

虽然瞽、史之官具有同源和职能上的交叉关系,但从发生学角度看,二者却有着先后的区别。正如叶舒宪所说:"史的观念从诗的母胎中孕育而出,最终获得独立发展,这一演变的契机乃是文字的普遍应用。也只有当诉诸视觉的文字符号取代了原来的听觉语音符号而成为'记忆'的新载体时,史官才会在盲乐师团体之外获得职务上的自立。古书中之所以常见'瞽史'连言之例,一方面表明了二者的发生学关联,另一方面也无声地暗示出了瞽在先史在后的发生学顺序。"[②] 在上古时代,瞽矇常因其具有卓越的听觉感受力和记忆能力而在唱诵仪式上担任神职,进而成为精通音乐并职掌诗歌的巫师。在文明的初始阶段,文字尚未发明或虽已发明

[①] 顾颉刚:《史林杂识初编》,中华书局1963年版,第224—225页。
[②] 叶舒宪:《诗经的文化阐释》,陕西人民出版社2005年版,第273页。

却只由少数人掌握，应用于占卜等极为有限的领域，经常性的祭祀活动对音声有更强的依赖性。由祭祀唱诵发展而来的诗歌，其创作和传播活动均与瞽矇有关。最初为瞽矇所传诵的诗歌本是对神的祝颂祈祷之辞，由于其内容中叙事成分的不断增加，遂由简单的祝祷之辞逐渐发展为以神话传说为内容的长篇叙事史诗。这些历代流传的叙事史诗的内容主要是对于本民族历史的稽古溯源，以及对于民族英雄神奇事迹的歌颂，其实质就是早期的口传民族历史，这些内容都成为后世"书"篇的源头。闻一多说："一切记载既皆谓之'志'，而韵文的产生又必早于散文，那么最初的'志'（记载）就没有不是诗（韵语）的了。……诗即史，当然史官也就是诗人。"①瞽矇之官实际上就是前文字时代的诗人和史官，他们既是"诗"的创作和传播者，也是"书"的创作和传播者，早期的"诗""书"本为一体，具有相同的内容和形式。"书"在当时便是一种以诗歌为形式、以神话和历史为内容的口传文本，只是到了文字广泛运用的史官文化时期，才由掌握了文字使用能力的史官，将本由瞽矇之官口述的历史内容书面文字化，进而形成了后来的被作为历史典籍和政治教科书的《书》。由诗的母胎中孕育出的《书》必然先天地带有诗的遗传因素，这种因素在《尚书》的《虞夏书》和《商书》中表现得尤为明显。

（二）《诗》《书》关系与《尚书》的修辞艺术

《诗》《书》的关系除了反映在它们所具有的发生学意义上的共同的历史渊源之外，还反映在它们所共同具有的现实功能上。作为《尚书》主体部分的《周书》，与《诗经》的《大雅》《周颂》都为西周时代的产物，具有相同和近似的历史背景和现实功能。据孙作云先生的考证，"在西周诗歌之中，除去民歌而外，凡属统治阶级的诗歌，绝大部分与典礼有关。这些诗歌是为了举行某种典礼而作的，实际上，它本身就是典礼的一部分，因此，这些诗歌应该叫'典礼歌'。《周颂》三十一篇，全部都是典礼歌。《大小雅》一百五篇，有百分之八十以上是典礼歌"。② 西周时代的典礼形式主要是与国家政权和宗族意识密切相关的大型祭祀典礼和封建策命典礼。与这些祭祀、策命典礼活动相配合，《诗经》的《大雅》《周颂》中的作品都产生于这一时期，是应用性的典礼仪式乐歌。总体来看，西周前期，《诗经》典礼乐歌以祭祀典礼乐歌为主，《周颂》中的大部分作品，包括《大武》乐章的六篇作品，以及《大雅》中的《生民》《公

---

① 闻一多：《神话与诗》，古籍出版社1957年版，第185—188页。
② 孙作云：《诗经与周代社会研究》，中华书局1966年版，第155页。

刘》等几篇史诗性作品都属这一类乐歌，均为应用于文王、武王、成王、康王、昭王时期祭祀典礼上的仪式乐歌。西周中期以后，尤其是宣王时期，策命典礼活动随着国家的中兴而再度趋于频繁，反映在《诗经》中，与之相配合的作品也相应增多。这类作品以收录在《大雅》中的《崧高》《烝民》《韩奕》《江汉》《常武》五首组诗和《鲁颂》中的《閟宫》一首为代表，均为产生于策命典礼仪式上的乐歌或反映策命活动的诗作。

具体考察《诗经》中的这几篇作品可以发现，诗中所表现的策命内容都与金文中常见的策命记载相符合，与《周书》中的诰命文可以互为参证，正可谓"《诗》中有《书》"。其中《崧高》一诗中的申伯为周宣王的母舅，诗中记录了宣王对申伯进行策命的内容：

　　亹亹申伯，王瓒之事，于邑于谢，南国是式。王命召伯："定申伯之宅，登是南邦，世执其功。"
　　王命申伯："式是南邦。因是谢人，以作尔庸。"王命召伯，彻申伯土田。王命傅御，迁其私人。
　　申伯之功，召伯是营，有俶其城，寝庙既成，既成藐藐。王锡申伯，四牡蹻蹻，钩膺濯濯。
　　王遣申伯，路车乘马。"我图尔居，莫如南土，锡尔介圭，以作尔宝。往近王舅，南土是保。"

《烝民》中则记录了周宣王对大臣仲山甫的策命：

　　王命仲山甫："式是百辟，缵戎祖考，王躬是保。出纳王命，王之喉舌。赋政于外，四方爰发。"

《韩奕》一诗记述了周王对韩侯的策命：

　　韩侯受命，王亲命之："缵戎祖考，无废朕命。夙夜匪解，虔共尔位。朕命不易，榦不庭方，以佐戎辟。"

《江汉》一诗最具代表性。此诗记叙周宣王策命召虎讨伐淮夷，诗的最后叙写受命者召虎作器作诗以纪念其事，则全诗实际上就是一篇策命文书或策命铭文，可以看作是存世的《召伯虎簋》铭文之一：

> 江汉之浒，王命召虎："式辟四方，彻我疆土。匪疚匪棘，王国来极。于疆于理，至于南海。"
>
> 王命召虎，来旬来宣："文武受命，召公维翰。无曰予小子，召公是似。肇敏戎公，用锡尔祉。
>
> 厘尔圭瓒，秬鬯一卣。告于文人，锡山土田。于周受命，自召祖命。"虎拜稽首，天子万年！
>
> 虎拜稽首："对扬王休，作召公考。天子万寿！明明天子，令闻不已，矢其文德，洽此四国。"

《常武》一诗记叙周宣王平定徐方叛乱之事，其中记录了战前宣王对出征将帅的策命：

> 赫赫明明，王命卿士，南仲大祖，大师皇父："整我六师，以修我戎。既敬既戒，惠此南国。"
>
> 王谓尹氏，命程伯休父："左右陈行，戒我师旅。率彼淮浦，省此徐土。不留不处，三事就绪。"

《鲁颂》中的《閟宫》一首也有有关周初策命封建鲁国的记述：

> 王曰"叔父，建尔元子，俾侯于鲁。大启尔宇，为周室辅。"乃命鲁公，俾侯于东，锡之山川，土田附庸。

《常武》诗中出现的"尹氏"为西周时代的史官之长，负有主持策命仪式之责。叶舒宪据此认为："可以推断《常武》等诗都有仪式歌辞的性质，而主持仪式者正是介于王与臣下之间的尹氏。尹氏也是这类仪式歌的初始作者，殆无可怀疑。因为《崧高》与《烝民》二诗中都明确出现了'吉甫作诵'的字样。吉甫全名尹吉甫，属尹氏一族中的知名者，也是《诗》三百篇中可确认作诗最多（虽仅有二首标明了吉甫之名）的唯一作者。不难推测，《雅》诗部分的作者群主要为更多的不知名的尹氏。他们的宗教血统和他们在王朝政治机构中的职司决定了他们既是令之所由出者，也是仪式诗的始作者。"① 从上面征引的《雅》《颂》篇章来看，宋

---

① 叶舒宪：《诗经的文化阐释》，陕西人民出版社 2005 年版，第 186 页。

第四章 修辞论：原始礼乐活动与《尚书》语言表述的雅化

人陈骙说"《诗》文似《书》"是颇有道理的。①

"《诗》中有《书》"或"《诗》文似《书》"的说法也可以反过来，变成"《书》中有《诗》"或"《书》文似《诗》"。《雅》《颂》最可能的作者群尹氏同时也是《周书》诰命篇章的作者。《尚书》中唯一一篇明确记有作者之名的作品《洛诰》，其作者便是周初的史官之长史佚。这些诰命篇章都是根据当时的策命文书加工而成的，而当时的策命文书很可能与同时产生的《诗经》中的《雅》《颂》作品一样，是可以吟唱的诗歌形式。据《逸周书·尝麦解》所记"王命大正正刑书"的仪式："史导王于北阶，王陟阶，在东序，乃命太史尚大正即居于户西，南向，九州牧伯咸进在中，西向。宰乃承王中升自客阶，作筴执筴从中。宰坐，尊中于大正之前，大祝以王命作筴筴告大宗，王命□□秘，作筴许诺，乃北向繇书于两楹之间。"又《逸周书·世俘》："武王降自车，乃俾史佚繇书于天号。"晋孔晁注："使史佚用书，重荐俘于天也。"值得注意的是这个"繇"字。据《汉书·文帝纪》"占曰大横庚庚"，颜师古注："李奇曰：'庚庚，其繇文也；占，谓其繇也。'……繇，本作籀，籀书也，谓读卜词。"故而一般认为"繇书"即"籀书""读书"。而这个"繇"字同时也是歌谣的"谣"，《汉书·李寻传》"参人民繇俗"，颜注："繇，读与谣同。""谣"的本义是"徒歌"，是最古老的不配乐的口头歌谣。"书"而可"谣"，说明这种策命文书很可能采用了歌谣吟唱的形式。刘师培说："上古之时，先有语言，后有文字。有声音，然后有点画；有谣谚，然后有诗歌。谣谚二体，皆为韵语。'谣'训'徒歌'，歌者永言之谓也。'谚'训'传言'，'言'者直言之谓也。盖古人作诗，循天籁之自然，有音无字，故起源亦甚古。观《列子》所载，有尧时谣；孟子之告齐王，首引夏谚；而《韩非子·六反篇》或引古谚，或引先圣谚，足征谣谚之作先于诗歌。厥后诗歌继兴，始著文字于竹帛。然当此之时，歌谣而外，复有史篇，大抵皆为韵语。言志者为诗，记事者为史篇。"② 由歌谣而诗歌、史篇，准确地说明了早期文字记载的"诗"（韵语）的特征。按闻一多"诗即史，当然史官也就是诗人"③的观点，《周书》诰命篇章的作者史佚等人很可能是身兼史官与诗人二职的，既是《周书》诰命和策命文书的作者，同时又是《诗经》中《雅》《颂》乐歌的实际作者。

---

① （宋）陈骙撰，刘彦成注释：《文则注释》，书目文献出版社1988年版，第1页。
② 刘师培：《中国中古文学史讲义》，人民文学出版社1959年版，第110—111页。
③ 闻一多：《神话与诗》，古籍出版社1957年版，第185—188页。

事实上，今日可见的金文策命文书中有很多确实是采用了诗歌和韵语的形式。如康王时期的《大盂鼎》铭文、宣王时期的《虢季子白盘》铭文等。《尚书》中的诰命文也是如此。王力说："韵文以韵语为基础，而韵语的产生远在文字产生之前。……韵语在上古时代的发达情况，远非后代所能企及。所谓韵语，除了诗歌之外，还包括格言、俗谚，及一切有韵的文章。……文告和卜易铭刻等，也掺杂着韵语，例如《尚书》《易经》和周代的金石文字。许多'嘉言'是凭借着有韵而流传下来的。"① 出口成章的押韵言辞是对当时上层知识阶层的基本要求，对于史官和乐官这类周王的近侍，也就是后代所说的文学侍从来说，精通这种技能就更为必要了。"史不失书，矇不失诵"，史官所书写的简策文书一定都是能够成诵的，否则便不利于记忆和传播，不利于发挥其政治效应。"史为书，瞽为诗""瞽献曲，史献书"，说明这类史官写作的韵语有时会由乐官配上音乐，在一定的场合进行演唱。《史记·晋世家》载史佚之言云："天子无戏言，言则史书之，礼成之，乐歌之。"孔疏《诗大序》曰："出口为言，诵言为诗。"宋人陈骙说："乐奏而不和，乐不可闻；文作而不协，文不可诵。文协尚矣，是以古人之文发于自然，其协也亦自然。"② 这些记载和论述均可说明史官之"言"与乐官之"诗"的关系。而这些成诵的记言"书"篇一旦由乐官配上音乐，则摇身一变，成为一首可以载入《雅》《颂》中的"诗"了，《书》的作品因此也就变成了《诗》的作品，《诗》与《书》便真正成为一体。可以说，"书"实即不歌而诵之"诗"，"诗"即合乐可歌之"书"，二者都产生并共同服务于周代的各种典礼活动。傅斯年就认为，《周颂》中的《闵予小子》《访落》《敬之》《烈文》四篇为"嗣王践祚之舞"的歌词，与《顾命》所记载的嗣王登基大典有关。③ 由此可以推知，在西周时代的祭祀、册命等各种典礼活动中，《诗》《书》都发挥着重要的作用。"诗""书"谐配，歌诵间作，为周代庄严隆重的政治性宗教性典礼仪式创造了富有审美情趣的生动的文学气氛，成为周代礼乐活动中一道独特的文学景观。

那么，为什么今天我们读《尚书》中的诰命，却感觉它不像是押韵之文了呢？这是因为，《尚书》的诰命在性质上毕竟不同于诗。它虽然先天是修辞的和诗化的，源于上古的宗教祭祀活动，并且在应用方面与《诗》有

---

① 王力：《汉语诗律学》，上海教育出版社1979年版，第3页。
② （宋）陈骙撰，刘彦成注释：《文则注释》，书目文献出版社1988年版，第88页。
③ 傅斯年：《诗经讲义稿（含〈中国古代文学史讲义〉）》，中国人民大学出版社2004年版，第24页。

着近似的功用，可以被史官和乐官们拿来改编、赋诵、歌唱，但它毕竟不是诗，只是诗的原料和素材。它最初的写作有着直接的现实目的，本质上是一种应用性的、服务于政治目的的策命、诰命文书。策命文书的内容一般包括任命、训诫和赏赐三个方面，是宣读于策命典礼上的一种典礼演说，注重风格和语言的典雅庄重，较多沿袭了传统的诗化语言形式。诰命文书则不同，它主要以训诫性的内容为主，承载着重要的现实政治使命，传达着商周最高统治阶层的思想意识和政治决策。尤其是在事关重大的问题上，这类训诫往往发展为围绕一个特定主题进行的政治演说。而这种政治演说的出现和发展必然会与传统的韵语策命形式发生矛盾，也就是说，传统的诗化语言形式必然会对训诫性的说理和论证造成限制。矛盾的结果是，逻辑思辨和哲理表达的考虑最终冲破了原有的韵语形式，诗化语言形式最终让位于散文形式。这就决定了《尚书》的诰命篇章虽有诗化的成分，但主要仍采取散文的形式。在这个问题上，亚里士多德在其名著《修辞学》中有很好的说明。他在论及政治性演说时说："散文的形式不应当有格律，也不应当没有节奏。散文有了格律，就没有说服力（因为好像是做作的），同时还会分散听者的注意力……可是没有节奏，就没有限制，限制应当有（但不是用格律来限制）。"① 因此，今传《尚书》的诰命篇章是以散文形式为主的，同时又不完全排除原有的诗化形式。事实上，《尚书》的诰命篇章尽管不以文学为目的，却先天地具有文学的色彩，其中存在着大量的诗化句式和韵语形式，具有丰富的服务于说理和论辩的修辞手段和技巧，有着很高的文学价值，并非如一些人所说的，只是一些枯燥乏味且"佶屈聱牙"的政治性文书。正如傅斯年所说："其可解可句读者不特不见得'佶屈聱牙'，反而觉得文辞炳朗，有雍容的态度，有对仗的文辞，甚且有时有韵。"②

首先以《商书》中的《盘庚》为例。《盘庚》虽不以"诰""命"为名，然其性质实近于周代的诰，故《左传·哀公十一年》称引《盘庚之诰》，《周礼·春官》"大祝六辞"郑注亦曰："诰，谓《康诰》《盘庚之诰》之属也。"均将《盘庚》径称为《盘庚之诰》。此篇自古以难读著称，正所谓"'周诰''殷盘'，佶屈聱牙"。然而作为一篇具有现实功用的演讲词，它的语言在当时不但不会是佶屈聱牙的，反而应是清晰晓畅的，否则"听受施行者弗晓"，其现实功用也就无从发挥。正如宋人陈骙

---

① ［古希腊］亚里士多德：《修辞学》，罗念生译，生活·读书·新知三联书店1991年版，第265页。
② 傅斯年：《诗经讲义稿（含〈中国古代文学史讲义〉）》，中国人民大学出版社2004年版，第149页。

所言:"《盘庚》告民,民何以晓?然在当时,用民间之通语,非若后世待训诂而后明。且'颠木之有由蘖',使晋、卫间人读之,则知蘖为余也;'不能胥匡以生',使东齐间人读之,则胥知为皆也;'钦念以忱',使燕、岱间人读之,则忱知为诚也。由此考之,当时岂不然乎?"① 今传《盘庚》虽存在语言上的问题,但整体的文理义脉仍很清晰,其中不乏个别颇为精彩的段落,一些语句甚至在今天读来仍能感到韵散相间,错落有致,颇具诗的韵味。如:

先王有服,恪谨天命,兹犹不常宁。不常厥邑,于今五邦!今不承于古,罔知天之断命,矧曰其克从先王之烈。若颠木之有由蘖,天其永我命于兹新邑,绍复先王之大业,厎绥四方。

其中"命""宁"为韵,"烈""蘖"为韵。据《尔雅·释诂》:"烈,余也。"郭璞注:"晋卫之间曰蘖,陈郑之间曰烈。"再如:

汝无侮老成人,无弱孤有幼。各长于厥居,勉出乃力,听予一人之作猷。

其中"幼""猷"押幽部韵。此外尚有许多三言、四言、五言的排偶句式,流畅自然,毫无生涩之感,开后世骈偶文体的先声,如:

若网在纲,有条而不紊;若农服田,力穑乃亦有秋。
有惟求旧,器非求旧,惟新。
邦之臧,惟汝众;邦之不臧,惟予一人有佚罚。
自今至于后日,各恭尔事,齐乃位,度乃口,罚及尔身,弗可悔。
倚乃身,迂乃心。
非废厥谋,吊由灵各;非敢违卜,用宏兹贲。
用罪罚厥死,用德彰厥善。

其中一些语句一直为后人广泛流传,产生了深远的影响,到今天已经成为现代汉语中的成语,如"有条不紊""人惟求旧,器非求旧,惟新"等。

《周书》的部分也是如此。首先,《周书》中存在着大量的四言句。

---

① (宋)陈骙撰,刘彦成注释:《文则注释》,书目文献出版社1988年版,第88页。

第四章 修辞论:原始礼乐活动与《尚书》语言表述的雅化

四言句在周初,不但是《诗经》中《雅》《颂》诗的最主要的句式,也是《周易》《尚书》以及金文的重要句式。四言是上古时代诗文的一般句式,并不局限于诗体。《周书》中的四言句显然与《雅》《颂》诗密切相关。尤其是那些以段落形式出现的整齐的具有鲜明节奏和韵律的四言句,更可看作是为诵读需要而有意组织建构的,是《雅》《颂》的资源和素材。如《洛诰》中整齐的四言句:

> 惟公德明,光于上下,勤施于四方,旁作穆穆,迓衡不迷。

再如《顾命》中整齐的四言句:

> 皇后凭玉几,道扬末命,命汝嗣训,临君周邦,率循大卞,燮和天下,用答扬文、武之光训。

再如《吕刑》中整齐的四言句:

> 两造具备,师听五辞;五辞简孚,正于五刑;五刑不简,正于五罚;五罚不服,正于五过。
> 简孚有众,惟貌有稽,无简不听,具严天威。
> 上下比罪,无僭乱辞,勿用不行,惟察惟法,其审克之!

《周书》中更包含了押韵的韵文形式的四言句,如《无逸》中的一段:

> 其在高宗,时旧劳于外,爰暨小人。作其即位,乃或亮阴,三年不言。其惟不言,言乃雍。不敢荒宁,嘉靖殷邦,至于小大,无时或怨。

这一段中的"人""阴""言""怨"为韵,其中"人""阴"为真部韵,"言""怨"为元部韵,系真元合韵的韵语。再如《吕刑》的几个段落:

> 民兴胥渐,泯泯棼棼,罔中于信,以覆诅盟。虐威庶戮,方告无辜于上。上帝监民,罔有馨香德刑,发闻惟腥。皇帝哀矜庶戮之不辜,报虐以威,遏绝苗民。无世在下。

这一段中的"盟""上""刑""腥""幸"为韵,其中"盟""上"属阳部,"刑""腥""幸"属耕部,系耕阳合韵。另一段诗体韵语:

> 德威惟畏,德明惟明。
> 乃命三后,恤功于民。
> 伯夷降典,折民惟刑;
> 禹平水土,主名山川;
> 稷降播种,家殖嘉谷。
> 三后成功,惟殷于民。

这一段的"明""民""刑"为韵,具有整齐的四字句的诗体形式。另如:

> 罚惩非死,人极于病。非佞折狱,惟良折狱,罔在非中。察辞于差,非从惟从。

其中"病""中""从"为韵,系东阳合韵。四言之外,《周书》中还存在着散文体的韵语,如《秦誓》的一段:

> 惟古之谋人,则曰未就予忌;惟今之谋人,姑将以为亲。虽则云然,尚猷询兹黄发,则罔所愆。

这一段中的"人""亲""然""愆"为韵,其中的"人""亲"为真部韵,"然""愆"为元部韵,系真元合韵的韵语。

对于《周书》中的诰命来说,韵文的形式毕竟不占主要地位,体现《周书》语言诗化特征的,主要还是其中存在的大量的排偶句式。如《大诰》:

> 若考作室,既底法,厥子乃弗肯堂,矧肯构?厥父菑,厥子乃弗肯播,矧肯穫?

这是一个由两个分句构成的句式整齐的排比句,其中的"厥子乃弗肯堂,矧肯构"与"厥子乃弗肯播,矧肯穫"形成对偶关系,对仗工整协调。

又如《康诰》:

第四章 修辞论:原始礼乐活动与《尚书》语言表述的雅化

庸庸，祗祗，威威。
怨不在大，亦不在小，惠不惠，懋不懋。
若有疾，惟民其毕弃咎；若保赤子，惟民其康乂。
非汝封刑人杀人，无或刑人杀人；
非汝封又曰劓刵人，无或劓刵人。
用康乃心，顾乃德，远乃猷，裕乃以。

《梓材》：

无胥戕，无胥虐，至于敬寡，至于属妇，合由以容。
若稽田，既勤敷菑，惟其陈修，为厥疆畎；
若作室家，既勤垣墉，惟其涂塈茨。
若作梓材，既勤朴斫，惟其涂丹雘。

《召诰》：

相古先民有夏，天迪从子保，面稽天若，今时既坠厥命；
今相有殷，天迪格保，面稽天若，今时既坠厥命。
我不可不监于有夏，亦不可不监于有殷。
我不敢知曰，有夏服天命惟有历年，
我不敢知曰，不其延，惟不敬厥德，乃早坠厥命；
我不敢知曰，有殷受天命惟有历年，
我不敢知曰，不其延，惟不敬厥德，乃早坠厥命。
无疆惟休，亦无疆惟恤。

《无逸》：

则其无淫于观、于逸、于游、于田。
非民攸训，非天攸若。
或十年，或七八年，或五六年，或四三年。
古之人犹胥训告、胥保惠、胥教诲，民无或胥诪张为幻。
否则厥心违怨，否则厥口诅祝。

《多方》：

慎厥丽，乃劝；厥民刑，用劝；
以至于帝乙，罔不明德慎罚，亦克用劝；
要囚殄戮多罪，亦克用劝；
开释无辜，亦克用劝。
非天庸释有夏，非天庸释有殷。
惟圣罔念作狂，惟狂克念作圣。
宅而宅，畎而田。
尔乃迪屡不静，尔心未爱，尔乃不大宅天命，尔乃屑播天命，尔乃自作不典。
我惟时其教告之，我惟时其战要囚之，至于再，至于三。
自作不和，尔惟和哉！尔室不睦，尔惟和哉！

《立政》：

宅乃事，宅乃牧，宅乃准。
乃用三有宅，克即宅；曰三有俊，克即俊。
暬惟羞刑暴德之人，同于厥邦；
乃惟庶习逸德之人，同于厥政。
克知三有宅心，灼见三有俊心。
以觐文王之耿光，以扬武王之大烈。

《吕刑》：

穆穆在上，明明在下。
虽畏勿畏，虽休勿休。
何择非人？何敬非刑？何度非及？
惟官，惟反，惟内，惟货，惟来。
五刑之疑有赦，五罚之疑有赦。
墨辟疑赦，其罚百锾，阅实其罪；
劓辟疑赦，其罚惟倍，阅实其罪；
剕辟疑赦，其罚倍差，阅实其罪；
宫辟疑赦，其罚六百锾，阅实其罪；
大辟疑赦，其罚千锾，阅实其罪。
上刑适轻，下服；下刑适重，上服。

第四章 修辞论:原始礼乐活动与《尚书》语言表述的雅化 255

> 刑罚世轻世重,惟齐非齐,有伦有要。
> 惟敬五行,以成三德。
> 德威惟畏,德明惟明。
> 非佞折狱,惟良折狱。
> 罔不中听于狱之两辞,无或私家于狱之两辞。

《文侯之命》:

> 昭升于上,敷闻在下。

《费誓》:

> 备乃弓矢,锻乃戈矛,砺乃锋刃,无敢不善!
> 杜乃擭,敜乃穽。
> 逾垣墙,窃马牛,诱臣妾。

《秦誓》:

> 番番良士,旅力既愆,我尚有之;
> 仡仡勇夫,射御不违,我尚不欲。
> 人之有技,若己有之;人之彦圣,其心好之,不啻若自其口出。是能容之,以保我子孙黎民,亦职有利哉!
> 人之有技,冒疾以恶之;人之彦圣,而违之俾不达。是不能容,以不能保我子孙黎民,亦曰殆哉!
> 邦之杌陧,曰由一人;邦之荣怀,亦尚一人之庆。

《周书》语言的诗化还表现在反复、顶针等修辞格的运用方面。同一个语句的反复使用可以产生诗一般的节奏回旋的效果,并能增加语句的情感表现力。在人物对话中使用的语句反复,可以真实生动地描摹出人物的语气、神态,如《洛诰》《无逸》中周公的两次语句反复:

> 孺子其朋,孺子其朋,其往!
> 自时厥后,立王生则逸,生则逸,不知稼穑之艰难,不闻小人之劳,惟耽乐之从。

前者出自周公与成王关于迁都洛邑的对话，如实地描摹周公急迫的语气，使文章染上了较强的感情色彩，将周公忠厚笃诚的个性和强烈的忧患意识表现出来。后者则表现出周公对前代历史的深刻反思和感喟。曾运乾说："生则逸，一语已足，两言之者，周公喜重言也。《洛诰》'孺子其朋，其往'，亦此类。史官于公重言之处，或书原文，或书又曰。《康诰》'非汝封又曰'，《多士》'王曰，又曰时予'，皆公重言也。"① 这些重言和反复实际都表现了周公对成王的谆谆教诲，叮咛嘱咐，将周公对即将亲政的成王的期望、担忧的心情表现得淋漓尽致。

以段落形式出现的反复更具有诗歌的特征。弗莱认为："在演讲术中，必须十分强调语言的转义的也即纯属象征的用法，包括隐喻、寓言、明喻、对偶，尤其是反复。……另一种更为原始的言语方式也是从演讲术中涌现的，即一种不是基于散文体的句法序列节奏，而是建立在像诗歌那样有规则地反复的拍子的基础上的。转义的语言便是文学的语言。"② 反映在《尚书》诰命中，如《吕刑》：

> 五过之疵：惟官，惟反，惟内，惟货，惟来。其罪惟均，其审克之！
> 五刑之疑有赦，五罚之疑有赦，其审克之！
> ……
> 上下比罪，无僭乱辞，勿用不行，惟察惟法，其审克之！
> ……
> 哀敬折狱，明启刑书胥占，咸庶中正。其刑其罚，其审克之！

四个"其审克之"的连用，使本来枯燥的法律条文变得层次清晰，简明畅达，起到了近似排比句式的效果。陈骙说："文有数句用一类字，所以壮文势，广文义也。"③ 同时也使这段散文具有了诗歌的节奏感。再如《费誓》：

> 今惟淫舍牿牛马，杜乃擭，敜乃穽，无敢伤牿。牿之伤，汝则有常刑！

---

① 曾运乾：《尚书正读》，中华书局1964年版，第222页。
② ［加］诺思罗普·弗莱：《神力的语言——圣经与文学研究续编》，吴持哲译，社会科学文献出版社2004年版，第18页。
③ （宋）陈骙撰，刘彦成注释：《文则注释》，书目文献出版社1988年版，第133页。

第四章 修辞论:原始礼乐活动与《尚书》语言表述的雅化

马牛其风,臣妾逋逃,勿敢越逐!祇复之,我商赉汝。乃越逐不复,汝则有常刑!

无敢寇攘,逾垣墙,窃马牛,诱臣妾,汝则有常刑!

甲戌,我惟征徐戎。峙乃糗粮,无敢不逮,汝则有大刑!

鲁人三郊三遂,峙乃桢干。甲戌,我惟筑,无敢不供;汝则有无余刑,非杀。

鲁人三郊三遂,峙乃刍茭,无敢不多;汝则有大刑!

"汝则有常刑"反复三次,"汝则有大刑"反复两次,另有"汝则有无余刑",于语句反复中自然形成文章的段落,且层次清晰,节奏感强。与文中排比句式的结合运用,更增强了语言的气势和表达效果。顶针格又称蝉联法,是源于歌谣的一种古老的修辞方式。如《吕刑》的一段:

两造具备,师听五辞;五辞简孚,正于五刑;五刑不简,正于五罚;五罚不服,正于五过。

这种修辞格实际兼具排比对偶和层递等多种修辞效果,使表达简洁流畅,层次分明,富有修辞趣味。

对说话人语句的描摹有时能取得特殊的修辞效果,如《顾命》开头记成王临终托孤的一段话:

惟四月,哉生魄,王不怿。甲子,王乃洮颒水。相被冕服,凭玉几。乃同,召太保奭、芮伯、彤伯、毕公、卫侯、毛公、师氏、虎臣、百尹御事。王曰:"呜呼!疾大渐,惟几,病日臻。既弥留,恐不获誓言嗣,兹予审训命汝。昔君文王、武王宣重光,奠丽陈教,则肄肄不违,用克达殷集大命。在后之侗,敬迓天威,嗣守文、武大训,无敢昏逾。今天降疾,殆弗兴弗悟。尔尚明时朕言,用敬保元子钊弘济于艰难,柔远能迩,安劝小大庶邦。思夫人自乱于威仪,尔无以钊冒贡于非几兹!"既受命,还,出缀衣于庭。越翼日乙丑,王崩。

这一段极为细腻生动地再现了弥留之际的成王,强撑病体向群臣托孤时的情景:洗发、洗面、穿衣、凭几而坐、召集群臣、口授遗言。因为成王的托孤之言事关国家大政,故史官如实照录,不敢作任何更改,最大限度地保留了成王语言的原貌,如"呜呼!疾大渐,惟几,病日臻。既弥留,恐不获誓言嗣,兹予审训命汝"。表现了垂危病人气息微弱、语言断续不接的状况。下面的"奠丽陈教,则肄肄不违",更是照录成王的原话,江声注释此句说:"肄,习也;重言之者,病甚气喘而语吃也。"①"肄肄"连言,表现了重病者口齿不清的语言特征。司马迁的《史记》也仿效这种记言方式,如《高祖本纪》:

> 五年,诸侯及将相相与共尊汉王为皇帝。汉王三让,不得已,曰:"诸君必以为便便国家……"。甲午,乃即皇帝位氾水之阳。

这里的"便便"连言,是对刘邦口吃的如实记录。司马迁通过描摹刘邦因心口不一而表现出的窘迫,生动地揭示出刘邦虚伪的性格特征。此外,如《张苍列传》照录周昌的口吃之言:"臣口不能言,然臣期期知其不可。陛下虽欲废太子,臣期期不奉诏。"这里的两个"期期",表现出周昌敢于犯颜直谏的耿直性格,取得了特殊的修辞效果。

最能体现《尚书》诰命篇章修辞艺术的,是比喻的运用。比喻的广泛运用是《诗经》和《尚书》共同的艺术特征。《诗经》的比喻,据明人谢榛《四溟诗话》的统计,共有一百一十处,向来被看作是《诗经》的三个主要艺术手法之一,"赋、比、兴"并称,对古代的诗歌创作产生了深远影响。与《诗经》一样,《尚书》也以大量使用比喻而著称。宋人陈骙在《文则》中说:"《易》之有象以尽其意,《诗》之有比以达其情,文之作也,可无喻乎?"他进而从《尚书》等散文体典籍中概括出直喻、隐喻等十种比喻类型。②

《尚书》中的比喻主要集中于诰命篇章中,是作为说理论证的一种重要手段来使用的。亚里士多德在论及演说时说:"所有能使我们有所领悟的字都能给我们以极大的愉快。奇字不好懂,普通的字意思又太明白,所以只有隐喻字最能产生这种效果。……明喻也能产生同样的效果,也是隐喻。""措词只要含有隐喻,就能受欢迎,但是隐喻不能太牵强,否则就难以看出其中的关系;不过也不能失之肤浅,否则就不能给听众留下印象。再说,措词要是能使事物呈现在眼前,也能受欢迎,因为我们应当看清楚的,是正在发生的事情,而不是将来要发生的事情。"③ 从古希腊和

---

① (清)江声:《尚书集注音疏》,《皇清经解》,上海书店1988年版,第920页。
② (宋)陈骙撰,刘彦成注释:《文则注释》,书目文献出版社1988年版,第43页。
③ [古希腊]亚里士多德:《修辞学》,罗念生译,生活·读书·新知三联书店1991年版,第341—342页。

古罗马开始,比喻在西方一直被作为演说的一个重要修辞手段加以研究,其目的是增强演说的生动性和形象性。西方传统的观点认为,比喻包括隐喻和明喻,是一种以另一个相似事物来比拟思想对象的修辞方法,这与朱熹对《诗经》中"比"的定义"比者,以彼物比此物也"完全一致。而现代的隐喻理论,更将隐喻视为人类普遍具有的一种思维方式和认知手段,认为隐喻是借助熟悉事物表达陌生事物的语言技巧。从《尚书》的情况看,二十八篇中共出现比喻24例,其中有21例出于《商书》和《周书》的诰命文,另外3例分别出于《虞夏书》的《尧典》、《商书》的《微子》和《周书》的《牧誓》。可见,在政治性的讲话和演说中较多使用比喻,中西并无不同。这是因为,政治问题无论在认知上还是感觉上都远离人们的日常生活经验,比喻方法的使用,可以使陌生的、抽象的政治问题形象化,有助于问题的理解和解决。正如亚里士多德所说:"巧妙的话来自类比式隐喻和使事物活现在眼前的说法。"① 古罗马的昆提良(Quintilian)也认为:使用比喻的语言,可以使听众生动直观地"看到"演说者正在描绘的事物,从而激动地接受和认可演说者对事物的看法。他认为,演说者应该将听众转变为观众,使听众"在脑海中形成一幅幅的图画";演说家也和诗人一样,其充满说服力的讲演依赖于他"诉诸心灵的眼睛"的能力,能够激发起听众的想象力。而"作为解释各种事物的一种手段,展现这些事物的图像"的最佳方式之一,就是使用明喻。②

具体归纳《尚书》的比喻模式,按出现的先后顺序,可分为如下几类。

1. "死亡"比喻

《尧典》:二十有八载,帝乃殂落,百姓如丧考妣。

2. "树木"比喻

《盘庚》:若颠木之有由蘖,天其永我民于兹新邑,绍复先王之大业,厎绥四方。

3. "火"比喻

(1)《盘庚》:予若观火,予亦拙谋作,乃逸。

(2)《盘庚》:若火之燎于原,不可向迩,其犹可扑灭?

(3)《洛诰》:无若火始焰焰,厥攸灼叙,弗其绝。

---

① [古希腊]亚里士多德:《修辞学》,罗念生译,生活·读书·新知三联书店1991年版,第347页。

② [英]昆廷·斯金纳:《霍布斯哲学思想中的理性和修辞》,王加丰、郑崧译,华东师范大学出版社2005年版,第192—197页。

4. "网"比喻

《盘庚》：若网在纲，有条而不紊。

5. "耕种"比喻

（1）《盘庚》：若农服田，力穑乃亦有秋。

（2）《盘庚》：乃不畏戎毒于远迩，惰农自安，不昏作劳，不服田亩，越其罔有黍稷。

（3）《大诰》：天惟丧殷，若穑夫，予曷敢不终朕亩？

（4）《大诰》：厥父菑，厥子乃弗肯播，矧肯获？

（5）《梓材》：若稽田，既勤敷菑，惟其陈修，为厥疆畎。

6. "射箭"比喻

《盘庚》：予告汝于难，若射之有志。

7. "渡河"比喻

（1）《盘庚》：尔惟自鞠自苦，若乘舟，汝弗济，臭厥载。

（2）《微子》：今殷其沦丧，若涉大水，其无津涯。

（3）《大诰》：若涉渊水，予惟往求朕攸济。

（4）《君奭》：今在予小子旦，若游大川，予往暨汝奭其济。

8. "动物"比喻

《牧誓》：勖哉夫子，尚桓桓，如虎，如貔，如熊，于商郊。

9. "疾病"比喻

（1）《大诰》：天亦惟用勤毖我民，若有疾，予曷敢不于前宁人攸受休毕？

（2）《康诰》：若有疾，惟民其毕弃咎。

10. "建筑"比喻

（1）《大诰》：若考作室，既厎法，厥子乃弗肯堂，矧肯构？

（2）《梓材》：若作室家，既勤垣墉，惟其涂塈茨。

11. "争斗"比喻

《大诰》：若兄考，乃有友伐厥子，民养其劝弗救？

12. "养子"比喻

（1）《康诰》：若保赤子，惟民其康乂。

（2）《召诰》：若生子，罔不在厥初生。

13. "制器"比喻

《梓材》：若作梓材，既勤朴斫，惟其涂丹雘。

以上十三种比喻模式又可以进一步概括为三个主题。

1. 生产劳动主题

包括捕鱼活动的"网"比喻（1例）、农业活动的"耕种"比喻（5

例)、狩猎活动的"射箭"比喻(1例)、"建筑"比喻(2例)和"制器"比喻(1例),共五种模式10例。

2. 日常生活主题

包括生活中生、老、病、死现象的"死亡"比喻(1例)、"疾病"比喻(2例)、"养子"比喻(1例)以及"渡河"比喻(4例)、"争斗"比喻(1例),共五种模式9例。

3. 自然环境主题。

包括动植物方面的"树木"比喻(1例)、"动物"比喻(1例),自然现象方面的"火"比喻(3例),共三种模式5例。

值得注意的是,《尚书》比喻的三个主题都是与普通人的正常生活密切相关的,取譬的对象都来自日常生活的基本要素,所使用的语言也极为通俗,富于生活气息。在这一点上,《尚书》与《诗经》完全一致。《诗经》的比喻也具有同样的特点,取譬的对象均为家喻户晓的事物。据现代隐喻理论家西阿帕(Schiappa)的观点,最具感染力和说服力的隐喻来自平常语言中,因为"平常语言体现了语言使用群体的共识,包括与一定词语相联系的判断、态度和情感",平常语言的使用有助于促进言者和听者之间的认同。① 选择来自民间生活中人们习用的口语化的比喻,而不是标新立异,有助于增强观点和论证的说服力、影响力,会使听者感到亲切、自然,进而在潜意识层面不知不觉中承认了论述的合理性,接受了言论者的观点。

比喻的运用虽然不同于严格的逻辑论证,但其效果却是相同的。如《盘庚》,该篇是盘庚为了说服臣民们赞同他迁都的计划,于迁都前后作的三次训话的记录。其中运用了一系列的比喻帮助进行形象化的说理。如将迁都形象地比喻为"若颠木之有由蘖",好比被伐倒的树木,干枯的地方可以长出新的树芽。这里将旧都比喻为死亡的"颠木",以充满生机的"由蘖"来比喻新都,说明固守旧都只能是坐以待毙,迁都新邑则可使国家重获生机。大规模的迁徙给民众造成极大的不便,一些官员乘机造谣惑众,蛊惑人心。盘庚以"予若观火"说明自己对情况的了解,警告那些离心离德的官员,又用"若火之燎于原,不可向迩,其犹可扑灭?"来比喻谣言的危害。他劝告臣民听从迁都的计划,用"若网在纲,有条而不紊;若农服田,力穑乃亦有秋"两个比喻,说明只有君臣团结一致,和衷共济,国家才能有美好的未来。对那些没有远见,苟且保守的人,盘庚用"惰农自安,不昏作劳,不服田亩,越其罔有黍稷"为喻,斥责其懒

---

① 黄敏:《隐喻与政治:隐喻框架之考察》,《修辞学习》2006年第1期。

惰和不思进取的态度。对那些持犹豫观望态度的人，盘庚用"若乘舟，汝弗济，臭厥载"的形象比喻加以劝告，说明犹豫观望只能给自己造成损害。为了强调迁都的决心，他又用"若射之有志"表明自己态度的坚决。全文共使用了八个比喻，都能紧密配合中心议题阐明观点，正如陈柱先生所说："古书中善譬喻当以此篇为权舆。"① 除《盘庚》外，《大诰》的"若考作室，既厎法，厥子乃弗肯堂，矧肯构？厥父菑，厥子乃弗肯播，矧肯穫？"和《梓材》的"若稽田，既勤敷菑，惟其陈修，为厥疆畎。若作室家，既勤垣墉，惟其涂墍茨。若作梓材，既勤朴斫，惟其涂丹雘"都是数喻连缀的博喻。前者把政治措施的连续性比作父子合作的建筑和耕种，后者把政策的执行比喻为耕种、建房和制作器具，既有比喻的鲜明形象，又具排比的文气壮盛的辞锋，将论证说理与文学审美结合起来。甚至在今天，这些生动形象的比喻仍活跃在现代汉语中，有些已经发展为成语，如："有条不紊""星火燎原""洞若观火""如丧考妣"等。

陈骙《文则》所列十类比喻中，有"引喻"一类，特点是"援取前言，以证其事"。现代一般称此种修辞方法为"征引"。所谓"征引"，指在论说和写作中对历史经验的总结和概括，源于我国古代农业社会注重传统经验的社会心理和习惯。《尚书》的征引又可具体分为"引用"和"稽古"两种修辞方式。引用是援引古人及权威的言论来证明自己的观点。引用的对象广泛，包括古代圣贤的名言，前代诰命中的名句，广泛流传、被社会普遍接受的谣谚等。恰当地引用可以增加话语的权威性，增强说服力和感染力。具体地看，《尚书》中的引用共8例，按先后出现的次序，可分为以下三种类型。

1. 引前贤名言

（1）《盘庚》：迟任有言曰：人惟求旧，器非求旧，惟新。

（2）《酒诰》：古人有言曰：人无于水监，当于民监。

（3）《秦誓》：古人有言曰：民讫自若，是多盘。

2. 引谣谚

（1）《牧誓》：古人有言曰：牝鸡无晨；牝鸡之晨，惟家之索。

（2）《康诰》：我闻曰：怨不在大，亦不在小，惠不惠，懋不懋。

（3）《多士》：我闻曰：上帝引逸。

3. 引前代诰命

（1）《酒诰》：文王诰教小子有正有事：无彝酒。越庶国，饮惟祀，

---

① 陈柱：《中国散文史》，商务印书馆1998年版，第19页。

第四章 修辞论:原始礼乐活动与《尚书》语言表述的雅化

德将无醉。惟曰我民迪小子惟土物爱,厥心臧。

(2)《梓材》:王其效邦君越御事,厥命曷以?引养引恬。

引用的效果相当于使用格言。亚里士多德在论及演说中格言的意义时说:"格言是一种陈述,但不是对个别事理的陈述,而是对一般事理的陈述;但也不是对任何一种一般事理的陈述,而是对行动的陈述,说明人们有所为有所不为。""格言能使演说表现性格。演说能表现性格,则其中的道德意图是显而易见的,好的格言表现演说者好的性格。"① 好的引用都植根于丰富的人生社会经验,具有高度的概括力和深刻的哲理,可以在论证说理的过程中发挥重要作用。如《酒诰》所引的"人无于水监,当于民监",就是在汲取历史经验的基础上形成的富有深刻哲理的格言,表现了以民为本的进步思想意识。近似的思想也反映为《梓材》的"引养引恬"。再如《多士》的"上帝引逸",显然是在概括了历史上的统治经验和教训后总结出来的,要求统治者以安逸为戒,以勤勉谨慎作为行政治国的原则。这些政治格言都对后世产生了重要影响,长期为历代统治者所继承和宣扬,成为他们所标榜的政治准则。

与引用不同,稽古则是援引古人的事迹来证实自己的观点。引用的古人言论都属正面性质,而稽古则包括了正反两个方面,既有可供后世学习借鉴的具有积极进步意义的事迹和史实,也包括了反面的作为经验教训的史实,二者都具有现实意义,都可以作为现实政治的有益借鉴,可以为论证说理提供强有力的证据支持。具体地看,《尚书》中正面的稽古有下列几种类型。

1. 以"古我先王""古我先后""古我前后"引起

《盘庚》:古我先王,亦惟图任旧人共政。王播告之修,不匿厥指,王用丕钦。

《盘庚》:古我先王,暨乃祖乃父胥及逸勤,予敢动用非罚?

《盘庚》:古我前后,罔不惟民之承保。……

《盘庚》:古我先后,既劳乃祖乃父,汝共作我畜民,汝有戕则在乃心!

《盘庚》:古我先王,将多于前功,适于山。……

2. 以"我闻惟曰""我闻曰"引起

《酒诰》:封,我闻惟曰:在昔殷先哲王迪畏天显小民,经德秉哲。……我闻亦惟曰:在今后嗣王,酣,身厥命,罔显于民祇,保越怨不易。……

---

① [古希腊]亚里士多德:《修辞学》,罗念生译,生活·读书·新知三联书店1991年版,第262—265页。

《无逸》：呜呼！我闻曰：昔在殷王中宗，严恭寅畏，天命自度，治民祗惧，不敢荒宁，肆中宗之享国七十有五年。……呜呼！我闻曰：古之人犹胥训告，胥保惠，胥教诲，民无或胥诪张为幻。

3. 以"我闻在昔"引起

《君奭》：君奭！我闻在昔，成汤既受命，时则有若伊尹，格于皇天。……君奭！在昔上帝，割申劝宁王之德，其集大命于厥躬？……

4. 以"若古有训"引起

《吕刑》：若古有训，蚩尤惟始作乱，延及于平民，罔不寇贼，鸱义奸宄，夺攘矫虔。……

以上四个类型中，第一个类型出现于《商书》的《盘庚》，盘庚在讲话中多次以古代祖先们的行为为证据，为自己的迁都计划多方辩护，表现了商人的祖先崇拜意识。第二个类型出现在《酒诰》和《无逸》中。《酒诰》为周公告诫卫康叔在卫国实行戒酒的文告。为强调戒酒的重要性，周公总结了商代历史上政治与酒的关系。以"我闻惟曰"引起，周公首先历数了由成汤到帝乙的几代殷商君王"迪畏天显小民，经德秉哲"的清明政治，指出这几代国君和大臣们对酒的态度："不敢自暇自逸，矧曰其敢崇饮""罔敢湎于酒，不惟不敢，亦不暇"，从正面论述了戒酒的意义。作为对比，周公又以"我闻亦惟曰"引起，从反面征引商纣王纵酒亡国的历史事实和经验教训，论述酗酒的危害："在今后嗣王，酣，身厥命，罔显于民祗，保越怨不易""用燕丧威仪""惟荒腆于酒，不惟自息乃逸""庶群自酒，腥闻在上"，终至于亡国而身死。由正反两方面的征引和对比，自然得出结论：戒酒则国家兴盛，酗酒则国破家亡。《无逸》则是周公担心成王贪图安逸，为劝诫成王勤于政事而作的诰命。为具体说明安逸之害、勤勉之利，周公以"呜呼！我闻曰"引起，征引殷王中宗、高宗、祖甲和周太王、王季、文王的史实，从正面具体说明"无逸"的重要意义：这些勤于政事的君王们不仅深得臣民的爱戴，而且得到上天的佑助，能够长期保有王位。作为对比，周公又历数了历史上那些"生则逸，不知稼穑之艰难，不闻小人之劳，惟耽乐之从"的短命君王。由正反两方面的征引和对比，"无逸"的主题获得了强有力的证据支持，得到了充分的论证。第三个类型出现在《君奭》中。武王辞世而成王幼弱，周公摄政，与召公共同主持周初政局。周公深感责任之重，勖勉召公同心同德、共担大任，史官记录其辞而成《君奭》。在文中，周公以"我闻在昔"引起对历史的回顾，列举了殷、周两代各朝贤臣对于国家政治的重要作用。古今对比，周初的政局更为艰难，而真正能够发挥作用的大臣只有周、召二人。故周公希望能够与召公以史为鉴，团结协作、和衷共济，"若游大川，予往暨汝奭其济"，共同完成文王开创的大业。第四种类型出现于《吕刑》中。《吕刑》，据顾颉刚、刘起釪先生的考证，为西周时代吕国颁布的有关刑法的诰命文书。① 在全文的开头，吕王以"若古有训"引发出对历史的回顾，由远古时代蚩尤作乱、苗民滥用刑法，最终受到上天惩罚的故事，进而提出了古代最完整的成体系的刑法纲领和慎刑、敬刑的法制思想。

总之，《尚书》诰命对历史史实的征引，除《商书》的《盘庚》旨在以"古我先王""古我先后"的在天之灵对臣民进行威胁利诱外，基本都能尊重历史事实，将论辩的基础建立在历史事实上。尤其是《周书》中多次出现的类似"我闻曰"的征引，都表现出周初统治者以夏、商为戒，从"夏鉴""殷鉴"中吸取教训，实行德政的进步思想意识。以历史的客观性为基础而进行的征引，为说理论证提供了强大的证据支持，具有不可辩驳的说服力和强烈的感染力，成为《尚书》修辞的一个重要特色。《尚书》的征引概括了上古时代多方面的统治经验和历史教训，总结了有关政治、历史、社会、人生的诸多哲理，形成了以史立论说理、古今对比论证、正反史实对比论证、引经引言证事等传统的论证方式，对后世的议论性散文写作产生了重要影响。从历代的议论文，尤其是政论文中，我们都能够看到《尚书》征引的影响。以先秦历史散文的代表作《左传》为例。其中"僖公七年""文公十七年"都有以"古人有言"引起的对前贤名言的引用，"庄公三十二年"有"吾闻之"、"僖公五年"有"臣闻之"引起的对历史史实的征引。此外，《左传》还称引"君子曰"共达49次，称引"君子谓"达22次，称引"孔子曰""仲尼曰"22次，另有"君子是以"12次，"君子以（为）"6次，这些都是对前贤名言的引用。对前代典籍和谣谚的引用也屡见于《左传》，全书共引"《书》曰"7次，引"《夏书》曰"14次，引"《商书》曰"5次，引"《周书》曰"10次；对谣谚的引用，如"虽鞭之长，不及马腹""鹿死不择音""其父析薪，其子弗克负荷""唯乱门之无过""非所怨，勿怨""无秽虐士"等，都是充满教诫意义的富有修辞性的引用。不仅是历史散文，诸子散文也有大量的征引，征引在先秦已经成为一种普遍的习惯和风尚，是在《尚书》开辟的征引传统下的进一步发展。

黑格尔在论及演讲时说："他（演讲者）的陈述一方面含有实体性的

---

① 顾颉刚、刘起釪：《尚书校释译论》，中华书局2005年版，第2083—2092页。

普遍真理，另一方面又采取具体现象的形式，把它输入我们的具体意识。所以他不能单凭逻辑推理和下结论的方式去满足我们的知解力，而是也要激发我们的情感和情欲，震撼我们的心灵，充实我们的知识，总之，通过心灵的一切方面来感动听众、说服听众。"① 《尚书》诰命为殷周二代最高统治者政治演说的记录，以训诫性的说理论证为主要内容。但这并不等于说，《尚书》的诰命篇章只是些枯燥乏味的政治文件，只有严谨冷静的逻辑思辨而没有感性色彩。事实上，《尚书》中的诰命篇章除了在形式上具有诗化特征，表现出丰富的修辞手段和技巧，在内容上也表现出一定的诗歌的感性特征。大多数诰命篇章都富有抒情韵味，表现出演讲者个人的风神个性，流露出或淡泊或浓郁的感情色彩，其中个别篇章甚至可称为强烈的抒情性作品。究其原因，《尚书》的诰命虽多为史官代宣，但却是以周王的语气写成，系模拟周王语气的诰命之辞，在很大程度上保留了诰命发布之时的语言习惯和口语色彩。尤其是感叹词的大量使用，更增加了文章的感情色彩，表现出说话人的语气以及喜怒哀乐等复杂的心理活动。《尚书》总共出现 10 个感叹词，集中于《虞夏书》和《周书》的记言篇章中。相对而言，《商书》和《周书》的叙事文较少使用感叹词，《商书》只有《盘庚》出现了 3 次"呜呼"、《西伯戡黎》出现了 1 次"呜呼"；《周书》的叙事文只有《牧誓》出现了 1 次"嗟"、《洪范》出现 1 次"呜呼"、《金縢》出现 1 次"呜呼"和 1 次"噫"。《周书》诰命则大量使用感叹词，尤其是周公的诰命，更通过感叹词的使用表现出周公个人的性格特征，体现出浓郁的感情色彩。据笔者统计，《周书》诰命篇章共出现感叹词 52 次，其中"呜呼"一词出现频率最高，达 37 次；另出现"猷" 4 次，"已" 7 次，"嗟" 3 次，"吁" 1 次。感叹词的大量使用，体现了《尚书》记言篇章的抒情特色。

以《尚书》中历史事件发生年代最早的诰命篇章《盘庚》为例。虽然总体上"佶屈聱牙"，颇为难读，但读者还是能从盘庚的话语中感受到他的情感和基本的个性特征，感受到盘庚在演说时内心情绪的起伏波动。在第三篇讲话中，盘庚充满激情地对臣民说：

> 无戏怠，懋建大命。今予其敷心腹肾肠，历告尔百姓于朕志。罔罪尔众，尔无共怒，协比谗言予一人。
>
> 呜呼！邦伯师长百执事之人，尚皆隐哉！予其懋简相尔，念敬

---

① ［德］黑格尔：《美学》第三卷下册，朱光潜译，商务印书馆 1997 年版，第 42 页。

第四章　修辞论:原始礼乐活动与《尚书》语言表述的雅化　267

我众。

《盘庚》便是盘庚个人的"敷心腹肾肠"的讲话记录。其中既有激切的责难,也有温和的劝诫和慰抚,语气多变,感情跌宕起伏。从中可以体会到盘庚雷厉风行、果敢强悍的个性特征。《周书》中的周公诸诰也都富于感情色彩。如发布于东征之前的《大诰》,是为争取友邦君和百官对东征事业的支持而作。全文以幼主成王的语气发布,语言委婉而诚恳。如开头的一段,上陈天命,下道时事,晓之以理,动之以情:

> 弗吊天降割于我家,不少延!洪惟我幼冲人,嗣无疆大历服,弗造哲,迪民康,矧曰其有能格知天命!已!予惟小子,若涉渊水,予惟往求朕攸济,敷贲。

而在东征这一重大决策上,文章又表现出坚决果断、不容置疑的态度:

> 殷小腆,诞敢纪其叙。天降威,知我国有疵,民不康。曰予复,反鄙我周邦,今蠢今翼。日民献有十夫,予翼以于敉宁武图功。我有大事,休,朕卜并吉。肆予告我友邦君越尹氏、庶士、御事,曰:予得吉卜,予惟以尔庶邦,于伐殷逋播臣。

篇中多次出现的"猷""已""呜呼"等感叹词,更生动地表现了周公的语气,增加了文章的感性色彩。其他如《酒诰》《梓材》《君奭》《多士》《多方》等篇,也都程度不同地表现出周公个人的感情色彩,展现出周公的风神与个性。陈柱先生在《中国散文史》中评价周公诸诰说:"忠厚恳挚,至诚感人,所以靖一时之变乱,垂八百年之丕基,胥在于此。则其情文之盛可知矣。"①

使用感叹词最多的诰命篇章为《康诰》和《无逸》两篇。《康诰》系周公告诫卫康叔的诰命。据《史记·卫世家》:"卫康叔名封,周武王同母少弟也。周公旦以成王命兴师伐殷……以武庚殷余民封康叔为卫君,居河淇间故殷墟。周公旦惧康叔齿少,乃申告康叔曰,必求殷之贤人君子长者,问其先殷所以兴、所以亡,而务爱民。"全文以周公对爱弟亲切的呼告开始:"孟侯,朕其弟,小子封",援引文王、武王治理国家的成功

---

① 陈柱:《中国散文史》,商务印书馆1998年版,第21页。

历史经验，要求康叔以史为鉴，敬德保民，慎用刑罚，勤勉治国。全文共出现表达强烈感情的感叹词"呜呼"7次，轻度感叹词"已"3次，出现在每段开头的"呜呼！封""已！汝惟小子"既表现了周公对康叔的亲密感情，又将周公对年幼康叔的殷切期望和担忧充分表现出来。文中两次出现的"汝念哉！"和"敬哉！"等带有语气助词的句子都能使读者领略到周公的心理状态，体会到文中流露出的周公真挚而深沉的情感色彩。从全文的内容来看，有关刑罚问题的论述略显凌乱重复，这正是该文模拟口语的表现，体现出周公对于幼弟不厌其烦的反复叮咛和谆谆教诲之情。《尚书》诰命虽以难读著称，但其中也存在着通俗易懂、简明畅达的篇章，《无逸》便是这样一篇深受历代文章家推崇的作品。该篇为周公告诫成王的诰命，系在宗法制度下，血源关系中的长辈对晚辈的训诫。该篇虽仍以诰命的形式发布，但其性质和意义已与纯粹的典礼册命有了很大的区别，已由功能单纯的策命文书的训诫发展为内容复杂、表现一定说理论证主题的政治演说。纯粹的训诫内容已为说服规劝所代替，表现演说者个人性格特征的说理艺术和修辞艺术开始展现出来。《无逸》便是这一类作品中的代表作。据《史记·鲁周公世家》："周公归，恐成王壮，治有所淫佚"，于是作《无逸》："称为人父母为业至长久，子孙骄奢忘之，以亡其家，为人子可不慎乎！"全文分七部分，每段均以"周公曰：呜呼！"发端，表现出周公强烈的感慨。全文以"君子所其无逸"为纲领，具体运用了征引、对比等修辞和论证方法，劝诫成王勤于国事，不可沉湎于安逸享乐。最后对成王郑重提出"继自今嗣王，则其无淫于观、于逸、于游、于田，以万民惟正之供"的要求。文章首尾连贯，结构完整，论证充分，尤其是贯穿于全文的强烈感慨，淋漓尽致地表现出周公的历史忧患意识和对国家的责任感，文情并茂，寄意深远，一唱三叹，具有强烈的说服力和感染力。唐人李汉在《昌黎先生集序》中曾称赞韩愈的散文兼有"周情孔思"。所谓"周情"，指的就是《尚书》周公之诰以情动人的特色。议论文字富有感情色彩和抒情性，遂成为其后古代议论文的普遍审美追求。

  与《康诰》《无逸》等周公之诰感情表达真挚强烈相比，《周书》的最后一篇《秦誓》则更近似于一篇富于哲理和抒情性的散文诗。陈衍在《石遗室论文》中说："文章之有姿态者……《尚书》惟有《秦誓》。"① 据《礼记·大学》郑玄注："《秦誓》，《尚书》篇名也，秦穆公伐郑，为晋所败于崤。还，誓其群臣而作此篇也。"该篇虽以"誓"名，却与《尚

---

① 陈柱：《中国散文史》，商务印书馆1998年版，第235页。

书》其他几篇作于战前的军旅之誓不同，系作于战争之后的国君"誓其群臣"之作。据《左传·僖公三十三年》的记载，秦穆公不听蹇叔的劝谏，千里袭远，劳师远征郑国，终于导致崤之战的惨败，三帅被俘，"匹马只轮无返者"。为表达自己的悔恨自责之情，秦穆公对战败归来的将领和群臣发布了这篇盟誓之辞。该篇为《尚书》中最富于个人感情色彩的作品，真切地表达了秦穆公自怨自艾的沉痛心情和勇于自我批评的真诚态度。全文以排比对偶句式组织成篇，以四字句为主，虽较少用韵，却具有诗的节奏和风韵，文风舒缓委曲，感情低回沉重。如"我心之忧，日月逾迈，若弗云来"，堪称内涵丰富、意境优美的抒情诗句。特别是重言词的大量使用："番番""仡仡""截截""昧昧""断断""休休"，生动传神地将秦穆公追悔莫及的心情表现出来。秦穆公由对自己刚愎自用、利令智昏的检讨，进而深入到自己的内心和个性，将问题归结为自己个人心胸的狭隘，以致不能容纳贤才，不肯接受劝诫。这样，全文就由单纯的悔过深入到了人性和品德的层面，提出了作为一国之君所应具有的个人道德要求。这些具有哲理性的认识以近乎抒情诗的方式表达出来，成为对后世影响重大的传世格言和警句，如：

> 古人有言曰："民讫自若，是多盘。"责人斯无难，惟受责俾如流，是惟艰哉！
> 我心之忧，日月逾迈，若弗云来。
> 昧昧我思之，如有一介臣，断断猗无他技，其心休休焉，其如有容。
> 人之有技，若己有之；人之彦圣，其心好之，不啻若自其口出。是能容之，以保我子孙黎民，亦职有利哉！
> 人之有技，冒疾以恶之；人之彦圣，而违之俾不达。是不能容，以不能保我子孙黎民，亦曰殆哉！
> 邦之杌陧，曰由一人；邦之荣怀，亦尚一人之庆。

富于哲理性的格言因具有抒情性和诗歌的句式节奏，更易传播和接受，对后世的文学和哲学思想都产生了重要影响。

第五章　影响论:"尚书体"与后世中国文学的发展

《尚书》作为我国古代最早产生的一部历史典籍、第一部文章作品集和最重要的一部儒家思想文化典籍，对我国古代的政治制度、思想文化、文学艺术以及社会生活的各个方面均产生了重大而深远的影响。作为我国古代出现的第一部历史典籍，《尚书》虽非严格意义上的历史著作，却因其汇集了夏商周三代的历史文献，保存了珍贵的上古史料，对后世各种体裁史书的编纂均产生了重要影响；作为第一部作品集，《尚书》中的文章均出于有着较高文化素养的上古史官之手，且经过了儒家学派的精心整编，标志着我国古代"文"的成熟，奠定了"文"的民族风格与民族传统，在文学史上具有开端发源的意义；作为一部思想文化典籍，《尚书》与《诗经》《周易》一道，是先秦时期最受重视的传统典籍，自汉武帝"独尊儒术"之后，更取得了重要的政治地位，成为儒家"五经""六经"之中最重要的典籍，最终成为代表民族思想文化基本精神和文明模式的文化元典。两千五百多年来，《尚书》一直被视作群经之首，受到高度重视，为国人世代传习，发挥了重要和持久的作用，产生了深远的影响，其中就包括了文学方面的影响。刘勰在《文心雕龙》中说："九代之文，富矣盛矣，其辞令华采，可略而详也。虞夏文章，则有皋陶六德，夔序八音，益则有赞，五子作歌，辞义温雅，万代之仪表也。商周之世，则仲虺垂诰，伊尹敷训，吉甫之徒，并述诗颂，义固为经，文亦师矣。"① 清末文论家吴汝纶亦云："古《尚书》百篇，今存者二十八篇，虞、夏、商、周之遗文，可见者尽此矣。……其所为传载万世，薄九闳，弥厚土，不敝坏者，非独道胜，亦其文崇奥，有以久大之也。"② 作为代表中华文

---

① （南朝梁）刘勰撰，范文澜注：《文心雕龙注》，人民文学出版社1958年版，第698页。
② 《写定〈尚书〉书后》，唐文治著，彭丹华点校《十三经提纲》，华东师范大学出版社2015年版，第49页。

明乃至人类早期文明思想结晶的最重要经典，《尚书》恒久价值和经典地位的取得虽不以文学艺术价值为主，但其对后世文学产生的重大影响力是绝对不容忽视的；作为后世"文"的学习典范，《尚书》所具有的开端发源意义和启发引导作用，以及由其奠定的具有民族风格和民族特色的"古文"传统，对后世中国文学的健康发展产生了不可估量的重大影响。

十九世纪以来，中国社会发生了深刻的历史变革，意识形态领域也发生了重大变化，这种变革和变化也反映在古典文学研究领域。特别是从新文化运动开始，传统的被视作至高无上的经典彻底失去了原有的光环，对待《尚书》等传统经典，人们不但不再顶礼膜拜，反而过激地将它们作为阻碍社会进步、阻碍思想自由发展的绊脚石，必欲去之而后快。毫无疑问，在西方现代思想观念的冲击和对比之下，《尚书》等传统经典本身存在的缺陷和薄弱之处清晰地显现出来，破除几千年来蒙在《尚书》等传统典籍上的神圣面纱，特别是依附其上的那些僵化落后的传统意识形态，从而恢复其应有的真实历史面目，在当时具有一定的现实意义；从历史发展的大趋势来看，这种适当的反拨反映出历史发展的辩证过程，是一种历史与逻辑的必然要求，客观上也有利于学术研究的正常开展。但由此而产生的消极后果也越来越引起学术界的注意，破除经典的神圣性不能以损害历史的客观性为代价。在古典文学的研究过程中，必须尊重历史，尊重《尚书》等民族传统经典的历史地位，客观地对待传统经典在散文史和文学史上的贡献和影响，而不是漠视或淡化这种贡献和影响，人为地割断文学与文化、文学与时代的关系。同时，在引入西方文学观念阐释古代文学现象时，必须从中国文学发展的历史实际出发，立足本土文学，立足本土传统文化的丰厚土壤，在中西互证、比较异同的基础上，有针对性地借鉴西方的文学理论和研究方法。毕竟，中西方在学术体系、学术理念，乃至文化传统方面都有着重要的甚或是根本性的区别，如果单纯地不加分析就批判地用西方文学观念套用中国古代文学现象，必然造成理论与实际的脱节。事实上，作为我国"古文"的源头，由《尚书》而形成的"尚书体"对后世文学发展的影响是绝对不容忽视的，这种深刻而久远的影响对中国古典"文"的发展起着导向性的作用，决定了其后数千年古典文学的基本精神面貌和艺术倾向，具有重要的研究价值。

《尚书》对后世中国文学发展的影响主要表现在文学理论与文学创作两个方面，其中，在文学理论方面最值得关注的便是《尧典》"诗言志"的观念对后世文学理论的重大影响，这一影响发生的时代最早，持续的时间最长，几乎贯穿了整个中国文学发展的各个历史阶段。尽管《尧典》

中有关"诗言志，歌永言，声依永，律和声"的一段话不可能来自上古传说的尧舜时代，其思想内涵产生较早，而文献的写定时代则要到文字充分成熟之后，但毫无疑问，这是中国古代最早出现的关于文学性质、功能的高度概括性认识，是古人在长期创作实践的基础上，对文学，特别是诗歌产生的最早的理性认识的萌芽。结合《左传·襄公十年》的"诗以道志"、《庄子·天下》的"《诗》言是其志也"、《荀子·儒效》的"《诗》以道志"、《礼记·乐记》的"诗言其志也"，以及新近整理的上海博物馆藏战国楚竹书《诗论》的"诗亡隐志"，可知"诗言志"的观念普遍为春秋、战国时代的人们所接受。严格来说，"诗言志"命题的本来意思并非是指一般意义上的文学和诗歌，本身不一定是一个文学命题，正如该命题出现在《尧典》中的整体语境所显示的那样，是舜帝与主管音乐的夔的一段对话，很有可能与上古时代典礼仪式上的歌舞表演有直接关系；而且"诗言志"与"教胄子"的教育目的密切相关，"诗言志"的"志"与"直而温、宽而栗、刚而无虐、简而无傲"的品德修养联系在一起。但作为一种启蒙时代的文艺思想，"诗言志"明确地将文学创作活动与创作者的思想情感等创作心理联系在一起，可谓抓住了文学艺术的本质环节，正如朱自清先生所言，这一命题堪称中国文学理论的"开山纲领"。

由于"诗言志"的观念最初产生于周代礼乐文化典礼仪式的背景下，这一观念便不可避免地与国家、群体或个人的政治生活联系在一起，"诗言志"的"志"也就不可避免地表现为一种仪式情感或政治性宗教性的情感，"志"的教化、政治、伦理内涵得到了凸显，而个人的情感几乎没有存在的空间。这种状况在汉代发展到登峰造极的地步，大一统的皇权在社会思想文化等各个领域的不断加强，使得"诗言志"的实用性的教化内涵不断强化，"诗言志"的"志"成为普遍适用于全社会的教化手段，其政治、道德内涵和社会功用得到了空前的强调。虽然汉代以《诗大序》为代表的文论思想并不排除群体性情感的文学意义，也承认"发乎情，民之性也""变风发乎情，止乎礼义"，提出"诗者，志之所之也，在心为志，发言为诗，情动于中而形于言，言之不足，故嗟叹之，嗟叹之不足，故咏歌之，咏歌之不足，不知手之舞之足之蹈之"，明确将文学创作与言志抒情联系起来，但这种情感只与政治的"美刺"与王道盛衰相联系，是作为一种群体性、社会性的情感而存在的，而作为文学创作的个性因素被有意无意地忽略了。很显然，"诗言志"的内涵在汉代并没有得到全面的理解，儒家政治哲学对"诗言志"的理解过于狭隘化。到了魏晋时期，文学理论与创作进入到自觉的时代，随着大一统皇权的瓦解，束缚人们思想的礼制规范受到老庄道家思想以及外来的佛教思想观念的强有力冲击，为文学创作提供了一个相对更为自由的空间，作家个人的思想感情终于突破了传统的束缚，文学终于完全摆脱了儒家道德教化政治哲学的约束，确立了独立的社会地位，呈现出全面繁荣的创作局面。而这一时期的文论，也从关注文学与社会关系的互动转向对文学本质特征、创作规律的探求。陆机的《文赋》提出"诗缘情而绮靡"，深刻揭示了文学创作与个人情感之间的关系，是对魏晋文学重视抒情和表现的文学传统的总结，代表了魏晋时期文学创作追求华丽文风的普遍审美态度，是对汉代诗教传统的一种"反拨"。"诗缘情而绮靡"突出强调"志"的情感属性，忽略甚至否定"志"的社会性功能，"诗言志"的内涵并没有得到全面的理解。到唐代，孔颖达在《左传正义·昭公二十五年》中论述"志"与"情"的关系说："在己为情，情动为志，情、志一也。"至此，"诗言志"似乎经历了一个由正题到反题，再由反题到合题的辩证发展过程。显然，孔颖达既继承了汉代《毛诗序》的观点，将"诗者志之所之也"的"志"与"情动于中而形于言"的"情"联系起来；另一方面，孔颖达又受到魏晋南北朝以来文论的影响，将"情"提高到与"志"并列的地位。对"诗言志"观念的探究和争议几乎贯穿了整个中国文学发展的各个历史阶段，这对于古人认识诗歌的源头、本质和功用，进而认识文学的本质和功用，促进文学理论和创作的发展均具有重要意义。

对《尚书》文学意义与文学影响的全面论述，最早见于南朝刘勰的《文心雕龙》。在本体论的《原道》《征圣》《宗经》诸篇中，刘勰论述了《尚书》等五经的文学意义，将五经作为后世文学创作的思想和艺术标准。而在五经中，刘勰将《尚书》作为重要的观照对象。在《原道》中，刘勰将文学起源问题的探究追溯到《尚书》的《虞夏书》："唐虞文章，则焕乎始盛：元首载歌，既发吟咏之志；益稷陈谟，亦垂敷奏之风。"认为《尧典》记载的尧舜时代是古代文学的最早发端，而《皋陶谟》中的"元首""股肱"之歌乃诗歌创作的肇始，禹与皋陶的奏言又开启了奏议等实用公文的先河。在《宗经》中，刘勰称赞《尚书》等五经为"文章奥府""群言之祖"，还特别指出《尚书》最突出的语言特征是明白晓畅："《书》实记言，而训诂茫昧，通乎尔雅，则文意晓然。故子夏叹《书》'昭昭若日月之明，离离如星辰之行'，言昭灼也""《尚书》则览文如诡而寻理即畅"。刘勰认为，《尚书》的语言同时具有"茫昧"与"昭灼"两个看似矛盾的特征，古今语言的隔阂是造成今人难以接近《尚书》，并形成《尚书》语言"茫昧""诡"的看法的根本原因所在；但究其实，这不过是"圣文之殊致，表里之异体者也"，"茫昧"与"诡"只是《尚书》语言风格的外在特征，而"昭灼"与"晓然"才是其根本性的语言特征。因此，表面的"茫昧"与"诡"并不妨碍《尚书》产生文学影响，因为在后人"通乎尔雅"，克服了语言障碍之后，《尚书》仍然可以对后世文学产生重大影响。对于《尚书》语言明白晓畅的风格特征，刘勰在《书记》篇中也有相关论述："大舜云'书用识哉！'所以记时事也。盖圣贤言辞，总之为书，书之为体，主言者也。扬雄曰'言，心声也；书，心画也。声画形，君子小人见矣。'故书者，舒也，舒布其言，陈之简牍，取象于夬，贵在明决而已。"这一段话可以看作是刘勰对《尚书》语言风格的总体认识。刘勰认为，记言文体的语言风格"贵在明决"，即简明扼要。这一观点其实是来自古文《尚书》的《毕命》篇。在《征圣》中，刘勰说："《易》称'辨物正言，断辞则备'，《书》云'辞尚体要，弗惟好异'，故知正言所以立辩，体要所以成辞，辞成无好异之尤，辩立有断辞之义。"所谓的"体要"，即简明扼要的语言风格。在《风骨》中，刘勰指出："《周书》云'辞尚体要，弗惟好异'，盖防文滥也。"可见，刘勰是将"辞尚体要"作为《尚书》语言的总体原则，而将"昭灼"与"晓然"作为"辞尚体要"的客观效果。在文体论各篇中，刘勰"振叶以寻根，观澜而索源"，从文体的角度论述了《尚书》对后世各体散文形成与发展的重要影响，其中如《章表》对《尧典》有关命官授职的记载对后世章表文影响的揭示，《书记》有关《尚书》等记言文体语言风格的探讨，《事类》有关《尚书》引言问题的论述，《丽辞》《夸饰》对《尚书》对偶、夸张修辞手法的关注，等等，既有宏观的整体性认识，又有微观具体的局部分析，开创了《尚书》文学研究的先河。

从唐代开始，伴随着经学研究的不断深化，人们对《尚书》文学性的认识也逐渐加深，相关论述也从文学理论意义上的宏观概括，逐步演变为文学创作意义上的对细部特征的深入观察。如唐代刘知几的《史通》，从史传叙事的角度对《尚书》的叙事特征和文学效果作了较深入的考察；宋人陈骙的《文则》则从修辞技巧的角度对《尚书》修辞的文学性作了精彩的论述。元、明二代，由于复古文风盛行，文体渊源问题引发了普遍关注，文论家对《尚书》的文体意义有较多论述。如元代李淦云："《易》《诗》《书》《仪礼》《春秋》《论语》《大学》《中庸》《孟子》，皆圣贤明道经世之书；虽非为作文设，而千万世文章从是出焉。"[①] 明代袁宗道云：

---

① 《文章精义》，王水照编《历代文话》第二册，复旦大学出版社 2007 年版，第 1156 页。

第五章　影响论："尚书体"与后世中国文学的发展　　275

"吾置庖羲以前弗论，论章章较著者，则莫如《诗》《书》。乃骚、赋、乐府、古歌行、近体之类，则源于《诗》；诏、檄、笺、疏、状、志之类，则源于《书》。源于《诗》者，不得类《书》；源于《书》者，不得类《诗》。"① 至清代，桐城派古文家倡导古文，将古文的源头追溯至《尚书》，如杨绳武云："《尚书》，千古文字之祖也。典谟，纪传之祖；《禹贡》，志乘之祖；誓诰，诏令之祖；《伊训》《说命》，章疏之祖。他类可推。"②

　　近现代学者对《尚书》的文学影响问题，特别是《尚书》的文体意义也多有论述，如清代文论家方宗诚云："文章体制，至昌黎始备，其实《书经》已具体矣。如《尧典》、《舜典》，本纪之体也；《禹谟》、《皋陶谟》，列传之体也；《禹贡》、《武成》、《金縢》、《顾命》，纪事之体也。其余诏令、奏疏、制诰、檄文、书说，无所不有，凡人世所必用之文之体，已靡不具。"③ 陈衍说："《尚书》为中国第一部古史，亦即中国第一部古文。以史学论，后世之'天官书''律历志'，本于《尧典》上半篇；'职官志'本于《尧典》之命官；'舆服志''乐书'，本于《益稷》；若'地理志''河渠书'之本《禹贡》，'本纪'之本二《典》，其尤显者矣。以文学论，曾湘乡之《杂抄》，分记载、告语、著述、词赋四类，窃以为记载、告语二类为用最广最要。《尚书》之典谟，则传状、碑志所自昉；《禹贡》《金縢》《顾命》皆记事体；《召诰》《洛诰》虽中多告语，而首尾实记事体。《顾命》惟韩昌黎曾学之，《金縢》则开后世纪事本末之体。奏议为下告上之言，本于《皋陶谟》《洪范》《无逸》《召》《洛》二诰，而《皋陶谟》实开《徐乐》《严安》二列传之体，'徐''严'二传只载上书一篇，别无他事。赠序为同辈相告语之言，始于回、路之相赠处，而实本于《君奭》，盖共处一地而赠言者。若郑子家、晋叔向之与书，则隔异地而相与言，亦其类也。序跋昉于《易·十翼》《书序》《诗序》《射义》《冠义》《昏义》《乡饮酒义》。祭文昉于《武成》《金縢》之祝词。鲁公之诔县贲父，哀公之诔孔子，皆见于《檀弓》。而《周礼》大祝作六辞，六曰诔，则周初已有之。"④ 陈柱也说："后代文体，皆源于

---

① （明）袁宗道撰，钱伯城标点：《白苏斋类集》卷七《刻文章辨体序》，上海古籍出版社1989年版，第81页。
② 《论古文源流·钟山书院规约》，陈谷嘉、邓洪波主编《中国书院史资料》，浙江教育出版社1998年版，第1493页。
③ 《论文章本原》卷一，王水照编《历代文话》第6册，复旦大学出版社2007年版，第5619页。
④ 《石遗室论文》（一），王水照编《历代文话》第7册，复旦大学出版社2007年版，第6675页。

六经，而《尚书》为尤备。"① 方孝岳先生在《中国散文概论》中称，《尚书》和《春秋》为"我国记事文之最高最美者"。② 郭预衡先生在《中国古代文学史长编》中说："《尚书》是我国最早的一部历史文献。这部文献不仅是研究我国古代历史、哲学的重要文献资料，而且是我国古代文学史上第一部兼记叙和论说的散文集。它为后代散文的发展奠定了基础，在散文发展史上占有相当重要的地位。"③ 从历代文论家对《尚书》文学意义的论述中可以看出，《尚书》对后世文学的影响集中体现在文体方面，"尚书体"作为一种成熟的文体形式，对后世文学产生了广泛而深刻的影响，值得认真加以研究和总结。

第一节 《尚书》与"尚书体"

在古代文学研究中，文体问题一向是一个既极具重要性又极为复杂纠缠的老问题。首先，文体问题在我国古代文论独特的话语体系中具有特别的重要性，许多古代重要的文论家多有论及。宋代黄庭坚云："荆公评文章，常先体制而后文之工拙。"④ 张戒云："论诗文当以文体为先，警策为后。"⑤ 倪思云："文章以体制为先，精工次之。失其体制，虽浮声切响，抽黄对白，极其精工，不可谓之文矣。"⑥ 元代刘祁云："文章各有体，本不可相犯。……如杂用之，非唯失体，且梗目难通。"⑦ 明代胡应麟说："文章自有体裁，凡为某体，务须寻其本色，庶几当行。"⑧ 吴讷说："文辞宜以体制为先。"⑨ 徐师曾说："夫文章之有体裁，犹宫室之有制度，器皿之有成式也。……苟舍制度法式而率意为之，其不见笑于识者鲜矣，况文章乎？"⑩ 顾尔行说："尝谓陶者尚型，冶者尚范，方者尚矩，圆者尚

---

① 陈柱：《中国散文史》，商务印书馆1998年版，第6页。
② 方孝岳：《中国散文概论》，中国书店1987年版，第33页。
③ 郭预衡：《中国古代文学史长编》（先秦卷），北京师范大学出版社1992年版，第145页。
④ （宋）黄庭坚著，刘琳等校点：《黄庭坚全集》第二册，四川大学出版社2001年版，第660页。
⑤ 《岁寒堂诗话》，丁福保《历代诗话续编》，中华书局1983年版，第459页。
⑥ 《文体明辨序说·文章纲领》，王水照编《历代文话》第2册，复旦大学出版社2007年版，第2048页。
⑦ （元）刘祁撰，崔文印点校：《归潜志》卷十二，中华书局1983年版，第138页。
⑧ （明）胡应麟：《诗薮·外编》卷一，上海古籍出版社1979年版，第21页。
⑨ 《文章辨体凡例》，王水照编《历代文话》第2册，复旦大学出版社2007年版，第1587页。
⑩ 《文体明辨序》，王水照编《历代文话》第2册，复旦大学出版社2007年版，第2045页。

规，文章之有体也，此陶冶之型范，而方圆之规矩也。"① 清代章学诚认为："凡为古文辞者，必先识古人大体，而文辞工拙，又其次焉。"②

其次，所谓的"体"又是一个极为复杂的词汇，有着特别宽泛的外延和异常丰富的内涵，存在多种不确定的含义。"体"本是一个具有隐喻意义的词，借自对人体组织结构的称呼。《说文》释"体"为"总十二属也"，即人体顶、面、肩、脊等十二个部分的统称。《释名·释形体》云："体，第也，骨肉毛血、表里大小相次第也。"指人体的结构层次。以人体喻文体，是中国古代文学理论中概念、术语的一个基本生成方式，有着悠久的历史和丰富、深刻的思想内涵。《周易》卦爻之象据《系辞》的说法就是"近取诸身，远取诸物"的结果，反映了古人思维方式的象征性特色。在这种象征性思维中，"天文""人文"合一，人、文同构，文学作品的结构形式与人的生命形式具有一致性，因此，文学作品不但是人的生命的象征，甚至出于移情心理，更被视为生命本身，是具有思想、情感的有机生命结构。以人拟文，其深层次的文学理论内涵在于将文学作品从单纯的结构面貌、组织机制等外在形式中解放出来，使之有了与作者人格气质相一致的生动的生命内涵。由于与文之"体"对应的人之"体"，即人的生命形式和生命内涵的多层次与复杂性，具体到古代文论中，"体"的概念也表现出复杂多样的特点：或用以指称文章的体制、体裁；或用以指称文章的语言特征；或用以指称文章的审美风格、文化内涵，分歧复杂，莫衷一是。对此，黄侃评论说："详夫文体多名，难可拘滞，有沿古以为号，有随宜以立称，有因旧名而质与古异，有创新号而实与古同，此唯推迹其本原，诊求其旨趣，然后不为名实玄纽所惑，而收以简驭繁之功。"③ 这种多重含义同样令西方研究者大为困惑。美国著名唐诗研究专家宇文所安先生（Stephen Owen）认为，中国古代文论中的所谓"体"有多种含义："既指风格（style），也指文类（genre）及各种各样的形式（forms），或许因为它的指涉范围如此之广泛，西方读者听起来很不习惯。"④ 现代研究者们在融会贯通传统与现代文体理论的基础上，重新对文体概念进行了多种探讨和定义。如童庆炳先生将"文体"定义为："文体是指一定的话语秩序所形成的文本体式，它折射出作家、批评家独

---

① 《刻文体明辨序》，王水照编《历代文话》第 2 册，复旦大学出版社 2007 年版，第 2043 页。
② （清）章学诚著，叶瑛校注：《文史通义校注》上册，中华书局 1985 年版，第 504 页。
③ 黄侃：《文心雕龙札记》，上海古籍出版社 2000 年版，第 71 页。
④ ［美］宇文所安：《中国文论：英译与评论》，王柏华、陶庆梅译，上海社会科学出版社 2003 年版，第 4 页。

特的精神结构、体验方式、思维方式和其他社会历史、文化精神。""从文体的呈现层面看,文本的话语秩序、规范和特征,要通过三个相互联系又相互区别的范畴体现出来,这就是(一)体裁,(二)语体,(三)风格。"① 童先生所言及的两个方面必须结合起来看才具有辨别文体的意义。一种文体的体裁、语体、风格固然是文体的重要组成部分,但这些并非是一种文体区别于其他文体的根本所在,语言、结构等只是文体的外在形式,一种文体的历史与文化内涵、情感体验方式、审美精神,才是文体最根本的要素。具体到对《尚书》文体问题的认识,就不应仅仅局限于体裁、语体、风格等外在形式方面,而应着重探究其思维方式、情感方式、历史文化内涵、审美特征等文体内在方面,只有综合考虑《尚书》文体的外在与内在两方面的特征,才能发现其区别于其他文体的独特文体内涵。这就要求我们"推迹其本原,诊求其旨趣",通过追寻《尚书》文体发生的历史渊源,寻找其"原生态"的文体模式,探究《尚书》文体发展演变的具体轨迹,进而深入到形成"尚书体"的内部机制,深入到尚书文体赖以形成的丰厚的古代社会文化土壤中,真正把握尚书文体的核心内涵和本质特征。

(一)从"六体"到"十体"

最早从文体角度论及《尚书》的,是春秋时代的《国语》。《国语·楚语上》载申叔时回答楚庄王为太子择师问题时说:"教之《春秋》,而为之耸善而抑恶焉,以戒劝其心;教之《世》,而为之昭明德而废幽昏焉,以休惧其动;教之《诗》,而为之导广显德,以耀明其志;教之《礼》,使知上下之则;教之《乐》,以疏其秽而镇其浮;教之《令》,使访物官;教之《语》,使明其德,而知先王之务用明德于民也;教之《故志》,使知废兴者而戒惧焉;教之《训典》,使知族类,行比义焉。"在申叔时言及的九项教育内容中,《世》据韦注,"谓先王之世系也",指《世本》一类史籍;《语》据韦注,为"治国之善语",指《国语》一类史籍。而《春秋》《诗》《礼》《乐》均为传统的儒家经典,与《易》《书》共同组成"六艺"。《周易》作为以卜筮言哲理之书,意蕴深刻,索解为难,显然不适合用于青少年的教育,其余的《令》《故志》《训典》则构成一组独立的典籍类型:《令》据韦注,"谓先王之官法、时令也",《汉书·艺文志序》言"《书》者,古之号令",《尚书》"六体"中的"命"与"令"同义互训,且"六体"中的"诰"本为"命"的总结和

---

① 童庆炳:《文体与文体创造》,云南人民出版社1994年版,第1页。

概括，二者实为同类文体。《故志》，据韦注，"谓所记前世成败之书"，而"志"与"书"在先秦典籍中经常同义互训，《左传·文公二年》杜注："《周志》，《周书》也"，《尚书》中的《金縢》，据新出"清华简"，在战国时期又名《周武王有疾周公所自以代王之志》。《训典》，据韦注，为"五帝之书"；《尚书》"六体"中有"训"与"典"二体，其中的"训"，古文《尚书》中有《伊训》，记商汤的顾命大臣伊尹对嗣王太甲的训诫之言，百篇《书序》中也有《伊训》与《高宗之训》两篇，均为《商书》的内容；而"典"，《尚书》有《尧典》，记载尧舜事迹，确乎"五帝之书"。显然，在申叔时这里，《令》《故志》《训典》涵盖了《尚书》中的"命""诰""训""典"等各体，以部分代整体，指代《尚书》，与《春秋》《诗》《礼》《乐》等儒家典籍并列为太子的教科书。

《国语》之后，从文体角度论及《尚书》的，还有战国时代的《墨子》。《墨子·非命上》云："先王之书所以出国家，布施百姓者，宪也；……所以听狱制罪者，刑也；……所以整设师旅、进退师徒者，誓也；……"所谓"先王之书"，无疑当包括最早的"书"——《尚书》。"宪"的性质"出（疑为"正"之误）国家，布施百姓"，为宪令、律令，接近于《尚书》中的"诰"与"命"；"刑"相当于《吕刑》一类有关法律的文书；"誓"即《尚书》中的军旅之誓。这三类基本涵盖了今文《尚书》二十八篇的主要文体形式。由于《墨子》中的这段话不专为《尚书》而发，长期以来未受到《尚书》文体研究者的注意。

最早明确对《尚书》进行文体分类的，是魏晋时代出现的托名孔安国的《尚书传》。篇首的《尚书大序》假托孔子后裔、西汉大儒孔安国的话说："先君孔子，……讨论坟典，断自唐虞以下，讫于周，芟夷烦乱，剪截浮辞，举其宏纲，撮其机要，足以垂世之教，典、谟、训、诰、誓、命之文，凡百篇。"由于这是最早对《尚书》文体进行的明确分类，为研读传习《尚书》提供了很大的方便，且具有相对的合理性，故孔《传》对《尚书》篇章典、谟、训、诰、誓、命的划分为后世所普遍接受，成为影响重大的所谓《尚书》"六体"。结合今文《尚书》二十八篇的具体篇目来看，"六体"中的典、谟、诰、誓、命五体都出自二十八篇中的篇名末字，唯独"训"体没有相应的篇名。古文《尚书》有《伊训》一篇，其内容虽伪，但从先秦典籍所引看，该篇在先秦确曾存在。为了将那些篇名不在"六体"之内的篇目纳入"六体"之中，使"六体"具有更强的概括性，唐代的陆德明在《经典释文》中又将"六体"分为"正"

"摄"两类：凡以"六体"名篇者为"六体"之"正"，凡不以"六体"名篇而其内容可以纳入"六体"之内者为"六体"之"摄"。① 即便如此，"六体"仍不能概括全部的《尚书》篇章。

到唐代，孔颖达等受命作《尚书正义》，为了弥补"六体"分类的不足，更以《古文尚书》为据，分《尚书》篇章为十体。《尚书正义·尧典题疏》云："致言有本，名随其事，检其此体，为例有十：一曰典，二曰谟，三曰贡，四曰歌，五曰誓，六曰诰，七曰训，八曰命，九曰征，十曰范。《尧典》《舜典》二篇，典也；《大禹谟》《皋陶谟》二篇，谟也；《禹贡》一篇，贡也；《五子之歌》一篇，歌也；《甘誓》《泰誓》三篇，《汤誓》《牧誓》《费誓》《秦誓》八篇，誓也；《仲虺之诰》《汤诰》《大诰》《康诰》《酒诰》《召诰》《洛诰》《康王之诰》八篇，诰也；《伊训》一篇，训也；《说命》三篇、《微子之命》《蔡仲之命》《顾命》《毕命》《冏命》《文侯之命》九篇，命也；《胤征》一篇，征也；《洪范》一篇，范也。此各随事而言。……书篇之名，因事而立。"相对于"六体"，增加了贡、歌、征、范四种。对于"十体"的划分，历代不乏责难者，如宋代的林之奇就认为，《尚书大序》提出的所谓《尚书》"六体"，是指构成《尚书》的六种基本的文体形式，不能拘泥于确定的具体篇章，划分《尚书》为"十体"徒增困扰，与作者本意不合。他在《尚书全解》中说："书有五十八篇，其体有六：曰典，曰谟，曰诰，曰命，曰训，曰誓。此六者，错综于五十八篇之中，可以意会而不可以篇名求之。先儒乃求之于篇名之间，其《尧典》《舜典》则谓之典，《大禹谟》《皋陶谟》则谓之谟，至于训、诰、誓、命，其说皆然。苟以篇名求之，则五十八篇之义不可以六体而尽也，故又增而为十：曰贡，曰征，曰歌，曰范。虽增此四者，亦不足以尽《书》之名。学者不达古人作《书》之意，而欲篇名求之，遂以一篇为一体。固知先儒所谓贡、歌、征、范，增而为十，盖有不知而作之者，不可从也。《禹贡》一篇，盖言禹之治水，其本末先后之序无不详备，名虽曰'贡'，其实'典'之体也。学者知《禹贡》为'典'之体，则谟、训、誓、诰、命见于他篇，皆可触类而长。"② "十体"划分的最大缺点是将复杂的文体问题简单化，拘泥于《古文尚书》的篇名，只根据篇名末字分体，甚至一篇一体（因《禹贡》而立"贡"体，因《胤

---

① （唐）陆德明：《经典释文》，中华书局1983年版，第36页。
② 《尚书全解》卷七，北京大学《儒藏》编纂与研究中心编《儒藏》（精华编一四），北京大学出版社2014年版，第124页。

征》而立"征"体,因《五子之歌》而立"歌"体,因《洪范》而立"范"体),缺乏概括性,因此未能得到后世的普遍认可和接受。

相对而言,"六体"的划分更具合理性。宋代的林之奇认为:"《书》之名篇,非成于一人之手,盖历代史官各以其意标识其所传之简册,以为别异,非如《春秋》之书,尽出于夫子之所删定,而可以一例通也。故《书》之为体,虽尽于典、谟、训、诰、誓、命之六者,然而以篇名求之,则不皆系以此六者之名也。虽不皆系于六者之名,然其体则无以出于六者之外。先儒拘于名篇之有无而不知变,遂以征、贡、歌、范为十体,殊不知《洪范》之作,盖箕子为武王历陈治天下之大法,其实'谟'之体也。《洪范》者,徒以史官传录之时,偶不以谟、训名篇耳。凡有异者,各自为体,则将至于数十篇而犹未足也。今徒见其篇名有一'范'字,遂以为有'范'之体,如此,则是《书》之篇名非据篇中'洪范'二字以为简册之别也。学者能知《书》之篇名杂出于史官之手,而不可以一例通,则典、谟、训、诰、誓、命之体,昭昭然若日星而不可掩矣。"① 产生于南宋,影响到元明清三代的《书经集传》便采用了"六体"的分类方式。对于"六体"的界定,明代吴讷《文章辨体序说》引宋代张表臣《珊瑚钩诗话》云:"道其常而作彝宪者谓之典,陈其谋而成嘉猷者谓之谟,顺其理而迪之者谓之训,属其人而告之者谓之诰,即师众而誓之者谓之誓,因官使而命之者谓之命。"②

除"六体""十体"而外,尚存在其他的划分方式。《尚书大传》云:"六誓可以观义,五诰可以观仁,《甫刑》可以观戒,《洪范》可以观度,《禹贡》可以观事,《皋陶谟》可以观治,《尧典》可以观美。"陈梦家先生据此认为,伏生所传《尚书大传》是将《尚书》文体划分为诰、誓、其他记事者三类。③ 他进而以此为据,划分《尚书》文体为诰命、誓祷、叙事三类。

(1) 诰命:包括成王时产生的《多士》《多方》《大诰》《康诰》《酒诰》《梓材》《君奭》《无逸》《立政》《洛诰》《召诰》,康王时产生的《顾命》,以及其他时代产生的《盘庚》《文侯之命》。

(2) 誓祷:包括师旅之誓《甘誓》《汤誓》《牧誓》《费誓》《秦誓》,以及穰疾代祷的《金縢》。

---

① 《尚书全解》卷二十四,北京大学《儒藏》编纂与研究中心编《儒藏》(精华编一四),北京大学出版社2014年版,第373页。
② 《文章辨体序说》,王水照编《历代文话》第2册,复旦大学出版社2007年版,第1590页。
③ 陈梦家:《尚书通论》(增订本),中华书局1985年版,第309页。

(3) 叙事：包括《虞夏书》的《尧典》《皋陶谟》《禹贡》，《商书》的《高宗肜日》《西伯戡黎》《微子》《洪范》，《周书》的《吕刑》。

李零先生在《简帛古书与学术源流》一书中，从古代文书分类的角度，将《尚书》文体划分为典谟、训诰誓命、刑法三类。①

(1) 典谟：指《尚书》中产生年代久远的经典性作品，如《尧典》《皋陶谟》。

(2) 训诰誓命："训"为教训之辞，如《高宗之训》（《高宗肜日》）、《洪范》、《无逸》；"诰"为含有训诫的布政之辞，如《盘庚之诰》（《盘庚》）、《大诰》、《康诰》、《酒诰》、《召诰》、《洛诰》、《康王之诰》、《微子》、《梓材》、《多士》、《多方》、《立政》；"誓"为誓神、誓师之辞，如《甘誓》《汤誓》《泰誓》《牧誓》《费誓》《秦誓》；"命"为命官之辞，如《顾命》《文侯之命》。

(3) 刑法："刑"即"型"的本字，是模范、标准之义，如早期以刑法为主的法律文书《吕刑》。

历史上也有对《尚书》文体划分持反对意见者。如唐代的孔颖达，虽划分《尚书》为十体，但也认识到这种做法并不一定符合作者的本意。他在《尧典正义》中说："《书》篇之名，因事而立，既无体例，随便为文。"所谓"《书》篇之名，因事而立"，是指《尚书》篇名多据事而立的特点。《尚书》篇名多以"诰""誓""命"等动词加上该事件的参与者、事件发生的地点等因素而形成。如《文侯之命》便是由"命"这一动词和该事件的参与者"文侯"结合而成，类似的还有《皋陶谟》《禹贡》《汤誓》《召诰》《康诰》《吕刑》等；《牧誓》便是"誓"这一动词和"牧野"这一事件的发生地点结合形成的，类似的还有《甘誓》《洛诰》《费誓》《秦誓》等；还有的则直接以具体事件命名，如《西伯戡黎》《立政》《顾命》。具体的事件显然是《尚书》篇章命名的一种考虑，而这种命名方式也是最简单和最方便的。问题是这种命名方式在《尚书》中并无一致的体例，表现出很强的随意性，故孔颖达说"既无体例，随便为文"。宋代郑樵认为："典、谟、训、诰、誓、命，孔安国以为《书》之六体，由今观之，有一篇备数篇之体，如《大禹谟》曰：'禹乃会群后誓师'，则是'谟'亦有'誓'也；《说命》曰：'王庸作书以诰'，则是'命'亦有'诰'也。以至《益稷》《洪范》，本'谟'而不言'谟'；《旅獒》《无逸》，本'训'而不言'训'；《盘庚》《梓材》，本'诰'而

---

① 李零：《简帛古书与学术源流》，生活·读书·新知三联书店2004年版，第64—65页。

第五章　影响论："尚书体"与后世中国文学的发展

不言'诰'；《胤征》不言'誓'，《君陈》《君牙》不言'命'，大抵五十八篇之中，圣人取予之意，各有所主。"① 这实际上是否定了对《尚书》文体进行划分的意义。元代董鼎也认为："古之为《书》者，随时书事，因事成言，取辞之达意而已，岂如后之作文者，必求合体制也。"② 作为最早产生的散文文献和上古时代的史料汇编，《尚书》本身便是"体制"的创立者，而没有先在的"体制"可遵。清代章学诚在《文史通义》中明确提出"《书》无定体"的观点，认为："典、谟、诰、训、贡、范、官、刑之属，详略去取，惟意所命，不必著为一定之例焉。"③ 又说："夫史为记事之书，事万变而不齐，史文屈曲而适如其事，则必因事命篇，不为常例所拘，而后能起讫自如，无一言之或遗而或溢也。此《尚书》之所以神明变化，不可方物。"他针对唐人以篇题立体的做法说："古人著书命篇，取辨甲乙，非有深意也；六艺之文，今具可识矣。盖有一定之名与无定之名，要皆取辨甲乙，非有深意也。"④ 与郑樵、董鼎一样，章学诚实际上否定了区分《尚书》文体的意义。

在今天来重新审视历史上有关《尚书》文体的争议，我们能够发现，以传统思维习惯、知识和话语体系作为背景的《尚书》文体研究，以及由此而引发的文体争议，已经不足以作为推进相关研究深入开展的历史与逻辑基点，亟待对之重新审视与反思。为此，在尽可能充分理解并尊重传统观点与方法的前提下，我们不妨跳出固有的思维方式和文论话语体系，返回到历史语境和"原生态"文本中，适度借鉴现代西方文论的理论批评话语和观念，重新审视这一问题。对于传统的《尚书》文体分类方式，我们应持一种辩证的态度去看待，既看到并肯定其积极的方面，也充分认识其不足与存在的问题。从积极方面来说，已有的《尚书》的文体研究自有其优点，这种研究采用分解式的处理方式，即将《尚书》文体的整体按照篇章为单位，采用一定的划分标准，分解成不同的次级文体，如"六体"或"十体"，或减去数体而更少，或另外加上数体而更多，然后分别加以单独的研究，分别探究某一种文体的起源、演变、特征、影响等。这种分解式研究的长处是分类较细，便于从局部切入，关注到文体结构某一方面的局部特征，进行较深入细致的细部研究。同时，这种方式也存在着明显的不足之处，主要表现在三个方面：其一是缺少一个明确的文

---

① 《钦定书经传说汇纂》，《文渊阁四库全书》第65册，第438页。
② 同上书，第439页。
③ （清）章学诚著，叶瑛校注：《文史通义校注》，中华书局1985年版，第31页。
④ 同上书，第405页。

体划分依据，其二是缺少对《尚书》文体的整体把握，其三是缺少对《尚书》文体深层次的内在文体特征的关注。下面分别分析。

其一，传统的"六体""十体"的划分，其依据究竟是什么，古人对此问题并无明确、一致的认识。明代吴讷说："道其常而作彝宪者谓之典，陈其谋而成嘉猷者谓之谟，顺其理而迪之者谓之训，属其人而告之者谓之诰，即师众而誓之者谓之誓，因官使而命之者谓之命。"① 这实际上是一种含糊笼统的说法，吴讷并未提出这样分类的文献依据，而且"道其常而作彝宪""陈其谋而成嘉猷"主要从内容和功能、效用角度立论，"顺其理而迪之""属其人而告之"则着眼于言说的具体方式，"即师众而誓之"和"因官使而命之"则根据言说的不同场合立论，六者并不在同一个论说平面上，彼此交叉重复，其间的界限并不清晰。甚至孔氏《大序》也没有说出划分的依据："讨论坟典，断自唐虞以下，讫于周，芟夷烦乱，剪截浮辞，举其宏纲，撮其机要，足以垂世之教，典、谟、训、诰、誓、命之文，凡百篇。"《大序》在此提出"六体"，不过是出于方便的概括式说法，具有很强的随意性：百篇之文，类型不同，不能悉举，仅举"六体"以赅之。表面看来，各体之间的区别是易于识别的，从《尚书》的篇目上就能够反映出来，但如果我们以此作为区分《尚书》各体文体形态的标准，未免太过天真。《尚书》的篇题，很多是古人在对相关文本做整理或抄写时，为了编辑的便利和篇目的清晰，以及文本的条理性和使用的方便而后加上去的。因此，《尚书》的篇题自产生之日就存在区别，并无整齐一致的命名。如《尧典》，《礼记·大学》引作《帝典》；《甘誓》，《墨子·明鬼下》引作《禹誓》；传世的《金縢》，在"清华简"系统中名为《周武王有疾周公所自以代王之志》；古文篇目《说命》，在"清华简"中又名《傅说之命》；传世文本《盘庚》，在郑注《周礼》中称为《盘庚之诰》；等等。关于《尚书》篇题命名的随意性，在出土文献中表现得最为明显。以"清华简"的"书"类文献为例，许多"书"类文献本来是没有篇题的，如《保训》《芮良夫毖》等篇题，都是竹书的整理者依据《尚书》篇题命名的惯例而为之命名的，就是在整理和研究者中也是存在争议的。这类标题即为后人依据约定俗成的惯例所加，并无任何理论依据，因此随意性是很大的。这一问题早就引起了注意，如章学诚认为："古人著书命篇，取辨甲乙，非有深意也。"② 余嘉锡先生也注意到

---

① 《文章辨体序说》，王水照编《历代文话》第2册，复旦大学出版社2007年版，第1590页。
② （清）章学诚著，叶瑛校注：《文史通义校注》，中华书局1985年版，第405页。

上古文献多无篇题的现象："古人之著书作文，亦因事物之需要而发乎不得不然，未有先命题而强其情与意曲折以赴之者。故《诗》《书》之篇名皆后人所题。"① 他将古人的篇题命名原则归纳为"摘其首简之数字以题篇"和"以事与义题篇"两种类型，其中第一种实际上等同于无篇题，只是为了方便文本的辨识而已。宋代的林之奇认为："《书》之篇名，以篇中字为简册之别者多矣，如《梓材》《无逸》《立政》之类，不必皆尽其一篇之义。要之，姑借此字以为篇名之别焉，若必从而为之说则妄，妄有穿凿而不得通者。"② 所谓"以篇中字为简册之别"实即"摘其首简之数字以题篇"的变体，实际上等同于无篇题。林之奇又云："予尝因《梓材》之名篇，然后知《书》之篇名徒以志简编之别，非有他义也。……《梓材》之所陈者，其大指在于匿瑕含垢，以安反侧，'若作'特其篇中之一义耳，而以《梓材》名篇。此皆出于史官偶然一时之意而已矣，奚必欲以义而求之哉！"③ 按照林之奇的观点，《尚书》篇题不过是负责整理记录的史官为了"志简编之别"而"偶然一时"加上去的。林之奇的观点虽然有些过于绝对，但整体上无疑是正确的，《尚书》的篇题并无内在的深意隐藏其中。虽然我们无法否认《尚书》篇题的命名仍存在一定的规律性，但这种规律性不过是出于约定俗成的习惯性特征。英国学者巴恩斯（Barry Barnes）等认为："当人们进行分类时，人们几乎总是求助于因袭的概念和分类，并且运用这些已经存在的概念去标记他们遭遇到的任何新的对象和实体。"④ 传统的分类方式本来就具有一定的概括性和简明方便的特点，再加上孔传的权威性和很强的示范效应，经后世历代注疏家的发挥演绎而长期沿袭下来，自有其存在的道理，如果不加深究，也可以被简单地接受。但如果我们认真审视这一问题，希望将《尚书》的文体研究推进下去，就不能受传统的缺少明确文献与逻辑依据的分类方式的束缚，不能简单地以古人的见解作为研究的理论基础，否则便会时时遇到尴尬，在理论上捉襟见肘而受制于古人。

其二，分体研究不能代替整体研究。不论"六体"或"十体"，单独

---

① 余嘉锡：《目录学发微　古书通例》，上海古籍出版社2013年版，第164页。
② 《尚书全解》卷十七，北京大学《儒藏》编纂与研究中心编《儒藏》（精华编一四），北京大学出版社2014年版，第283页。
③ 《尚书全解》卷二十九，北京大学《儒藏》编纂与研究中心编《儒藏》（精华编一四），北京大学出版社2014年版，第510页。
④ ［英］巴里·巴恩斯等：《科学知识：一种社会学的分析》，邢冬梅、蔡仲译，南京大学出版社2004年版，第57页。

将之分析出来，虽然其重要性各不相同，但其中任何一体都无法作为《尚书》文体的整体来看待。分体研究的最大问题是只见树木，不见森林，即便真正弄清楚某一体的来源、特征等问题，也无助于对《尚书》整体文体特征的认识和把握。刘知几、章学诚等都对"六体""十体"等分类方式提出过尖锐批评。章学诚更是彻底抛开了"六体""十体"的分类，从整体上探讨《尚书》的文体，提出"《尚书》圆而神"的观点。分体研究的另一大弊端是：分解后的文体与其他文体失去了联系，而这些单独的文体仅仅依靠自身又难以独立存在。具体来看，如"训体"，即便古人多强调其特殊的重要性，但在今文《尚书》中并无相应的篇目，实际上等于是悬置一格，并无确定的研究对象。为此，一些学者又将今古文《尚书》的其他篇目不加分析地划归"训体"，如林之奇所说："人臣之'训'，其书之见于篇名者，惟《伊训》《高宗之训》二篇，此亦出于偶然耳。若其他忠臣良弼，所以陈其嘉谋于上，如伊尹、傅说、周公之所陈者，无非'训'也。……'训'者，不必拘于篇名，凡以一言一话之出于人主之意，主于格君心之非，以成其德者，皆为'训'之体。"① 按照林之奇的这种说法，则《尚书》中所有人臣对君主的进言就应该全都归入"训体"。这种笼统含混的分类原则实际上造成了"训体"的空泛化，与找不到相对应的研究对象一样，研究对象的无限泛化也使研究失去了实际意义。再如"典体"，在今文《尚书》中只有《尧典》一篇而已，即便古文《尚书》从《尧典》中分出《舜典》，而文本本身与今文《尧典》并无实际差别，以区区一篇作为"典体"研究的基础，进而探究其文体特征，实际上很难进行，研究的意义也大打折扣。与此近似，"谟"体在今文《尚书》中实际上也只有一篇《皋陶谟》，而"歌体""范体"更是如此。以一篇为一体，既无其他具体的篇目文本作支撑，总结出来的文体特征也无从验证，等于是失去了研究的实际意义。将《尚书》的篇章分解成互无关联的数个单独的文体，而这些文体之间的关系并不明确，甚或不存在多少关联，这样的分解研究的意义也就大打折扣，对理解《尚书》的整体特征帮助不大。然而，即使在今天，仍有一些《尚书》文体研究者出于方便和因袭，不加分析地简单接受传统的划分，希望借助传统的研究方式继续推进《尚书》的文体研究。对于此类研究，刘跃进先生的一段话值得深思："研究文体学，首先要有一个明确的时间概念，其材料的

---

① 《尚书全解》卷十五，北京大学《儒藏》编纂与研究中心编《儒藏》（精华编一四），北京大学出版社2014年版，第251页。

取舍论证,必须限定在特定的时代背景。也就是说,不能没有根据地利用后代材料来推断前代的文体特征。"① "六体"的说法最早见于孔传《大序》,文献的可靠性很值得怀疑,极有可能是魏晋时代的产物;"十体"的说法更晚至唐代才出现。虽然可以将它们作为一种有益的参考资料,但在使用时,一定要采取慎重的态度,要有辨别意识。魏晋时代是文学与文体自觉的时代,这一时期人们热衷于总结创作规律并探讨文体问题,热衷于对各种文体的命名和归纳,《尚书》"六体"很可能就是这一时期的产物。显然,将魏晋时期的"六体"和唐代的"十体"与先秦时代的《尚书》篇目一一对应,或者根据魏晋时期和唐代的文体观念去反推和解释先秦时期的文体特征,都是极不科学的做法。科学研究需要言之有据和坚实的文献基础,不能单纯依靠逻辑推测,否则,便会陷入难有明确结果的无谓争议。

其三,传统的《尚书》文体研究更注重对《尚书》文体表层结构特征的分析,而缺少对《尚书》文体深层次的内在文体特征的关注;更多关注于《尚书》某一文体的体裁、结构、风格、语言形式等外在特征,而对更为根本的内在特征,如历史文化内涵、思想内涵、心理体验、审美特征等方面则关注不够。在文体的诸多结构层次中,体裁、结构、语言形式等外在特征相对最容易把握,往往成为古人文体分类的出发点和立足点。古人往往从自身的创作体验和阅读体验出发,以带有强烈个体感性特征的评点式话语来评判《尚书》的文体特征。这种带有个性色彩的个体主观化言说的长处是简洁扼要,往往一针见血,形象生动,同时也带来理性分析缺失的不足。毕竟,外在结构的研究只是文体研究的次要方面,如果不能深入到文体内部的思想、文化内涵层面,则势必严重影响到研究的价值和效果。更重要的是,就如陆机在《文赋》中所说,文体的外部特征是"体有万殊,物无一量","其为物也多姿,其为体也屡迁",《尚书》文体的早期形态堪称"体有万殊",正如章学诚反复强调的"《书》无定体""《书》无定法",其结果,必然造成对《尚书》文体的观察与研究不断向精致工巧的方向发展,在越来越细致的同时,研究的方向与目的也逐渐迷失在越来越琐碎、繁杂的材料之中。而从历时形态来看,《尚书》文体的表达方式、体裁风格等方面由于内部和外部的原因处于不断变化之中,在一个长时段里,这种变化必然影响到接受者的审美情感和阅读体验,不可避免地造成文体评价的主观性和随意性,进而造成文体评价

---

① 刘跃进:《〈独断〉与秦汉文体研究》,《文学遗产》2002年第5期。

的科学性和可信性的削弱。

在对传统分类方式进行反思的基础上，近年来又出现了几种关于《尚书》文体分类的新观点。其中之一是从书面文本源于口头文本的观念出发，认为言说方式生成文本形态，以"言说方式"作为《尚书》文体分类的基础。《尚书》以记言为主，这是一个古今不争的事实，决定了这一观点的合理性，原则上来说，是应该适用于《尚书》文体研究的。但具体将这一观念施用于《尚书》，我们便会发现诸多扞格不通之处，其中问题之一就是如何确定各种"言说方式"的区别："谟"的言说方式与"训"的、"诰"的，乃至"命""誓"的言说方式究竟有怎样的区别？在"六体"之中，"命"与"诰"二体也出现在《周礼·春官》所载"太祝"职掌的"六辞"（祠、命、诰、会、祷、诔）之中；而《诗经·鄘风·定之方中》毛传的"九能"（建邦能命龟、田能施命、作器能铭、使能造命、升高能赋、师旅能誓、山川能说、丧纪能诔、祭祀能语）中也含有"命"和"誓"二体，这说明作为书面文本的"六体"，其中至少有"命""诰""誓"三体具有口头言说的历史渊源，源于上古时期具有宗教性的礼典仪式之上的特定言说，最后由口头文体演变为书面文体。但对于此三体的原始含义和具体的言说方式，《周礼》与毛诗的解释均语焉不详，原始的言说方式已经无法复原，我们无法确定其言说方式的真实特征；而且，现存对"六辞"和"九能"的多种解释也与《尚书》文本的实际情况不相符合，这说明时代的演进引发了文体的诸多变化，《周礼》与毛传所载的口头文体与书面文体的文体功能、适用场合、表达方式已经不能一一对应，我们无法由此溯源，为《尚书》的文体找到真正的"源文体"。另一方面，《尚书》虽属记言，并不同于对口头语言的直接记录，《尚书》的语言实际上是一种"雅言"，一种经过了长期且多次加工整理的书面语言，其文本形态发生了较大的变化。不但是语言，《尚书》文本的外在形式也因出于不同需要的加工、改编而发生了不同程度的改变，甚或是改写，因此，"言说方式"很难说不在流传过程中发生巨大改变，究竟原来的文本是怎样一种"言说方式"已经无法确定，也很难还原。以《洛诰》为例。《洛诰》全文结构复杂，时间跨度大，地点不断变换，"言说"之中另有"言说"，究竟谁在说、谁在听，在什么场合说、在什么地点说，很多问题都难于澄清，因此，确定《洛诰》的言说方式更是难上加难。总之，在没有真正了解《尚书》文本中各种不同言说方式的实际差别的情况下，希望以言说方式的差别作为基础确定文体的"类名"，就不可避免地存在很大的随意性，命名的科学性也就必然大打折扣。

另一种观念认为,"行为方式"决定了《尚书》的文体分类。如有学者根据《尚书》篇名末字动词"谟"、"诰"、"誓"、"命"等的反复出现,推断上古史官在命名篇章时,首先根据各种不同的行为方式,据以确定篇名中的动词,再辅之以动作的发出者或接受者、动作产生的地点等相关因素,为记录这些行为方式的文本进行命名。而这种命名方式的反复出现,实际上表现出一种同类的归属,启发、引导,甚至制约、规定着后人用同样的方式对《尚书》文体进行归类。以上对《尚书》文体确立方式的推测对我们理解《尚书》篇章的命名、文体的形成具有启发意义。这种命名方式自有其合理性,而且有着悠久的传统,甚至在今天仍然发挥着作用,如"清华简"中"书"类文献的命名,在一定程度上就是遵循了传统的《尚书》篇章的命名方式。但我们同时也应认识到,这种约定俗成且具有一定合理性的命名方式却并无坚实可靠的文献依据。实际上,就现有文献来看,早期史官制作的"书"类文献,很可能和其他早期文献一样,是没有篇题的,《尚书》的篇题,更可能出于加工整理者之手,命名的方式也很随意,只要能够起到区分篇章的目的即可。宋代林之奇认为:"盖《书》之名篇,各随其史官一时之宜,或述其所作之人,或取其所因之事,或指其所居之地,或掇篇中之字以为名,其体各有不同,要之,徒取是字以为简篇之别耳,本无意义存于其间。"[①] 一种命名方式可以是简单明了,易识易记的,却不一定是科学的文体分类方式,因为从根本上说,决定文体特征的是文本的内容方面,而非文本外在的名称。更何况"谟""典""命"这些动词的确切含义在文献中颇多分歧,"名"与"事"之间存在着复杂的关系,在很多情况下无法对应。虽然《尚书》文体的命名是"名随其事""因事命篇",但"事"各不相同,却不能因此分解出不同的"体"来,如孔颖达分解出的"歌体""范体",即使在古人看来也认为毫无道理。以"训体"为例。孔颖达通过对《尚书》诸"训"文体特点的归纳,得出"臣训诫君"即"训体",以这种行为特征作为"训体"的文体特征。这种结论只是停留在问题的表面,对我们理解"训体"并无多少实际帮助。而林之奇认为:"凡以一言一话之出于人主之意,主于格君心之非,以成其德者,皆为'训'之体。"[②] 这种观点显然又过于宽泛,有些大而无当。按照林之奇的解释,"谟"是一种上建

---

① 《尚书全解》卷二十三,北京大学《儒藏》编纂与研究中心编《儒藏》(精华编一四),北京大学出版社2014年版,第378页。
② 《尚书全解》卷十五,北京大学《儒藏》编纂与研究中心编《儒藏》(精华编一四),北京大学出版社2014年版,第251页。

议的文体，是人臣"所以告诫于君者",① 那"谟"与"训"的分别在哪里？另外，按照林之奇的分析，"诰"是一种"诰戒之辞"，并不局限于重要的公众场合，君臣二人之间的谈话也可名"诰",② 那么，"诰"与"训"、与"谟"的区别又在哪里？《尚书》文体分类既然源于"行为方式"，而"行为方式"表现得千差万别，仅仅是君臣二人的对话这一种最简单的"行为方式"，就可以依据功能、接受对象、应用场合、表达方式等不同而区别出不同的文体来，又如何以一种一致的可以被普遍接受的标准对这些差别细微的"行为方式"进行分类？事实上，《尚书》篇章命名的实际情况也可以作为反证：在《尚书》的篇题中，很多相同的行为方式有着不同的命名，而不同的行为方式也可以有相同的命名。孔颖达因此认识到这种分类的随机性和任意性，刘知几、章学诚更认为准确分类几乎不可能。刘知几认为："自唐虞以下，迄于周，是为《古文尚书》，然世犹淳质，文从简略，求诸备体，固已阙如。"③ 公务文书贵在实用，不可能有功用之外的其他方面的考虑。章学诚认为："夫史为记事之书，事万变而不齐，史文屈曲而适如其事，则必因事命篇，不为常例所拘，而后能起讫自如，无一言之或遗而或溢也。"④ 他认为，在"事万变而不齐"的瞬息万变的复杂政治环境下，《尚书》篇章的写作只能以实用为原则，以准确传达意思为目的，而不可能遵循某一种固定的结构和写作范式，以至于写得千篇一律，刻板僵化。形式要为内容服务，《尚书》的写作只能是"屈曲而适如其事"，做到"起讫自如""不为常例所拘"。既然"事万变而不齐"，为文又要"适如其事"，唯一的可能就是打破各种体制上的束缚，这样写作出来的《尚书》篇章也就很难从行为方式的角度进行文体分类。

  进行科学的分类是开展学术研究的基础和前提，如果对研究对象的分类不够科学，则研究很难深入进行。研究《尚书》文体，关键之一是要找到一个科学有据的、能够反映《尚书》文体本身固有秩序的分类排列标准，使研究不局限于问题的表面，而是深入到问题的实质。古人的这些分类，在当时只是出于方便实际操作的考虑，而缺乏深入的理性思考，缺

---

① 《尚书全解》卷五，北京大学《儒藏》编纂与研究中心编《儒藏》（精华编一四），北京大学出版社2014年版，第75页。
② 《尚书全解》卷十四，北京大学《儒藏》编纂与研究中心编《儒藏》（精华编一四），北京大学出版社2014年版，第232页。
③ （唐）刘知几撰，（清）浦起龙通释：《史通通释》，上海古籍出版社1978年版，第27页。
④ （清）章学诚著，叶瑛校注：《文史通义校注》，中华书局1985年版，第52页。

乏深厚的学理性依据，最初只是出于一种近于无意识的处于萌芽状态的文体观念，并不足以反映文本语义、结构等方面的根本性特征。因此，古人的这些分类和命名方式还不具有真正意义的规范性，很难找出其中存在的科学依据，凭借不规范的分类和命名方式去对内容丰富、形式各异的《尚书》篇章做划分，实际上不具有可行性。那么，时至今日，应该如何进一步开展《尚书》的文体研究呢？我们认为，首先要理性对待传统的分类，既要看到其优点，也要看到其不足。在古代出现的诸多围绕《尚书》文体分类的见解中，并不乏具有真知灼见的阐述文体特征、指导文体写作的理性观点，对认识《尚书》文体，指导文体写作起到了一定的制约、引导作用，对这些方面应当积极借鉴。同时，我们也应该适当摆脱传统的思维方式，在一定程度上跳出传统的争议，"弃名就实"，把关注的重点从《尚书》文体"名"的争议转移到实际的文本上来；从对《尚书》中单独某一"体"的关注，转移到对《尚书》整体文体特征的关注上来；从对《尚书》外部文体结构的关注，转移到对内部文体结构的关注上来。只有适当变换研究视角，才有可能继续有效推进《尚书》的文体研究。同时，我们也应认识到问题的复杂性。在文体辨别的问题上，适度的模糊性和不确定性是不可避免的，这是由文体本身具有的本质属性所决定的。西方文论家赫兹（E. D. Hirsch）认为，"有效地区分文体"虽然可以做到，但却不是绝对的，前提条件是要在合适的分析层次上进行。① 对此，明代范应宾的认识颇具启发性："由两汉以还，文之体未尝变，而文渐以靡。……日新月盛，互为用而各不相袭，此何以故？则安在斤斤沿体为？体者法也，所以法非体也。离法非法，合法亦非法，若离若合，政其妙处不传，而实未尝不传。《易》曰：'拟议以成其变化。'不有体，何以拟议？不知体之所从出，何以为体？而极之于无所不变？"② "日新月盛，互为用而各不相袭"的，是各体文章的外在形式，如具体的体裁、语言、表达方式等方面，这些方面随着时代的变化而变动不居；与此不同的是"文之体未尝变"，是说文体的本质属性、内在规定性长期不变。文体的演变实质上是"变"与"不变"的辩证统一："变"带来活力和适应性，推动文体随时代发展而不断演变；"不变"则保持了文体自身的内在规定性，保证了文体的稳定性；"变"要以"不变"为基

---

① ［美］艾布拉姆斯等：《文学术语词典》，吴松江等编译，北京大学出版社 2014 年版，第 388 页。
② 《文章缘起注》序，王水照编《历代文话》第 3 册，复旦大学出版社 2007 年版，第 2513 页。

础，只有在原有文体基础上的创变才是真正意义上的"变"；"不变"要以"变"为用，只有在文体的历史演变中，才能找出文体的本源和内在规定性，二者相辅相成，既矛盾，又联系，缺一不可。因此，创作者和研究者对待文体，既不能弃之不顾，又不能过于拘执，"若离若合"是最恰当的态度。钱钟书先生也发表过与此近似的见解："盖文章之体可辨别而不堪执着。……《南齐书·张融传》载融《〈问律〉自序》云：'夫文岂有常体，但以有体为常，政当使常有其体'；'岂有常体'与'常有其体'相反相顺，无适无莫，前语谓'无定体'，'常'如'典常'、'纲常'之'常'，后语谓'有惯体'，'常'如'寻常'、'平常'之'常'。"① 钱钟书先生的"可辨别而不堪执着"一语，应该成为我们进行《尚书》文体研究的指南。

（二）从"诰命体"到"尚书体"

历史上除了存在对《尚书》篇章的文体分类之外，还存在对《尚书》整体文体特征的言说，尽管这类言说多保存在文话、序跋、评点等分散文本中，大多是在阐述对某一具体问题的看法时顺便提及，片言只语，表达随意，既无认真思考，又无系统表述，但吉光片羽，弥足珍贵。单就"尚书体"这个概念来说，至少在宋代就已出现了。南宋龚明之于淳熙九年撰《中吴纪闻》一书，记录吴中士人嘉言善行，其中"翟忠惠"条曰："翟汝文字公巽，其先本南徐人，后徙居常熟。绍兴初，为参知政事。卒，门人谥为'忠惠先生'。公文章甚古，所作制诰皆用'尚书体'，天下至今称之。自宣、政以来，文人有声者，唯公与叶石林、汪浮溪、孙兰陵四人耳。"② 从时间上看，这是文献中最早提及的"尚书体"概念，专指朝廷制诰所用的文体。翟汝文在两宋之际以诏诰的写作闻名，与汪藻、孙觌齐名，今存文集《忠惠集》，其中收录制诰之作227篇。这些制诰作品以《尚书》为学习、模仿对象，普遍具有风格浑厚、语言古雅质朴的特征，获得了朝野上下的广泛称誉。与龚明之几乎同时的著名学者洪迈，在其所作《容斋随笔》中亦使用了"尚书体"一词。该书的"汲冢周书"一条曰："《汲冢周书》今七十篇，殊与'尚书体'不相类，所载事物亦多过实。"③ 洪迈以《汲冢周书》（实为《逸周书》）中的《克商解》《王会解》等篇所载史事与《尚书》相较，质疑《汲冢周书》（《逸周

---

① 钱钟书：《管锥编》第三册，中华书局1979年版，第889页。
② （宋）龚明之撰，孙菊园校点：《中吴纪闻》，上海古籍出版社1986年版，第119页。
③ （宋）洪迈：《容斋随笔》，上海古籍出版社1996年版，第375页。

书》）多"大言""无所质信"。可见，在洪迈的心目中，"尚书体"的风格特征在于信实可靠，言而有征，言实相称，这是经典作品的一个重要品质。除"尚书体"的说法外，历史上还存在过诸如"诰命体""书经体""书体""典谟体""王言之体"等一系列近似的概念，如《墨池编》载："宋徐铉字鼎臣……太宗时，直学士院，训辞温雅，得诰命体。"① "尚书体"一词的出现，标志着这一文体经过较长历史时期的写作实践，由雏形而逐渐发展到定型，写作者也由不自觉的写作实践逐渐发展到文体意识的清晰明确。尽管古人在使用"尚书体"一词时，只是出于一种约定俗成的习惯说法，并未对其进行明确的解释和界定，但考察概念的使用情况可以发现，在古人那里，"尚书体"的概念显然已经内蕴着一定的理性认知，尽管这不过是在感性认知积累到一定程度后自发形成的理性认识，还缺乏理论的自觉意识。在古代文献中，"尚书体"一词源自经典文献《尚书》，以《尚书》的篇章作为文本渊源，是在周代"诰命体"文书基础上形成的，以《周书》的诰命为典型形态，以《尚书》承载的儒家政治思想和历代的经学阐释作为思想内涵，主要指历代封建朝廷上使用的"王言之体"，以诏令文书为代表性体裁；在风格上，保留着上古时代早期文体的宗教礼仪属性和神圣化、仪式化特征，主要体现为古雅、典重的制式化风格特征。同时，在古人那里，"尚书体"也并非局限于单纯的某一体裁或风格，在理解上也因人而异，具有较强的随意性。其原因，与古人对文体辨析的目的有关。古人对文体的观察与分类，最主要的目的还是用来指导文章的写作，而非应用于理论研究。因此，我们在此使用的"尚书体"概念，只是对古人概念的借用，具体来说，既包含传统的文学、文章的体裁、风格的含义，也包括体制、语言等外在的形式方面，还包括广义的历史、心理、审美等深层文化内涵。我们对"尚书体"的探究，不仅包括原初形态的"尚书体"的起源和特征，或历史上"尚书体"的发展演变状况，同时也注重探究"尚书体"在历史上形成的诸多"衍生态"变体，将"尚书体"作为一个贯穿于整个文章学、文学发展史的融汇了诸多变体的"文体群"或"文体族"来综合考察。

古人对"尚书体"的考察，更多的是从文体风格角度出发的，侧重于对"尚书体"进行富有主观情感化特征的形象化描述，而不注重理论化的分析和逻辑性表述。这种倾向从先秦时期就开始了。最早言及《尚书》整体特征的《荀子》和《礼记》都使用简洁扼要的字句概括《尚

---

① （宋）朱长文：《墨池编》卷三，《文渊阁四库全书》第 812 册，第 740 页。

书》的整体风貌。《礼记·经解》云："疏通知远，《书》教也……《书》之失，诬。"《荀子·劝学》云："《诗》《书》之博也……故而不切。"寥寥数字，极具概括性和启发性，也引发了后世的诸多阐述与争议。诏策等"王言之体"是王朝帝制时代运用最多、影响最大的"尚书体"体裁，刘勰在《文心雕龙·诏策》中较全面地论析了作为"王言"的诏策文体，认为诏策文体源自《尚书》，先天地具有"神圣性"的特征："皇帝御宇，其言也神""命禹自天，故授官锡胤"。"王言"的这种神圣性，显然与"尚书体"早期的宗教礼仪属性密切相关，与后世君权神授理论有同一来源。为形象说明诏策在皇权时代的重要价值和政治意义，刘勰使用了一系列形象的比喻："渊默黼扆而响盈四表""诰命动民，若天下之有风矣""王言之大，动入史册策，其出如绋，不反若汗"。"其出如绋"典出《礼记·缁衣》："子曰：'王言如丝，其出如纶；王言如纶，其出如绋。'"与"渊默黼扆而响盈四表"意思相同，强调"王言"因其至高的权威性而具有强大的传播效果和无限放大的影响力。此外，刘勰还对"王言"在不同场合下的情感表现分别作了描述："夫王言崇秘，大观在上，所以百辟其刑，万邦作孚。故授官选贤，则义炳重离之辉；优文封策，则气含风雨之润；敕戒恒诰，则笔吐星汉之华；治戎燮伐，则声存浡雷之威；眚灾肆赦，则文有春露之滋；明罚敕法，则辞有秋霜之烈，此诏策之大略也。"①刘勰采用了形象化的描述性语言，分别描述了诏令文书的几种主要类别的语言风格和情感特色：或如日月交辉，或如风雨滋润，或如银河照耀，或如霹雳声威，或如春露，或如秋霜，突出强调了诏令文书应用于不同场合和对象时在语言风格方面体现出的有差别的情感色彩，以及作用于读者的强烈的艺术感染力。自刘勰开始，其后的历代文论家多使用形象化的描述性语言表达对"尚书体"文风的主观认识和感受。如唐代吕向注《文选》云："诏，照也，天子出言，如日之照于天下也。"② 这种以光明的日光比喻诏书的说法，最早见于汉代刘熙的《释名·释典艺》："诏书，诏，照也。人暗不见事宜则有所犯，以此照示之，使昭然知所由也。"刘熙、吕向都使用了比喻的说法，以光明的日光喻诏书，用对比的手法凸显了诏书等"王言"所体现的皇权对于普通百姓的威严与神圣。柳宗元在《杨评事文集后序》中将古今文章划分为"著述"与"比兴"两类，认为"著

---

① （南朝梁）刘勰撰，范文澜注：《文心雕龙注》，人民文学出版社1958年版，第358—360页。
② （梁）萧统编，（唐）李善等注：《六臣注文选》卷三五，中华书局1987年版，第663页。

述"类源出于《尚书》:"文有二道:辞令褒贬,本乎著述者也;道扬讽喻,本乎比兴者也。著述者流,盖出于《书》之谟、训……其要在于高壮广厚,词正而理备,谓宜藏于简策也。"① 所谓"高壮广厚",就是对《尚书》文体特征的形象化表述。再如唐代遍照金刚的《文镜秘府论》"论体"云:"夫模范经诰,褒述功业,渊乎不测,洋哉有闲,博雅之裁也。"② "渊乎不测""洋哉有闲"是对诰命文体特征的形象化表述,指出诰命文体具有隐匿作者个性、令读者莫测高深的作用,文体有辞气从容、气象博大的风格特征。元代陈绎曾云:"朝廷之文宜肃,圣贤道德宜肃""诏,宜典重温雅,谦冲恻怛之意蔼然""制诰,宜峻厉典重"。③ "肃""典重温雅""峻厉典重"都是对《尚书》文体的形象化描述,指出诰命文体语气严肃、简明,态度诚恳、庄重,语句典雅、威严的风格特征。这类有着很强感性色彩的形象化论说,虽然缺乏理论性和系统性,但对我们认识"尚书体"的体貌特征仍具有启发意义。

现当代学者有关《尚书》文体的研究,突破了古人的重经验感受、轻理性分析的旧有模式,开始从历史与逻辑两方面深入到研究对象的内部,进行系统性的深入考察。如陈梦家探究《尚书》文本产生的制度背景和体制特征,为寻找"尚书体"的文体模式提供了重要思路。陈梦家20世纪40年代所作《王若曰考》,从西周初期的史官制度、西周金文与传世文献中有关策命的记载为切入,进而探究了《周书》诸诰的体制特点。他认为,在《周书》全部二十篇中,西周诰命文共十二篇,均为西周策命仪式上史官所宣的册命文本,以其中的"王若曰""王曰"的使用情况,与西周金文中"王若曰""王曰"的使用情况相对照,可以发现《周书》诸诰的体制特征:"'王若曰'重见于一篇,则今本《尚书》在后来传录之时,亦颇有附合。"④ 将这一思路应用于《尚书》文体研究,可以认识到:"诰命"这一文体可分为"诰"与"命"两部分内容,从实际发生顺序上看,"命"在先,"诰"在后;从内容上看,"诰"是对一个或多个"命"的总结和概括,是对具体的"命"的结果的公开发布。具体地看,《周书》十二篇诰命的每一篇都由一个或多个"策命书"组成,诰是由一个或多个"命"构成的,"命"是"诰"的基本单位。因

---

① (唐)柳宗元:《柳宗元集》,中华书局1979年版,第79页。
② [日]遍照金刚撰,卢盛江校考:《文镜秘府论汇校汇考》,中华书局2006年版,第1450页。
③ 《文说》,王水照编《历代文话》第二册,复旦大学出版社2007年版,第1338—1341页。
④ 陈梦家:《尚书通论》,中华书局2005年版,第164页。

此,"尚书体"的源头也就是"策命体"或"命体"。这种详细记录了策命时间、地点、过程和内容的策命文书使灵活易变的口头言辞固定化,形成了体裁形式严谨、固定,内容明确,语言古奥、高度雅化和程式化,风格庄严肃穆的"命体"文书。《周书》中的《文侯之命》便是典型"命体"文书,因而也是"尚书体"的代表篇章。后世的制诏、移檄、章表、奏议、策论、史传等文体,都是这种原初形态的"命体"文书的衍化派生形式,从中可以发现它们共同具有的"尚书体"的文体模式和特征。而在现当代学者中,从文学角度关注"尚书体"问题的,当以褚斌杰、谭家健二位先生的《先秦文学史》为代表。在此书中,褚、谭二位先生明确使用了"尚书体"的概念:"从汉武帝的《策封燕王旦》《策封齐王闳》到明清某些诏告,常要用堂而皇之的'尚书体'来撰写。它也是历代企图登上仕途的读书人学习和应试的课题之一。《尚书》对后世特别是对官方文告的影响,是十分邃远的。"① 这标志着"尚书体"正式进入到《尚书》研究者的视野之中。

可以说,在长期的历史发展进程中,在不断地总结、运用过程中,古人对"尚书体"已经形成了一定的积淀着感性认识的理性认知,形成了对于"尚书体"一定的心理和审美期待,对于何谓"尚书体",对于"尚书体"的功能作用、风格特征、语言形式等,都形成了一定的理性认知;在具体应用"尚书体"时,对于应当采用哪种语言风格,不应当采用哪种语言风格,对于应当采用哪种体裁形式,不应当采用哪种体裁形式,都有着一定的感性和理性认知。虽然古人关于"尚书体"的认识只是零散和片段的,几乎找不到现代意义上的理论化和系统性的论述,但我们通过这些零散和片段化的议论,仍能了解到古人对此问题的基本认识已经接近于现代意义上的理论性认知。正如金代王若虚所言"定体则无,大体须有",② 在古人的认识里,对"尚书体"的文体特征虽无明确、清晰的理论认知,但大体上仍是可以言说的,基本的认识古今并无不同。二十世纪之后的相关研究,更在前人的基础上,采用了更为科学、系统的研究方法,开始深入到研究对象的内部,为我们指明了新的研究方向。因此,我们今天探讨《尚书》文体问题,决不能自我束缚,不应简单地套用古人现成的方法去归纳总结,将这一复杂问题简化为单纯的语言风格问题,而应当深入到形成"尚书体"的内部机制,寻根溯源,致力于发现"尚书

---

① 褚斌杰、谭家健主编:《先秦文学史》,人民文学出版社1998年版,第178页。
② 《文辨》卷四,王水照编《历代文话》第2册,复旦大学出版社2007年版,第1150页。

体"得以独立存在的依据，真正把握"尚书体"的核心内涵，发现"尚书体"独一无二的文体功能与形态。吴承学先生说："文体是历史的产物，它积淀着文化、审美的传统心理。"① 从已有研究情况看，《尚书》文体的历史文化内涵是古人没有充分注意到的，即便古人对此已有所注意和一定的思考，也并无深入的探究与充分的言说。因此，我们的任务便是利用现代的文体理论，在充分掌握古人已有研究的基础上，总结历史上相关研究的经验，深入到"尚书体"赖以形成的丰厚的古代社会文化、传统审美心理中，努力挖掘"尚书体"蕴含的深厚思想文化内涵，得出属于我们自己的理论化和系统化的新认识、新见解，进而促进《尚书》文学研究的深入开展。按照这一研究思路，我们可以大致从几个方面概括出"尚书体"的文体特征。

1. 文体地位的独尊性

在古今文学观念的对话中，经常可以发现这样一种观念错位现象：一些在古人看来是不须证明的常识性道理、理所当然的观念，在习惯于现代学术理念的今人看来却难以理解。其中，文体的等级观念便是一例。在现代文论观念中，无论是诗歌、小说、散文、戏剧的"四分法"，还是其他的文体分类法，各个文体之间存在显著的差异，彼此之间相互独立，因而不存在等级的尊卑高下之分；而在中国古人的观念中，各个文体之间尽管存在差别，但仍旧处于同一个整体之中，仍然存在密切联系，任何一个单独的文体都是整体的一部分，不能独立于整体之外，因而存在着尊卑高下的等级之分。这种观念在古人那里是无须证明、理所当然的。就现代文论的诗歌、小说、散文、戏剧四者来说，在我国古代主流的文学观念中，四者的尊卑等级秩序是明确而清晰的，散文和诗歌的等级相比小说和戏剧无疑更高，"文"与"诗"是历史悠久、高度雅化的传统文体、高级文体；而"小说"与"戏曲"则不登大雅之堂，属于民间的俗文学，向来不被主流文学观念所承认和接纳。而地位最高的"文"与"诗"，在传统的"经、史、子、集"四部分类中，分布各有侧重："诗"集中于"集"部，而"文"则平均分布于四部中，显然，"诗""文"相较，"文"的使用范围更广泛，处于优势的地位。而在"经""史""子""集"四部的"文"中，"经"部之"文"相较于其他各部之"文"，无疑占有更优越的地位。仅从四部的先后顺序上，便可看出其间存在的尊卑高下之分。"经"在古人那里具有无可置辩的优越性，经学文体毫无疑问地占有优势

---

① 吴承学：《中国古代文体学》，人民出版社2011年版，第119页。

地位，具有最高的文体价值，"经"对于其他文体来说是高不可攀的，只能是学习效法的对象，而不可能是竞争的对手。与"经"部之"文"相较，四部中的"集"部是文学作品集中的部类，却在四部中处于最低的地位。显然，在"经"部之"文"与"集"部之"文"之间，存在着显著的地位上的差异，这种差异与我国古代深入人心的"文源五经""文本于经"的观念密切相关：经学文体是文学文体的来源和典范，文体源出于经。"道沿圣以垂文，圣因文以明道"（《文心雕龙·原道》），"论文必征于圣，窥圣必宗于经"（《文心雕龙·征圣》），尊古、崇古、尊圣、崇圣，就必然尊经、崇经，经承载着圣人的权威性和"道"的崇高性，是文体上的"正体"、"母文体"和"原生文体"，后世的各种文体均源于古代的经学文体，是文体上的"变体"、"子文体"和"衍生文体"。而在经学文体中，《易》《书》《诗》三经产生的时代最早，具有更为特殊的重要性，清人王棻亦云："文章之道，莫备于六经，六经者，文章之源也。文章之体三：散文也，骈文也，有韵文也。散文本于《书》、《春秋》，骈文本于《周礼》、《国语》，有韵文本于《诗》，而《易》兼之。文章之用三：明道也，经世也，纪事也。明道之文本于《易》，经世之文本于三《礼》，纪事之文本于《春秋》，而《诗》、《书》兼之。故《易》《书》《诗》者，又六经之源也。"① 按照古人的一般看法，在六经之中，《易》《书》《诗》三者地位最高，堪称六经之源，而《尚书》的重要性又在《易》《诗》二经之上，堪称源中之源。宋代林之奇说："《诗》也、《书》也、《春秋》也，其原盖出于一书也。至后世简册繁多，始分为三：《诗》始于商，《书》始于唐虞，《春秋》始于平王、鲁隐公之际，而其源流皆出于《书》。故自西周以前，岁月之终始惟见于《书》，此则《春秋》之未分也。虞、夏赓歌与其《书》而并传，此则《诗》之未分者也。惟其未分，故自虞、夏之时观之，三者皆合而为一。"② 唐代史学家刘知几也说："夫《尚书》者，七经之冠冕，百氏之襟袖，凡学者必先精此书，次览群籍。"③ 因此，在经学文体中，由《尚书》中的周代诰命文书基础上形成的、以《周书》的诰命为典型形态的"尚书体"又居于其他经学文体之上，占据最高等级的文体地位。

---

① 《柔桥文钞》卷三，舒芜等编选《中国近代文论选》，人民文学出版社1959年版，第327页。
② 《尚书全解》卷六，北京大学《儒藏》编纂与研究中心编《儒藏》（精华编一四），北京大学出版社2014年版，第120页。
③ （唐）刘知几撰，（清）浦起龙通释：《史通通释》，上海古籍出版社1978年版，第97页。

第五章 影响论:"尚书体"与后世中国文学的发展

《尚书》文体具有的这种压倒性的优势地位与其承载的深厚历史与思想文化内涵相关,同时也与历代皇权对其进行的经典建构密切相关。从根本上来说,帝制时代的文体秩序是帝制时代文化秩序的一个组成部分,与等级社会的政治秩序、宗法秩序在客观上存在着同构性,不可避免地带有一般上层建筑的等级特征。皇权社会的等级特征决定了《尚书》文体必然与政治、宗法的等级体制相联系,因为文体之间的等级差别与帝制时代等级社会制度下的社会关系,与传统宗法制度下的亲属关系颇具近似性。吴承学先生认为:"如同宗族社会或明或暗存在着亲疏嫡庶尊卑贵贱的价值谱系,虽然古人对此没有明确的理论标示,但实际上文体之间无论是作为文章类别的文体还是作为风格的文体,都是尊卑有别的。经、史、子、集四大类的次序本身就显示了价值差别。早期古代文体的产生与礼乐制度密切相关,文体的使用者的身份、文体使用的场合与实际功用皆具有尊卑之分。"① 因此,源自帝制时代最高的政治、文化、思想经典《尚书》的"尚书体",也就不可避免地与历代王朝的统治者结成同盟关系。一方面,"尚书体"为历代统治阶层所利用,成为为最高统治者代言的"御用"的"王言之体",服务于历代王朝政治秩序的建构与维护,历代皇权通过将"尚书体"引入到现实政治中,达到借助儒家经学的思想、文化权威以实现其现实政治目标的目的;另一方面,以《尚书》作为思想基础的"尚书体"反映着儒家的政治理想,其传达的"仁政""民本"等进步政治思想对历代皇权又起着指导、制约、启示的作用,在一定程度上引导了现实政治的走向。因此,作为"王言"的"尚书体"既具有工具性和功利性的一面,是现实政治权力的文学体现,同时又具有超越性和批判性的一面,是儒家经学的思想、文化权威的文学体现,现实的政治权威与儒家经学所代表的思想、文化权威合作共谋造就了"尚书体"独尊的文体地位。作为"王言之体"的"尚书体"是历代最高统治者政治观念、思想理念的直接呈现,而这些帝王们往往以《尚书》所树立的尧、舜、禹、汤、文武王、周公等儒家理想圣王为榜样,甚至以这些圣王的传承者和实行德政的"仁君"自居;按照传统儒家"道""圣""文"三位一体的关系,"尚书体"的"王言"自然也就被赋予了"文以载道"的重要使命。因此,对后世产生重要影响的"尚书体"诏诰,不会只反映统治阶层政治家个人的思想和理念,不会只充当某一时期现实政治话语的传声筒,而具有更为深刻和普遍性的思想和文化内涵。一些优秀的"尚书体"诏诰甚

---

① 吴承学:《建设具有现代意义的中国文体学》,《文学评论》2015年第2期。

至能够超越现实的功利目的，以文学为手段，实现引领现实政治走向的作用，能够在一定程度上使政治、思想与文学三者很好地结合起来。承担了宣扬儒家思想"载道"重任的"尚书体"，作为王朝统治者的"大雅"之辞和表现王朝政治主旋律的"正声"，不但在内容方面有严格要求，在形式方面也有着严格的限制，要求语言简练、严正、古雅、庄重，节奏分明，音调和谐，在个性方面要矜持从容，态度诚恳、庄重，要表现出一定的威严感和权威感，具有辞气从容、气象博大的风格特征。唐代吕向言："诏，照也，天子出言，如日之照于天下也。"① 道出了"王言之体"彰显王权权威性的堂皇正大的风格气象。

历代统治者在将《尚书》作为王朝最权威的政治、文化和思想经典，作为国家政权权力合法性的理论依据的同时，也进一步确立了"尚书体"在文体地位上无可置疑的绝对权威性。宋代真德秀《文章正宗》选录文章以"正宗"标榜，将"穷理致用"作为标准，宣称："意者王言之重惟此三者（诰、誓、命），故圣人录之以示训乎！……文章之施于朝廷，布之天下者，莫此为重，故今以为编之首。……学者欲知王言之体，当以《书》之诰、誓、命为祖而参之以此编，则所谓正宗者，庶乎其可识矣！"② 在各类文体中，真德秀最为推重的是所谓"正体"的"古文"，而且是"正体"中的"正宗"；其中，作为"王言之体"的《尚书》文体，又被作为"正宗"当中最具"穷理致用"功能者，在各类文体中居于最重要的地位。"尚书体"独尊的文体地位决定了其巨大的文体影响力。在漫长的文体发展衍化过程中，"尚书体"不断细化、分化，从中衍生出一大批"子文体""衍生文体"，形成了家族不断繁衍、日益滋生的庞大的"尚书体"的"文体群"和"文体族"。刘勰在《文心雕龙·宗经》中，列出了《尚书》的 4 个衍生文体：诏、策、章、奏；颜之推的《颜氏家训》，亦列举了 4 个衍生文体：诏、命、策、檄。到了元代郝经的《续后汉书》，将历代文体归入《易》《书》《诗》《春秋》四部，其《书》部总序称："《书》者，言之经。后世王言之制，臣子之辞，皆本于《书》。凡制、诏、赦、令、册、檄、教、记、诰、誓，命戒之余也，书、疏、笺、表、奏、议、启、状、谟、训，规谏之余也。国书、策问、弹章、露布，后世增益之耳。皆代典国程，是服是行，是信是使，非空言

---

① （梁）萧统编，（唐）李善等注：《六臣注文选》卷三五，中华书局 1987 年版，第 663 页。
② 《文章正宗》纲目，《文渊阁四库全书》第 1355 册，第 5 页。

比，尤官样体制之文也。"① 郝经一共列举出"尚书体"的两大类共 24 种次生文体，多为历史上出现的政务性的实用文书。在郝经的四部分类的基础上，明代的黄佐踵事增华、变本加厉，其《六艺流别》又增加了《礼》《乐》二部，其中"《书》艺"部下分"典""谟"二体："典之流其别有二：命、诰，谟之流其别有二：训、誓。命、诰之出于典者，其流又别而为六：制、诏、问、答、令、律。命之流又别而为四：册、敕、诫、教；诰之流又别而为六：谕、赐书（附：符）、书、告、判、遗命。训、誓之出于谟者，其流又别而为十一：议、疏、状、表（附：章）、笺、启、上书、封事、弹劾、启事、奏记（附：白事）。训之流又别而为十：对、策、谏、规、讽、喻、发、势、设论、连珠；誓之流又别而为八：盟、檄、移、露布、让、责、券、约。"② 实际是将《尚书》"六体"整合为命、诰、训、誓"四体"，又将"四体"作为"母文体"继续分解出数量多少不等的"子文体"，其中由命和诰衍生出 16 种文体，由训和誓衍生出 29 种文体，加上作为"母文体"的"六体"，一共是 51 种文体，较之郝经的分类，"尚书体"的衍生文体数量又增加了一倍。再如以"尚书体"的主要体裁"诏诰"为名的文体，在《昭明文选》中仅列 1 类；唐代的《文苑英华》增加到 2 类，分为"中书制诰"和"翰林制诰"；到了《宋文鉴》增加到 7 类：诏、敕、赦文、御札、批答、制、诰；到了明代的《文体明辨》更增加到 11 类：诏、敕、敕榜、赦文、谕告、御札、玺书、批答、铁券文、制、诰，总体趋势也向着不断细化、分化的方向发展。且不论这琐碎繁杂的分类是否科学有据，分类的标准是否严谨一致，这数量庞大的"尚书体"变体构成的"文体群"和"文体族"，几乎覆盖了中国古代的大部分实用性文体，形成了一道贯穿于整个中国古代文学发展史的独特景观，其重大的影响力和辐射力迫使我们不得不认真对待。

2. 使用场合的独特性

一般来说，"尚书体"的使用场合具有独特性，与我们通常接触到的古代文体存在一定的距离；而这种独特性的形成，一方面固然与传统的文体观念、政治秩序的共同作用有关，另一方面也与题材、内容等方面对"尚书体"形成的制约作用以及"尚书体"使用功能上的仪式性特征有

---

① 《续后汉书》，《文渊阁四库全书》第 385 册，第 611 页。
② 《六艺流别》卷一，四库全书存目丛书编纂委员会《四库全书存目丛书》集部第 300 册，齐鲁书社 1997 年版，第 71—72 页。

关。与一般的政务性文书不同的是，在历史上，往往越是在政治性凸显的场合，越是在涉及重要历史事件、重大政治活动的时刻，"尚书体"的使用越广泛，其文体特征越鲜明。尤其是在涉及最高皇权运行的重要政治活动中，以诏令文书为代表性体裁的"尚书体"往往成为使用最频繁的文体，其作为"王言之体"的文体特征和功用也表现得最为突出。例如，在皇帝即位、重要册封、大型祭祀等重要的典礼活动中，特别是在事关改朝换代、新旧王朝交替的特殊时刻，"尚书体"往往在其中扮演一个重要角色。与一般文体的生存状况和现实功用迥然不同，"尚书体"似乎先天地具有应用于重大场合，承担重要政治使命和文化功用的独特资格。而追根溯源，"尚书体"这一独特资格的取得与《尚书》文体产生的历史文化环境有关。原初形态的《尚书》文体源于上古时期宗教性典礼仪式上的特定言说，最终由口头文体演变为礼乐制度下具有神圣性和权威性的"王言之体"，遗传了早期宗教政治合一时代的君权神授思想和仪式性的展演功能。这种在特定典礼仪式上发布的堂而皇之的"尚书体"诏诰，本是一种高度制式化的程式语言，很多时候，重要的并非是它"说什么"，而是"怎样说"，具体的实际内容并不被看重，反倒是程式化的诏诰宣示本身的仪式意义和象征意义更被看重。在高度制式化言辞的背后，传达着王朝政治秩序建构的理想和文化诉求，彰显着皇权话语不容置疑的无上权威性。这种集文化、政治权威于一体的独尊文体地位和话语权力决定了"尚书体"使用场合的独特性。古代文论家对此早有明确的认识，如明代袁宗道说："至若诸体之中，尊卑殊分，禧祲殊情，朝野殊态，遐迩殊用，疏数烦简异宜……"[①] 由此也决定了"尚书体"在与其他文体的互动中，具有"以高行卑"的优势地位。所谓"以高行卑"[②]，是指在文体之间的关系上，"文各有体""体各有等"，文体各有其位，分别严格，存在着类似于帝制时代等级秩序的上下级关系；其中高等级文体作为被推崇、被敬仰的正宗文体，可以影响、作用于低等级文体，低等级文体可以学习、效仿、吸收、借鉴高等级文体的艺术手法、表现方式、风格特征，而高等级的文体却要努力保持自身的特征，严格拒绝从低等级文体那里吸收、借鉴任何东西。按照这个原则，后代写作庙堂之文，只能用堂而皇之

---

① （明）袁宗道撰，钱伯城标点：《白苏斋类集》卷七《刻文章辨体序》，上海古籍出版社1989年版，第81页。
② 有关文体"以高行卑"的研究，可参见吴承学《中国古代文体学》，人民出版社2011年版；蒋寅《中国古代文体互参中"以高行卑"的体位定势》，《中国社会科学》2008年第5期。

的"尚书体",或使用与之地位、功能近似的"雅颂体",而绝对不能杂入后世的语体,否则便是"以卑行高",损害了"尚书体"庄重典雅的风格特征,降低了"王言"的权威性,从而产生严重的负面影响。如宋代王应麟强调说:"制辞须用典重之语,仍须多用《诗》《书》中语言,及择汉以前文字中典雅者用。若晋宋间语及诗中语不典者不可用。魏晋以来文史中语间有似经语者,亦可于制中用。"① 真德秀亦云:"是王言也,贵乎典雅温润,用字不可深僻,造语不可尖新。"② 与之相反,低等级文体却可以积极学习借鉴高等级文体,借以提升文体的层次,提高作品的价值和文学地位。例如汉代的辞赋、碑志等文体,往往连篇累牍地引用、化用《尚书》语句,在行文上也有意识地模仿《尚书》,借以提高文体的价值和作品的文学与社会地位。流风所及,模拟经典成为文坛的普遍风尚。对此,南朝梁简文帝萧纲在《与湘东王书》中,讥讽模拟经典的文风说:"若夫六典三礼,所施则有地,吉凶嘉宾,用之则有所。未闻吟咏情性,反拟《内则》之篇;操笔写志,更摹《酒诰》之作;迟迟春日,翻学《归藏》;湛湛江水,遂同《大传》。"③ 此种文风形成的原因是容易理解的:在古代社会,经典的地位要远远高于一般的文学作品,作为经典的《尚书》与经典的解释性作品《尚书大传》,其地位显然不是一般作品能够比拟的,即使是吟咏性情之作,也不免要模拟"尚书体"。此种文风的消极影响,是形成了"唯古是崇""唯古独尊"的复古文学观念,以及模拟古典不思创变的保守文坛风尚。同时,在客观上造成了"尚书体"文体的不断衍生与繁殖,其文体群不断扩大,逐渐形成枝派众多、数量庞大的文体族,几乎覆盖了中国古代的大部分实用性文体。

一般性的应用文体或文学文体学习借鉴"尚书体",不但可以使作品风格古雅,文格提高,更重要的作用,是可以增加作品的文化内涵,提高作品的社会地位。但这不等于说,任何文体,特别是日常生活性文体,都可以不加限制地使用"尚书体"。在历史上的长期实践中,"尚书体"逐渐发展为一种具有独特风格特色、独特应用场合和使用范围的文体形式,其作者群体、接受对象、表达模式和传播方式都具有不同于一般文体的独特性。对于"尚书体"的应用,要特别注意其特定的使用场合与使用对象,即语境问题。使用场合的独特性决定了"尚书体"的应用具有很强

---

① 《玉海》卷二百二《辞学指南》,王水照编《历代文话》第 1 册,复旦大学出版社 2007 年版,第 931 页。
② 同上书,第 942 页。
③ (唐)姚思廉:《梁书》卷四十九《文学上》,中华书局 1973 年版,第 102 页。

的场合选择性，不可以不加限制地任意使用。在这方面，晋代夏侯湛的《昆弟诰》就是一个明显的失败的例子。《昆弟诰》尝试将《尚书》文体应用到日常生活中，全文极力模仿《尚书》中的《尧典》和《皋陶谟》，语言文字，亦步亦趋，如该文开头一段：

> 惟正月才生魄，湛若曰："咨尔弟淳、琬、瑶、谟、总、瞻：古人有言，'孝乎惟孝，友于兄弟''死丧之戚，兄弟孔怀'，又曰，'周之有至德也，莫如兄弟'。于戏！古之载于训籍，传于《诗》《书》者，厥乃不思，不可不行。尔其专乃心，一乃听，砥砺乃性，以听我之格言。"淳等拜手稽首。

又如该文最后一段：

> 淳曰："俞！明而昧，崇而卑，冲而恒，显而贤，同而疑，厉而柔，和而矜。"湛曰："俞！乃言厥有道。"淳曰："俞！祗服训。"湛曰："来！琬，汝亦昌言。"琬曰："俞！身不及于人，不敢堕于勤，厥故维新。"湛曰："俞！瑶亦昌言。"瑶曰："俞！滋敬于己，不滋敬于己，惟敬乃恃，无忘有耻。"湛曰："俞！谟亦昌言。"谟曰："俞！无忘于不可不虞，形貌以心，访心于虞。"湛曰："俞！总亦昌言。"总曰："俞！若忧厥忧以休。"湛曰："俞！瞻亦昌言。"瞻曰："俞！复外惟内，取诸内，不忘诸外。"湛曰："俞！休哉！"淳等拜手稽首，湛亦拜手稽首。乃歌曰："明德复哉，家道休哉，世祚悠哉，百禄周哉！"又作歌曰："讯德恭哉，训翼从哉，内外康哉！"皆拜曰："钦哉！"①

这种机械的模拟，恰如明代张溥的评论："但规模帝典，仅能形似，刻鹄画虎，不无讥焉。"② 尽管无意中《昆弟诰》本身也成为一种"经典"，开创了一个在日常文体中模拟《尚书》的传统，但很显然，只能说是开创了一个负面传统。《四库全书总目》评明代马理《溪田文集》："惟其文喜摹《尚书》，似夏侯湛《昆弟诰》之体，遣词宅句，深饰雕刻，其

---

① （唐）房玄龄等：《晋书》卷五十五《夏侯湛传》，中华书局1974年版，第1498—1499页。
② （明）张溥辑，殷孟伦注：《汉魏六朝百三家集题辞注》，人民文学出版社1960年版，第121页。

为赝古,视李梦阳又甚焉。"① 又评清张愉曾《十六国年表》:"前又有(其父)潮序一篇,文格纯效《尚书》,其意欲拟夏侯湛《昆弟诰》,殊为诡僻,尤无取焉。"② 其中的道理是很明显的:早期古代文体的产生与礼乐制度密切相关,文体使用者的身份、文体使用的场合与实际功用皆具有尊卑之别。"尚书体"与生俱来的礼乐制度背景决定了它只能在特殊的受到严格限制的场合下使用,对使用者的身份也有着特殊要求。如果不加限制,不分场合、对象而盲目使用,只能破坏"尚书体"的文体效果。夏侯湛《昆弟诰》将重大政治仪式场合中的制式化言辞应用于家庭兄弟之间,只能是增加了作品的头巾气、陈腐气,有矫饰文辞之感,使文章如假古董,情感虚假,而缺乏真情实感的文学作品实际上也就失去了文学的本质,就如失去了源头活水的一潭死水,失去了文学的价值与意义。从"尚书体"的使用角度看,这样的使用破坏了"尚书体"的基本审美要求,不但未能提高文本的文体品格,反而使"尚书体"原有的审美特征遭到破坏,在某种意义上形成了对《尚书》原作的反讽性解构的效果,难怪受到四库馆臣的揶揄与奚落。与此形成对照的,是成功应用"尚书体"的例证。如韩愈在使用"尚书体"时,能够注意到"尚书体"使用场合的独特性,适当突破文体的局限,得体而灵活地扩大"尚书体"的使用范围,表现出极强的文体创造力。特别是韩愈有意识地将"尚书体"引入碑志创作,成功地提升了碑志文体的表现力。如《平淮西碑》的创作,"破当时为文之体",③ 在坚持文体本身的固有"本色"的同时,突破文体的界限,寻求文体的创变与新格,用"尚书体"提高了碑文文体的品格。究其根本,这种文体创造力源于韩愈对《尚书》的认真学习与借鉴,"非三代两汉之书不敢观,非圣人之志不敢存",努力学习古法的同时,"唯陈言之务去""文必独造,辞必己出",勇于自创新格,终成文体变革的大家。

3. 文本制作的模拟性

"制诰本于《书》。"④ "尚书体"诏诰作为"王言",频繁应用于特定的典礼仪式场合,很容易形成制式化的写作模式和很强的模拟性特征,其制作的模拟性包含内容方面对《尚书》的模拟与语言形式方面对《尚书》的模拟两个方面。《古文尚书》孔序云:"举其宏纲,撮其机要,足以垂

---

① 四库全书研究所整理:《钦定四库全书总目》(整理本),中华书局1997年版,第2424页。
② 同上书,第918页。
③ 叶葱奇:《李商隐诗集疏注》,人民文学出版社1998年版,第68页引道源注。
④ 《制诰序》,(唐)元稹《元稹集》,中华书局1982年版,第442页。

世立教……所以恢弘至道，示人主以轨范也。"《尚书》成书的一个重要目的，就是要作为帝王的政治教科书。历代统治者在模拟《尚书》文体的同时，也汲取借鉴了《尚书》中的执政之道，如"天聪明自我民聪明，天明畏自我民明畏"（《皋陶谟》）、"人无于水监，当于民监"（《酒诰》）、"民为邦本，本固邦宁"（《五子之歌》）、"民之所欲，天必从之"（《泰誓上》）的民本思想；"式敷民德"（《盘庚》）、"惠康小民"（《文侯之命》）、"德无常师，主善为师"（《咸有一德》）、"皇天无亲，惟德是辅；民心无常，惟惠之怀"（《蔡仲之命》）的德政思想；"迪畏天显小民"（《酒诰》）、"惟事事，乃其有备，有备无患"（《说命中》）、"居宠思危，罔不惟畏"（《周官》）的居安思危、防微杜渐的忧患意识；"协和万邦""柔远能迩"（《尧典》）的民族平等观念，"上下勤恤"（《洛诰》）、"君子所其无逸"（《无逸》）、"功崇惟志，业广惟勤"（《周官》）的勤政意识，等等，这些政治观念，经历代儒家经学的诠释和阐发，上升为具有深刻思想内涵的政治哲学，在古代社会中发挥了巨大的影响力，起到对现实政治的制约和引导作用。"武帝崇儒，选言弘奥，策封三王，文同训典；劝戒渊雅，垂范后代"，① 自汉武帝"独尊儒术"，将"尚书体"引入诏诰，从而有效地提高了诏诰的思想内涵与文学地位，自此后，"选言弘奥""劝戒渊雅"的"尚书体"诏诰之作开始不断出现。这些"王言"对《尚书》思想内涵的借鉴，对《尚书》表达方式的模拟，表现出的虽未必是真实的"心声"，至少有着正面意义，表现出统治阶层一定程度上对理想政治的肯定和认可。帝王的社会角色决定了他必须是一个为全社会所公认的道德楷模，一个公认的贤明者，这种社会性期待促成其采用《尚书》文风、语言作为"人格面具"。这副"人格面具"只是公开展示出来的部分真实的自我，是帝王作为社会角色的符号化的象征性表现，具有很强的欺骗性和迷惑性。以"罪己诏"为例。自《尚书》中的《秦誓》开始，中国历史上形成了一个由帝王发布"罪己诏"以自责的传统。对于《秦誓》，历代文论家都给予了高度评价，如清末桐城派文论家吴汝纶认为："秦缪区区，起邻荒，宾诸夏，无可言者，独其文崒然隮千载，上视三代，殆无愧色。"② 唐文治亦认为："《秦誓》为穆公悔过之辞，声宏以远，如'我心之忧'三句与'昧昧我思之'，提笔独有千古。"③ 通

---

① （南朝梁）刘勰撰，范文澜注：《文心雕龙注》，人民文学出版社1958年版，第359页。
② 唐文治著，彭丹华点校：《十三经提纲》，华东师范大学出版社2015年版，第50页。
③ 同上书，第49页。

过长时期的传承和发展,"罪己诏"成为古代诏书的一个特殊类型,形成了贯穿中国历史的帝王"罪己"自责的传统。仅在汉代,就先后有文、宣、元、成、章、和、安、顺、桓等九位皇帝发布过自责性质的罪己诏。客观地看,这一传统有其积极的一面,至少传达了最高统治者"善政"的愿望,即使这种愿望在一些情况下不过是一种面具和伪装。这一以"恤民"为特定表达指向的"罪己"范式注重情感的传达,学习借鉴《秦誓》的表达方式,以声情取胜。如唐代陆贽以德宗名义发布的《奉天改元大赦制》,自责的态度较之《秦誓》中的秦穆公有过之而无不及:"然以长于深宫之中,暗于经国之务,积习易溺,居安忘危,不知稼穑之艰难,不察征戍之劳苦,泽靡下究,情不上通。事既壅隔,人怀疑阻,犹昧省己,遂用兴戎。……天谴于上而朕不悟,人怨于下而朕不知。……上辱于祖宗,下负于黎庶。痛心靦貌,罪实在予,永言愧悼,若坠深谷。"以致诏书发布后,"虽武夫悍卒,无不挥涕感激。"① 从历代发布的"罪己诏"来看,一般都能够做到言辞恳切,感情真挚,态度真诚,虽然大多数出于文学侍从之臣的代笔,而非真正意义上的帝王之文,一般读者也未必天真地轻信其表面文章,但从积极方面看,这一传统表明,社会道德对帝王的言行还会起到一定的监督制约作用,由其积淀的深层的社会、个人文化心理机制,对帝王也有着一定的约束作用,模拟《尚书》的诏诰虽不尽真实,至少也有一定的正面社会意义。

如果说对《尚书》内容方面的模拟还具有一定积极意义的话,那么,对《尚书》语言风格的模拟就很难说对现实政治会产生多少积极影响,而更多表现出消极影响的一面。

首先,历代王朝在改朝换代的特殊时刻往往需要用"尚书体"来做"遮羞布",用一种掩耳盗铃的方式欺骗世人,欺骗自我。刘知几针对"尚书体"在魏晋南北朝时期被频繁利用,作为朝代更替过程中的政治工具的现象,颇具讽刺意味地评论说:"大道为公,以能而授,故尧咨尔舜,舜以命禹。自曹、马已降,其取之也则不然。若乃上出禅书,下陈让表,其间劝进殷勤,敦谕重沓,迹实同于莽、卓,言乃类于虞、夏。且始自纳陛,迄于登坛,彤弓卢矢,新君膺九命之锡;白马侯服,旧主蒙三恪之礼。徒有其文,竟无其事。"② 在这一幕幕历史闹剧中,"尚书体"诏诰所扮演的角色颇为尴尬:"迹实同于莽、卓,言乃类于虞、夏""徒有其

---

① (后晋)刘昫等:《旧唐书》卷一百三十九《陆贽传》,中华书局1975年版,第3792页。
② (唐)刘知几撰,(清)浦起龙通释:《史通通释》卷五,中华书局1978年版,第124页。

文，竟无其事"，虚假的言辞与"尚书体"在历史上形成的尊崇神圣的文体地位恰好形成反讽，给这一幕幕历史闹剧平添了滑稽幽默的喜剧色彩。刘知几将问题的根源归因于代言："古者国有诏命，皆人主所为……至于近古则不然。凡有诏敕，皆责成群下，但使朝多文士，国富辞人，肆其笔端，何事不录。是以每发玺诰，下纶言，申恻隐之渥恩，叙忧勤之至意。其君虽有反道败德，唯顽与暴，观其政令，则辛、癸不如；读其诏诰，则勋、华再出。此所谓假手也。"① 刘知几对这一现象的揭示触及"尚书体"诏诰的真实性问题。汉代帝王的诏诰尚多亲为，表现为言文一致，情感真实的特征，具有很高的文学价值。此后，诏诰由臣下代笔成为普遍的制度化的规定，诏诰由此演变成一种纯粹的制式化的模拟之文，在冠冕堂皇的仪式性话语背后，毫无真情实感可言，甚至与事实严重背离："观其政令，则辛、癸不如；读其诏诰，则勋、华再出。"这种现象发展到魏晋时期已相当严重，由此甚至促成了魏晋南北朝时期文坛创作上的一种独特现象：一些作家以庄严堂皇的"尚书体"诏诰为游戏之笔，写作诸如《鸡九锡文》《驴山公九锡文》一类嘲谑性的戏拟之作。这些以解构"尚书体"神圣性为目的的戏谑作品，所表达的正是对这一时期"尚书体"诏诰滥用现象的不满和嘲讽。

其次，由于诏诰具有重大的社会影响力，包括文学方面的影响力，上行下效，"尚书体"诏诰的滥用也就助长了文坛上不健康的模拟文风。因"尚书体"年代久远，文字佶屈聱牙，不易学习掌握，而诏诰文书在古代政治活动中又具有特别的重要性，所以朝廷文臣起草诏诰，往往要经过大量的模拟练习，对《尚书》语言的学习与模仿成为古代文人从政的一个必经过程。以唐宋二代为例。唐宋文人出任知制诰之前，往往需要长时期地模拟《尚书》作为练习，通过用心揣摩，这种模拟可以达到神似以致乱真的程度。如白居易的补《尚书》逸篇《汤征》，惟妙惟肖，几可乱真。然而从文学角度看，这类模拟即便是达到神似，也并无多少可贵之处。这种亦步亦趋的机械模仿，有其表而无其质，只有庙堂气而缺乏真情实感，在内容上也少有可取之处，因而较少文学价值。正如尤侗所说："有人于此，面目我也，手足我也，一旦憎其貌之不工，欲使眉似尧，瞳似舜，乳似文王，项似皋陶，肩似子产，古则古矣，于我何有哉！今人拟古，何以异是？"② 模拟的根本问题是有其形而无其神，得其貌而失其质，

---

① （唐）刘知几撰，（清）浦起龙通释：《史通通释》卷二，中华书局1978年版，第125页。
② （清）尤侗：《西堂杂组》二集卷三，清康熙刻本，第8页。

姚鼐对此评价道："文士之效法古人，莫善于退之，尽变古人之形貌，虽有摹拟，不可得而寻其迹也。其他虽工于学古，而迹不能忘，扬子云、柳子厚于斯，盖尤甚焉。以其形貌之过于似古人也，而遽摈之，谓不足与于文章之事，则过矣；然遂谓非学者之一病，则不可也。"①"周情孔思"之文虽然可以习得，但周公的博大政治情怀和开阔的胸襟，孔子的崇高人格魅力，却不是轻易能够学到的。《尚书》中伊尹、傅说、周公等几代贤相的文章对后世的巨大影响，与他们的人格魅力、道德境界密不可分，这不单单是一个语言文字的问题。对此，王夫之认为："夫古之帝王以善其言者，岂于其言而善之与？忠厚宅心，则气不盈，而不忍尽物之短；正己无求，则权不畸，而不苟幸事之成。养天下之和平，存千秋之大义，立诚以修辞，辞皆诚也。则感之者虽在俄顷，固可以昭告万世而无惭矣。孔子曰：'我于辞命则未能也'，言不于辞命而求善也。"②近代唐文治也说："周公著作，集虞、夏、商文章之大成。……至于《大诰》《康诰》《无逸》《立政》诸篇，忠厚恳挚，至诚感人，所以靖一时之变乱，定万世之大法，垂八百年之丕基者，胥在于此，至哉文乎！""唐李汉序《韩昌黎集》云：'周情孔思，日光玉洁'，自古文情之深者，其惟我周公乎！……天下惟至情之人，乃能感天地，泣鬼神，而定天下之大业，周家八百年之基，统根于情而已矣。"③韩愈在《送孟东野序》中，将皋陶、大禹、伊尹、周公并列为"古之善鸣者"，承认《尚书》诰命的文学价值和周公等人的文学地位，将"大凡物不得其平则鸣"与"天将和其声而使鸣国家之盛"联系起来，道出了个人的"不得其平"与"鸣国家之盛"之间的关联。在韩愈看来，《尚书》的文学价值，并非表现在对个人一己得失的表达，而是能够将个人的遭遇、情感与国家的命运联系在一起，能够引起后世仁人志士的强烈共鸣。而这些显然不是模拟语言文字能够做到的。

4. 文体演变的复杂性

对于文体演变问题，刘勰有过极具辩证性的认识："夫设文之体有常，变文之数无方。"④文体的演变实质上是"变"与"常"的辩证统一：经常性发生改变的是文体的外在形式，如具体的体裁、语言、表达方式等方面，这些方面随着时代的变化而变动不居；与此对应的是文体的

---

① （清）姚鼐：《古文辞类纂》，北京中国书店1987年版，第26页。
② （清）王夫之著，王孝鱼点校：《尚书引义》，中华书局1982年版，第45页。
③ 唐文治：《十三经提纲》，华东师范大学出版社2015年版，第47、53页。
④ （南朝梁）刘勰撰，范文澜注：《文心雕龙注》，人民文学出版社1958年版，第519页。

"常",即文体的本质属性、内在规定性长期不变。"变"带来活力和适应性,推动文体随时代发展而不断演变;"常"则保持了文体自身的内在规定性,保证了文体的稳定性;"变"要以"常"为基础,只有在原有文体基础上的创变才是真正意义上的"变";"常"要以"变"为用,只有在文体的历史演变中,才能找出文体的本源和内在规定性,二者相辅相成,既矛盾,又联系,缺一不可。文体正是在"变"与"常"之间,在封闭与开放、纯洁性与包容性的矛盾统一之中,动态地发展演变着;很多看似矛盾对立的关系,从长远的发展过程来看,却构成了必不可少的相反相成的互补关系。"尚书体"也是如此。在很多情况下,"尚书体"的外在形制方面发生了很大变化,特别表现在语言形式方面,但这并不影响"尚书体"本质性的文体特征的不变。由于"尚书体"居于最高等级的文体地位,相对于其他文体,其忌避相对来说就最多,从而艺术表现的领域变得十分狭窄,表现手法方面也受到更多的束缚,这给"尚书体"的施用空间造成了严重的制约,对"尚书体"的表现力造成了严重影响。蒋寅先生认为:"在以高行卑的体位原则主导下,体位高的文体向其他文体渗透固然有着较大的自由度,但反过来说,其他文体向它渗透就变得比较困难,这意味着体位越高的文体需要规避的异文体因素就越多。"[①] 从积极方面看,严格的忌避有利于保持文体的独立性与纯洁性,有利于文体规范的确立与明晰;而消极方面在于,对"正体"的过分强调与推尊,极易造成文体应用上因循守旧的保守态度,不利于文体的进一步发展,适当的"破体",有利于打破文体的壁垒,有利于多种文体的相互借鉴,促成文体的发展与演进。在历史上,作为"王言之体"的"尚书体"一直就在"正"与"变"、"尊体"与"破体"、复古与革新的矛盾斗争中变化发展着。在这方面,存在着许多失败的例证,同时也存在着许多成功的例子,如诏命的骈偶化。从发展演变的全过程来看,由于受到时代风气和思想文化演变的影响,作为"王言之体"的"尚书体"也大致经历了一个语言从散转骈,风格从古朴到雅丽的转变过程。汉代的诏诰以散体为主,产生了许多具有典范性的优秀作品。明代朱荃宰认为:"汉诏亡,《盘庚》《大诰》所以亡也。……汉之时,君与民亲,民与吏亲,吏与将亲,天子如对其家人,意出而言随,无为诏之意,无为诏之意而诏乃落落然三代

[①] 蒋寅:《中国古代文体互参中"以高行卑"的体位定势》,《中国社会科学》2008年第5期。

矣。"① 指出汉代诏告多为帝王亲自撰写，故多真情实感的自然流露，可以见出作者的个性特征，文学价值接近《尚书》。清代刘熙载亦云："西京文之最不可及者，文帝之诏书也。《周书·吕刑》，论者以为哀矜恻怛，犹可以想见三代忠厚之遗意。然彼文至而实不至，孰若文帝之情至而文生耶！"② 西汉"文景之治"时期发布的一些诏文，能够以开诚布公的真诚态度，表达对下层人民疾苦的深切关心，实施利民、富民的政策，感情真挚，语言质朴，在很大程度上受到《尚书》周公诸诰的积极影响，表现了进步政治家的博大胸襟和情怀以及对《尚书》文学的继承和发展。

一般认为，应用性的奏议、诏令使用骈体始于东汉，实际上，早在西汉武帝时期便已出现了个别初具雏形的骈文诏诰，如汉武帝元朔三年的《封公孙弘平津侯诏》。表面看来，这种追求文辞华美、声律和谐、对偶工整的骈文诏诰与传统的以质朴典雅为风格特征的"尚书体"诏诰大异其趣，其实，《尚书》本已存在一定的骈语和对偶成分，刘勰云："皋陶赞云：'罪疑惟轻，功疑惟重'；益陈谟云：'满招损，谦受益'；岂营丽辞，率然对尔。"③ 特别是古文《尚书》，具有更多的骈俪的语言形式，如《仲虺之诰》：

> 佑贤辅德，显忠遂良；兼弱攻昧，取乱侮亡；推亡固存，邦乃其昌。德日新，万邦惟宁；志自满，九族乃离。……能自得师者王，谓人莫己若者亡；好问则裕，自用则小。

姜书阁先生认为这一段文字"简直就是后世诏诰的最早范文"。④ 虽然《仲虺之诰》属古文《尚书》，其成文时代存在较大争议，说不上"最早"，但《尚书》作为骈文的滥觞和后世诏诰文体的范文，则是毫无疑问的。宋代杨囦道认为："帝王之制备载乎《书》，典、谟、训、诰、誓、命之文多以四字为句，惟鲜对偶。后之制诰间以六字，而以四字成联者亦多。"⑤ 姜书阁先生也说："在比较细致地分析研究了今天所流传的《尚书》五十八篇之文，特别是它的骈语俪辞之后，就不难得出结论：汉代以后的骈文实早奠基于殷、周故籍；而两千年来封建王朝的官方文书之始

---

① 《文通》卷四，王水照编《历代文话》第3册，复旦大学出版社2007年版，第2729页。
② （清）刘熙载：《艺概》，上海古籍出版社1978年版，第10页。
③ （南朝梁）刘勰撰，范文澜注：《文心雕龙注》，人民文学出版社1958年版，第588页。
④ 姜书阁：《骈文史论》，人民文学出版社1986年版，第20页。
⑤ 《云庄四六馀话》，王水照编《历代文话》第1册，复旦大学出版社2007年版，第128页。

终沿用四六骈体，也正是崇古、尊经、法三王、宗五帝这些传统的儒家思想所决定的。"① 骈文的统治性地位引发了历代复古派的激烈反对和抵制。值得注意的是，无论是裴子野的《雕虫论》，还是李谔的《上书论文体》，虽然均以激烈抵制骈文著称，但两篇文章却都采用了骈文的文体形式。即便苏绰模拟《尚书》以矫正文风的《大诰》也难以摆脱骈文的影响，骈散结合的趋势，成为魏晋以来文学语言发展过程中无法阻挡的强大潮流。中唐时期，尽管韩柳倡导的声势浩大的古文运动重新确立了先秦儒家经典的地位，但表面的"复古"掩盖不住实质上的"革新"，骈散之间表面看似矛盾对立的关系，却构成了必不可少的相反相成的互补关系。韩、柳虽激烈反对骈文，提倡散文，但其散文改革获得成功的关键，却正在于从骈文中获得了改革散文的手段。北宋古文运动的成功也是如此，如文坛领袖欧阳修、苏轼等人就都是骈文的写作名家。在骈散既矛盾对立，又融合互渗的过程中，"尚书体"诏诰逐渐形成了以骈文为主，间用散文的体式，诏诰使用骈文也逐渐被许多文论家所认可，如宋代吕祖谦认为："诏书或用散文，或用四六，皆得。唯四六者，下语须浑全，不可如表，求新奇之对而失大体。"② 从文学角度看，这种兼容骈散的"尚书体"诏诰既有骈文的流利、华美，又有散文的典雅、古朴，具有很高的文学价值，因此，历代文士不但将"尚书体"诏诰的写作看作"代天子立言"的极大政治荣誉，同时也将其视作传之后世的不朽文学盛事。擅长诏诰的写作者被尊称为"大手笔"，具有极高的社会声望与文学荣誉。出于对诏诰文学价值的重视，从盛唐时期开始，出现了众多文集性质的诏诰专集，仅《新唐书·艺文志》集部别集类就著录了陆贽《翰苑集》等19种诏诰专集，加上见于记载但已散佚的专集，现今可知的唐人制诰专集共有24种；另有唐、五代时期编选的唐代制诰总集21种，以及唐人编选的通代制诰总集两种。③ 唐人文集中收录制诰文的，著名的有元稹《元氏长庆集》、白居易《白事长庆集》、李德裕《会昌一品集》、杜牧《樊川集》等。至宋代，文集取代了制诰专集，成为收录制诰文的主要载体。据"文渊阁四库全书"及"四部丛刊"中的宋人文集统计，仅收录制诰作品在百篇以上的，就有田锡《咸平集》、夏竦《文庄集》、胡宿《文恭集》、宋庠《元宪集》、欧阳修《文忠集》、蔡襄《端明集》、韩维《南阳集》、曾巩

---

① 姜书阁：《骈文史论》，人民文学出版社1986年版，第22页。
② 《玉海》卷二百二《辞学指南》，王水照编《历代文话》第1册，复旦大学出版社2007年版，第958页。
③ 参见鞠岩《唐代制诰文改革与古文运动之关系》，《文艺研究》2011年第5期。

《元丰类稿》、王珪《华阳集》、苏颂《苏魏公文集》、王安石《临川文集》、郑獬《郧溪集》、刘攽《彭城集》、沈遘《西溪文集》、王安礼《王魏公集》、苏轼《东坡全集》、苏辙《栾城集》、邹浩《道乡集》、慕容彦逢《摛文堂集》、翟汝文《忠惠集》、程俱《北山小集》、汪藻《浮溪集》、胡寅《斐然集》、张扩《东窗集》、孙觌《鸿庆居士集》、李正民《大隐集》、綦崇礼《北海集》、张纲《华阳集》、李弥逊《筠溪集》、刘一止《苕溪集》、张嵲《紫微集》、王洋《东牟集》、刘才邵《檆溪居士集》、洪适《盘洲文集》、周麟之《海陵集》、周必大《文忠集》、楼钥《攻媿集》、陈傅良《止斋集》、卫泾《后乐集》、许应龙《东涧集》、洪咨夔《平斋集》、刘克庄《后村先生大全集》、吴泳《鹤林集》、马廷鸾《碧梧玩芳集》等44种。① 在这些作者中，不乏享有盛誉的当世文豪，如欧阳修、曾巩、王安石、苏轼、苏辙等，其制诰作品往往一经发布便脍炙人口，将这些作品收入文集中，显然与其巨大的社会影响和文学价值有关。

20世纪，随着皇权制度的彻底解体，作为冠冕堂皇的"庙堂文体"典型代表的"尚书体"也不可避免地走向衰落，难以逃避被最终淘汰的历史命运。在今日很多文学研究者眼里，已经成为历史陈迹的"尚书体"谈不上有多少文学价值，特别是在西方以审美和艺术为标准的"纯文学"观念里，更没有"尚书体"的位置。但我们若客观地还原历史语境，便会认识到"尚书体"自有其存在的"历史合理性"，其原初的应用价值和文学价值是不容否定和怀疑的。在传统的"大文学"观念里，应用文体与文学文体合二为一，彼此不分，相对而言，应用文体的地位更高，具备更多的文学特性。吴承学先生认为："在中国古代，那些运用场合与对象越神圣与尊贵的实用文体，也越讲究语言形式典雅之美，实用文体形态与文学文体形态是浑然一体的。那些远离政治、社会和公用的纯文学文体数量非常少，而且在传统文章文体价值谱系中，地位也不高。"② 所谓"浑然一体"，是指文体的实用性与文学性在古代往往是合二为一的：一般来说，文体的社会地位越高，实用性和功能性越强，就越需要讲求文采和修辞，对文章提出的文学性要求也就越高，这类作品往往也就更具文学和审美的价值。因此，客观评价"尚书体"的态度应是：不能强求"观念价值"与"历史价值"的一致，既不能以历史代替现实，过度褒扬，又不

---

① 参见杨芹《宋人文集收录制诰之举论析》，《史学月刊》2013年第3期。
② 吴承学：《建设具有现代意义的中国文体学》，《文学评论》2015年第2期。

能以现实代替历史，过度贬抑，而应立足于历史与现实两个方面，客观全面地看待"尚书体"的价值。从历史上看，"尚书体"源于《尚书》，又伴随着《尚书》成为民族的思想文化元典而扩大了影响，其外在的文体结构、体裁特征和内在的情感态度、审美范式代表了我国古代"文"的一个独特方面，在漫长的历史过程中形成了诸多的衍生变体，构成了一个庞大的"文体族"和"文体群"，其深刻而久远的影响几乎贯穿了古代"文"的发展的全过程，形成了文学史上一道独特的景观。即使在今天看来，"尚书体"无论是在艺术技巧还是在思想内涵方面，都仍有许多值得借鉴的精华，值得文学研究者予以高度重视和批判继承。

第二节　"尚书体"对后世文学的影响

唐代柳宗元在《杨评事文集后序》中将古今文章分为"著述"与"比兴"两类，其中"著述者流，盖出于《书》之谟、训，《易》之象、系，《春秋》之笔削，其要在于高壮广厚，词正而理备，谓宜藏于简册也"。① 所谓"著述"，指的是具有一定学理性质的专门著作，与"比兴"相对而言，实际上就是指与"诗"相对的"文"。柳宗元认为，这一类作品最重要的源头之一就是《尚书》的诰命之文，具有"高壮广厚，词正而理备"的文体特征。毫无疑问，作为我国"古文"的源头，由《尚书》而形成的"尚书体"对后世文学发展的影响是绝对不容忽视的，这种深刻而久远的影响对古典应用文体的发展起着导向性的作用，决定了其后数千年"古文"的基本精神面貌和艺术倾向。为方便论述，本节将分别从说理文、史传文、官方应用文、杂文和小品文四个方面深入探讨"尚书体"对后世"文"的影响，以期对"尚书体"的形成和发展脉络有一个全面明晰的认识。

（一）对说理文的影响

这里的说理文，又可称为论说文，是以说理论辩为主要内容的议论文类。这种文章类型涵盖了众多文体，传统的"论""说""辩""解""原""释"等文体，都可归入此类。《文心雕龙·论说》云："详观论体，条流多品：陈政则与议、说合契，释经则与传、注参体，辨史则与赞、评齐行，诠文则与叙、引共纪。故议者宜言，说者说语，传者转师，注者主

---

① （唐）柳宗元：《柳宗元集》，中华书局1979年版，第79页。

解,赞者明意,评者平理,序者次事,引者胤辞:八名区分,一揆宗'论'。"① 所谓"论",刘熙《释名·释典艺》云:"论,伦也,有伦理也。"刘勰《文心雕龙·论说》中发挥《释名》之说云:"圣哲彝训曰经,述经叙理曰论。论者,伦也,伦理无爽,则圣意不坠。""论也者,弥纶群言,而研精一理者也。"② 可见,"论"为叙理之文,是以阐明道理为目的的。所谓"说",《文心雕龙·论说》云:"说者,悦也,兑为口舌,故言咨悦怿;过悦必伪,故舜惊谗说。""凡说之枢要,必使时利而义贞;进有契于成务,退无阻于荣身。自非谲敌,则唯忠与信,披肝胆以献主,飞文敏以济辞,此说之本也。"③ 吴讷《文章辨体·说序》云:"说者,释也,述也,解释义理而以己意述之也。"④ 与"论"一样,"说"也是以阐明事理为目的的文章。与其他的文类相比,说理文的文类特征在于以清晰透辟的语言和逻辑阐明事理。关于这一点,前人多有论述,如曹丕的《典论·论文》云:"书论宜理";陆机《文赋》云:"论精微而朗畅""说炜晔而谲诳","论""说"都属于说理文的范畴;刘勰《文心雕龙·论说》云:"原夫论之为体,所以辨正然否""论如析薪,贵能破理";萧统《文选序》云:"论则析理精微",等等,都是在总结前代写作实践的基础上对说理文特征进行的精辟概括。相对于其他文体,说理散文长期占据着文体上的优势地位,一向被认为是"文"的"正宗",如清代的《古文辞类纂》即以论说文为宗。从渊源上看,我国古代的说理文以《尚书》为正式发端,经历了漫长悠久的发展历史。《文心雕龙·宗经》云:"诏、策、章、奏,则《书》发其源。"黄侃诠释说:"谓《书》之记言,非上告下,则下告上也。寻其实质,此类皆论事之文。"⑤ 下面将按照说理文的发展历史进程,对《尚书》及"尚书体"对说理论事文体的影响分阶段加以探究。

1. 对先秦诸子说理文的影响

自春秋末年开始,"诸子"开始出现在先秦的文苑中。所谓的"诸子"之文,是指盛行于春秋战国时期的诸多学术流派的代表性著作。其中以儒、道、墨、法数家为代表。在三百余年中,诸子之文经历了从纯

---

① (南朝梁)刘勰撰,范文澜注:《文心雕龙注》,人民文学出版社1958年版,第327页。
② 同上书,第326—327页。
③ 同上书,第328—329页。
④ 《文章辨体·说类序》,王水照编《历代文话》第二册,复旦大学出版社2007年版,第1623页。
⑤ 黄侃:《文心雕龙札记》,上海古籍出版社2000年版,第16页。

语录体阶段的《论语》《老子》，到对话体论辩文阶段的《孟子》《庄子》，再到专题论文阶段的《荀子》《韩非子》的发展演进。这些以阐述学术思想为主的说理文章，虽不以能文为本，却包含了许多文学因素和语言表达技巧，具有文学艺术的特质和价值。尤其是语言的丰富精粹、生动形象，说理论辩具有各自独特的风格和气势，强烈的情感性特征，修辞手法的普遍运用，等等，使诸子之文在很大程度上从哲学、历史、宗教著作中脱离出来，具有了鲜明的文学性质，代表了先秦说理文发展的高度成就。而这些成就的取得，除了得益于春秋战国时代的特殊政治、文化环境外，也与前代的文学影响密不可分。毫无疑问，如果没有《尚书》等记言文的成熟，也就不可能出现诸子散文的繁荣局面。作为最早的历史文献，《尚书》是一部政治性的典籍，《尚书》的记言，首先表现为政治性的言论。《荀子·劝学》云："《书》者，政事之记也。"《史记·太史公自序》亦云："《书》记先王之事，故长于政。"《尚书》的文学性质首先表现在论事说理方面，是一种具有政论性质的说理文。诸子之文的说理论辩，就是在《尚书》这种政论说理文的影响之下发展起来的。春秋之前，学在官府，官师合一，《尚书》这类政治、历史文献由官府的史官执掌；春秋之后，私家之学兴盛，以"百家争鸣"为特征的诸子学术代替了传统的史官学术而兴起。而当时最为诸子关心的问题主要还是现实的政治问题，诸子针对这些现实政治问题都提出了自己的主张。尽管诸子的学术观念各不相同，理论主张各不相同，但在学习借鉴前代思想文化资源方面都表现出同样的积极态度。刘歆、班固在《汉书·艺文志》中提出了著名的"诸子皆出王官说"，虽不免牵强附会之嫌，却在一定程度上道出了部分的事实：诸子学术性的说理论说之文绝非无源之水、无本之木，而是在学习借鉴前代文章，特别是以《尚书》为代表的政论文的基础上发展起来的。诸子之文所取得的辉煌成就，其所以能够开创一个新的散文辉煌时代，是与《尚书》文学的积极影响分不开的。章学诚认为，论说之文，"盖当其用，则为典谟训诰；当其未用，则为论撰说议；圣人制作，其用虽异，而其本出于一也。周秦诸子，各守专家，虽其学有醇驳，语有平陂，然推其本意，则皆取其所欲行而不得行者，笔之于书，而非有意为文章华美之观，是论说之本体也"。[①] 从文学角度看，《尚书》对诸子文的影响大致表现在四个方面。

---

① （清）章学诚著，叶瑛校注：《文史通义校注》，中华书局1985年版，第791页。

其一，论点集中、鲜明，结构严谨，脉络清晰。

《尚书》诰命诸篇的说理，一般都能够做到论点集中、鲜明，能够确立一个中心论点，并围绕这个中心论点组织论证，做到脉络清晰，结构严谨，把道理阐发清楚。如《大诰》一篇，是在周公出师讨伐"三监"之叛前的一篇战前动员演说，全文以"予得吉卜，予惟以尔庶邦于伐殷逋播臣"为中心，把矛头集中指向发动叛乱的殷人，调动邦君庶士和出征将士的敌忾之气，并利用文王所擅长的占卜之法鼓舞斗志。全文立论驳论相结合，论点的表达简洁明确，义正词严；论述过程层次清楚，逻辑清晰，结构严谨。尤其是比喻手法的使用，更增加了论证的形象性，使道理的阐发更为具体、生动，更具说服力。《酒诰》则堪称一篇"禁酒论"。殷末酗酒之风盛行，是殷亡的一个重要原因。年少的康叔受封于殷人故地，周公为了避免他重蹈殷人覆辙，严令康叔于封地实行禁酒。全文以酗酒亡国、禁酒兴国为中心论点，援引了殷周两代的历史，具体说明酗酒、禁酒与国家政治的密切关系。在说明了实行禁酒的意义之后，又具体提出了禁酒的具体方法，结构谨严，说理明晰。《召诰》一篇论点更为集中而鲜明，其主题句"王其疾敬德"以不同形式重复了四次。全文围绕"敬德"的主题展开论述，首尾连贯，脉络清晰，正如王国维先生所说："《康诰》以下九篇，周之经纶天下之道胥在焉。其书皆以民为言，《召诰》一篇言之尤为反复详尽，曰命曰天曰民曰德，四者一以贯之。"[①]《无逸》一篇的说理艺术更超乎《召诰》之上。该篇不但论点单一、集中、明确，还特别注意到了中心论点的位置，作者有意识地把中心论点安排在最醒目、最显豁的开头位置。《无逸》开头第一句"呜呼！君子所其无逸"，开宗明义，直揭主题，以富于感情色彩的感叹句提出论点，不但引起读者、听众的注意，而且具有情感效果，能够打动读者和听众的心灵。在揭示了主题之后，全文顺势而下，引证古代正反两方面丰富的经验教训，反复陈说，最后自然得出"继自今嗣王，则其无淫于观、于逸、于游、于田，以万民惟正之供"的结论。形式上，虽每段开头冠以"周公曰"，似为不相连属的语录，实则内在逻辑严谨而清晰，去掉"周公曰"，结构仍完整顺畅，堪称《尚书》诰命篇章中最具说理艺术力量的作品。

先秦诸子文在继承《尚书》诰命篇章说理论证艺术的基础上，更有新的发展。相对于《尚书》说理文而言，诸子说理文在当时百家争鸣激

[①] 《殷周制度论》，王国维《观堂集林》，中华书局 2004 年版，第 476 页。

烈论辩风气的影响下，具有更为自觉的论辩意识和更为成熟的说理技巧，不但说理文章的篇幅更丰长，结构也更为复杂多变，在说理论辩艺术上取得了更高的成就。《论语》是早期诸子文的代表，是孔子门徒对他们与孔子谈话内容和场面的追记，反映了以孔子为首的儒家学派的思想观念和人生理想。虽然全书的主要内容属于说理性质，但就体制来说，却更近于对话体、语录体，说理议论还处在分散状态，没有形成整篇的文章。《孟子》一书虽有很大不同，结构更加完整，篇幅更长，尤其是其开辟抑扬、纵横捭阖的雄辩使该书几乎成为一部辩论集，但与《论语》一样，说理论辩仍属对话体，尚未形成专题式的文章论证，具有由对话、语录向专题论文过渡的性质。只是到了《墨子》《荀子》的出现，诸子的说理论辩文才真正成熟起来，这种成熟首先就表现为论点的集中、鲜明和结构的完整、严谨。《荀子》三十二篇，大多是说理文，其体式已超越了《论语》《孟子》的语录和对话的形式，发展为专题议论文。程千帆先生评价《荀子》说："据题抒论，题即文之中心思想，文亦中心思想的充分发挥，于是篇之观念乃成。"①《荀子》以意名篇，用概括性的标题点明主题，使中心论点集中明确，如《劝学》论学习，《修身》论道德修养，《富国》论经济，《议兵》论军事，等等，并据题抒论，层层展开，论证严密。为使中心论点突出醒目，往往在文章的开头直接提出论点，如《劝学》一篇，旨在劝勉学习，起始句"君子曰：学不可以已"，开宗明义，直接点明主题。全篇的论证都紧紧围绕这个主题句进行，层次清楚，逻辑严密。实际上，"以意名篇""据题抒论"等方法起源于《尚书》。《尚书》中《无逸》一篇即以"君子所其无逸"为主题，既是"以意名篇"，复又"据题抒论"；而《酒诰》一篇实开"论体"的先河，堪称专题说理文之祖。《荀子》而外，《墨子》一书亦重"辩"，以逻辑推理的严密而著称。《墨子》的说理篇章，往往在文章的开头，以"子墨子言曰"的形式，直接提出中心论点，并围绕这一论点展开论证。与《荀子》《墨子》相同，《韩非子》的说理艺术也具有以意名篇、主题鲜明的特色。不同的是，《韩非子》的说理文往往把中心论点安排在文章的中间而非开头。如《五蠹》一篇，在列举大量历史材料进行论证之后，才提出了中心论点："圣人不期修古，不法常可，论世之事，因为之备"，既自然而然地从论述中引申出结论，又为下文的开拓提供了依据，起到了承上启下的作用。全文论述首尾连贯一体，过渡巧妙，颇富艺术匠心。

---

① 程千帆：《先唐文学源流论略》，《武汉师范学院学报》1981年第2期。

其二，论据丰富，且生动、形象，具有吸引力。

《尚书》诰命篇章说理的一个重要特色，就是喜好引证历史作为论据。这些篇章往往以古证今，旁征博引，借历史事实说明事理。具体地看，《尚书》的征引又可分为"引用"和"稽古"两种方式。引用是援引古人及权威的言论来证明自己的观点。《尚书》中引用的对象非常广泛，包括古代圣贤的名言，前代诰命中的名句，广泛流传、被社会普遍接受的谣谚，等等。其目的是增加话语的权威性，增强说服力和感染力。稽古则是援引古人的事迹来证实自己的观点，包括了正反两个方面，既有可供后世学习借鉴的具有积极进步意义的事迹和史实，也包括了反面的作为经验教训的史实，二者都具有现实意义，都可以作为现实政治的有益借鉴，可以为论证说理提供强有力的证据支持。《尚书》中最常见的征引对象是夏、商二代列王和周民族的先祖，这些人物和他们的事迹都被作为具有说服力的论据大量使用。除引证丰富的历史事实作为论据外，《尚书》还经常以比喻作为论据。用比喻作为论据说明问题，可以使抽象的道理生动形象，鲜明可感，通俗易懂，增强了说理论证的吸引力和说服力。《尚书》二十八篇共出现比喻24例，其中有21例出自《商书》和《周书》的诰命文。如《盘庚》一篇，盘庚为了说服臣民们赞同他迁都的计划，于迁都前后作的三次训话中，运用了一系列的比喻帮助进行形象化的说理。这些以日常生活中的事物，如树木、火、网、耕田、乘舟、射箭等作为喻体的比喻，都能紧密配合中心议题阐明观点。除《盘庚》外，《大诰》和《梓材》更使用了数喻连缀的博喻，既有比喻的鲜明形象，又具排比的文气壮盛的辞锋，将论证说理与文学审美结合起来。

诸子文普遍继承了《尚书》据史立论、善用比喻的特色。如早期的《论语》，虽未形成篇章式的论说，基本上仍属于说理文的性质。在论证方法上，引证、对比、譬喻、推理等论证方法都有使用。相对而言，据史立论、善用比喻的特色在论辩体的《孟子》中有更为明显的表现。《孟子》以论辩气势雄健著称，而这种雄健的气势依托于完善的儒家理论体系和对这种理论高度的自信心。表现在具体的论辩过程中，就是"言必称尧舜"和大量引用《诗》《书》文句，尧、舜、禹、汤、文、武、周公的史实和孔子的思想以及《诗》《书》等儒家经典成为《孟子》论辩取之不竭的理论资源。据统计，《孟子》一书共引用《尚书》文句38次，《诗经》文句40次。据史立论增加了论辩的思想性，而论辩中比喻的使用更使理论问题生动有趣，富于形象性和情感性。善用比喻是《孟子》散文的一大特色，据统计，《孟子》一书共使用了160多个比喻。其中著名的如"鱼我所欲也""五十步笑百步""缘木求鱼""弈秋诲弈""邻人攘鸡""揠苗助长"等，都取材于现实的社会生活，既通俗浅近、准确贴切，又寓意深刻、发人深省，增加了论辩的说服力。《孟子》中的一些比喻更进一步发展为具有故事性的寓言。相对于简短的比喻，寓言的文学性更强，如"齐人有一妻一妾者"，情节生动，人物形象鲜明，已有小说的风味。《孟子》的寓言艺术发展到《庄子》，更成为一种具有独立意义的艺术形式。在"寓言十九"的《庄子》中，寓言已经从简单的说理取譬，发展为具有象征意义的说理故事，甚至取代了逻辑思辨，成为形象化的说理方式。其中的《逍遥游》《养生主》《人间世》《德充符》《大宗师》等篇，几乎全以寓言结构而成。《尚书》据史立论论证方式的影响，在《墨子》中表现得最为明显。《墨子》论证长于归纳，而作为归纳材料的则是以历史人物和事件为多。在论证方法上，《墨子》提出了著名的"三表法"，其中"上本之于古者圣王之事"的观点，明确地把古代的文献和历史史实作为说理论证的最重要根据。《墨子》的论辩文章就是"三表法"的具体实践，其中连篇累牍地引证《诗》《书》文献和上古历史，把据史立论的论证方式发展至极致。运用比喻进行论证在《墨子》中也有表现。如《非攻》一篇，以有人"入人园圃，窃其桃李""攘人犬豕鸡豚""入人栏厩，取人牛马""杀不辜人也，拖其衣裘，取戈剑"等四个比喻作为论据进行推理论证，由小及大，由浅入深，层层深入，最后自然推出"非攻"的结论，构思精巧，丝丝入扣，堪称比喻论证的名篇。《荀子》也特别注重"譬称以喻之"的比喻论证方法。《荀子》比喻的最大特点是连类引发，以博喻的形式论证说理。如《劝学》一篇，使用比喻多达40余个，几乎句句用比，只在段落的关键处，才略作议论，点明题旨。

其三，通过对话的方法塑造鲜明生动的人物形象。

作为最早的记言作品集，《尚书》以记载人物的嘉言懿行为主，其中有许多篇章，都能通过人物对话展现人物丰富复杂的内心感情，表现人物生动的个性特征，同时表现出深刻的哲理和思想内涵。如《尧典》中尧和舜的形象、《皋陶谟》中禹和皋陶的形象、《西伯戡黎》中祖伊和纣王的形象、《微子》中微子和父师的形象、《洛诰》中周公和成王的形象，都具有鲜明的个性特征，而这种个性特征正是通过人物的语言和对话塑造出来的。如《尧典》和《皋陶谟》两篇，在人物对话中大量使用感叹词，惟妙惟肖地描摹了人物的语气，生动地表现了对话中人物的喜怒哀乐等复杂的情感和心理状态，语气逼真，令人如闻其声，如见其人。尧帝的公正无私、经验丰富、知人善任，舜帝的谦虚谨慎、从善如流，大禹和皋陶的忠诚耿直、勤勉奉公等，都通过对话表现出来。其他的以人物对话组织情节的叙事篇章如《西伯戡黎》，全文以祖伊与商纣王的对话为中心内容。对话中，纣王愚蠢、狂妄、固执、死不悔改的个性，祖伊忠心为国的老臣形象都鲜明地表现出来。文中祖伊的语言凄凉而悲壮，与纣王的骄傲固执形成鲜明对比。《微子》一篇则以殷王子微子启与父师、少师的对话组织全文。文中微子语气的沉痛与无奈、对未来的困惑与彷徨，父师的干练、冷静和对现实的清醒认识，都通过人物的对话，清楚地传达给读者。再如《洛诰》，人物对话简明生动，较多使用虚词，能够描摹出人物的语气、神态，使文章染上了较强的感情色彩，将周公忠厚笃诚的个性和强烈的忧患意识表现出来。在对话中，周公的语气诚恳、庄重，对成王谆谆教诲，叮咛嘱咐；成王则谦逊严谨，较多使用敬辞，表现出对周公的尊重和信任。

通过对话塑造人物性格的方法也常见于先秦诸子文。以诸子散文发展的第一个阶段出现的代表作《论语》为例。从文学艺术的角度看，《论语》最大的成就反映在语言艺术方面，尤其是在通过人物对话塑造人物性格方面，《论语》取得了突出的成就。与《尚书》一样，《论语》也不对人物的生平事迹作详细记载，而是重在记言而略于记事，力求通过人物对话展现人物性格。如《先进》篇的"子路曾皙冉有公西华侍坐"章，通过人物的对话，传达出人物各自不同的思想感情，勾勒出人物不同的精神面貌。再如《阳货》篇所记"子之武城，闻弦歌之音"一段，《述而》篇所记"子谓颜渊"一段，表现孔子与弟子的对话风趣幽默，口吻毕肖，人物性格生动逼真，跃然纸上。尤其是在孔子的形象塑造上，更得力于对话方法的使用。《论语》不同于孔子的传记，没有关于孔子具体事迹的详细记载，但读者仍能从中了解到孔子的性格特征和精神气质。《论语》中所录孔子的对话，大都情趣盎然，耐人寻味，言近旨远，词约义丰，散发着哲理的光辉，以简洁的语言传神写照，将孔子的形象生动地展现在读者眼前，正如《文心雕龙·征圣》所说"夫子风采，溢于格言"。与《论语》一样，《孟子》的文体也以对话和语录为主。《论语》中独白式语录占全书总条数的三分之二以上，对话不到三分之一，而《孟子》的对话内容大为增加，开始由语录体短文向对话体论辩文过渡。与《论语》比较，《孟子》以论辩文著称，其词句更加明快，感情色彩更为强烈，人物个性更为鲜明。尤其是孟子的形象，其性格的刚烈豪爽、直率热忱，其思想的尖锐深刻，品德气节的正大高尚，在对话和论辩的过程中，被生动充分地表现出来。其他如《墨子》散文、《庄子》散文等，都继承了《尚书》开创的这种塑造人物的方法。

其四，较多使用感叹词，感情色彩强烈。

《尚书》中的诰命篇章，主要以训诫性的内容为主，承载着重要的现实政治使命，传达着商周最高统治阶层的思想意识和政治决策。尤其是在事关重大的问题上，这类训诫往往发展为围绕一个特定主题进行的政治演说。这些演说虽然讲究逻辑性，具有说理和政论的性质，但却并不枯燥乏味，而是以直抒胸臆、慷慨陈词为特征，表现出强烈的感情色彩和鲜明的个性。如《商书》中的《盘庚》，便是盘庚个人的"敷心腹肾肠"的讲话记录。其中既有激切的责难，也有温和的劝诫和慰抚，语气多变，感情跌宕起伏。正如杨公骥先生的评论：《盘庚》作为最早的记言体语录文，"有着文学的形象性，有着盘庚的自我表现：通过盘庚的思想、情感、语言，表现了一个具有远大眼光和开辟精神的有毅力有智谋的古代国王"。① 《尚书》中的说理政论之文普遍表现出鲜明的感情色彩，而且由于时代和环境的不同，这种感情色彩也有变化和差别。鲁迅先生对此评论说："虞夏禅让，独饶治绩，敷扬休烈，故深大矣；周多征伐，上下相戒，事危而言切，则峻肃而不阿借；惟《商书》时有哀激之音，若缘崖而失其援，以为夷旷，所未详也。"② 较多使用感叹词是《尚书》诰命的一大特点，据统计，《周书》诰命篇章共出现感叹词52次，体现了《尚书》记言的抒情特色。《尚书》诰命篇章中最具代表性的是周公诸诰，这些诰命篇章都具有感情色彩和形象性，塑造了周公鞠躬尽瘁、死而后已的政治家的风范。《尚书》中有《金縢》《大诰》《康诰》《酒诰》《梓材》《召诰》《洛诰》《多士》《无逸》《君奭》《多方》《立政》等十二篇出自周公或与周公有关，一部《周书》，几乎成了"周公之书"。尤其是《康诰》《无逸》等篇，寄寓了周公强烈的感慨，淋漓尽致地表现出周公的历史忧患意识和对国家的责任感，文情并茂，寄意深远，一唱三叹，具有强烈的说服力和感染力。

诸子文也普遍具有较强烈的感情特点。虽然诸子文主要以哲理和政论性的议论说理文为主，但其说理议论绝无枯燥乏味之感，而是较多使用感叹词、语助词，较多使用设问句式，具有鲜明的感情色彩。在这方面，《论语》就以说理议论的生动形象、幽默风趣、富有感情色彩而博得了后

---

① 杨公骥：《中国文学》，吉林人民出版社1980年版，第138页。
② 《汉文学史纲要》，鲁迅《鲁迅全集》第九卷，人民文学出版社1973年版，第351页。

世无数读者的喜爱。尤其是其中孔子的语言,往往言简意赅,含蓄深刻,具有诗一般的抒情效果。唐人李汉在《昌黎先生集序》中曾称赞韩愈的散文兼有"周情孔思"。所谓"周情",指的就是《尚书》周公之诰以情动人的特色;所谓"孔思",指的就是《论语》中记录的孔子言论所表现出的诗化和抒情色彩。《论语》中孔子的语言善于把抽象的哲理凝聚于具体的形象之中,使理论文字富有盎然的诗意,具有浓郁的感情色彩和个性特征。诸子之中,《孟子》的散文一向以言辞犀利,激昂慷慨,具有壮盛雄肆的气势和高度的主体精神而著称。孟子本人的个性特征,他的声容笑貌,鲜活地表现在其论辩篇章中。如《滕文公上》中"陈相见孟子"一段,孟子的论辩,声色俱厉,锋芒毕露,其对于自己坚守的儒家学说的自信态度溢于言表。与《孟子》一样,《庄子》散文也是庄子本人性格情感的真实流露。闻一多先生认为,除了思想家的身份外,庄子还具备一个文学家和诗人的身份。他评价庄子说:"他那婴儿哭着要捉月亮似的天真,那神秘的惆怅,圣睿的憧憬,无边无际的企慕,无涯际的艳羡,便使他成为最真实的诗人。"① 称庄子为诗人,表明闻一多先生在《庄子》中体悟到了其中蕴含的诗歌情韵,体悟到了《庄子》哲学说理中寄寓着的人类的普遍心理与情感。《庄子》散文的一个突出特点,就是将深邃的思想与浓郁的情感融注在一起,近于哲理性的抒情散文诗。《韩非子》文亦表现出强烈的情感特色和雄健的风格气势,其文风具有犀利恣肆、冷峻严苛、波澜壮阔的特色。尤其是由作者个人身世遭遇所形成的满腔怨愤之情,常常通过说理论辩中激越沉痛的笔调宣泄而出,形成了打动后世读者心灵的强大情感力量。

2. 对汉魏六朝及唐宋说理文的影响

汉代是政论性说理文发达的时期,出现了陆贾、贾山、贾谊、晁错、邹阳、董仲舒、刘歆、桓谭、王充、王符、仲长统等一大批说理文作家。汉代说理文接受《尚书》影响的一个重要表现,就在于对《尚书》开辟的据史立论和引证立论传统的继承。与春秋战国时期的百家争鸣、纵横骋说的情况不同,汉代基本上是儒家思想独尊的时期。这一时期的说理文普遍具有效法经典,追求典雅,文风含蓄蕴藉、谨严切实的特征,据史说理立论和引经据典成为普遍风气。汉代政论家普遍具有深沉的历史意识和以古为鉴的思想,特别注重对历史经验的总结和借鉴,唐虞三代乃至秦朝的历史史实成为他们说理论证最有力的论据,古今对比论证方法被普遍

---

① 闻一多:《闻一多全集》卷二,生活·读书·新知三联书店1982年版,第281页。

采用。与此相联系，《尚书》等儒家经典也被广泛引证，作为说理论辩的理论依据。与先秦相比，汉代说理文作家的逻辑思辨能力有了很大进步，比喻、寓言等说理方法的重要性明显降低，抽象论说能力大为提高。这一时期的优秀说理文普遍具有论证严密、构思精巧、说理透辟的特点。

与汉代相比，魏晋南北朝时期的人们对说理文的文体特点有了更为明确的认识。曹丕的《典论·论文》将诸多文体归纳为四种类别，其中的"书论"一类以"宜理"为风格特征，与今日的说理文大致相当。陆机作《文赋》，在《典论·论文》的基础上，区分文体为十类，其中以"精微而朗畅"为特征的"论"和以"炜晔而谲诳"为特征的"说"都属于说理文的范畴。刘勰《文心雕龙》的文体论部分，把文体分为三十四类，其中的《诸子》《论说》等篇，大体可划入说理散文的范畴。在《定势》篇中，刘勰从文体特征的角度将众多文体划分为六大类，其中"史论序注"一类与说理文相关，以"简要"为其风格特色。与刘勰同时代的萧统编选了《昭明文选》，划分文体为三十九类，其中的"论文""史论""论"三类，都可划入说理文的范畴。文体的研究与创作相辅相成，这一时期也是说理文进一步发展的时期，出现了诸如王粲《难钟荀太平论》《安身论》，何晏《无名论》，嵇康《声无哀乐论》《难自然好学论》，陆机《辨亡论》《五等论》，裴頠《崇有论》，鲁褒《钱神论》，范缜的《神灭论》等一大批优秀的说理文作品。由于这一时期我国历史正处于社会大动荡、政治大分裂的特殊阶段，人们的思想观念和文学风尚都发生了巨大变化，这一时期的文风由汉代引经据典的渊雅质实的文风，一变而为摆脱依傍、自创新说、析理细密、文辞华丽繁复的风格。具体来看，这一时期《尚书》对说理文的影响主要表现在两个方面。

其一，《尚书》为魏晋南北朝说理文提供了重要题材。魏晋南北朝的史论发达，涌现出大量臧否历史人物的说理文，其中，以《尚书》所载的夏少康、周武王、周公、周成王、管叔、蔡叔等历史人物为题材的说理文在当时的文坛上引发了重要反响，许多文坛领袖人物，如三国时期的曹丕、曹植、孔融、丁仪，魏晋之交的嵇康等，都参与其中，就同一题目展开论争，写作了数量较多的《尚书》题材的说理文。这些作品，据《尚书》所载史事立论，以古证今，纵横古今，析理细密，自创新说，取得了一定的文学成就。其中最具代表性的作品，如孔融的《周武王汉高祖论》、曹植的《周成汉昭论》、嵇康的《管蔡论》等，均具有较高的文学价值，在古代说理文发展史上占有重要地位。

其二,《尚书》为魏晋南北朝说理文提供了修辞手法的借鉴。《尚书》对后世说理散文影响最大的修辞手法是比喻方法的运用,这种方法为魏晋南北朝说理文所继承。魏晋南北朝说理文较多采用日常生活中的金、木、水、火、土等常见事物作为喻体,而这一修辞方式最早源出《尚书》,《尚书》中的《盘庚》和周公诸诰中的比喻即多以日常生活和生产劳动为主题,具有形象化、以近喻远等优点。《尚书》引证的修辞手法也为魏晋南北朝说理文所继承。魏晋南北朝说理文除较多引用《诗经》《尚书》《周易》等传统经典,还大量引用以"语曰""谚曰""故曰"开头的俗谚,甚至寓言故事,这一方面也继承了《尚书》多引前贤名言、民间谣谚的特点。另外,魏晋南北朝说理文较多采用由《尚书》开启的"顶针格"修辞手法。如阮籍的《通易论》、嵇康的《释私论》均采用多层次循环递进的顶针格形式,借以达到增强整体论证气势、贯通语气、增加论证对象有机联系的目的。而这一手法的运用显然是对《尧典》"克明俊德"一段和"慎徽五典"一段既层层递进,又具有声律与节奏的顶针手法的学习和借鉴。

唐代新的大一统局面的出现为文学的繁荣提供了条件,诗歌在盛唐时代达到了高度的繁荣,取得了非凡的成就。与诗歌相比,"古文"的发展高潮则要迟至中唐时期。由韩愈和柳宗元所倡导的古文运动是以宣扬儒家思想、反对佛道二教为理论纲领,以反对六朝骈文为代表的绮艳浮靡文风、推崇先秦两汉的"古文"为目的的一次文章革新运动。这次声势浩大的古文运动直接促成了宋代的文学革新运动,其结果是成就了作为我国古代散文发展史上的第二个高峰期的唐宋古文,以韩愈、柳宗元、欧阳修、苏轼、王安石等为代表的古文创作成为继先秦两汉之后的新的古文创作传统,涌现了诸如《原道》《原毁》《师说》《封建论》《朋党论》《为君难论》《六国论》《留侯论》《日喻》等许许多多说理散文杰作,决定了后世古文发展的走向。在这一时期,《尚书》等儒家经典重新受到重视,成为古文创作的典范,被用来作为反对绮靡文风和骈偶文的有力武器。如唐代古文运动领袖韩愈和柳宗元,就在许多文章中对《尚书》大加赞美和推崇。如韩愈在《答李翊书》中自述学习古文的经历时,把《尚书》作为自己的思想源泉和人生指南:"非三代两汉之书不敢观,非圣人之志不敢存""行之乎仁义之途,游之乎《诗》《书》之源,无迷其途,无绝其源,终吾身而已矣"。在《进学解》中,他自述了文学创作取法的对象:"上规姚姒,浑浑无涯;周'诰'殷'盘',佶屈聱牙;《春秋》谨严,《左氏》浮夸;《易》奇而法,《诗》正而葩;下逮《庄》

《骚》，太史所录；子云、相如，同工异曲。"其说理散文的创作中也深受《尚书》的影响，清代姚鼐在《古文辞类纂序》中说："盖退之著论，取于六经、《孟子》。"① 古文运动的另一领袖柳宗元在《答韦中立论师道书》中，亦把《尚书》等儒家经典作为自己学习创作的最高典范："本之《书》以求其质，本之《诗》以求其恒，本之《礼》以求其宜，本之《春秋》以求其断，本之《易》以求其动：此吾所以取道之原也。"《尚书》浑厚质朴的文风和思想内容的醇正受到了唐代古文作家的一致推崇，成为他们古文创作取法学习的主要对象。唐宋之后，明代的"七子派"的文学复古思潮，清代的桐城派古文都与唐宋古文运动一脉相承；七子派倡导的"文必秦汉"、桐城派倡导的"义法"，也都是承唐宋古文理论的余绪。可以说，由《尚书》发源的说理文传统影响了其后两千五百余年的散文理论与创作实践。

（二）对史传文的影响

史传文又可称为史传文学，包括先秦的各种类型的历史散文，也包括汉代及其后的各类具有文学价值的历史著作。史传文同时兼有历史和文学的特点，是历史和文学艺术的有机结合。与世界其他各古代民族相比，古代中华民族具有更为深刻的历史意识和最早的系统完善的史官制度，其影响遍及社会生活的各个方面，形成了独具特色的史官文化。史官文化的一个重要成果，就体现为《尚书》的出现。《尚书》是我国古代最早的有组织、有系统的历史著作，且具有很高的文学价值，堪称"文言之始，记言之祖"，影响及于历代的史传文。章学诚对《尚书》史体推崇备至："《尚书》圆而神，其于史也，可谓天之至也。""此《尚书》之所以神明变化，不可方物。"② 章学诚将《尚书》确立为史学著述的最高标准。所谓"圆而神""神明变化，不可方物"，一方面是指《尚书》能够超出后世史书所受的种种体例上的限制，"不为常例所拘"；更重要的方面，是指《尚书》不同于一般的以记录历史史实、保存文献为主要目的的史书，而是以立言垂后、真正发挥历史著作"经世"作用为目的。章学诚区分了"记注"与"撰述"两种史书类型："撰述欲其圆而神，记注欲其方以智也。夫智以藏往，神以知来，记注欲往事之不忘，撰述欲来者之兴起，故记注藏往似智，而撰述知来拟神也。藏往欲其赅备无遗，故体有一定，而其德为方；知来欲其决择去取，故例不拘常，而其德为圆。"显然，在

---

① （清）姚鼐：《古文辞类纂》上册，北京市中国书店1986年版，第1页。
② （清）章学诚著，叶瑛校注：《文史通义校注》，中华书局1985年版，第51—52页。

章学诚看来,历史著作的最高境界不仅要"知往",不仅要完整、全面地保存历史材料,更要"知来",要以以往的历史史实作为镜鉴服务于未来。《尚书》对后世史传文的影响不但表现在体例、语言、结构等外在方面,更在历史哲学、历史观念等内在方面深刻地影响了后世史学的发展,为史传著作树立了学习的榜样。

1. 对编年体史书的影响

编年体史书的出现,以执简记事的专门史官的出现为条件。《汉书·艺文志》有"左史记言,右史记事,事为《春秋》,言为《尚书》"之说。虽然此说未必合乎历史事实,但至少可以说明,执简记事的史官制度起源甚早。据《国语》和《墨子》的记载,当春秋战国之世,曾存在过所谓的"百国春秋",当时的主要诸侯国都曾存在编年记事的"春秋",只是名称略有不同。唯一保存下来的"鲁春秋"本为鲁国的编年史,经过了孔子的删削和改编。《春秋》记事属提纲形式,按时间顺序依次记载各类事件,语言简洁凝练,含义深刻。

这种编年记事的体例,也出现在《尚书》中。《尚书》和《春秋》一样,也是以时间的顺序组织结构的。虽然《虞夏书》和《商书》中出现的历史时间或许为虚构,只能看作是作者组织结构的一种叙事策略,但《周书》则以真实的历史时间组织叙事。如《牧誓》的"时甲子昧爽"、《洪范》的"惟十有三祀"、《金縢》的"既克商二年""周公居东二年"、《康诰》的"惟三月哉生魄"等,都可作为历史研究的重要依据。尤其是《召诰》的叙事部分,按照时间顺序依次叙写,语言简练,用词严谨,堪称后世编年体历史的权舆:

> 惟二月既望,越六日乙未,王朝步自周,则至于丰。惟太保先周公相宅。越若来三月,惟丙午朏。越三日戊申,太保朝至于洛,卜宅。厥既得卜,则经营。越三日庚戌,太保乃以庶殷攻位于洛汭。越五日甲寅,位成。若翼日乙卯,周公朝至于洛,则达观于新邑营。越三日丁巳,用牲于郊,牛二。越翼日戊午,乃社于新邑,牛一,羊一,豕一。越七日甲子,周公乃朝用书命庶殷侯甸男邦伯。"

用一系列叙事时间组织叙述,时间、地点、人物、事件俱全,将营建洛邑的整个过程清楚完整地记载下来。又如《洛诰》,以"乙卯""戊辰""在十有二月""惟七年"等几个叙事时间组织结构,《顾命》以"惟四月,哉生魄""甲子""越翼日乙丑""丁卯""越七日癸酉"等几个时间组织叙事，都综合了年、月、月相、干支日等几种时间记录方式，用语简洁精练，条理清晰，结构完密。《尚书》叙事部分的编年体成分显然来源甚早，且都能与出土材料相互印证，绝非后世所能增改。《史记·秦本纪》文公十三年"初有史以记事"，并非说秦在文公之前无文书档案以及专门从事文字之事的史官，而是说从这一年开始有了专门的编年记事之史，有了确切可信的历史记载。从史籍的发生演变过程看，以文书档案为材料的史料汇编显然要先于纯粹以历史记载为目的的编年体史籍，《尚书》这种以"古之号令"为内容的文书选本显然要早于编年体的各国《春秋》。换句话说，编年体史籍是由更早的实用性质的诰命文书发展演变而来的，《尚书》的叙事内容实际是所谓的"百国春秋"的源头。对于这一问题，章学诚有过详细的分析："孟子曰：'王者之迹息而《诗》亡，《诗》亡然后《春秋》作。'盖言王化之不行也，推原《春秋》之用也。不知《周官》之法废而《书》亡，《书》亡而后《春秋》作。则言王章之不立也，可识《春秋》之体也。何谓《周官》之法废而《书》亡哉？盖官礼制密，而后记注有成法；记注有成法，而后撰述可以无定名。以谓纤悉委备，有司具有成书，而吾特举其重且大者，笔而著之，以示帝王经世之大略；而典、谟、训、诰、贡、范、官、刑之属，详略去取，惟意所命，不必著为一定之例焉，斯《尚书》之所以经世也。至官礼废，而记注不足备其全；《春秋》比事以属辞，而左氏不能不取百司之掌故，与夫百国之宝书，以备其事之始末，其势有然也。马、班以下，演左氏而益畅其支焉。所谓记注无成法，而撰述不能不有定名也。故曰：王者迹息而《诗》亡，见《春秋》之用；《周官》法废而《书》亡，见《春秋》之体也。"① 按照章学诚的观点，《尚书》之作，是以见载于《周礼》的西周时代严密的史官制度为基础的。在当时分工明确、职守严格的史官制度下，事无大小，各种具体的政治事件都由训练有素的专门的史官负责记录，能够保证历史档案的充分和完整，为《尚书》篇章的写作提供了充足完善的具体材料。在此基础上，《尚书》的写作可以摆脱种种体例的局限，根据文章写作的实际需要，选取其中最重要、最具政治和历史价值的材料，以实现为帝王提供政治、历史借鉴的现实目的。只是，这种完善的史官制度随着春秋时期"礼崩乐坏"的政治形势的出现而最终瓦解，《尚书》也随之失去了现实基础，逐步被编年记事体的《春秋》所取代。《春秋》以编年记事，却只能提供一个极为简略的历史线

---

① （清）章学诚著，叶瑛校注：《文史通义校注》，中华书局1985年版，第31页。

索的大纲,还需要《左传》这类著作为其提供相关材料的支撑,只有依靠《左传》提供的丰富的记言记事材料,《春秋》才能发挥其现实作用。二者的写作范式正好相反:《尚书》以制度化的充足完善的记注材料为基础,其写作可以自由发挥作者的创造性,无一定体例和材料的局限;而《春秋》则受制于固定的体例和残缺的材料,只能在提纲式编年记事的基础上寻找相应的材料作为解释和说明。两者相较,《尚书》作为历史著作的著述意义更为重要,更具思想和体例上的创造性,其开创的文体体制为后世史学著述、包括《春秋》等编年体史籍所沿用。宋代林之奇说:"《诗》始于商,《书》始于唐虞,《春秋》始于平王、鲁隐公之际,而其源流皆出于《书》。故自西周以前,岁月之终始惟见于《书》,此则《春秋》之未分也。"① 章学诚亦言:"《书》亡而后《春秋》作""《书》亡而入于《春秋》"。

真正代表了先秦编年体史籍最高成就的,是为《春秋》所作的"三传"之一的《春秋左氏传》。《左传》言事相兼,兼具记言、记事之长,其中记事部分具有很高的文学价值,刘知几评论说:"《左氏》之叙事也,述行师则簿领盈视,龙蛇沸腾;论备火则区分在目,修饰峻整;言胜捷则收获都尽,记奔败则披靡横前;申盟誓则慷慨有余,称谲诈则欺诬可见;谈恩惠则煦如春日,纪严切则凛若秋霜;叙兴邦则滋味无量,陈亡国则凄凉可悯。或腴辞润简牍,或美句入咏歌,跌宕而不群,纵横而自得。若斯才者,殆将工侔造化,思涉鬼神,著述罕闻,古今卓绝。"② 此外,先秦的《竹书纪年》,汉末荀悦的《汉纪》,六朝时期张璠的《后汉纪》,孙盛的《魏氏春秋》和《晋阳秋》,干宝的《晋纪》,徐广的《晋纪》,裴子野的《宋略》,吴均的《齐春秋》,何元之的《梁典》,王劭的《北齐志》等,都沿用了编年史的体例。尤其是宋代司马光主持修纂的《资治通鉴》,也采用了编年体例,并取得了重大成功,成为编年体史籍的典范之作。这些著作,无论是在文体范式,还是在语言风格、写作手法等方面,均受到《尚书》的重要影响。

2. 对记言体史书的影响

作为记言体史籍的开端,《尚书》对后世记言体史籍的影响是毋庸置疑的。在《史通》中,刘知几将《尚书》作为记言体史书的代表,认为:

---

① 《尚书全解》卷五,北京大学《儒藏》编纂与研究中心编《儒藏》(精华编一四),北京大学出版社2014年版,第120页。
② (唐)刘知几撰,(清)浦起龙通释:《史通通释》卷十六,上海古籍出版社1978年版,第451页。

"古往今来，质文递变，诸史之作，不恒厥体。权而为论，其流有六：一曰《尚书》家，二曰《春秋》家，三曰《左传》家，四曰《国语》家，五曰《史记》家，六曰《汉书》家。"[①] 对于刘知几认定的《尚书》的这一史体特征，章学诚有不同的见解："《书》无定体，故附之者杂。后人妄拟《书》以定体，故守之也拘。古人无空言，安有记言之专书哉？汉儒误信《玉藻》记文，而以《尚书》为记言之专书焉。"[②] 章学诚认为，历史上并不存在所谓"记言"与"记事"之分的史书体例，《尚书》整体上并非纯粹的记言体，而是既记言，又记事，表现为言事相兼的特征；汉代人关于《尚书》为记言专书的认定，是误信了《礼记·玉藻》有关君王"动则左史书之，言则右史书之"的错误说法。结合《尚书》的实际情况，章学诚的观点无疑是正确的。但作为《尚书》主体部分的《周书》，其主要内容为周公诰命的集合，是周公代表周王发表的政治性讲话，以记言为主，又是不容否认的事实。总体而言，《尚书》虽同时具有记言、叙事两方面内容，但正如刘勰所说，是以记言为主的"言经"。

《尚书》之后最早的记言体史籍为《国语》。《国语》汇集了西周到春秋时代八国的史实，以政治性的德治言论为主要记载内容。从起源上看，《国语》与《尚书》关系密切。《国语·楚语》载，楚庄王向申叔时询问如何教育太子，申叔时列举了《春秋》《世》《令》《语》《故志》《训典》等许多古代典籍作为教材。其中的《令》《故志》《训典》都是早期的《书》篇。韦昭注"令"曰："先王之官法时令。"注"故志"曰："前世成败之书。"注"训典"曰："五帝之书。"其中的"语"，韦昭注曰："治国之善语。""语"应是《国语》一书的来源。一般认为，《书》作为文字材料，在西周时代主要由史官来执掌传承，而《语》这种口述材料，当由瞽矇之官口头传述。二者都属记言体史籍，在所记内容上正好衔接：《尚书》选录的最后一篇西周诰命为穆王时代的《吕刑》，而《国语》最早的"祭公谏穆王征犬戎"一节（《周语》），发生于穆王时代的公元前967年。因此，在记言的意义上，《国语》可以被视为《尚书》的续编。与《尚书》相比，《国语》中说理议论的抽象概括力有了明显提高，由《尚书》说理对经验、信仰的依赖转变为更多依赖逻辑论证；论证的结构更为清晰完整，论点明确而集中；尤其是对《尚书》的记言形

[①] （唐）刘知几撰，（清）浦起龙通释：《史通通释》卷一，上海古籍出版社1978年版，第1页。

[②] （清）章学诚著，叶瑛校注：《文史通义校注》，中华书局1985年版，第39页。

式作了新的突破,将《尚书》中个别的对话体篇章发展为基本的记言形式,成为一种宾主对答式的对话记言文体。《国语》之后的先秦记言体之作有《战国策》。《战国策》的记言在继承《尚书》《国语》记言传统的基础上,又有许多新的发展,尤其是以人物为中心,记叙具有相对独立性的人物生活的片段故事,为《史记》人物传记的出现做了准备。

  与《国语》同时产生的《左传》虽是一部编年体史书,却在记言方面取得了比《国语》更大的成就。而《左传》记言成就的取得,与《尚书》的影响密切相关。《史通·言语》评论《尚书》的记言:"语微婉而多切,言流靡而不淫。"这一评价也可以移置于《左传》。《左传》中的人物言语,既具明显的《尚书》诰命遗制,又已开战国纵横之风,兼具生动活泼的口语化特色。其论辩语言,在继承《尚书》诰命演说的基础上又有了新的提高,既有《尚书》语言的旁征博引,典雅古奥,繁复绵密的优点,又有清新自然,文风雄健,气势畅达的特征,极具说服力和感染力。陈骙在《文则》中将《左传》记言分为八体,分别作出了"命婉而当""誓谨而严""盟约而信""祷切而悫""谏和而婉""让辨而正""书达而法""对美而敏"的评价。这八体实际上都源自《尚书》,是在"尚书体"基础上进一步演化而来。其中的行人词令和大夫应对都有很高的文学价值,刘知几赞美说:"寻《左氏》载诸大夫词令、行人应答,其文典而美,其语博而奥,述远古则委曲如存,征近代则循环可覆。必料其功用厚薄,指意深浅,谅非经营草创,出自一时,琢磨润色,独成一手。"①《左传》中的行人词令简洁精练,委曲达意,彬彬有礼,不卑不亢;大夫应对条分缕析,精警深刻,旁征博引,生动形象。而追根溯源,二者都源自《尚书》的诰命篇章。章学诚云:"左氏以传翼经,则合为一矣。其中辞令,即训、诰之遗也。"② 准确地道出了《左传》记言与《尚书》诰命之间的关系。

  自言、事相兼的纪传体史书兴起后,单纯记言的史籍逐渐废而不行。刘知几《史通·六家》云:"自宗周既殒,《书》体遂废,迄乎汉魏,无能继者。至晋广陵相鲁国孔衍,以为国史所以表言行,昭法式,至于人理常事不足备列,乃删汉魏诸史,取其美词典言足为龟镜者,定以篇第,纂成一家,由是有《汉尚书》《后汉尚书》《魏尚书》,凡为二十六卷。至

---

① (唐)刘知几撰,(清)浦起龙通释:《史通通释》卷十四,上海古籍出版社1978年版,第421页。
② (清)章学诚著,叶瑛校注:《文史通义校注》,中华书局1985年版,第572页。

隋秘书监太原王劭，又录开皇、仁寿时事，编而次之，以类相从，各为其目，勒成《隋书》八十卷，录其义例，皆准《尚书》。"而此类史籍的缺陷，正如《史通·六家》所云："必剪截今文，模拟古法，事非改辙，理涉守株，故舒元所撰《汉》《魏》等篇，不行于代也。若乃帝王无纪，公卿缺传，则年月失序，爵里难祥，斯并昔之所忽，而今之所要。若君懋《隋书》，虽欲祖述商周，宪章虞夏，观其所述，乃似《孔子家语》、临川《世说》，可谓画虎不成反类犬也。"① 章学诚亦以为："后人削趾以适屦，转取事文之合者，削其事而辑录其文，以为《尚书》之续焉，若孔氏《汉、魏尚书》、王氏《续书》之类是也。无其实，而但貌古人之形似，譬如画饼饵之不可以充饥。况《尚书》本不止于记言，则孔衍、王通之所拟，并古人之形似而不得矣。"② 二人均准确地指出了记言体史籍衰落的原因。

3. 对纪传体史书的影响

纪传体史书肇始于司马迁的《史记》，是一种以人物为中心的历史体裁，七十列传，都是人物的传记，"本纪""世家"也具有传记的性质。追根溯源，这一史体也萌芽孕育于《尚书》。司马迁青年时期曾追随孔安国学习古文《尚书》，对《尚书》做到了充分了解与掌握。反映在《史记》中，司马迁大量使用《尚书》的材料，或照录原文，如《五帝本纪》照录《尧典》部分内容，《夏本纪》照录《皋陶谟》《禹贡》部分内容，《宋微子世家》照录《洪范》部分内容，等等；或翻译改写，如《五帝本纪》对《尧典》难读字的改写、意译；或简化概括、摘要剪裁、增饰释文，等等。《史记》还大量称引《尚书》篇目及《书序》，作为叙事的重要手段。此外，《史记》在编写体例方面对《尚书》也多有借鉴。对此，清代方宗诚曰："《尧典》、《舜典》，本纪之体也；《禹谟》、《皋陶谟》，列传之体也；《禹贡》、《武成》、《金縢》、《顾命》，纪事之体也。"具体地看，他认为《尚书》中的"《虞书》四篇，即唐虞一代之史也。上纪二帝，下传禹、皋，而其他帝佐，皆附载其中。用人行政治定化成，无不毕具。此可悟古史之简也"，"《商书》即商六百年全史也，合之则是一篇《殷本纪》。……此可为万世有天下者大法大戒，而亦可为修史者作本纪、实录之体要也"。③ 除本纪、列传之外，如范文澜所说："《史记》八书，

---

① （唐）刘知几撰，（清）浦起龙通释：《史通通释》，上海古籍出版社 1982 年版，第 2—3 页。
② （清）章学诚著，叶瑛校注：《文史通义校注》，中华书局 1985 年版，第 39—40 页。
③ 《论文章本原》，王水照编《历代文话》第 6 册，复旦大学出版社 2007 年版，第 5620—5627 页。

实取则《尚书》,故名之曰'书'。"①

《尧典》一篇,更是被看作最早的人物传记,对《史记》的传记写作产生了重要影响。清代崔述评论说:"《尧典》之体与《书》他篇不同。他篇但纪一事之始终,《尧典》则统二帝之始终而纪之。其文简,其义宏,其首尾完密,其脉络条贯,杂他文于其中不可也。"② 钱基博先生也说:"《尧》《舜》二典备载一君终始,是纪传体之权舆也。"③ 作为尧、舜二人的合传,《尧典》的作者已有意识地运用了对照对称的结构模式组织叙事,使作品的内部结构初步具有了对称均匀的结构美特征。全文首段的"曰若稽古"以下是对尧一生功绩的全面颂扬,末段"舜生三十征庸"以下是对舜一生行事的总结,这首尾两段的概括性叙述使全文首尾完具,结构清晰,主题突出。后世的史传文学作品,如《左传》的"君子曰"、《史记》的"太史公曰"、《汉书》以下正史的"赞""论",都是这种写法的发展和延续。叙事上,尧舜二人事迹相接,前后关联,对照对称,脉络条贯,可见作者谋篇布局之匠心。这种结构方式对其后的史传文学作品,尤其是纪传体作品,如"本纪"和"列传"中的人物合传,都产生了重要影响。按时间顺序依次展开叙事;将关系密切的两个或多个人物用合传的方式形成对比和对照;开头和结尾相互照应,人物命运有始有终;对所记人物或事件既有具体的事实和情节,又有反映作者意识的理性的概括性总述和评价;简洁的历史叙事和具体的富有故事情节的虚构叙事相结合:这些叙事方法都演化为后世史传叙事,尤其是纪传体叙事的优秀传统。清代文论家方宗诚对《尧典》的谋篇布局和语言特征有过精到的点评:"(《尧典》)即尧本纪也。首节总叙其全体大用,以冒起通篇。'克明峻德'一节,叙其治天下之大本,'乃命羲和'以下至篇终,叙其治天下之大法。……尧在位七十载,仁政美德,不可胜纪,而史臣止纪此数节,此可悟为政之体要,亦可悟为文之体要。"④《尚书大传》载孔子的评价:"《尧典》可以观美。"据《谷梁传·隐公五年》:"常事曰视,非常曰观。"说明孔子并非一般地看待《尧典》,而是以对待经典的严肃庄重的态度来考察、观赏它。《尧典》的美不仅表现在内容方面,不仅是因为它记载了深为孔子推崇的尧和舜的美德与善政,表现了由尧和舜的思想境界和人格修养所产生的伦理人格美,也表现在形式方面,具有文采辞章和

---

① (南朝梁)刘勰撰,范文澜注:《文心雕龙注》,人民文学出版社1958年版,第293页。
② (清)崔述撰,顾颉刚编订:《崔东壁遗书》,中华书局1986年版,第53页。
③ 钱基博:《中国文学史》,中华书局1993年版,第13页。
④ 《论文章本原》,王水照编《历代文话》第6册,复旦大学出版社2007年版,第5621页。

诗的艺术美，对司马迁的纪传体开山之作《史记》产生了重要影响。我们从《史记》人物形象刻画的丰满生动，情节结构的精心安排和剪裁等方面，都可以看到《尧典》等《尚书》叙事作品的积极影响。《尧典》而外，《尚书》其他各篇也对《史记》产生了重要影响。如清代方宗诚认为，《皋陶谟》"即皋陶列传也……唐虞五臣，禹、皋陶为最，故史臣特纪其谟，而其余诸臣，散见于典谟中可也。若人各一篇，则繁冗无体矣"。① 在具体的写作方面，如唐文治说："《无逸》一篇，详分段落，若断若续，开示义法，至为美备，司马迁常仿效之。……读《无逸》篇可以养德，可以知文章之义法。"② 也可看出《尚书》对《史记》产生的较大影响。

《史记》之后最重要的纪传体史籍《汉书》，也在体例方面受到了《尚书》的重要影响。章学诚认为："班氏《董》《贾》二传，则以《春秋》之学为《尚书》也。其叙贾、董生平行事，无意求详，前后寂寥数言，不过为政事诸疏、'天人三策'备始末尔。噫！观史裁者，必知此意，而始可与言《尚书》《春秋》之学各有其至当，不似后世类钞征事，但知方圆求备而已也。"③ 所谓"以《春秋》之学为《尚书》"，是指《汉书》既效法《春秋》的记事，又大量引用原始文献，表现出言、事相兼的特征。如《汉书》的《董仲舒传》《贾谊传》收录长篇疏奏文章，就是对《尚书》记言传统的继承。实际上，言及《尚书》记言对《汉书》的影响，《董仲舒传》《贾谊传》并非最为典型，陈衍在《石遗室论文》中说："《皋陶谟》实开《徐乐》《严安》二列传之体，《徐》《严》二传只载上书一篇，别无他事。"④《徐乐传》全文收录徐乐的上书一篇，叙事部分只有"徐乐，燕郡无终人也，上书曰"短短十一个字；《严安传》亦全文收录严安的上书一篇，叙事部分只有"严安者，临菑人也。以故丞相史上书曰""后以安为骑马令"前后两处共二十二个字。这两篇传记，较之《周书》中的周公诸诰，其记言的比例有过之而无不及，甚至连二人上书的年代、背景、效果等基本信息也省略了。后代史家对此颇有异议，如刘知几认为："《贾谊》《晁错》《董仲舒》《东方朔》等传，唯上录言，罕逢载事。夫方述一事，得其纪纲，而隔以大篇，分其次序，遂令

---

① 《论文章本原》，王水照编《历代文话》第 6 册，复旦大学出版社 2007 年版，第 5623 页。
② 唐文治著，彭丹华点校：《十三经提纲》，华东师范大学出版社 2015 年版，第 49 页。
③ （清）章学诚著，叶瑛校注：《文史通义校注》，中华书局 1985 年版，第 41 页。
④ 《石遗室论文》（一），王水照编《历代文话》第 7 册，复旦大学出版社 2007 年版，第 6675 页。

披阅之者，有所懵然。"① 认为史传叙事之中夹杂长篇文章，影响到叙事的连贯性和完整性。而章学诚则认为，这正是《汉书》效法《尚书》的表现，以"经世"为目的，在材料的选择和体例的安排上有较大的自由和灵活性，能够不为成例所拘，"不似后世类钞征事，但知方圆求备而已也"，不但不是《汉书》的缺陷，反而是一个值得充分肯定的优长。清代史学家赵翼也肯定《汉书》"于文字之有关学问，有系于政务者，必一一载之"的做法，认为《汉书》所载"皆系经世有用之文"。②《汉书》作为最早的断代体纪传史书，其体例为后世历代正史所效法，这些为适应新的历史条件而出现纪传体史籍，都兼有《尚书》记言和《春秋》记事两种体式的优点。

4. 对纪事本末体史书的影响

纪事本末体是以历史事件为纲目的史书。它把重要史事按发生的时间顺序分别列目，独立成篇；于各篇之中，又按时间顺序把该历史事件的发生发展全过程记述下来。相对于纪传体和编年体史书，纪事本末体的优点是记述历史事件更为全面、完整，能够清楚地反映一个重大历史事件的前因后果，可以清楚地反映出事件发生发展的过程，使读者能够对这一历史事件有一个全面、深刻的理解。该体正式创立于南宋袁枢的《通鉴纪事本末》。对于该体的创立和评价，《四库全书总目提要》曰："案唐刘知几作《史通》，叙述史例，首列六家，总归二体。自汉以来不过纪传、编年两法，乘除互用。然纪传之法，若一事而复见数篇，宾主莫辨；编年之法，或一事而隔越数卷，首尾难稽。枢乃自出新意，因司马光《资治通鉴》区别门目，以类排纂。每事各详起讫，自为标题。每篇各编年月，自为首尾。……包括数千年事迹，经纬明晰，节目详具，前后始末，一览了然，遂使纪传、编年贯通为一，实前古之所未有也。"③

对于纪事本末体的历史渊源，朱熹最早将其与《尚书》相联系："古史之体可见者，《书》《春秋》而已。《春秋》编年通纪以见事之先后，《书》则每事别纪以具事之首尾。意者当时史官既以编年纪事，至于事之大者，则又采合而别纪之。若二《典》所记，上下百有余年，而《武成》《金縢》诸篇，其所纪，理或更岁月，或历数年，期间岂无异事？盖必已具于编年之史，而今不复见矣。"④ "每事别纪以具事之首尾"正是纪事本

---

① （唐）刘知几撰，（清）浦起龙通释：《史通通释》，上海古籍出版社1978年版，第34页。
② （清）赵翼撰，王树民点校：《廿二史劄记校证》卷二，中华书局1984年版，第30页。
③ 四库全书研究所整理：《钦定四库全书总目》（整理本），中华书局1997年版，第675页。
④ 《钦定书经传说汇纂》，《文渊阁四库全书》第65册，第438页。

末体的根本特征。清代的章学诚承继了朱熹的观点，明确将《尚书》作为纪事本末体史书的滥觞："按本末之为体也，因事命篇，不为常格；非深知古今大体，天下经纶，不能网罗隐括，无遗无滥。文省于纪传，事豁于编年，决断去取，体圆用神，斯真《尚书》之遗也。"[①] 相对于纪传体和编年体，纪事本末体以事件为纲，"因事命篇"，突出历史事件本身的重要性和内蕴的思想文化内涵；同时，在体例方面，突出历史事件的连续性，"文省于纪传，事豁于编年"，可以不拘于常格，在体例、形制方面灵活运用，详略适宜，起讫自如，不遗不滥，对读者全面、完整地理解历史事件，进而通过事件的因果联系深入思考事件内蕴的思想文化内涵，具有重要帮助。纪事本末体的这种史学优长被章学诚称为"体圆用神"。章学诚认为："《书》取足以达微隐，通形名而已矣。因事命篇，本无成法，不得如后史之方圆求备，拘于一定之名义者也。夫子叙而述之，取其疏通知远，足以垂教矣。"[②] 与一般的历史著作相比，《尚书》不必拘于一定的成法和定例，而是将注意力集中到内容方面。《尚书》记载的历史事件都是经过精心选择的，内容上以议论和谈话为主，并不注意事件的本身，而是关注事件所蕴含的道德教训和思想意义，是以"义"统摄"事"的。因此，章学诚认为它具有"圆而神"的特征，更近于专门的著作，核心思想就是儒家所宣扬的三代历史观和仁政道德与理想。

在《尚书》的篇目中，最具纪事本末体特征的首推《金縢》。《金縢》全文围绕着周公"忠而被谤，信而见疑"的故事展开，从时间上历经一系列历史事件，包括"武王有疾""周公东征""天变示警"等，中心在于表彰周公对周王室的耿耿忠诚。全篇自为标题，故事起讫详明，按时间顺序叙事，前后始末一览了然，已经具有了纪事本末体的基本雏形。除了朱熹、章学诚言及的《武成》和《金縢》之外，还有一些《尚书》篇目具有纪事本末体的形制特征，如《尧典》《禹贡》《顾命》《洛诰》等，均以纪事为主，主题明确，首尾完具，线索清晰。清代文论家方宗诚云："《禹贡》、《武成》、《金縢》、《顾命》，纪事之体也。"[③] 袁枢之后，明代陈邦瞻的《宋史纪事本末》、清代顾应泰的《明史纪事本末》、李铭汉的《续通鉴纪事本末》等，都是这一史体的延续。

---

① （清）章学诚著，叶瑛校注：《文史通义校注》，中华书局1985年版，第51页。
② 同上书，第30页。
③ 《论文章本原》卷一，王水照编《历代文话》第6册，复旦大学出版社2007年版，第5619页。

第五章　影响论:"尚书体"与后世中国文学的发展　337

（三）对官方应用文的影响

清代吴伟业云:"夫文者,古人以陈谟矢训,作命敷告,教世化俗者之所为,非仅以言辞为工者也。"① 作为最早出现的官方应用文,《尚书》对后世长期使用的官方应用性文书,如下行的诏令、上行的奏议,以及应用于军事活动的檄移等都产生了重要影响。为了表现官方文书的威严与庄重,这类应用文书往往刻意模仿《尚书》的文体风格和语言特色,表现出"尚书体"的诸多特征。《文心雕龙》在论述"诏策""檄移""章表""奏启""议对""书记"等文体时,都要将之追溯到《尚书》。在《宗经》中,刘勰特别强调了《尚书》对后世文学,特别官方应用文体产生的重大影响:"诏、策、章、奏,则《书》发其源。"北朝的颜之推在《颜氏家训·文章》中发展了刘勰的这一观点,认为:"夫文章者,原出五经:诏、命、策、檄,生于《书》者也……朝廷宪章、军旅誓诰,敷显仁义,发明功德,牧民建国,施用多途。至于陶冶性灵,从容讽谏,入其滋味,亦乐事也。"《尚书》中虽不存在后世这些分类细致的应用文体形式,且"尚书体"自春秋以后也久已不在社会上流行,但不可否认的是,后世的官方应用文书都或多或少地受到了《尚书》的影响。由《尚书》开启的散文传统,在官方应用文书中也得到了传承和表现。

1. 对诏令文的影响

诏令为古代官府或帝王等统治阶层下达给臣下和百姓的下行公牍文书,多为文学侍从之臣以帝王的语言代拟的。按内容和用途的不同,诏令包括命、诰、令、诏、册、敕等多种不同的名目。从起源上看,《尚书》的诰命实为诏令的源头。吴讷《文章辨体·诏类序》引真德秀云:"王言之体,当以《书》之诰、誓、命为祖,而参以两汉诏册。"② 姚鼐《古文辞类纂·序目》云:"诏令类者,原于《尚书》之誓、诰,周之衰也,文诰犹存。昭王制,肃强侯,所以悦人心而胜于三军之众,犹有赖焉。秦最无道,而辞则伟。汉至文景,意与辞俱美矣,后世无以逮之。光武以降,人主虽有善意,而辞气何其衰薄也!"③ 历代的官方诏令文书都是以《尚书》诰命作为追慕学习对象。先秦时期尚无诏令之名,相关的"命"

---

① 吴伟业著,李学颖集评标校:《吴梅村全集》卷二十七,上海古籍出版社1990年版,第655页。
② 《文章辨体·诏类序》,王水照编《历代文话》第二册,复旦大学出版社2007年版,第1615页。
③ （清）姚鼐:《古文辞类纂》上册,北京市中国书店1986年版,第13页。

"令"等多为典型的"尚书体"。如《左传》僖公十二年载襄王以上卿礼飨管仲,襄王曰:"舅氏!余嘉乃勋,应乃懿德,谓督不忘。往践乃职,无逆朕命!"语言风格犹具《尚书》命体篇章余韵。再如《左传》僖公九年所载"葵丘之盟",周王使宰孔赐齐侯胙;僖公二十八年晋侯献楚俘于周王,周王命王子虎、内史叔兴父策命晋侯为侯伯等,这些重大仪式场合下的训诰之文,都采用了庄重威严的《尚书》命体的语言风格。

诏令之名始于秦代。据《史记·秦始皇本纪》,秦改"命"为"制",改"令"为"诏"。据《后汉书·光武帝纪》引《汉制度》,可知汉代有所谓的"诏书四体":用于诏诰百官、发布政令的诏书,用于册封王侯、嘉奖慰问公卿的策书,用于发布赦令、任免官员的制书以及用于训戒州部官吏的戒敕。《文心雕龙·诏策》亦云:"汉初定仪则,则命有四品:一曰策书,二曰制书,三曰诏书,四曰戒敕。敕戒州郡,诏诰百官,制施赦命,策封王侯。"① 其中的"诏书",始自秦代,来源于《尚书》的"诰",据《汉书·高帝纪》颜注"诏,告也",是皇帝告喻百官的文书;"策书",据《释名·释书契》"策者,教令于上,所以驱策诸下也。汉制,约敕封侯曰册",是用来策封、赏赐诸侯大臣的文书;"制书",亦始于秦代,《史记·秦始皇本纪》裴骃《集解》"制书,帝者制度之命也",是皇帝发布的具有法度作用的文书;"戒敕",据《独断》"戒书,戒敕刺史太守及三边营官",《文心雕龙·诏策》"戒敕为文,实诏制切者"。这些源于《尚书》诰命的文体都或多或少地受到《尚书》诰命的影响,具有"尚书体"的特征。由于受到经学独尊时代风气的影响,汉代君王的诏书普遍喜好引经据典,大量引用、化用《尚书》等儒家经典。西汉诸帝的诏令中,从文帝起开始化用《尚书》,但数量较少;武帝开始在诏令中大量化用《尚书》语句,最著名的如《史记·三王世家》与《汉书·武五子传》所载汉武帝策封齐、燕、广陵三王的策书,便明显仿效了《尚书》诰命的风格与体式。以《策封齐王闳》为例:

> 维六年四月乙巳,皇帝使御史大夫汤庙立子闳为齐王。曰:於戏!小子闳,受兹青社。朕承祖考,维稽古建尔国家,封于东土,世为汉藩辅。於戏念哉!恭朕之诏,惟命不于常。人之好德,克明显光。义之不图,俾君子怠。悉尔心,允执其中,天禄永终。厥有愆不臧,乃凶于而国,害于尔躬。於戏!保国艾民,可不敬与!王

---

① (南朝梁)刘勰撰,范文澜注:《文心雕龙注》,人民文学出版社1958年版,第358页。

第五章 影响论:"尚书体"与后世中国文学的发展 339

其戒之!

这短短一篇文字,大量引用、化用《尚书》典故,其中化用了《尧典》《康诰》《牧誓》《多士》以及古文《大禹谟》等5篇《尚书》中的语句。《文心雕龙·诏策》评价这三篇诏文说:"武帝崇儒,选言弘奥,策封三王,文同训、典,劝戒渊雅,垂范后代。"① 指出其"尚书体"的风格特征。宣帝、元帝继承了武帝的文风,较多直接引用《尚书》语句,往往以"《书》云""《书》不云乎"引出《尚书》文句。其后的成帝,几乎每篇诰命文都要涉及《尚书》,可见其所受《尚书》影响浸润之深。再如王莽当政时期发布的《大诰》,机械模仿《周书·大诰》,亦步亦趋,有其表而无其质。从文学角度看,历史上许多单纯从语言风格角度模拟《尚书》的诏文大多只有庙堂气而缺乏真情实感,在内容上也少有可取之处,因而较少文学价值;只有其中的少数作品能够继承《尚书》诰命感情真挚、文风质朴、语言简练的优点,表现出时代进步性和对《尚书》文学的继承和发展。刘熙载《艺概》云:"西京文之最不可及者,文帝之诏书也。《周书·吕刑》,论者以为哀矜恻怛,犹可以想见三代忠厚之遗意。然彼文至而实不至,孰若文帝之情至而文生耶!"② 西汉"文景之治"时期发布的一些诏文,能够以开诚布公的真诚态度,表达对下层人民疾苦的深切关心,实施利民、富民的政策,感情真挚,语言质朴,在很大程度上受到《尚书》周公诸诰的积极影响,表现了进步政治家的博大胸襟和情怀。如《史记·封禅书》所载《增神祠制》:

朕即位十三年于今,赖宗庙之灵,社稷之福,方内艾安,民人靡疾。间者比年登,朕之不德,何以飨此?皆上帝诸神之赐也。

又如《汉书·文帝纪》所载《答有司请建太子诏》:

朕既不德,上帝神明未歆飨也。天下人民未有惬志。今纵不能博求天下贤圣有德之人而嬗天下焉,而曰豫建太子,是重吾不德也。谓天下何?其安之。

---

① (南朝梁)刘勰撰,范文澜注:《文心雕龙注》,人民文学出版社1958年版,第359页。
② (清)刘熙载:《艺概》,上海古籍出版社1978年版,第10页。

《汉书·刑法志》所载《除肉刑诏》更是受到历代读者的赞誉：

> 盖闻有虞氏之时，画衣冠异章服以为戮，而民弗犯，何治之至也！今法有肉刑三，而奸不止，其咎安在？非乃朕德之薄而教不明与！吾甚自愧。故夫训道不纯而愚民陷焉。《诗》曰："恺弟君子，民之父母。"今人有过，教未施而刑已加焉，或欲改行为善，而道亡繇至，朕甚怜之。夫刑至断支体，刻肌肤，终身不息，何其刑之痛而不德也！岂称为民父母之意哉！其除肉刑，有以易之，及今罪人各以轻重，不亡逃，有年而免，具为令。

再如载于《汉书·文帝纪》的《日食求言诏》有民本色彩和德治观念：

> 朕闻之，天生民，为之置君以养治之。人主不德，布政不均，则天示之灾，以戒不治。乃十一月晦，日有食之，适见于天，灾孰大焉？朕获保宗庙，以微眇之身，托于士民君王之上，天下治乱，在予一人，唯二三执政，犹吾股肱也。朕下不能治育群生，上以累三光之明，其不德大矣。令至，其悉思朕之过失，及知见之所不及，丐以启告朕。及举贤良方正能直言极谏者，以匡朕之不逮。因各敕以职任，务省繇费以便民。朕既不能远德，故憪然念外人之有非，是以设备未息。今纵不能罢边屯戍，又饬兵厚卫，其罢卫将军军。太仆见马遗财足，余皆以给传置。

实际上，这种表现出"三代忠厚之遗意""情至而文生"的诏令文书也体现于汉武帝晚年的诏令中。1977年在玉门花海汉代烽燧遗址出土了一件皇帝诏书，计130字，系后人摘录。大意是说皇帝身染重病，已无痊愈的希望，诏告皇太子，今后务必要善待百姓，轻赋税，近圣贤，信谋臣，牢记秦亡的教训，奉行祖宗法制，终生不得疏忽，等等。研究者认为，这很可能是汉武帝的遗诏。遗诏的开头部分说道：

> 制诏：皇大（太）子，朕体不安，今将绝矣。与地合同，众（终）不复起。

又云：

第五章 影响论:"尚书体"与后世中国文学的发展

善禺(遇)百姓,赋敛以理,存贤近圣,必聚谞(贤)士,表教奉先,自致天子。胡亥自泥,灭名绝纪。审察朕言,众(终)身毋久(已)。苍苍之天不可得久视,堂堂之地不可得久履,道此绝矣。告后世及其孙子,忽忽锡锡,恐见故至,毋贰天地,更亡更在,去如舍庐,下敦闾里。人固当死,慎毋敢妄。

曹道衡、刘跃进以为"遗诏本身也是一篇优美散文"。①

汉代以后,在特殊的社会环境和文学环境影响之下,骈体文逐渐兴盛起来,到南北朝时期达到鼎盛。这时的骈体文渗透到社会生活的各个方面,成为居文坛统治地位的文体形式,不但赋、颂、箴、铭使用骈体,影响所及,应用性的论、辩、书、奏、诏令也使用骈体。这种追求文辞华美、声律和谐、对偶工整的浮艳轻靡的骈文风格与传统的以质朴典雅为风格特征的"尚书体"散文大异其趣,在当时就受到很多重视传统的复古派文人的反对和抵制。西魏末年,已掌握了朝廷大权的宇文泰,在进行各项政治制度改革的同时,重用苏绰等人,以复古精神对流行的浮华文体进行改革。《周书·苏绰传》载:"自有晋之季,文章竞为浮华,遂成风俗。太祖欲革其弊,因魏帝祭庙,群臣毕至,乃命绰为《大诰》,奏行之。"该篇诰文一反时尚流行的骈体风气,刻意模拟《尚书》诰命的文体风格,如开头的一段:

惟中兴十有一年仲夏,庶邦百辟,咸会于王庭。柱国泰洎群公列将,罔不来朝。时乃大稽百宪,敷于庶邦,用绥我王度。皇帝曰:"昔尧命羲和,允厘百工;舜命九官,庶绩咸熙;武丁命说,克号高宗。时惟休哉,朕其钦若。格尔有位,胥暨我太祖之庭,朕将丕命女以厥官。"

最后一段:

柱国泰洎庶僚百辟拜手稽首曰:"亶聪明作元后,元后作民父母。"惟三五之王,率由此道,用臻于刑错。自时厥后,历千载而未闻。惟帝念功,将反叔世,遐致于雍。庸锡降丕命于我群臣。博哉王言,非言之难,行之实难。罔不有初,鲜克有终。《商书》曰:"终始惟一,德乃日新。"惟帝敬厥治,慎厥终,以跻日新之德,则我群

---

① 曹道衡、刘跃进:《先秦两汉文学史料学》,中华书局2005年版,第535页。

臣，敢不夙夜对扬休哉！惟兹大谊，未光于四表，以迈种德，俾九域幽遐，咸昭奉元后之明训，率迁于道，永膺无疆之休。

　　这一篇堪称是典型的"尚书体"文字。该文之作的用意在于示范天下，以《尚书》作为复古的武器，革除骈体文弊。钱基博评论说："绰创制一代，乃欲以谟诰变俪偶，而效之者，惟一卢辩，可谓吾道不行。然则绰之师古，亦何补于矫枉哉！顾相其笔势，如熔铸而成，佶屈聱牙，出之自然，而往复百折，惟骨劲而气猛，固辞笔之鸷翰也。前之王莽，有其辞而无其气，后之王通，得其理而遗其笔，神气索莫，负声无力，同一摹古，生死攸别矣。"① 而钱钟书则注意到苏绰此文不同于"尚书体"的时代特征："一代文章，极'起衰'之大观者，惟苏绰《大诰》。细按之，貌若点窜典谟，实则排比对偶。《尚书》本有骈语……或四字对四字，六字对六字，未尝错综长短为对。……《大诰》则不然，'允文允武，克明克乂'，'天地之道，一阴一阳；礼俗之变，一文一质'，'匪惟相革，惟其救弊；匪惟相袭，惟其可久'，此等对句，固无论矣，'惟时三事，若三阶之在天；惟兹四辅，若四时之成岁'，'不率于孝慈，则骨肉之恩薄；弗惇于礼让，则争夺之萌生'，此非骈文排调而何？盖不特远逊新莽《大诰》《策命》，即视夏侯孝若《昆弟诰》，亦益加整齐，非昌黎《进学解》论《尚书》所谓'浑噩诘屈'之风格，几见其能糠秕魏晋，宪章虞夏哉！"② 这篇《大诰》不同于新莽的《大诰》，而是具有一定的骈文特征，兼骈与散，以散运骈，表现出明显的时代特征。虽然"自是之后，文笔皆依此体"，但以不便沟通交流思想的"尚书体"作为文章通行的范式，显系矫枉过正之举，因而在当时未能取得预期的效果。

2. 对奏议文的影响

　　奏议是一种上行公文，是臣下上奏给皇帝陈述建议的奏章。《说文》云："奏，进也。"《论衡·对作》云："上书谓之奏。"从起源上看，奏议源于《尚书》的《皋陶谟》《高宗肜日》《西伯戡黎》《无逸》等篇。《文心雕龙·奏启》云："昔唐虞之臣，敷奏以言，秦汉之辅，上书称奏。陈政事，献典献，上急变，劾愆谬，总谓之奏。"③ 元代陈绎曾《文说》："奏，宜情辞恳切，意思忠厚。"④ 姚鼐《古文辞类纂序》亦云："奏议类

---

① 钱基博：《中国文学史》上册，中华书局1996年版，第244页。
② 钱钟书：《谈艺录》（补订本），中华书局1999年版，第301页。
③ （南朝梁）刘勰撰，范文澜注：《文心雕龙注》，人民文学出版社1958年版，第421页。
④ 《文说》，王水照编《历代文话》第二册，复旦大学出版社2007年版，第1341页。

者，盖唐虞三代圣贤陈说其君之辞，《尚书》具之矣。周衰，列国臣子为国谋者，谊忠而辞美，皆本谟、诰之遗，学者多诵之。"① 与诏令一样，早期的奏议也多为典型的"尚书体"风格。奏议文书既以陈说政务、进言议事为本，其内容要求便是言之有物；同时，为使文章更具说服力，还需要具有文采和情感力量。历史上出现过许多影响较大的奏议之作，这些作品，或以说理取胜，或以情感取胜，都或多或少地学习借鉴了《尚书》的相关内容，表现出一定的文学和审美价值。据蔡邕的《独断》，汉代奏议文书分四体："凡群臣上书于天子者有四名：一曰章，二曰奏，三曰表，四曰驳议。"《文心雕龙·章表》亦云："汉定礼仪，则有四品：一曰章，二曰奏，三曰表，四曰议。章以谢恩，奏以按劾，表以陈请，议以执异。"② 载于《史记》《汉书》中的奏议文书多是富有文学价值之作，其中如晁错、贾山、贾谊等的奏议文，都堪称是奏议的名篇。这些在政治舞台上呼风唤雨的风云人物也经常在文坛上一试身手，创作出流传久远、堪称不朽的奏议名篇。除上述四种官方奏议文书之外，对策文可算一种特殊类型的奏议文书，著名者如晁错的《贤良文学对策》、董仲舒的《元光元年举贤良对策》等都可归入此类，清代陆陇其认为："策之体与奏疏相为表里：自其立朝之时，因事上献者，则谓之疏；自其进身之始，承问敷对者，则谓之策。就汉言之，如贾山之陈《至言》，贾谊之论《治安》，此疏也，即策也；若晁错、公孙弘、董仲舒所对，此策也，即疏也。对策之制，诚古今不可易乎！"③ 代表性的对策文，往往征引《诗》《书》等儒家典籍，依经以立义，文风典雅醇厚，渊懿平正，浸透着儒学的博大气象。在这些奏议名作中，我们可以清楚地发现《尚书》文风的影响。

据《文心雕龙·奏启》，奏议文书中"表"的特点是："表奏确切，号为谠言。谠者，正偏也，王道有偏，乖乎荡荡，矫正其偏，故曰谠言也。"④ 三国时期诸葛亮的《出师表》就是其中颇具代表性的作品。这一篇七百余字的表文千百年来备受关注与赞誉，刘勰赞誉它："志尽文畅""表之英也。"⑤ 苏轼称赏它："简而尽，直而不肆，大哉言乎！"⑥ 陆游评

---

① （清）姚鼐：《古文辞类纂》，北京市中国书店1986年版，第5页。
② （南朝梁）刘勰撰，范文澜注：《文心雕龙注》，人民文学出版社1958年版，第406页。
③ 《三鱼堂外集》卷四，《文渊阁四库全书》第1325册，第242页。
④ （南朝梁）刘勰撰，范文澜注：《文心雕龙注》，人民文学出版社1958年版，第424页。
⑤ 同上书，第407页。
⑥ 《乐全先生文集序》，（宋）苏轼撰，郎晔选注《经进东坡文集事略》，文学古籍刊行社1957年版，第909页。

价说:"《出师》一表真名世,千载谁堪伯仲间。"(《书愤》) 文天祥也称赞说:"或为《出师表》,鬼神泣壮烈"(《正气歌》)……诸葛亮并非真正意义上的文学家,一篇看似平淡无奇的实用性的奏议表文,为什么会产生如此强烈的反响,获得如此高度的评价和赞誉? 除了出于对诸葛亮人格的敬慕与景仰外,与《出师表》对《尚书》的学习借鉴有着重要关联。"表"本是一种实用文体,是大臣上奏给皇帝陈述意见、提出建议的奏章。"表以陈请",一般来说,"表"首要的作用是陈述事实,尤其是事关国家大政的奏议表文,以陈说政务、进言议事为本,要求言之有物,言之有序,内容充实,有条有理。为使文章更具说服力,表文也需要具有一定的文采和情感力量。文采与情感虽然不是表文的首要要求,但也是必不可少的重要因素,这就是历史上那些能够在政治活动中发挥重要作用的表文,往往同时也是一篇文学杰作的主要原因。就如《出师表》,它本是诸葛亮第一次出兵伐魏前写给后主刘禅的一篇奏疏。当时的刘禅年仅二十岁,既不通政事又昏庸无能,易受奸人的蒙蔽利用,而出师北伐需要稳固的后方,因而诸葛亮在伐魏前专门给刘禅上奏了《出师表》。其中,诸葛亮不仅向刘禅反复阐明广开言路、严明赏罚和亲贤远佞的道理,而且荐举贤才,表白自己对蜀汉政权的忠诚与北伐的决心。毫无疑问,在写作这样一篇具有重要现实政治意义的表文时,诸葛亮没有过多顾及它的文学效果,《出师表》的语言风格堪称纡徐委备、朴实无华,以质朴的语言直陈现实问题,情感表达坦率真诚,与《隆中对》中表现诸葛亮运筹帷幄、决胜千里的雄才大略的雄壮华丽文风迥然不同。相较而言,《出师表》中展现的诸葛亮形象更加世俗化,具有普通人的真实可感的喜怒哀乐之情。总之,情感真实、语言朴实无华是这篇表文语言风格的基本特征。

从文学角度看,《出师表》全文没有晦涩难懂的用典,既不追求辞藻的华美,也不过多调动修辞手段,这在崇尚繁缛骈俪文风的三国时代,显得独特和不合流俗,故而招致当时一般文士的非议。但独具慧眼的西晋史学家陈寿却发现了诸葛亮奏议文书潜藏的文学价值,他力排众议,将诸葛亮的奏议文与最早的散文经典《尚书》中的周公奏议进行了对比:"论者或怪亮文采不艳,而过于丁宁周至。臣以为咎繇大贤也,周公圣人也,考之《尚书》,'咎繇之谟'略而雅,'周公之诰'烦而悉,何则? 咎繇与舜禹共谈,周公与群下矢誓故也。亮所与言,尽众人凡士,故其文指不得及远也。然其声教遗言,皆经事综物,公诚之心,形于文墨,足以知其人之意理而有补于当世。"① 在这里，陈寿首先引述"论者"的观点，他们认为诸葛亮的《出师表》一类文字"文采不艳"，与东汉以来逐渐成为文坛时尚的骈偶文大异其趣；而且口语化的表达方式"过于叮咛周至"，甚至有些啰唆的感觉。对此，陈寿并不认同，他指出了诸葛亮的奏议文与《尚书》中周公诰命之间的相似性。所谓"周公之诰烦而悉"，是指周公代替年幼的侄子成王行政，为了稳定周初的政治危局而发布了一系列文诰，这些保留在《尚书·周书》中的政治演说，代表性的如《无逸》《酒诰》《康诰》等，都具有感情真挚，语重心长，纡徐委备，文风朴实无华的风格特征。在这些文诰中，周公多使用繁复详悉的口语，对晚辈一再叮咛，反复告诫，体现了周公清醒的政治敏感和忧患意识。《出师表》具有的"文采不艳""丁宁周至"等语言风格与周公诸诰一脉相承。对于《尚书》中的周公诰命，历代文论家均给予了很高的评价，如唐代李汉就以"周情孔思"来强调周公诰命所具有的文情并茂、寄意深远、一唱三叹的强烈感染力。与之相比，《出师表》显得更加含蓄蕴藉，除了在文章的后半部分，诸葛亮在回顾刘备三顾茅庐的往事时，流露出了对先帝知遇之恩较强烈的感慨外，全文的抒情性基本上隐含不露。值得注意的是，在《出师表》短短的七百余字中，诸葛亮反复使用了多达 11 个"也"字。表面看来，这些"也"字不过是普通的句末虚词，并无深意，但细究起来，这 11 个贯穿全篇的"也"字堪称全文之"文眼"，绝不可等闲视之。除了起到一般句末虚词的舒缓语气、调和语言节奏的功能外，这些"也"字还具有不易为人察觉的隐性抒情效果（"也"字的这种抒情效果后来在欧阳修的《醉翁亭记》中被发挥到了极致）。本来，诸葛亮的这篇表文是以劝诫为目的的，但以臣下的身份，是以劝诫为目的的，因此，不宜过于直白生硬而招致刘禅的不满，只有既晓之以理，又动之以情，既切合长辈的口吻，又不失臣下的身份，才能收到预期的规劝效果。为此，诸葛亮在全文中错落安排了 11 个"也"字以缓和语气，放缓节奏，使全文节奏从容舒缓，语气不急不迫，刚柔适宜，表现了诸葛亮对刘禅的殷切期望与忧虑之情。11 个"也"字的使用，使本来以训诫为目的的政论性表文弥漫了一层抒情格调，在一定程度上具有了诗歌一般一唱三叹的风神与韵味。在这方面，"也"字的运用，与周公诸诰的感叹词运用具有同样的抒情效果。

与《尚书》中的周公诸诰相比，《出师表》又同中有异。诸葛亮与后主刘禅虽名为君臣，实际关系却近乎父子，这与周公与成王的叔侄关系近

---

① 缪钺编注：《三国志选》中华书局 1962 年版，第 190 页。

似。因此，在事关国家大政前途的重大问题上，诸葛亮表现出超乎寻常的耐心与细致，苦口婆心，反复叮咛，这一点也与周公诸诰近似。但刘禅与周公辅佐的成王毕竟不同：成王是一位知错能改，勇于承担责任的英主，而刘禅则是"扶不起来的阿斗"。"知子莫如父"，从《出师表》中引用汉末桓、灵二帝的典故来看，诸葛亮对刘禅的担忧是显而易见的。面对凡庸的"阿斗"，诸葛亮既不能放任不理，又不能要求过高，只能用发生在刘禅身边的切实事例，用实事、实理、实情开导他，规劝他；既不回避问题，直截了当，又要顾及刘禅作为君主的颜面。对此，金圣叹评论说："切切开导，勤勤叮咛，一会如严父，一会如慈妪。"①"严父"是指诸葛亮对于刘禅的父辈身份，"慈妪"又表现出诸葛亮对刘禅的爱护体贴，这两方面的结合，造成了《出师表》这种口语化的甚至还有些啰唆的表述方式。对于这种表达方式，清代文论家王安定说："三代以上，人臣告诫其君，如禹、皋、伊、傅、周、召之所作，载在《尚书》，尚已！彼皆圣贤之徒，体道深而更事久。其陈义甚高，而可见诸施行；其指斥甚直，而必出之和平渊懿，不为危言悚论，诡激抵触之辞；其托意甚幽邃，而使读者易晓；其切于世情，而达于时变也，仍必原本道德，不为一切苟且侥幸之计。"② 这段话可以说抓住了《出师表》的魅力所在：不追求语言的华美和危言耸听的言论效果，而更注重能够付诸实践；对君主的错误倾向绝不放纵，直接点出问题所在，但批评的语气委婉平和，以引用典故的方式托古讽今，而非点名道姓的直接批评，避免对方产生抵触情绪；用平实浅近的口语表达对重大政治问题的见解，使文章意蕴的深邃、情感的强烈与语言的平易、浅近形成鲜明对比，更能令读者感受到其中蕴蓄着的巨大情感张力。从《出师表》中，我们不难感受到一位"鞠躬尽瘁，死而后已"的忠恳勤恪的宰相形象，这一形象与《尚书》周公诸诰中表现出的"一饭三吐哺"的忠于国事的周公形象息息相通。《出师表》不但在语言风格上继承了《尚书》的传统，更在人格形象、精神风范和审美范式方面表现出对《尚书》的继承和学习。

（四）对杂文、小品文的影响

杂文，又称杂记、杂著，指那种随事命题，写作自由，不受一定体制限制的记人、记事、写景的记叙文。小品文与杂文近似，并非一种十分具体的文体，一般用来指那种篇幅短小，形式内容多样化，兴之所至，率意

---

① （清）金圣叹：《金圣叹选批才子古文》，四川大学出版社1997年版，第529页。
② 《鸣原堂论文》，王水照编《历代文话》第六册，复旦大学出版社2007年版，第5531页。

而作的散文小品。杂文与小品文的内容异常广泛,刘勰《文心雕龙·书记》云:"书记广大,衣被众体,笔札杂名,古今多品。"① 准确地道出了这一类散文作品内容、形式广泛杂多的特征。《文心雕龙》的《书记》《杂文》,《文章辨体》的《记》《杂著》,《文体明辨》的《记》《志》《纪事》等各篇都对这一文类有所论及。这一类文体传统上属于子部和史部,特别是子部"杂家",特点是较琐碎、杂乱,主要表现"在野"和"隐逸"情感,一向不为正统的观念所认可。《尚书》影响于后世杂文、小品文的,主要是其中以"记"名篇者。吴讷云:"《金石例》云'记者,纪事之文也。'西山云:'记以善叙事为主。《禹贡》《顾命》,乃记之祖。后人作记,未免杂以议论。'后山亦曰:'退之作记,记其事耳,今之记,乃论也。'窃尝考之,记之名,始于《戴记·学记》等篇,记之文,《文选》弗载。后之作者,固以韩退之《画记》、柳子厚游山诸记为体之正。……大抵记者,盖所以备不忘。如记营建,当记月日之久近,工费之多少,主佐之姓名,叙事之后,略作议论以结之,此为正体。"② 由此可知,古代文论家认《禹贡》《顾命》为记之祖。由于受辨体意识的影响,古代文论家往往把《禹贡》《顾命》的纯粹叙事、不杂议论作为此类文体的根本特征,以之作为标准,去衡量后世的同类作品,可见《禹贡》《顾命》叙事方式的重要影响。下面分别释之。

我国的山水游记散文,其源头可追溯至《尚书》的《禹贡》。关于《禹贡》的写法,清代方宗诚评论说:"此纪事之文,乃《史记》八书、《汉书》诸志之体所自出也。首节总提,次分九州,次第叙之。"③ 《禹贡》按照空间方位记载九州的山水走向、地理沿革、物产分布,兼记各地的行政区划、风土习俗等情况,条理清晰,结构完整,虽然不能以山水游记称之,但在很多方面已经初步具备了山水游记的雏形。具体来看,《禹贡》全文以"禹敷土,随山刊木,奠高山大川"总领,短短12个字三句话,简洁清晰,说明文章的缘起,极具概括性。下面分冀州、兖州、青州、徐州、扬州、荆州、豫州、梁州、雍州等九州,按照顺时针方向依次说明各州的地理方位、水文山脉、土壤等级状况、农业生产水平、地方特产、动植物分布、向王朝中央进贡的物产,以及进贡的路线等各方面的

---

① (南朝梁)刘勰撰,范文澜注:《文心雕龙注》,人民文学出版社1958年版,第457页。
② 《文章辨体·记类序》,王水照编《历代文话》第二册,复旦大学出版社2007年版,第1622页。
③ 《论文章本原》卷一,王水照编《历代文话》第六册,复旦大学出版社2007年版,第5625页。

基本情况；又以"导山""导水"治理水患为线索，从整体上总述了全境主要的山系和水脉；最后虚构出了"五服制"的理想性政治图景，以"东渐于海，西被于流沙，朔南暨，声教讫于四海。禹锡玄圭圭，告厥成功"作结。《禹贡》所记的内容虽然庞杂繁多，但全文结构明晰，层次设计合理，叙述简洁概括，杂而不乱，有条不紊，堪称我国古代最早最具代表性的叙事文作品，对后世的相关叙事作品，特别是对地理、游记类作品产生了重要而积极的影响。元代李淦《文章精义》评曰："《禹贡》简而尽，山水、田土、贡赋、草木、金革、物产，叙得皆尽。后叙山脉一段，水脉一段，五服一段，更有条而不紊。"① "简而尽"是对《禹贡》叙事的准确评价。此后，《史记·河渠书》《汉书·沟洫志》记载汉代的水利之事，更在学习继承《禹贡》写法方法的基础上有所发展。《史记·河渠书》的第一章就是对《禹贡》全文的概括。在此基础上，司马迁又以时间为线索，叙述了从战国到汉武帝时代治理河渠的基本情况。元代李淦《文章精义》曰："《史记》：'八书'从《禹贡》、《周官》来。"② 《史记》的八书，特别是《史记·天官书》的写作，都可看出司马迁对《禹贡》写法的学习与借鉴。《天官书》全面记述星座的名称、在天体中的位置、每个星系之间的关系，以及与星座相对应的地理方位、星座与人世的吉凶祸福关系，等等。全文的结构布局、层次设计，甚至叙述的语言，都可看出其对《禹贡》的学习与借鉴。《汉书·沟洫志》在学习借鉴《史记·河渠书》的基础上，更穿插进相关的诗歌、民间歌谣等文学作品，使地理性质的作品更富于生动的文学趣味。至东汉时期，出现了马第伯的《封禅仪记》。该文以封禅过程中的泰山为记叙对象，采用移步换形法，将一路的见闻一一写出，时有精彩的景物描写，生动细腻，堪称是第一篇成熟的山水游记散文。北魏郦道元的《水经注》，更以精练准确、形象生动的文笔，描绘了南北山川的美景，杂采神话传说、民间歌谣乃至民俗风情，既有生动细致的景物描写，又有抒情性和文学的趣味。这些早期的山水游记文，无论是在整体的结构布局，还是在具体的写作方法方面，均得益于《禹贡》，是对《禹贡》记叙传统的继承和发扬。

杂记文的源头可以追溯到《尚书》的《顾命》。《顾命》全篇在时间和空间两个方向展开：既按时间顺序叙事，首尾相应，事事相因，环环相扣；又按空间顺序状物，井井有条，错落有致，在时间和空间两个维度

---

① 《文章精义》，王水照编《历代文话》第二册，复旦大学出版社 2007 年版，第 1174 页。
② 同上书，第 1162 页。

上，全方位地展示了册命大典庄重而隆重的全过程。《顾命》成功地展现了作者在空间结构布局上的艺术构思，颇类一幅色彩鲜艳、描绘生动、具有立体空间感的"典礼图"。从《顾命》整体空间布局上看，基本是按照先由北而南，由西而东记物，再由南而北，由东而西记人的空间序列展开的。"由北而南，由西而东"记物，即按照由堂（堂北牖间—堂西序—堂东序—西堂—堂西序—堂东序）而房（西房—东房），再到庭（宾阶—阼阶—左塾—右塾），再到门（毕门）的顺序依次展开，对典礼上布置的器物逐一介绍；"由南而北，由东而西"记人，即按照与前面记物部分相反的顺序，由门（毕门）而庭（宾阶—阼阶），再到堂（东堂—西堂—东垂—西垂—侧阶），对典礼上的侍卫人员逐一介绍。

作为杂记文正宗的韩愈《画记》，则直接来源于《尚书》的《顾命》。《画记》是最早的一篇书画记，文中记述了韩愈与一幅"杂古今人物小画"的得失离合的故事。作者以浓厚的兴趣，"记其人物之形状与数"，虽只是如实地把画上的人、马、什物记录下来，却并无烦琐细碎、枯燥乏味之感，而是形象逼真，引人入胜。其中有关人物的一段记录，显然借鉴了《顾命》的笔法：

> 骑而立者五人，骑而被甲载兵立者十人，一人骑执大旗前立，骑而被甲戴兵，行且下牵者十人，骑且负者二人，骑执器者二人，骑拥田犬者一人，骑而牵者二人，骑而驱者三人，执羁靮立者二人，骑而下倚马臂隼而立者一人，骑而驱涉者二人，徒而驱牧者二人，坐而指使者一人，甲胄手弓矢斧钺植者七人，甲胄执帜植者十人，负者七人，偃寝休者二人，甲胄坐睡者一人，方涉者一人，方涉坐而脱足者一人，寒附火者一人，杂执器物役者八人，奉壶矢者一人，舍而具食者十有一人，挹且注者四人，牛牵者二人，驴驱者四人，一人杖而负者，妇人以孺子载而可见者六人，载而上下者三人，孺子戏者九人，凡人之事三十有二，为人大小百二十有三，而莫有同者焉。

很明显，这段文字是在《顾命》的启发下创作出来的。元代李淦曰："退之……《画记》是学《顾命》。"① 陈衍云：韩愈《画记》，"方望溪以为周人以后无此种格力。然望溪亦未言与周文何者相似也。案退之此记，直叙许多人物，从《尚书·顾命》脱化出来。《顾命》云：'二人雀弁执

---

① 《文章精义》，王水照编《历代文话》第二册，复旦大学出版社2007年版，第1166页。

惠，立于毕门之内；四人綦弁，执戈上刃，夹两阶戺；一人冕，执刘，立于东堂；一人冕，执钺，立于西堂；一人冕，执戣，立于东垂；一人冕，执瞿，立于西垂；一人冕，执锐，立于侧阶。'……退之学而变化之，何尝必周以前哉！"① 与《顾命》相比，《画记》的场面更为壮观。虽然画中涉及的人、马、鸟兽及各类器物共计五百余，作者的记述却始终条分缕析，井然有序，且能够将对象千姿百态的状貌形诸笔端，栩栩如生，曲尽其妙，其成功显然得益于对《顾命》的学习和借鉴。《画记》一出，在唐代就引起了广泛的关注与效仿。李绅的《苏州画龙记》，记长洲令厅北庑壁画的六龙图；舒元舆的《录桃花源画记》，记知名画作《桃源图》，均以韩愈《画记》为学习模仿的对象。到宋代，文同的《捕鱼图记》、秦观的《五百罗汉图记》、米芾的《西园雅集图记》等，都明显受到了《画记》的影响。元代元好问的《张萱四景宫女画记》，明代魏学洢的《核舟记》，清代黄醇耀的《李龙眠画罗汉记》、魏禧的《燎衣图记》、薛福成的《观巴黎油画记》等作品也都采用了这种记叙方法并取得了成功，可见《顾命》的写法对后世散文影响之大。

---

① 《石遗室论文》，王水照编《历代文话》第七册，复旦大学出版社 2007 年版，第 6732 页。

参考文献

　　凡例：1. 此处列出的文献，系论文写作过程中征引和参考的著作或译作。文中征引和参考的未经注释与整理的历代经、史、子、集典籍及单篇研究论文、教材、辞书、丛书等均当页加脚注，未列其中。2. 以书名拼音为序，依次排列；书名相同，以出版时间为序。

（清）陈立撰，吴则虞点校：《白虎通疏证》，中华书局1994年版。
（唐）白居易撰，顾学颉校点：《白居易集》，中华书局1979年版。
（明）袁宗道撰，钱伯城标点：《白苏斋类集》，上海古籍出版社1989年版。
［德］尼采（Friedrich Nietzsche）：《悲剧的诞生》，周国平译，生活·读书·新知三联书店1988年版。
陈来：《陈来自选集》，广西师范大学出版社1997年版。
（宋）洪兴祖撰，白化文等点校：《楚辞补注》，中华书局1983年版。
姜亮夫：《楚辞学论文集》，上海古籍出版社1984年版。
（明）王阳明：《传习录》，岳麓书社2004年版。
杨伯峻注：《春秋左传注》，中华书局1981年版。
姚小鸥：《吹埙奏雅录》，北京广播学院出版社2004年版。
（清）崔述撰，顾颉刚编订：《崔东壁遗书》，中华书局1983年版。
（清）王聘珍撰，王文锦点校：《大戴礼记解诂》，中华书局2004年版。
［美］华莱士·马丁（Wallace Martin）：《当代叙事学》，伍晓明译，北京大学出版社2005年版。
陈鼓应主编：《道家文化研究》第三辑，上海古籍出版社1993年版。
［日］今道友信：《东方美学》，蒋寅等译，生活·读书·新知三联书店1991年版。
张隆溪：《二十世纪西方文论述评》，生活·读书·新知三联书店1986年版。
汪荣宝撰，陈仲夫点校：《法言义疏》，中华书局1987年版。
方诗铭、王修龄：《古本竹书纪年辑证》，上海古籍出版社1981年版。

姜涛：《古代散文文体概论》，山西人民出版社 1990 年版。
［英］摩尔根（Lewis Henry Morgan）：《古代社会》，杨东莼等译，商务印书馆 1977 年版。
欧明俊：《古代文体学思辨录》，人民出版社 2015 年版。
裘锡圭：《古代文史研究新探》，江苏古籍出版社 1992 年版。
郑奠、谭全基：《古汉语修辞学资料汇编》，商务印书馆 1980 年版。
袁珂：《古神话选释》，人民文学出版社 1979 年版。
［俄］普罗普（Vladimir Prop）：《故事形态学》，贾放译，中华书局 2006 年版。
罗根泽等编著：《古史辨》，上海古籍出版社 1982 年版。
王国维：《古史新证》，清华大学出版社 1994 年版。
刘起釪：《古史续辨》，中国社会科学出版社 1991 年版。
（清）姚鼐：《古文辞类纂》，北京市中国书店 1986 年版。
顾颉刚：《顾颉刚读书笔记》，台北联经出版事业公司 1990 年版。
王国维：《观堂集林》，中华书局 2004 年版。
钱钟书：《管锥编》，中华书局 1986 年版。
（元）刘祁撰，崔文印点校：《归潜志》，中华书局 1983 年版。
荆门市博物馆编：《郭店楚墓竹简》，文物出版社 1998 年版。
郭沫若：《郭沫若全集·历史编》第一卷，人民出版社 1982 年版。
上海师范学院古籍整理组校点：《国语》，上海古籍出版社 1978 年版。
（清）王先慎撰，钟哲点校：《韩非子集解》，中华书局 1998 年版。
梁启雄：《韩子浅解》，中华书局 1960 年版。
（汉）班固撰，（唐）颜师古注：《汉书》，中华书局 1962 年版。
（明）张溥辑，殷孟伦注：《汉魏六朝百三家集题辞注》，人民文学出版社 1960 年版。
王力：《汉语诗律学》，上海教育出版社 1979 年版。
郭锡良：《汉字古音手册》，北京大学出版社 1986 年版。
（南朝宋）范晔撰，（唐）李贤等注：《后汉书》，中华书局 1965 年版。
［美］海登·怀特（Hayden White）：《后现代历史叙事学》，陈永国、张万娟译，中国社会科学出版社 2003 年版。
（晋）常璩撰，刘琳校注：《华阳国志校注》，巴蜀书社 1984 年版。
张双棣：《淮南子校释》（增订本），北京大学出版社 2013 年版。
（宋）黄庭坚著，刘琳等校点：《黄庭坚全集》，四川大学出版社 2001 年版。
［英］昆廷·斯金纳（Quntin Skinner）：《霍布斯哲学思想中的理性和修辞》，

王加丰、郑崧译，华东师范大学出版社 2005 年版。
中国社会科学院考古研究所编辑：《甲骨文编》，中华书局 1965 年版。
于省吾主编：《甲骨文字诂林》，中华书局 1996 年版。
李零：《简帛古书与学术源流》，生活·读书·新知三联书店 2004 年版。
（清）金圣叹：《金圣叹选批才子古文》，四川大学出版社 1997 年版。
容庚编著，张振林、马国权摹补：《金文编》，中华书局 1985 年版。
郭沫若：《金文丛考》，科学出版社 2002 年版。
周法高等：《金文诂林》，香港中文大学出版社 1975 年版。
（清）皮锡瑞撰，盛冬铃、陈抗点校：《今文尚书考证》，中华书局 1989 年版。
［英］詹姆斯·乔治·弗雷泽（George Frazer）：《金枝》，徐育新等译，大众文艺出版社 1998 年版。
（唐）房玄龄等：《晋书》，中华书局 1974 年版。
（宋）苏轼撰，郎晔选注：《经进东坡文集事略》，文学古籍刊行社 1957 年版。
蒙文通：《经史抉原》，《蒙文通文集》第三卷，巴蜀书社 1995 年版。
《中国哲学》编辑部编：《经学今诠续编》，辽宁教育出版社 2001 年版。
吕思勉：《经子解题》，华东师范大学出版社 1995 年版。
（后晋）刘昫等：《旧唐书》，中华书局 1975 年版。
张光直：《考古学专题六讲》，文物出版社 1986 年版。
［英］巴里·巴恩斯（Barry Barnes）等：《科学知识：一种社会学的分析》，邢冬梅、蔡仲译，南京大学出版社 2004 年版。
傅亚庶：《孔丛子校释》，中华书局 2011 年版。
李启谦等编：《孔子资料汇编》，山东友谊出版社 1991 年版。
［美］约翰·麦尔斯·弗里（John Miles Foley）：《口头诗学：帕里—洛德理论》，朝戈金译，社会科学文献出版社 2002 年版。
（清）孙希旦撰，沈啸寰、王星贤点校：《礼记集解》，中华书局 1989 年版。
王文锦：《礼记译解》，中华书局 2001 年版。
（清）李渔：《李渔全集》，浙江古籍出版社 1992 年版。
丁福保编：《历代诗话续编》，中华书局 1983 年版。
冯浩菲：《历代诗经论说述评》，中华书局 2003 年版。
王水照：《历代文话》，复旦大学出版社 2007 年版。
［英］柯林伍德（R. G. Collingwood）：《历史的观念》，何兆武、张文杰译，商务印书馆 2004 年版。

［德］黑格尔：《历史哲学》，王造时译，上海书店 2006 年版。
韩高年：《礼俗仪式与先秦诗歌演变》，中华书局 2006 年版。
王秀臣：《礼仪与兴象——〈礼记〉元文学理论形态研究》，社会科学文献出版社 2014 年版。
梁启超：《梁启超史学论著四种》，岳麓书社 1998 年版。
（唐）姚思廉：《梁书》，中华书局 1973 年版。
郭沫若：《两周金文辞大系图录考释》，上海书店出版社 1995 年版。
（唐）柳宗元：《柳宗元集》，中华书局 1979 年版。
许维遹撰，梁运华整理：《吕氏春秋集释》，中华书局 2009 年版。
黄晖：《论衡校释》，中华书局 1990 年版。
鲁迅：《鲁迅全集》第六卷、第九卷，人民文学出版社 1981 年版。
杨伯峻：《论语译注》，中华书局 1980 年版。
（清）刘宝楠撰，高流水点校：《论语正义》，中华书局 1990 年版。
［法］马伯乐（Henri Maspero）：《马伯乐汉学论著选译》，盛丰等译，中华书局 2014 年版。
《马克思恩格斯选集》第四卷，人民出版社 1972 年版。
（清）马瑞辰撰，陈金生点校：《毛诗传笺通释》，中华书局 1989 年版。
张光直：《美术、神话与祭祀》，辽宁教育出版社 1988 年版。
［德］黑格尔：《美学》，朱光潜译，商务印书馆 1997 年版。
杨伯峻：《孟子译注》，中华书局 1960 年版。
（清）焦循撰，沈文倬点校：《孟子正义》，中华书局 1987 年版。
（清）孙诒让撰，孙启治点校：《墨子间诂》，中华书局 1954 年版。
余嘉锡：《目录学发微　古书通例》，上海古籍出版社 2013 年版。
王贻梁、陈建敏选：《穆天子传汇校集释》，华东师范大学出版社 1994 年版。
（清）赵翼撰，王树民点校：《廿二史劄记校证》，中华书局 1984 年版。
郭沫若：《奴隶制时代》，中国人民大学出版社 2005 年版。
［加］诺思罗普·弗莱（Northrop Frye）：《批评的解剖》，陈慧等译，百花文艺出版社 2006 年版。
姜书阁：《骈文史论》，人民文学出版社 1986 年版。
李学勤主编：《清华大学藏战国竹简》（壹、贰），上海文艺出版集团中西书局 2010、2011 年版。
［美］美西尔瓦纳斯·G. 莫莱（Sylvanus Morle）：《全景玛雅》，文静、刘平平译，国际文化出版公司 2003 年版。

严可均校辑：《全上古三代秦汉三国六朝文》，中华书局 1958 年版。
（清）顾炎武撰，黄汝成集释：《日知录集释》，上海古籍出版社 1985 年版。
张中载等：《二十世纪西方文论选读》，外语教学与研究出版社 2002 年版。
（宋）洪迈：《容斋随笔》，上海古籍出版社 1978 年版。
李凯：《儒家元典与中国文学》，中国社会科学出版社 2002 年版。
（晋）陈寿撰，陈乃乾校点：《三国志》，中华书局 1959 年版。
缪钺编注：《三国志选》，中华书局 1962 年版。
王秀臣：《三礼用诗考论》，中国社会科学出版社 2007 年版。
袁珂：《山海经校注》，上海古籍出版社 1980 年版。
李学勤主编，孟世凯著：《商史与商代文明》，上海科学技术文献出版社 2007 年版。
马承源主编：《上海博物馆藏战国楚竹书》（一），上海古籍出版社 2001 年版。
上海大学古代文明研究中心、清华大学思想文化研究所编：《上博馆藏战国楚竹书研究》，上海书店出版社 2002 年版。
（清）阎若璩撰，黄怀信等校点：《尚书古文疏证》，上海古籍出版社 2010 年版。
顾颉刚、刘起釪：《尚书校释译论》，中华书局 2005 年版。
（清）孙星衍撰，陈抗、盛冬铃点校：《尚书今古文注疏》，中华书局 1986 年版。
方孝岳：《尚书今语》，古籍出版社 1958 年版。
刘德汉等：《尚书论文集》，黎明文化事业股份有限公司 1981 年版。
（宋）林之奇：《尚书全解》，北京大学《儒藏》编纂与研究中心编《儒藏》（精华编一四），北京大学出版社 2014 年版。
马雍：《尚书史话》，中华书局 1982 年版。
陈梦家：《尚书通论》（增订本），中华书局 1985 年版。
钱宗武、杜纯梓：《尚书新笺与上古文明》，北京大学出版社 2004 年版。
刘起釪：《尚书学史》（补订本），中华书局 1989 年版。
程元敏：《尚书学史》，华东师范大学出版社 2013 年版。
周秉钧：《尚书易解》，岳麓书社 1984 年版。
王世舜：《尚书译注》，四川人民出版社 1982 年版。
李民、王健：《尚书译注》，上海古籍出版社 2000 年版。
张西堂：《尚书引论》，陕西人民出版社 1958 年版。
（清）王夫之著，王孝鱼点校：《尚书引义》，中华书局 1982 年版。

李民：《尚书与古史研究》，中州书画出版社1983年版。
曾运乾：《尚书正读》，中华书局1964年版。
（汉）孔安国传，（唐）孔颖达疏，廖名春等整理：《尚书正义》，李学勤主编《十三经注疏》整理本，北京大学出版社2000年版。
杜勇：《尚书周初八诰研究》，中国社会科学出版社1998年版。
蒋善国：《尚书综述》，上海古籍出版社1988年版。
吕微：《神话何为——神圣叙事的传承与阐释》，社会科学文献出版社2001年版。
闻一多：《神话与诗》，古籍出版社1957年版。
叶舒宪编选：《神话—原型批评》，陕西师范大学出版社2012年版。
［加］诺思罗普·弗莱（Northrop Frye）：《神力的语言——圣经与文学研究续编》，吴持哲译，社会科学文献出版社2004年版。
刘意青：《圣经的文学阐释——理论与实践》，北京大学出版社2004年版。
张朝柯：《圣经与希伯来民间文学》，东方出版社2004年版。
（宋）朱熹：《诗集传》，上海古籍出版社1980年版。
叶舒宪：《诗经的文化阐释》，陕西人民出版社2005年版。
李山：《诗经的文化精神》，东方出版社1997年版。
傅斯年：《诗经讲义稿（含〈中国古代文学史讲义〉）》，中国人民大学出版社2004年版。
高亨：《诗经今注》，上海古籍出版社1980年版。
程俊英：《诗经译注》，上海古籍出版社1985年版。
夏传才：《诗经语言艺术新编》，语文出版社1985年版。
孙作云：《诗经与周代社会研究》，中华书局1966年版。
（清）方玉润撰，李先耕点校：《诗经原始》，中华书局1986年版。
王力：《诗经韵读》，《王力文集》第六卷，山东教育出版社1986年版。
陈子展：《诗经直解》，复旦大学出版社1983年版。
傅道彬：《诗可以观——礼乐文化与周代诗学精神》，中华书局2010年版。
傅道彬：《诗外诗论笺——上古诗学的历史批评与阐释》，黑龙江教育出版社1993年版。
［古希腊］亚里士多德（Aristotle）：《诗学》，罗念生译，《罗念生全集》第一卷，上海人民出版社2004年版。
朱自清：《诗言志辨》，广西师范大学出版社2004年版。
李学勤：《失落的文明》，上海文艺出版社1997年版。
唐文治著，彭丹华点校：《十三经提纲》，华东师范大学出版社2015年版。

（汉）司马迁：《史记》，中华书局1962年版。

顾颉刚：《史林杂识初编》，中华书局1963年版。

（唐）刘知几撰，（清）浦起龙通释：《史通通释》，上海古籍出版社1982年版。

余英时：《史学、史家与时代》，广西师范大学出版社2004年版。

郭丹：《史传文学——文与史交融的时代画卷》，广西师范大学出版社1999年版。

（汉）刘熙撰，（清）毕沅疏证，王先谦补：《释名疏证补》，上海古籍出版社1981年版。

（宋）蔡沈：《书经集传》，上海古籍出版社1987年版。

（北魏）郦道元撰，杨守敬、熊会贞校：《水经注疏》，江苏古籍出版社1989年版。

董每戡：《说剧》，人民文学出版社1983年版。

（汉）刘向撰，向宗鲁校证：《说苑校证》，中华书局1987年版。

四库全书研究所整理：《四库全书总目》，（整理本），中华书局1997年版。

（宋）朱熹：《四书章句集注》，中华书局1983年版。

（唐）魏征等：《隋书》，中华书局1973年版。

罗宗强：《隋唐五代文学思想史》，中华书局1999年版。

孙作云：《孙作云文集》第二卷《诗经研究》、第三卷《中国古代神话传说研究》、第四卷《美术考古与民俗研究》，河南大学出版社2003年版。

葛志毅：《谭史斋论稿续编》，黑龙江人民出版社2004年版。

钱钟书：《谈艺录》（补订本），中华书局1984年版。

江晓原：《天学真原》，辽宁教育出版社1991年版。

（唐）杜佑撰，王文锦等点校：《通典》，中华书局1988年版。

王力：《同源字典》，商务印书馆1982年版。

王京州：《魏晋南北朝论说文研究》，上海古籍出版社2014年版。

罗宗强：《魏晋南北朝文学思想史》，中华书局1996年版。

徐公持：《魏晋文学史》，人民文学出版社1999年版。

［英］马林诺夫斯基（Malinowski）：《文化论》，费孝通等译，中国民间文艺出版社1987年版。

（唐）遍照金刚撰，卢盛江校考：《文镜秘府论汇校汇考》，中华书局2006年版。

童庆炳：《文体与文体创造》，云南人民出版社1994年版。

［古希腊］柏拉图（Plato）：《文艺对话集》，朱光潜译，人民文学出版社

1988 年版。

高亨：《文史述林》，中华书局 1980 年版。

（清）章学诚撰，叶瑛校注：《文史通义校注》，中华书局 1994 年版。

（明）吴讷撰，于北山校点，（明）徐师曾撰，罗根泽校点：《文章辨体序说　文体明辨序说》，人民文学出版社 1962 年版。

黄侃：《文心雕龙札记》，中国人民大学出版社 2004 年版。

（南朝梁）刘勰撰，范文澜注：《文心雕龙注》，人民文学出版社 1958 年版。

周振甫：《文心雕龙今译》，中华书局 1986 年版。

（梁）萧统编，（唐）李善注：《文选》，上海古籍出版社 1986 年版。

［美］韦勒克（R. Wellek）、沃伦（A. Warren）：《文学理论》，刘象愚等译，生活·读书·新知三联书店 1984 年版。

［美］艾布拉姆斯（M. H. Abrams）等：《文学术语词典》（第 10 版），吴松江等编译，北京大学出版社 2014 年版。

［美］艾布拉姆斯（M. H. Abrams）：《文学术语汇编》，外语教学与研究出版社 2004 年版。

（宋）李涂：《文章精义》，人民文学出版社 1960 年版。

（宋）陈骙撰，刘彦成注释：《文则注释》，书目文献出版社 1988 年版。

闻一多：《闻一多全集》，生活·读书·新知三联书店 1982 年版。

（清）吴伟业著，李学颖集评标校：《吴梅村全集》，上海古籍出版社 1990 年版。

宋镇豪：《夏商社会生活史》，中国社会科学出版社 1994 年版。

夏商周断代工程专家组：《夏商周断代工程 1996—2000 年阶段成果报告（简本）》，世界图书出版公司 2001 年版。

李学勤主编：《夏史与夏代文明》，上海科学技术文献出版社 2007 年版。

陈汉平：《西周册命制度研究》，中华书局 1986 年版。

张玉金：《西周汉语语法研究》，商务印书馆 2004 年版。

王宇信：《西周甲骨探论》，中国社会科学出版社 1984 年版

张亚初、刘雨：《西周金文官制研究》，中华书局 1986 年版。

叶修成：《西周礼制与尚书文体研究》，中国社会科学出版社 2016 年版。

许倬云：《西周史》，生活·读书·新知三联书店 2001 年版。

杨宽：《西周史》，上海人民出版社 2004 年版。

李学勤主编：《西周史与西周文明》，上海科学技术文献出版社 2007 年版。

高鉴：《戏剧的世界》，知识出版社 1990 年版。

赵明：《先秦大文学史》，吉林大学出版社 1993 年版。

逯钦立辑校：《先秦汉魏晋南北朝诗》，中华书局 1983 年版。
于雪棠：《先秦两汉文体研究》，北京师范大学出版社 2012 年版。
曹道衡、刘跃进：《先秦两汉文学史料学》，中华书局 2005 年版。
过常宝：《先秦散文研究——早期文体及话语方式的生成》，人民出版社 2009 年版。
谭家健：《先秦散文艺术新探》，首都师范大学出版社 1995 年版。
晁福林：《先秦社会形态研究》，北京师范大学出版社 2003 年版。
褚斌杰、谭家健：《先秦文学史》，人民文学出版社 1998 年版。
傅修延：《先秦叙事研究：关于中国叙事传统的形成》，东方出版社 1999 年版。
田汝康、金重远：《现代西方史学流派文选》，上海人民出版社 1982 年版。
（清）袁枚：《小仓山房诗文集》，上海古籍出版社 1988 年版。
赵沛霖：《兴的源起——历史积淀与诗歌艺术》，中国社会科学出版社 1987 年版。
［古希腊］亚里斯多德（Aristotle）：《修辞学》，罗念生译，生活·读书·新知三联书店 1991 年版。
陈望道：《修辞学发凡》，上海教育出版社 1979 年版。
（清）王先谦撰，沈啸寰、王星贤点校：《荀子集解》，中华书局 1988 年版。
梁启雄：《荀子简释》，中华书局 1983 年版。
（清）阮元：《揅经室集》，中华书局 1993 年版。
王利器：《颜氏家训集解》（增补本），中华书局 1993 年版。
［法］列维·斯特劳斯（Claude Lévis Strauss）：《野性的思维》，李幼蒸译，商务印书馆 1987 年版。
（清）刘熙载：《艺概》，上海古籍出版社 1978 年版。
［德］格罗塞（Ernst Grosse）：《艺术的起源》，蔡慕晖译，商务印书馆 1984 年版。
［英］柯林伍德（R. G. Collingwood）：《艺术原理》，王志元等译，中国社会科学出版社 1985 年版。
黄怀信等：《逸周书汇校集注》（修改本），上海古籍出版社 2007 年版。
张怀通：《逸周书新研》，中华书局 2013 年版。
王连龙：《逸周书研究》，社会科学文献出版社 2010 年版。
郭沫若：《殷契粹编》，科学出版社 1982 年版。
胡厚宣、胡振宇：《殷商史》，上海人民出版社 2003 年版。
［日］岛邦男：《殷墟卜辞研究》，濮茅左、顾伟良译，上海古籍出版社 2006

年版。

陈梦家:《殷虚卜辞综述》,中华书局1986年版。

梁启超:《饮冰室合集·专集》,中华书局1989年版。

叶舒宪:《英雄与太阳——中国上古史诗原型重构》,上海社会科学出版社1991年版。

[法]列维·布留尔（Levy Bruhl）:《原始思维》,丁由译,商务印书馆2004年版。

[美]海登·怀特（Hayden White）:《元史学:十九世纪欧洲的历史想象》,陈新译,译林出版社2004年版。

（唐）元稹:《元稹集》,中华书局1982年版。

陈元锋:《乐官文化与文学——先秦诗歌史的文化巡礼》,山东教育出版社1999年版。

阎步克:《乐师与乐官——传统政治文化与政治制度论集》,生活·读书·新知三联书店2001年版。

（汉）刘向集录:《战国策》,上海古籍出版社1985年版。

郭绍虞:《照隅室语言文字论集》,上海古籍出版社1985年版。

裘锡圭:《中国出土古文献十讲》,复旦大学出版社2004年版。

郭英德:《中国古代文体学论稿》,北京大学出版社2005年版。

郭预衡:《中国古代文学史长编》（先秦卷）,北京师范大学出版社1992年版。

[日]白川静:《中国古代文化》,加地伸行、范月娇译,台湾文津出版社1983年版。

杨荫浏:《中国古代音乐史稿》,人民音乐出版社2003年版。

徐旭生:《中国古史的传说时代》（增订本）,文物出版社1985年版。

舒芜等编选:《中国近代文论选》,人民文学出版社1959年版。

姜广辉主编:《中国经学思想史》,中国社会科学出版社2003年版。

李泽厚、刘纲纪:《中国美学史》,中国社会科学出版社1990年版。

郭宝钧:《中国青铜器时代》,生活·读书·新知三联书店1978年版。

陈柱:《中国散文史》,商务印书馆1998年版。

郭预衡:《中国散文史》,上海古籍出版社1986年版。

方孝岳:《中国散文概论》,中国书店1987年版。

陈飞:《中国古代散文研究》,福建人民出版社2005年版。

吴承学:《中国古代文体学》,人民出版社2011年版。

郭英德:《中国古代文体学论稿》,北京大学出版社2005年版。

李纯一：《中国上古出土乐器综论》，文物出版社 1996 年版。

［荷］希珀（Mineke Schipper）主编：《中国少数民族文化中的史诗与英雄》，广西师范大学出版社 2004 年版。

陆侃如、冯沅君：《中国诗史》，人民文学出版社 1956 年版。

陈谷嘉、邓洪波主编：《中国书院史资料》，浙江教育出版社 1998 年版。

范文澜：《中国通史简编》（修订本），人民出版社 1965 年版。

［美］宇文所安（Stephen Owen）：《中国文论：英译与评论》，王柏华、陶庆梅译，上海社会科学出版社 2003 年版。

杨公骥：《中国文学》，吉林人民出版社 1980 年版。

傅道彬：《中国文学的文化批评》，黑龙江人民出版社 2000 年版。

刘大杰：《中国文学发展史》，上海古籍出版社 1982 年版。

王运熙、顾易生主编：《中国文学批评通史》，上海古籍出版社 1996 年版。

钱基博：《中国文学史》，中华书局 1993 年版。

王克芬：《中国舞蹈发展史》，上海人民出版社 1989 年版。

李肖冰等编：《中国戏剧起源》，知识出版社 1990 年版。

周华斌：《中国戏剧史新论》，北京广播学院出版社 2003 年版。

郑子瑜：《中国修辞学史稿》，上海教育出版社 1984 年版。

杨义：《中国叙事学》，人民出版社 2004 年版。

蔡仲德：《中国音乐美学史资料注释》，人民音乐出版社 1990 年版。

刘棣民：《中国远古暨三代文学史》，人民出版社 1994 年版。

刘师培：《中国中古文学史讲义》，人民文学出版社 1959 年版。

［美］王靖宇：《中国早期叙事文研究》，上海古籍出版社 2003 年版。

（宋）龚明之撰，孙菊园校点：《中吴纪闻》，上海古籍出版社 1986 年版。

葛志毅：《周代分封制度研究》（修订本），黑龙江人民出版社 2005 年版。

（清）孙诒让撰，王文锦、陈玉霞点校：《周礼正义》，中华书局 1987 年版。

马士远：《周秦〈尚书〉学研究》，中华书局 2008 年版。

（唐）令狐德棻等：《周书》，中华书局 1971 年版。

李镜池：《周易探源》，中华书局 1982 年版。

闻一多：《周易与庄子研究》，巴蜀书社 2003 年版。

徐锡台：《周原甲骨文综述》，三秦出版社 1991 年版。

陈全方：《周原与周文化》，上海人民出版社 1988 年版。

（宋）黎靖德编，王星贤点校：《朱子语类》，中华书局 1986 年版。

（清）郭庆藩撰，王孝鱼点校：《庄子集释》，中华书局 1961 年版。

陈鼓应注释:《庄子今注今译》,中华书局1983年版。
杨向奎:《宗周社会与礼乐文明》,人民出版社1992年版。
潘万木:《左传叙述模式论》,华中师范大学出版社2004年版。
徐中舒:《左传选》,中华书局1979年版。

后　　记

　　本书是在我的同题博士学位论文的基础上修改而成的，从确定选题到现在，匆匆之间已经过去了将近十六年的时光。还记得十六年前的这个时候，我还滞留在黄河岸边、贺兰山下的宁静小城银川，焦急地等待着来自哈尔滨师范大学的博士生录取通知书。学习和研究先秦文学是我多年的梦想，志大才疏的我曾在大学毕业后立志遍读先秦的儒家经籍，只是在读完杨伯峻的《春秋左传注》之后，"读经"的理想便被迫被更为现实的"考研"取代。在硕士学习期间，经导师张迎胜先生的同意，我有意选择了《诗经》雅颂诗作为硕士论文选题，这一方面是接续我曾经的梦想，同时也是为未来博士阶段的学习做准备。在收到博士生录取通知书后不久的一次通话中，导师傅道彬先生在了解到我的学习经历和兴趣所在之后，为我确定了《尚书》文学研究的选题。我曾在读研之前，尝试"啃"过孙星衍的《尚书今古文注疏》，对《尚书》怀有强烈的兴趣。虽然在入学之后慢慢得知，这个《尚书》的选题曾经被几位同门学长选择之后放弃，但我还是为能够得到这个选题而兴奋不已，即便在三年之后博士学位论文的《后记》中也曾这样写道：

　　　　感谢导师傅道彬先生的信任，把"《尚书》文学论"这样一个既艰巨又极富吸引力和挑战性的论文选题交给我，能与《尚书》结缘是我人生中的一大幸事。

　　这是我当时真实的想法。在十几年后的今天冷静客观地回顾，能有幸与《尚书》结缘固然可喜，但从主客观条件两个方面看，选择《尚书》作博士论文对我来说堪称一个难度巨大的考验。从客观条件来说，除了数量很少的研究论文外，整个《尚书》文学研究领域基本上还是一片不受人关注的处女地，选择这样一个题目，除了要付出更多的辛勤与汗水之外，还必定要体验孤独与寂寞之苦。没有可以交流的对象，没有多少前人的成果可以借鉴，就连最有限的同行间的学术对话都无法进行，很多时候，我的思考和写作变成了小屋子里孤独的自我拷问和自我独白。而主观条件的限制更令我苦恼，对于才性驽钝、学养浅薄的我来说，真正走进《尚书》的世界无疑困难重重。很多时候，为了找到一条资料的准确出处，我都不得不"上穷碧落下黄泉"地忙上几天，而结果却很可能是"两处茫茫皆不见"。这重重困难，决定了我的这些努力很可能只是为人做嫁衣，这篇论文也可能只是一个初步探索性的实验品。

  值得庆幸的是，我的导师傅道彬先生总是在我最为苦闷和焦虑的时刻及时出现，为我送来热情的鼓励和及时指导，帮助我闯过重重难关。虽然肩负着学校教学与管理工作的重任，导师时刻关心着我的学业、生活和论文的进展情况，每当我的论文写作陷入困境之时，他总是以各种方式为我指点迷津，只不过这种指点，由于自身的木讷和不擅言辞，很多时候不是通过面对面的语言交流进行的。在读博的三年间，我与导师的对话并不多，答辩会上，导师半开玩笑地说，三年来我很少提问，我们之间的对话很可能不超过五十句。但提问少对话不多，并不等于说我得不到导师的指导。多年来，导师傅道彬先生一直活跃在先秦文学研究的最前沿，致力于开辟新领域，尝试新方法，提出新问题，引导着先秦文学研究的发展方向。还记得在哈尔滨师范大学的图书馆里，一个人躲在角落里静静地阅读导师在学术期刊上最新发表的论文，或惊叹，或领悟，或质疑，或思考，我的博士论文写作的新思路、新见解往往就产生在这样的时刻。透过导师的文字，我能够清晰地感受到导师活跃跳动的敏锐思维，高瞻远瞩的学术预见力，激情澎湃的学术创造力，以及数十年如一日坚定执着的学术追求。多年来，我养成了阅读导师论文的习惯，每当我捧读导师的论文，仿佛间又回到了导师的课堂上。导师用他的榜样力量激励着我不断努力前行。

  感谢在开题报告会上提出宝贵意见的哈尔滨师范大学的老师们，感谢他们的热情指导和无私帮助，张锦池先生、邹进先先生、刘敬圻先生、关四平先生提出的意见启发了我的思路，拓展了我的眼界。尤其是黑龙江省社会科学院的刘以焕先生，在我论文写作期间，多次冒着哈尔滨冬夜的严寒，到我的宿舍中送来论文写作需要的资料。这种对后辈学子的关心与扶植让我深受感动。

  感谢在论文评审与答辩期间提出宝贵意见的学界前辈们，徐公持先生、陶文鹏先生、詹福瑞先生、左东岭先生、赵敏俐先生都是我长久以来敬仰的著名学者，能够有机会将我幼稚的文字呈给他们审阅是我的荣幸，他们热情洋溢的鼓励、细致周密的改进意见，甚至犀利尖锐不留情面的批评，都将是我成长道路上的指南。

感谢所有在学习和生活中关心、帮助我的同门师友，在很多方面他们都为我树立了学习的榜样，与他们建立的真诚友谊是我三年博士生活中重要的收获。其中特别要感谢亦师亦友的王秀臣师兄以及古道热肠的王洪军师弟，在我离开学校多年之后，他们仍然关心着我，热情地帮助我联系书稿的出版，为我及时提供学术信息，在此要对他们致以诚挚的感谢。

感谢三年博士生活中给予我关心与照顾的妻子李秀敏。在哈尔滨的三年里，除学业之外，我最大的收获就是找到了终生的伴侣。我的妻子既是我学业上相互扶持、砥砺前行的同学，也是我生活中风雨同舟的挚爱。到山西之后，我们又迎来了聪明伶俐的小天使琪琪。温馨的小家庭永远是我获得慰藉的宁静港湾。

还要感谢中国社会科学出版社的郭晓鸿老师。作为本书的责任编辑，她严谨高效的工作作风令同为编辑的我深感敬佩。山西师范大学社科处领导和学报编辑部领导为本书的出版提供了许多便利条件，在此向他们致以真挚的谢意。

本书能够获得出版机会，离不开中国社会科学出版社罗莉老师的帮助。罗老师是本书原定的责任编辑。还记得2013年5月，我意外地接到了罗莉老师打来的电话，告知我准备推荐我的书稿参加国家社科基金后期资助项目的评选。当时的我甚至不知道后期资助项目究竟是怎么一回事，惊讶超过了惊喜。在这之后，不擅社会交往的我像一个学生，在罗老师耐心细致的指导下，一步一步地修改申报书、提交申请，最终为本书的出版争取到国家社科基金的支持。在之后的数年里，我最终完成了本书最后一章的写作，进而对全书做了统一的加工修改，于2019年初提交结题。然而，就在本书即将出版的时候，2019年8月22日，我惊愕地接到了罗莉老师病故的消息。一切是那样突然，令我不知所措，而最令我痛心的是，我竟然未能得到向她当面致谢的机会。这种悲痛的心情难以言表，唯愿此书的出版，能够告慰罗老师的在天之灵。

最后还要提到我的父亲。我的父亲是一位善良本分的高校教师，一生勤劳简朴，重视儿女的教育。在我的记忆中，他对书籍的喜好似乎出自天性，书籍在我的家中永远占据着重要的位置，父母常常节衣缩食，将整月的工资用来购买书籍，可以说我是在家中的书堆里泡大的。在决定我人生走向的几个重要十字路口，是父亲的坚定支持决定了我的人生选择。没有父亲的全力支持，我不可能走上学术之路。父亲生前一直关心着我的学发展，关心着这本关于"书"的书的出版，而我却常年奔波在外，不能在父母身边陪侍尽孝。2019年12月30日，父亲未能等到本书出版，便永远地离开了这个世界。时至今日，痛定思痛，痛何如哉！欲报之德，昊天罔极！

谨以此书献给天堂里的父亲！

于文哲

2021年6月20日父亲节